普通高等教育"十一五"国家级规划教材
全国高职高专教育土建类专业教学指导委员会规划推荐教材

建筑施工企业会计

(第二版)

徐佳芳 主 编

胡晓娟
王　珊　参 编

中国建筑工业出版社

图书在版编目（CIP）数据

建筑施工企业会计/徐佳芳主编．—2版．—北京：中国建筑工业出版社，2008

普通高等教育"十一五"国家级规划教材．全国高职高专教育土建类专业教学指导委员会规划推荐教材

ISBN 978-7-112-09150-8

Ⅰ．建… Ⅱ．徐… Ⅲ．建筑企业-工业会计-高等学校：技术学校-教材 Ⅳ．F407.967.2

中国版本图书馆CIP数据核字（2008）第026723号

《建筑施工企业会计》教材内容分为三部分，即：财务会计篇；成本会计篇；财务会计报告篇。

第一篇为"财务会计篇"，主要介绍建筑施工企业会计的资产、负债、所有者权益以及收入、期间费用和利润等的基本知识、核算和技能；第二篇为"成本会计篇"，主要介绍建筑施工企业的预提和待摊费用、辅助生产成本、机械作业成本的核算内容及核算方法；工程成本核算概述及核算方法；第三篇为"财务会计报告篇"，主要介绍财务会计报告的内容和要求、会计报表的编制方法、财务情况说明书以及中期财务会计报告；同时，对合并会计报表的基本内容和编制方法作了初步介绍。

* * *

责任编辑：张 晶 王 跃
责任设计：董建平
责任校对：孟 楠 王 爽

普通高等教育"十一五"国家级规划教材
全国高职高专教育土建类专业教学指导委员会规划推荐教材

建筑施工企业会计
（第二版）

徐佳芳 主 编
胡晓娟
王 珊 参 编

*

中国建筑工业出版社出版、发行（北京西郊百万庄）
各地新华书店、建筑书店经销
北京红光制版公司制版
北京同文印刷有限责任公司印刷

*

开本：787×1092毫米 1/16 印张：22¼ 字数：540千字
2008年8月第二版 2011年8月第十二次印刷
定价：35.00元
ISBN 978-7-112-09150-8
（15814）

版权所有 翻印必究
如有印装质量问题，可寄本社退换
（邮政编码 100037）

教材编审委员会名单

主 任：吴 泽

副主任：陈锡宝 范文昭 张怡朋

秘 书：袁建新

委 员：（按姓氏笔画排序）

马纯杰 王武齐 田恒久 任 宏 刘 玲

刘德甫 汤万龙 杨太生 何 辉 宋岩丽

张 晶 张小平 张凌云 但 霞 迟晓明

陈东佐 项建国 秦永高 耿震岗 贾福根

高 远 蒋国秀 景星蓉

第二版序言

高职高专教育土建类专业教学指导委员会（以下简称教指委）是在原"高等学校土建学科教学指导委员会高等职业教育专业委员会"基础上重新组建的，在教育部、建设部的领导下承担对全国土建类高等职业教育进行"研究、咨询、指导、服务"责任的专家机构。

2004年以来教指委精心组织全国土建类高职院校的骨干教师编写了工程造价、建筑工程管理、建筑经济管理、房地产经营与估价、物业管理、城市管理与监察等专业的主干课程教材。这些教材较好地体现了高等职业教育"实用型"、"能力型"的特色，以其权威性、科学性、先进性、实践性等特点，受到了全国同行和读者的欢迎，被全国高职高专院校相关专业广泛采用。

上述教材中有《建筑经济》、《建筑工程预算》、《建筑工程项目管理》等11本被评为普通高等教育"十一五"国家级规划教材，另外还有36本教材被评为普通高等教育土建学科专业"十一五"规划教材。

教材建设如何适应教学改革和课程建设发展的需要，一直是我们不断探索的课题。如何将教材编出具有工学结合特色，及时反映行业新规范、新方法、新工艺的内容，也是我们一贯追求的工作目标。我们相信，这套由中国建筑工业出版社陆续修订出版的、反映较新办学理念的规划教材，将会获得更加广泛的使用，进而在推动土建类高等职业教育培养模式和教学模式改革的进程中、在办好国家示范高职学院的工作中，做出应有的贡献。

高职高专教育土建类专业教学指导委员会

第一版序言

全国高职高专教育土建类专业教学指导委员会工程管理类专业指导分委员会（原名高等学校土建学科教学指导委员会高等职业教育专业委员会管理类专业指导小组）是建设部受教育部委托，由建设部聘任和管理的专家机构。其主要工作任务是，研究如何适应建设事业发展的需要设置高等职业教育专业，明确建设类高等职业教育人才的培养标准和规格，构建理论与实践紧密结合的教学内容体系，构筑"校企合作、产学结合"的人才培养模式，为我国建设事业的健康发展提供智力支持。

在建设部人事教育司和全国高职高专教育土建类专业教学指导委员会的领导下，2002年以来，全国高职高专教育土建类专业教学指导委员会工程管理类专业指导分委员会的工作取得了多项成果，编制了工程管理类高职高专教育指导性专业目录；在重点专业的专业定位、人才培养方案、教学内容体系、主干课程内容等方面取得了共识；制定了"工程造价"、"建筑工程管理"、"建筑经济管理"、"物业管理"等专业的教育标准、人才培养方案、主干课程教学大纲；制定了教材编审原则；启动了建设类高等职业教育建筑管理类专业人才培养模式的研究工作。

全国高职高专教育土建类专业教学指导委员会工程管理类专业指导分委员会指导的专业有工程造价、建筑工程管理、建筑经济管理、房地产经营与估价、物业管理及物业设施管理等 6 个专业。为了满足上述专业的教学需要，我们在调查研究的基础上制定了这些专业的教育标准和培养方案，根据培养方案认真组织了教学与实践经验较丰富的教授和专家编制了主干课程的教学大纲，然后根据教学大纲编审了本套教材。

本套教材是在高等职业教育有关改革精神指导下，以社会需求为导向，以培养实用为主、技能为本的应用型人才为出发点，根据目前各专业毕业生的岗位走向、生源状况等实际情况，由理论知识扎实、实践能力强的双师型教师和专家编写的。因此，本套教材体现了高等职业教育适应性、实用性强的特点，具有内容新、通俗易懂、紧密结合工程实践和工程管理实际、符合高职学生学习规律的特点。我们希望通过这套教材的使用，进一步提高教学质量，更好地为社会培养具有解决工作中实际问题的有用人材打下基础。也为今后推出更多更好的具有高职教育特色的教材探索一条新的路子，使我国的高职教育办的更加规范和有效。

全国高职高专教育土建类专业教学指导委员会
工程管理类专业指导分委员会

第二版前言

《建筑施工企业会计》教材在2004年4月由中国建筑工业出版社第一次出版后,在2005年结合财政部颁发的有关准则,并针对使用中的情况,对本教材作了调整。这次又根据财政部2006年颁发的《企业会计准则—基本准则》以及38个具体准则中适合建筑施工企业情况的有关准则,再作了重要修订。

本次修订内容主要有:

1. 根据《企业会计准则—基本准则》的规定,规范了会计要素的基本含义,对会计信息质量要求的基本内容;增加了会计计量标准;调整了会计科目及建筑施工企业常用会计科目等内容。

2. 根据有关具体准则,修订了存货、固定资产、无形资产、对外投资、流动负债、长期负债、所有者权益、利润等方面的主要核算内容和方法;增加了持有至到期投资、可供出售金融资产、投资性房地产、商誉、库藏股、资产减值、公允价值变动损益等核算内容。

3. 修订财务会计报告的有关内容;增加了所有者权益报表、中期财务会计报告等内容。

4. 全面规范了会计科目的名称和会计账户的运用方法。

5. 针对相关内容的习题,也作了相应调整。

通过本次的修订、调整,力求使教材更趋于规范、科学、完善。

《建筑施工企业会计》教材,自出版至今,已得到许多读者的关心,限于作者水平,书中的不妥之处,继续恳望专家、学者和读者批评指正。

第一版前言

《建筑施工企业会计》是高等职业技术学院经济管理类专业中会计专业的一门重要的专业理论和专业技能的课程。

根据高等职业技术学院经济管理专业的培养目标，本教材着力培养学生的专业知识、方法和专业技能，使学生系统地、全面地掌握建筑施工企业会计核算的基本理论、基本知识和基本方法，能够运用所学的专业知识和专业技能，准确、熟练地进行企业会计要素的核算，正确编制财务会计报告。

《建筑施工企业会计》教材具有以下几方面的特点：

1. 结构编排上的特点

《建筑施工企业会计》教材，分为三部分：财务会计；成本会计；财务会计报告。分类清晰、规范，符合现代会计分类的特点，遵循会计核算的基本规律。

2. 体现行业的特点

《建筑施工企业会计》教材，是以建筑施工企业为主体，其内容编排以建筑施工企业的生产经营活动为对象，是一门反映建筑施工企业的企业会计核算的教材。因此，教材涉及的知识、理论与方法体现了行业的基本内容，突出行业特色。

3. 具有职业教育的特点

高等职业教育最基本的要求是：要使学生在具有较高的专业理论知识的前提下，必须具备较强的职业技术技能，以使学生在毕业后能够很快胜任各自的职业岗位。为此，《建筑施工企业会计》教材，对每章的主要内容除了进行基本理论的阐述外，还配备了实例；同时，每章后按不同的内容分类设置了相关的思考题、练习题。不但能使学生学会基本理论，懂得基本专业知识，能使学生在学完每章内容后，对所学内容得到充分理解、掌握的一个训练机会，更重要的在于培养了学生具有应用专业知识分析、解决问题的综合能力。

4. 《建筑施工企业会计》教材，在会计科目的使用、会计账户的设置以及具体核算方法的采纳等方面以《2001年企业会计制度》为主要依据，同时也结合了建筑行业的特点和基本要求。

《建筑施工企业会计》教材，全面反映建筑施工企业会计核算的内容、方法和技能，形成了一个有机的整体。本教材每章的内容按本章学习目的、教材内容、本章思考题、练习题作编排，突出会计专业理论与企业会计核算特点、要求的同时，体现了循序渐进的教学规律，明确教学目的。

本教材可作为高等职业学院经济管理专业教材，也可作为相关行业岗位培训教材或自学用书。

《建筑施工企业会计》教材由四川建筑职业技术学院的徐佳芳、胡晓娟、王珊编写，其中徐佳芳担任主编,负责全书统稿工作。本书第一、二、三、四、十一、十二、十三章由徐佳芳编写;第五、六、七、八、九、十章由胡晓娟编写;第十四、十五章由王珊编写。

  本书在编写过程中,参考了有关教材和资料,谨致谢忱!

  由于作者水平有限,书中不妥之处在所难免,恳望专家、学者和读者批评指正。

目 录

第一篇 财务会计

第一章 总论 ··· 1
  第一节 建筑施工企业会计的对象 ·· 1
  第二节 建筑施工企业会计核算的任务 ······································ 4
  第三节 建筑企业会计工作组织 ·· 6
  复习思考题 ··· 15
第二章 货币资金核算 ··· 16
  第一节 库存现金核算 ··· 16
  第二节 银行存款核算 ··· 22
  第三节 其他货币资金核算 ·· 29
  第四节 外币业务核算 ··· 32
  复习思考题 ··· 38
  习题 ·· 38
第三章 应收与预付款项的核算 ·· 42
  第一节 应收与预付款项 ·· 42
  第二节 应收票据的核算 ·· 48
  第三节 坏账准备的核算 ·· 53
  复习思考题 ··· 58
  习题 ·· 58
第四章 存货核算 ·· 62
  第一节 存货概述 ·· 62
  第二节 材料、物资采购核算 ·· 65
  第三节 原材料收发核算 ·· 74
  第四节 委托加工物资的核算 ·· 88
  第五节 周转材料核算 ··· 90
  第六节 低值易耗品核算 ·· 95
  第七节 存货清查及期末计价 ·· 99
  复习思考题 ··· 103
  习题 ·· 103
第五章 对外投资核算 ··· 107
  第一节 对外投资概述 ··· 107

第二节　短期投资的核算	108
第三节　长期投资的核算	113
复习思考题	128
习题	128

第六章　固定资产核算　132
第一节　固定资产的分类和计价 …… 132
第二节　固定资产增加的核算 …… 136
第三节　固定资产折旧和固定资产减值准备的核算 …… 144
第四节　固定资产修理的核算 …… 150
第五节　固定资产减少的核算 …… 152
第六节　固定资产的明细分类核算 …… 157
第七节　临时设施的核算 …… 159
复习思考题 …… 161
习题 …… 161

第七章　无形资产、商誉及其他资产　167
第一节　无形资产核算 …… 167
第二节　商誉核算 …… 174
第三节　其他资产核算 …… 177
复习思考题 …… 178
习题 …… 178

第八章　流动负债核算　181
第一节　流动负债概述 …… 181
第二节　短期借款核算 …… 182
第三节　应付、预收款项核算 …… 183
第四节　应付职工薪酬的核算 …… 187
第五节　其他流动负债的核算 …… 195
复习思考题 …… 198
习题 …… 199

第九章　长期负债核算　202
第一节　长期借款的核算 …… 202
第二节　应付债券的核算 …… 205
第三节　其他长期应付款的核算 …… 213
第四节　债务重组 …… 216
复习思考题 …… 220
习题 …… 220

第十章　所有者权益　223
第一节　所有者权益概述 …… 223
第二节　实收资本的核算 …… 224
第三节　资本公积的核算 …… 229

第四节　留存收益的核算 ………………………………………… 232
　　第五节　库藏股的核算 …………………………………………… 235
　　复习思考题 ………………………………………………………… 239
　　习题 ………………………………………………………………… 239
第十一章　收入、期间费用与利润核算 ……………………………… 242
　　第一节　收入核算 ………………………………………………… 242
　　第二节　期间费用的核算 ………………………………………… 252
　　第三节　利润、所得税及利润分配核算 ………………………… 258
　　复习思考题 ………………………………………………………… 266
　　习题 ………………………………………………………………… 266

第二篇　成本会计

第十二章　机械作业成本、辅助生产成本核算 ……………………… 271
　　第一节　预提与待摊费用的核算 ………………………………… 271
　　第二节　辅助生产成本核算 ……………………………………… 274
　　第三节　机械作业成本核算 ……………………………………… 278
　　复习思考题 ………………………………………………………… 282
　　习题 ………………………………………………………………… 282
第十三章　工程成本核算 ……………………………………………… 284
　　第一节　工程成本核算概述 ……………………………………… 284
　　第二节　工程成本核算 …………………………………………… 290
　　第三节　竣工成本决算 …………………………………………… 299
　　复习思考题 ………………………………………………………… 301
　　习题 ………………………………………………………………… 301

第三篇　财务会计报告

第十四章　企业财务会计报告 ………………………………………… 303
　　第一节　财务会计报告概述 ……………………………………… 303
　　第二节　资产负债表 ……………………………………………… 305
　　第三节　利润表 …………………………………………………… 312
　　第四节　所有者权益变动表 ……………………………………… 315
　　第五节　现金流量表 ……………………………………………… 318
　　第六节　财务会计报表附注与中期财务会计报告 ……………… 325
　　复习思考题 ………………………………………………………… 327
　　习题 ………………………………………………………………… 327
第十五章　合并会计报表 ……………………………………………… 330
　　第一节　合并会计报表概述 ……………………………………… 330

第二节　合并会计报表的编制……………………………………………331
　　第三节　合并会计报表的编制实例………………………………………333
　　复习思考题……………………………………………………………………342
主要参考文献……………………………………………………………………343

第一篇 财 务 会 计

第一章 总 论

本章学习目标：理解建筑施工企业生产经营活动的内容，建筑产品的特点；掌握建筑施工企业会计的对象、一般原则和目标；了解建筑施工企业的会计工作组织。

第一节 建筑施工企业会计的对象

一、建筑施工企业生产经营活动的内容

（一）建筑施工企业的概念及内容

建筑施工企业，它是指依法自主经营、自负盈亏、独立核算，从事商品生产和经营，具有法人资格的经济实体，是从事建筑安装工程施工活动的企业。

建筑施工企业从事的建筑工程主要包括：房屋、建筑物、设备基础等工程，管道、输电线路、通信导线等的敷设工程，给水排水工程，道路工程，铁路工程，桥梁工程，隧道工程，水利工程，矿井开凿、钻井工程，各种特殊炉的砌筑工程等。从事的安装工程主要有：生产、动力、起重、运输、传动、医疗、实验等各种需要安装设备的装配、装置工程。

（二）建筑施工企业生产经营活动的过程

建筑施工企业的生产经营活动主要包括：供应过程，施工生产过程，完工工程结算过程。

供应过程是指企业受托对合同中设定产品的生产所需要的劳动力、劳动对象和劳动工具等的筹备过程，即募集劳动力，购置材料、物资，购置施工生产设备，建造生产生活用房、构筑房屋等。

施工生产过程是指人们利用劳动工具对劳动对象进行加工，使其成为合同设定产品的过程。即将材料投入生产，经过工人运用各种施工机械和工具进行劳动，逐渐形成各种建筑工程或安装工程的过程。

工程结算过程（建筑产品的销售过程），是指将加工完成的产品按照等价交换的原则交付给委托人的过程。即企业将已经加工完成的建筑工程或安装工程交给委托单位（人），并从中收取产品价款的过程。

二、建筑施工企业会计的对象

（一）建筑施工企业会计的对象

建筑施工企业会计是将会计原理应用于建筑施工企业的一种专业会计。它以货币为主要计量单位，利用专门的方法对建筑施工企业的资金运动进行连续、系统、完整的核算和

监督的一种管理活动。

建筑施工企业会计的对象是指建筑施工企业会计核算和监督的具体内容。建筑施工企业的生产经营活动在市场经济条件下，总是表现和反映为一定的资金运动。建筑施工企业的资金运动是从资金进入企业开始，经过供应、生产、工程结算等阶段，最后通过交纳税费、利润分配等内容，使得部分资金退出生产经营活动为止的整个过程。

通过企业生产经营活动所表现的资金运动内容就是会计核算和监督的内容，也即是建筑施工企业会计对象。对会计对象作最基本的分类则称为会计要素。其具体分为：

1. 反映建筑施工企业财务状况的会计要素

（1）资产。资产是指企业过去的交易或者事项形成的、由企业拥有或者控制的、预期会给企业带来经济利益的资源。该资源按照其流动性可以分为：流动资产与非流动资产。流动资产包括各种库存现金、银行存款、交易性金融资产、应收及预付款项、存货、其他流动资产等。非流动资产则包括可供出售金融资产、持有至到期投资、长期股权投资、投资性房地产、固定资产、无形资产、长期应收款、商誉、长期待摊费用、递延所得税资产等。作为资产应具有的基本特征是：①资产是由于过去的交易、事项所形成的。②资产是企业拥有或控制的。③资产预期会给企业带来经济利益。

（2）负债。负债是指企业过去的交易或者事项形成的、预期会导致经济利益流出企业的现时义务。负债按偿还期间的长短分为流动负债、非流动负债。负债应具有的基本特征是：①负债是基于过去的交易或事项而产生的。②负债是企业承担的现时义务。③负债通常是在未来某一个时日通过交付资产（包括现金和其他资产）或提供劳务加以清偿。④负债需要企业通常以放弃含有经济利益的资产来偿还。

（3）所有者权益。所有者权益是指企业资产扣除负债后由所有者享有的剩余权益。公司的所有者权益又称为股东权益。所有者权益是所有者在企业资产中享有的经济利益，内容包括三方面：所有者投入的资本、直接计入所有者权益的利得和损失、留存收益。所有者投入的资本是所有者实际投入企业经营活动的各种财产物资。利得是指由企业非日常活动所形成的、会导致所有者权益增加的、与所有者投入资本无关的经济利益的流入；损失是指由企业非日常活动所发生的、会导致所有者权益减少的、与向所有者分配利润无关的经济利益的流出。留存收益包括盈余公积和未分配利润，盈余公积又包括按照公司法的要求提取的法定公积和企业根据其财务经营政策自行决定提取的任意公积。所有者权益的基本特征是：①所有者权益虽然是一种债务，但不像负债那样需要偿还，除非企业发生减资、清算。②企业清算时，负债具有优先权，所有者权益是在清偿了所有的负债之后再返还给投资者。③所有者权益能够分享利润，而负债则不能。

2. 反映建筑企业经营成果的会计要素

（1）收入。收入是指企业在日常活动中形成的、会导致所有者权益增加的、与所有者投入资本无关的经济利益的总流入。企业收入按其经营业务主次，分为主营业务收入和其他业务收入，主营业务收入和其他业务收入合并为营业收入。收入不包括为第三方或者客户代收的款项，不包括处置固定资产净收益、出售无形资产所得等。收入的基本特征是：①收入是企业日常活动中产生的，如建筑施工企业交付完工工程、提供劳务等形成的收入。②收入的增加有多种表现形式。③收入将要求企业的所有者权益的增加。

（2）费用。费用是指企业在日常活动中发生的、会导致所有者权益减少的、与向所有者分配利润无关的经济利益的总流出。费用按照经济用途，分为直接材料、直接人工、其他直接费用、制造费用和期间费用；其中：直接材料、直接人工、其他直接费用、制造费用构成营业成本。建筑施工企业的期间费用主要包括管理费用、财务费用。费用的基本特征是：①费用是施工企业在销售建筑产品、提供劳务等日常活动中发生的经济利益的流出，最终将会减少企业的资源。②费用的形式也有多种。③费用将引起企业的所有者权益的减少。

（3）利润。利润是指企业在一定会计期间的经营成果。利润包括收入减去费用后的净额、直接计入当期利润的利得和损失等。直接计入当期利润的利得和损失，是指应当计入当期损益、会导致所有者权益发生增减变动的、与所有者投入资本或者向所有者分配利润无关的利得或者损失。利润由营业利润、营业外收入与营业外支出、所得税等组成。

（二）建筑施工企业会计核算信息质量的要求

会计核算信息质量的要求是衡量会计信息质量的标准，是会计人员选择会计处理方法的指导思想。为了规范建筑施工企业会计核算的行为，提高会计核算质量，保证会计信息有用性，建筑施工企业应当按照《企业会计准则—基本准则》中规定的会计信息质量要求开展会计核算工作，提供会计核算信息。

（1）真实可靠性与内容完整性。企业应当以实际发生的交易或者事项为依据进行会计确认、计量和报告，如实反映符合确认和计量要求的各项会计要素及其他相关信息，保证会计信息真实可靠、内容完整。真实可靠性是指会计信息值得使用者信赖的程度，它包含着提供的信息应能如实反映、具有可验证性和中立性。

（2）相关性。企业提供的会计信息应当与财务会计报告使用者的经济决策需要相关，有助于财务会计报告使用者对企业过去、现在或者未来的情况作出评价或者预测。相关性要求包含会计信息的预测价值、反馈价值和及时性。

（3）清晰性。企业提供的会计信息应当清晰明了，便于财务会计报告使用者理解和使用。

（4）可比性。企业提供的会计信息应当具有可比性。

同一企业不同时期发生的相同或者相似的交易或者事项，应当采用一致的会计政策，不得随意变更。确需变更的，应当在附注中说明。

不同企业发生的相同或者相似的交易或者事项，应当采用规定的会计政策，确保会计信息口径一致、相互可比。

（5）实质重于形式。企业应当按照交易或者事项的经济实质进行会计确认、计量和报告，不应仅以交易或者事项的法律形式为依据。这项要求说明：当法律形式不能准确表达交易或事项的经济实质的时候，应穿越法律的形式，按照交易或事项的经济实质进行核算。

（6）重要性。企业提供的会计信息应当反映与企业财务状况、经营成果和现金流量等有关的所有重要交易或者事项。

（7）谨慎性。企业对交易或者事项进行会计确认、计量和报告应当保持应有的谨慎，不应高估资产或者收益、低估负债或者费用。谨慎性要求反映了会计人员对其所承担的责任的一种态度，它可以在一定程度上降低管理当局对企业通常过于乐观的态度所可能导致的危险。在会计核算过程中，可能会发生一些经济实质与法律形式不相一致的交易或事项，如融资租入固定资产，从法律形式上讲，在租期未满之前，其所有权并未转移给承租人，但从经济实质上看，租赁发生后其与该项固定资产有关的风险和收益已经转移给了承租人，承租人是指谁能够行使对该项固定资产的控制，因此承租人应该将其视为自有固定资产进行管理，并相应计提折旧和根据实际情况计提相应的减值准备。

另外，对固定资产计提减值准备的确认标准，收入的确认标准，资产定义中的拥有或控制权，现金流量表中"现金"概念中的现金等价物，融资租赁业务，长期投资采用成本法或权益法核算的界定，合并会计报表的范围，关联方关系的确定等都是实质重于形式原则的具体体现。

（8）及时性。企业对于已经发生的交易或者事项，应当及时进行会计确认、计量和报告，不得提前或者延后。企业的会计核算应当及时进行，不得提前或延后。比如，股份有限公司的财务报告应当在年度终了四个月内报出；中期报告应当在中期结束后60天内报出。另外，为了保证会计信息的及时性，对于资产负债表日后至财务报告报出之前发生的有关事项，应当加以确认或披露。

（三）建筑施工企业进行会计计量的标准

（1）历史成本。在历史成本计量下，资产按照购置时支付的现金或者现金等价物的金额，或者按照购置资产时所付出的对价的公允价值计量。负债按照因承担现时义务而实际收到的款项或者资产的金额，或者承担现时义务的合同金额，或者按照日常活动中为偿还负债预期需要支付的现金或者现金等价物的金额计量。

（2）重置成本。在重置成本计量下，资产按照现在购买相同或者相似资产所需支付的现金或者现金等价物的金额计量。负债按照现在偿付该项债务所需支付的现金或者现金等价物的金额计量。

（3）可变现净值。在可变现净值计量下，资产按照其正常对外销售所能收到现金或者现金等价物的金额扣减该资产至完工时估计将要发生的成本、估计的销售费用以及相关税费后的金额计量。

（4）现值。在现值计量下，资产按照预计从其持续使用和最终处置中所产生的未来净现金流入量的折现金额计量。负债按照预计期限内需要偿还的未来净现金流出量的折现金额计量。

（5）公允价值。在公允价值计量下，资产和负债按照在公平交易中，熟悉情况的交易双方自愿进行资产交换或者债务清偿的金额计量。

建筑施工企业进行会计核算，对会计要素进行计量时，一般应当采用历史成本，采用重置成本、可变现净值、现值、公允价值计量的，应当保证所确定的会计要素金额能够取得并可靠计量。

第二节 建筑施工企业会计核算的任务

一、建筑产品及建筑产品生产的特点

（一）建筑产品的固定性与建筑生产的流动性

建筑产品的固定性是指每一项建筑安装工程的位置是固定不变的，必须根据合同中规定的地点进行施工，这使得建筑安装工程施工具有流动性的特点。企业的人员和机具，甚

至整个企业机构，要随着施工对象所在地点而迁移流动；在一项工程的施工过程中，施工人员和机具要随施工部位的转移，不断地变换操作场所。

（二）建筑产品类型的多样性与建筑生产的单件性

建筑产品的单件性是指每一建筑产品是根据用户（建设单位）的需要，按合同组织生产的，其功能和形式是随建设单位的实际需要不同而各不相同的。为此，建筑产品类型繁多，要求各异，不可能进行批量生产。每一件产品都必须根据用户要求进行单独的设计和施工，即使采用标准设计，也会因为地质、气象以及各种社会经济环境的不同而采用不同的施工方法。所以，建筑产品的多样性使得在生产中只能单件进行。

（三）建筑产品体积庞大、结构复杂与生产周期长

建筑产品由若干个分部分项工程构成，各部分的结构类型又不完全一致，其内部还有各种设备，施工生产中要占用大量的人力、物力和财力，由众多的人协同劳动，经较长时间加工才能完成。再加上由于产品固定，须按一定的顺序施工，作业空间受到限制，也延缓了施工进度。所以，建筑产品的生产周期一般较长，少则数月，多则数年。

（四）产品使用寿命长

建筑产品具有较长的使用寿命。不论是钢结构、钢筋混凝土结构，还是砖混结构的工程，交付使用后，少则几十年，多则上百年才会丧失使用功能。

二、建筑施工企业会计核算的特点

1. 分级核算的特点

由于建筑产品的固定性，建筑生产的流动性，使得企业在组织核算和对财产物资管理方面具有相适应的特点。即：组织会计核算时，必须加强分级核算，充分调动各级施工单位的积极性；更加重视对机具设备、材料等物资的管理和核算，及时反映其使用和保管情况。

2. 建筑产品成本核算的特点

由于建筑产品的单件性和建筑生产的多样性，使得企业必须按照各项建筑安装工程分别进行成本的核算。凡是能够直接计入某项工程的生产费用，应直接计入该项工程成本，凡是不能够直接计入某项工程而应由各项工程共同负担的生产费用，要按照一定的分配方法，定期分配计入有关工程成本。

与此同时，建筑产品的成本不能按其实物计量单位与上期同类工程成本进行比较，只能采用实际成本与预算成本比较，以考核成本的节超情况。

3. 成本核算和价款结算的特点

由于建筑产品体积庞大、建筑生产周期长，对建筑产品进行的成本核算和价款结算不能等到工程全部完工才进行。除了工期较短、造价较低的工程采用竣工后一次结算工程价款外，大多采用中间结算方式，如按月结算、分段结算等。为了解决企业生产中资金垫支较多的问题，规定了预收款项的制度：根据承担的工程任务情况，预先向发包方收取一定比例的工程进度款（少量的工程备料款），待办理工程价款结算时，逐步予以扣还。

4. 成本费用开支受自然力的影响大

由于建筑产品体积庞大、建筑产品的生产只能露天作业，又无法移动，造成高空作业多，使得有些机械设备、大宗材料等只能存放于露天仓库。由此，对建筑产品的成本核算，便增加了由于风、霜、雨、雪等气候因素造成的财产物资的损失和停窝工损失。

随着建筑生产技术条件和社会条件的变化，建筑产品及其生产的特点，也会不断变化。认识建筑产品与建筑产品生产的特点，对做好企业会计工作是非常重要的。

三、建筑施工企业会计的目标

会计目标是指会计所要实现的目的，会计主要是生成和提供会计信息。会计核算和会计信息服务范围逐步扩大到企业外部的投资者、债权人以及社会公众。

我国的会计目标是与社会主义市场经济体制相适应的。我国的会计目标仍然是对会计主体的经济活动进行核算，提供反映会计主体经济活动的信息。

（一）为国家宏观经济管理和调控提供会计信息

企业是整个国民经济的细胞，是宏观经济的微观个体。企业生产经营的好坏，经济效益的高低，直接影响着整个国民经济的运行。在社会主义市场经济条件下，政府仍然需要通过一定的宏观调控和管理措施对国民经济运行情况进行调节，需要通过对企业会计归集整理的会计信息进行汇总分析，以了解和掌握国民经济运行情况并对此作出准确的判断，借以制定实施正确合理有效的调控和管理措施，促进国民经济的有序发展。

（二）为企业内部经营管理提供会计信息

企业内部的管理质量的高低，直接影响到企业的经济效益，影响到企业在市场上的竞争力，进而影响到企业的生存和发展。因此，会计是企业内部的第一信息系统，会计提供准确可靠的信息，有助于决策者进行合理的决策，有助于强化内部管理。

（三）为企业外部各有关方面提供会计信息

会计要为企业外部各有关方面，如投资人、债权人以及社会公众了解财务状况、经营成果提供有用的会计信息。这样，一方面接受企业外部各有关方面的监督，使其关心企业的发展；一方面及时提供会计信息，真实反映企业的财务状况和经营成果，以满足企业现实的投资者和潜在的投资者进行投资决策的需要，进而为企业提供扩大再生产所需的资金。

第三节 建筑企业会计工作组织

会计工作组织是指会计机构、会计人员、会计制度和会计工作组织形式的总称。

科学地组织会计工作，是充分发挥会计作用、完成会计任务的一个重要条件。建筑施工企业应该根据国家有关的规定，结合企业自身的具体情况，建立健全会计机构，制定合理的会计制度，强化会计队伍的建设。

一、会计工作机构

（一）会计机构设置的原则

会计机构的设置是会计制度在组织上的落实，它涉及会计部门和会计人员的内部分工。为此，会计机构的设置应遵循以下的共同性的原则：

1. <u>应与本单位业务类型和规模相适应</u>

每个企业（单位）的业务类型不同，其经济业务内容和数量也不同，组织会计工作的方法和会计机构内部的分工也就有区别。如果经营过程复杂，业务量大，会计机构就要相应地大些，人员配备就应多些，内部分工便要细些；如果经营过程比较简单，业务量小，则机构可以小些，内部分工也可以粗些。

2. 应有利于提高工作效率

会计机构是为搞好会计工作和管理工作服务的,因此一定要根据工作的实际需要和精简的原则,合理设计,防止机构重叠、人浮于事,避免人力、物力的浪费和滋长官僚主义。

3. 内部分工应明确、具体

每个部门和工作人员应有明确的职权、责任和具体的工作内容,做到部门之间职责清、任务明,有利于实行岗位责任制。同时,在内部分工中,要贯彻内部控制制度,做到在工作中相互制约,相互监督,以防止工作中的失误和弊端。

(二)会计机构的设置

会计机构是指组织领导和处理会计工作的职能机构。根据《会计基础工作规范》的要求,企业应当根据会计业务的需要设置会计机构;不具备设置会计机构条件的,应当在有关机构中配备专职会计人员。没有设置会计机构和配备专职会计人员的单位,应当根据《代理记账管理办法》委托会计师事务所或者持有代理记账许可证的其他代理记账机构进行代理记账。

在建筑施工企业,一般都要设置单独的会计机构,配备会计机构负责人和必要的专职会计人员。为了更好地把会计工作组织起来,并促使企业各个职能部门和所属各施工单位的生产经营的各个环节讲求经济效益,加强经济核算,大中型建筑施工企业还应该设置总会计师,建立总会计师的经济责任制。

建筑施工企业应当根据会计业务需要设置会计工作岗位。会计工作岗位一般可分为:会计机构负责人或者会计主管人员,出纳,财产物资核算,工资核算,成本费用核算,财务成果核算,资金核算,往来核算,总账报表,稽核,档案管理等。

会计工作岗位,可以是一人一岗、一人多岗、一岗多人。但出纳人员不得监管稽核、会计档案保管和收入、费用、债权债务账目的登记工作。

建筑施工企业的会计机构应遵循"统一领导、分级管理、分级核算"的原则,根据企业的生产经营规模和管理工作的实际需要,建立相应的核算体制,以正确处理各级的权责关系。建筑施工企业的核算体制应该与其管理体制相适应。一般情况,公司为独立核算单位,独立核算企业盈亏,全面核算企业各项经济技术指标;公司所属的分公司(工程处、工区)为内部独立核算单位,在公司统筹下核算施工生产所需资金,并单独计算盈亏;分公司所属的项目经理部(施工队)为内部核算单位。以此,构成了建筑施工企业完整的核算体系。

二、会计法规

(一)会计法规体系

会计法规是规范和指导各单位和会计人员的重要依据。会计法规及其体系是会计人员的必备知识,掌握这些知识,有助于会计从业人员做好会计工作,提高遵法守纪的自觉性。

中国会计法规体系是一个以《会计法》为核心的、国家统一的会计制度为主体的相对比较完整的法规系统。中国会计法规体系构成见图1-1。

(二)会计规范

建筑施工企业会计要向企业的外部利益集团提供高质量的会计信息,就要严格遵循一定的核算标准、规则,即会计规范。会计规范一般包括法律规范、职业道德规范和会计准则规范。

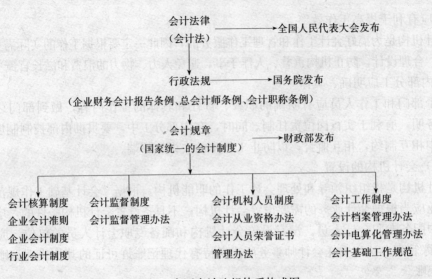

图1-1 中国会计法规体系构成图

1. 法律规范

法律规范是调整当事人之间权利义务关系的标准。会计法律规范是指会计主体在按照会计法规进行会计核算时所形成的权利义务关系,是会计法规确认和调整的由会计行为所产生的社会联系,这种联系受国家强制力的保护。我国会计法规体系以《中华人民共和国会计法》为核心,包括拥有立法权的国家机关和依照立法程序制定和颁布的规范性文件、法规,如《会计基础工作规范》、《会计档案保管规定》等,它对会计具有最强的约束力。

2. 会计职业道德规范

会计职业道德规范是指从事会计职业的人员,在会计工作中应该遵循的、与职业活动相适应的行为准则;是会计人员在其特定的会计工作中的各种行为规范的总和,它是一般职业道德在其职业生活中的特殊要求,同时带有明显的行业特征,是对会计工作实践中具有全局意义的基本道德关系的概括与反映。

会计职业道德所包含的具体内容为:职业品德、职业纪律、专业胜任能力和职业责任。

职业品德:是会计人员应当具备的品质。如热爱会计工作,具有严谨而富有创造性的工作态度以及良好的工作作风。

职业纪律:体现为各种有关的法规、政策、制度等,是维护和贯彻会计职业道德的保证。

专业胜任能力:是最基本的职业道德,是完成会计信息加工任务的前提。

职业责任:则是会计人员加工会计信息而对内部和外部的关系人所应负担的义务,强化与明确职业责任,才能增加职业道德的约束能力。

我国有关会计人员职业道德的规范分散在有关的法规中,如《会计人员工作细则》则对会计人员职业道德有明确的要求。另外,对中国注册会计师颁布了执业注册会计师的职业道德准则。

3. 会计准则规范

会计准则规范是从会计专业技术角度对会计核算的程序、方法以及会计业务的处理确立的标准。

企业会计准则作为财政部制定的会计规章的一部分,与其他会计核算规范相比,它重在规范会计要素的确认、计量和相关信息的披露问题。企业会计准则体系由基本准则、具体准则和应用指南三个部分构成。基本准则是纲,在整个准则体系中起着统驭作用;具体准则是目,是依据基本准则原则要求对有关业务或报告做出的具体规定;应用指南是补充,是对具体准则的操作指引。

(1) 基本准则。2007年1月1日开始在上市公司执行的《企业会计准则—基本准则》,是用来规范企业会计确认、计量和报告行为,以保证会计信息质量。基本准则规定了会计确认、计量和报告的基本前提条件和计量标准,规定了会计要素的构成内容、提供会计信息质量和编制财务会计报告的基本要求。

(2) 具体准则。2006年发布的、2007年1月1日在上市公司执行的具体准则共计38项,见表1-1。

企业会计准则—具体准则一览表　　　　　表1-1

序　号	新企业会计准则	实施时间	实施范围
第1号	存　货	2007年1月1日	上市公司执行
第2号	长期股权投资	2007年1月1日	上市公司执行
第3号	投资性房地产	2007年1月1日	上市公司执行
第4号	固定资产	2007年1月1日	上市公司执行
第5号	实物生物资产	2007年1月1日	上市公司执行
第6号	无形资产	2007年1月1日	上市公司执行
第7号	非货币性资产交易	2007年1月1日	上市公司执行
第8号	资产减值	2007年1月1日	上市公司执行
第9号	职工薪酬	2007年1月1日	上市公司执行
第10号	企业年金基金	2007年1月1日	上市公司执行
第11号	股份支付	2007年1月1日	上市公司执行
第12号	债务重组	2007年1月1日	上市公司执行
第13号	或有事项	2007年1月1日	上市公司执行
第14号	收　入	2007年1月1日	上市公司执行
第15号	建造合同	2007年1月1日	上市公司执行
第16号	政府补助	2007年1月1日	上市公司执行
第17号	借款费用	2007年1月1日	上市公司执行
第18号	所得税	2007年1月1日	上市公司执行
第19号	外币折算	2007年1月1日	上市公司执行
第20号	企业合并	2007年1月1日	上市公司执行
第21号	租　赁	2007年1月1日	上市公司执行
第22号	金融工具确认和计量	2007年1月1日	上市公司执行
第23号	金融资产转移	2007年1月1日	上市公司执行
第24号	套期保值	2007年1月1日	上市公司执行
第25号	原保险合同	2007年1月1日	上市公司执行
第26号	再保险合同	2007年1月1日	上市公司执行
第27号	石油天然气开采	2007年1月1日	上市公司执行

续表

序 号	新企业会计准则	实施时间	实施范围
第28号	会计政策、会计估计变更和差错更正	2007年1月1日	上市公司执行
第29号	资产负债表日后事项	2007年1月1日	上市公司执行
第30号	财务报表列报	2007年1月1日	上市公司执行
第31号	现金流量表	2007年1月1日	上市公司执行
第32号	中期财务报告	2007年1月1日	上市公司执行
第33号	合并财务报表	2007年1月1日	上市公司执行
第34号	每股收益	2007年1月1日	上市公司执行
第35号	分部报告	2007年1月1日	上市公司执行
第36号	关联方披露	2007年1月1日	上市公司执行
第37号	金融工具列报	2007年1月1日	上市公司执行
第38号	首次执行企业会计准则	2007年1月1日	上市公司执行

（三）企业会计准则—应用指南

2006年12月29日财政部发布了《企业会计准则—应用指南》，于2007年1月1日起在上市公司范围内执行。包括两部分内容：第一部分，32个准则的应用指南；第二部分为附录：会计科目和主要经济业务处理。《企业会计准则—应用指南》内容如表1-2所示。

2006《企业会计准则—应用指南》目录　　　　　　　　　表1-2

类别	内　　容			
	企业会计准则—应用指南			
一、	1号：存货	2号：长期股权投资	3号：投资性房地产	4号：固定资产
	5号：生物资产	6号：无形资产	7号：非货币性资产交易	8号：资产减值
	9号：职工薪酬	10号：企业年金基金	11号：股份支付	12号：债务重组
	13号：或有事项	14号：收入	16号：政府补助	17号：借款费用
	18号：所得税	19号：外币折算	20号：企业合并	21号：租赁
	22号：金融工具确认和计量	23号：金融资产转移	24号：套期保值	27号：石油天然气开采
	28号：会计政策、会计估计变更和差错更正	30号：财务报表列报	31号：现金流量表	33号：合并财务报表
	34号：每股收益	35号：分部报告	37号：金融工具列报	38号：首次执行企业会计准则
二、	附录：会计科目及主要经济业务处理			
	附录：会计科目和主要账务处理（1）	附录：会计科目和主要账务处理（2）	附录：会计科目和主要账务处理（3）	附录：会计科目和主要账务处理（4）
	附录：会计科目和主要账务处理（5）	附录：会计科目和主要账务处理（6）	附录：会计科目和主要账务处理（7）	附录：会计科目和主要账务处理（8）
	附录：会计科目和主要账务处理（9）	附录：会计科目和主要账务处理（10）		

(四) 会计科目

1. 统一会计科目

会计科目和主要账务处理依据企业会计准则中确认和计量的规定制定，涵盖了各类企业的交易或者事项。企业在不违反会计准则中确认、计量和报告规定的前提下，可以根据本单位的实际情况自行增设、分拆、合并会计科目。企业不存在的交易或者事项，可不设置相关会计科目。对于明细科目，企业可以比照本附录中的规定自行设置。会计科目编号供企业填制会计凭证、登记会计账簿、查阅会计账目、采用会计软件系统参考，企业可结合实际情况自行确定会计科目编号。会计科目见表1-3。

会计科目表　　　　　　　　　　　　　　　　　　　　表1-3

顺序号	编号	会计科目名称	顺序号	编号	会计科目名称
		一、资产类	26	1401	材料采购
1	1001	库存现金	27	1402	在途物资
2	1002	银行存款	28	1403	原材料
3	1003	存放中央银行款项	29	1404	材料成本差异
4	1011	存放同业	30	1405	库存商品
5	1012	其他货币资金	31	1406	发出商品
6	1021	结算备付金	32	1407	商品进销差价
7	1031	存出保证金	33	1408	委托加工物资
8	1101	交易性金融资产	34	1411	周转材料
9	1111	买入返售金融资产	35	1421	消耗性生物资产
10	1121	应收票据	36	1431	贵金属
11	1122	应收账款	37	1441	抵债资产
12	1123	预付账款	38	1451	损余物资
13	1131	应收股利	39	1461	融资租赁资产
14	1132	应收利息	40	1471	存货跌价准备
15	1201	应收代位追偿款	41	1501	持有至到期投资
16	1211	应收分保账款	42	1502	持有至到期投资减值准备
17	1212	应收分保合同准备金	43	1503	可供出售金融资产
18	1221	其他应收款	44	1511	长期股权投资
19	1231	坏账准备	45	1512	长期股权投资减值准备
20	1301	贴现资产	46	1521	投资性房地产
21	1302	拆出资金	47	1531	长期应收款
22	1303	贷款	48	1532	未实现融资收益
23	1304	贷款损失准备	49	1541	存出资本保证金
24	1311	代理兑付证券	50	1601	固定资产
25	1321	代理业务资产	51	1602	累计折旧

续表

顺序号	编号	会计科目名称	顺序号	编号	会计科目名称
52	1603	固定资产减值准备	85	2232	应付股利
53	1604	在建工程	86	2241	其他应付款
54	1605	工程物资	87	2251	应付保单红利
55	1606	固定资产清理	88	2261	应付分保账款
56	1611	未担保余值	89	2311	代理买卖证券款
57	1621	生产性生物资产	90	2312	代理承销证券款
58	1622	生产性生物资产累计折旧	91	2313	代理兑付证券款
59	1623	公益性生物资产	92	2314	代理业务负债
60	1631	油气资产	93	2401	递延收益
61	1632	累计折耗	94	2501	长期借款
62	1701	无形资产	95	2502	应付债券
63	1702	累计摊销	96	2601	未到期责任准备金
64	1703	无形资产减值准备	97	2602	保险责任准备金
65	1711	商誉	98	2611	保户储金
66	1801	长期待摊费用	99	2621	独立账户负债
67	1811	递延所得税资产	100	2701	长期应付款
68	1821	独立账户资产	101	2702	未确认融资费用
69	1901	待处理财产损溢	102	2711	专项应付款
		二、负债类	103	2801	预计负债
70	2001	短期借款	104	2901	递延所得税负债
71	2002	存入保证金			三、共同类
72	2003	拆入资金	105	3001	清算资金往来
73	2004	向中央银行借款	106	3002	货币兑换
74	2011	吸收存款	107	3101	衍生工具
75	2012	同业存放	108	3201	套期工具
76	2021	贴现负债	109	3202	被套期项目
77	2101	交易性金融负债			四、所有者权益类
78	2111	卖出回购金融资产款	110	4001	实收资本
79	2201	应付票据	111	4002	资本公积
80	2202	应付账款	112	4101	盈余公积
81	2203	预收账款	113	4102	一般风险准备
82	2211	应付职工薪酬	114	4103	本年利润
83	2221	应交税费	115	4104	利润分配
84	2231	应付利息	116	4201	库存股

续表

顺序号	编号	会计科目名称	顺序号	编号	会计科目名称
		五、成本类	136	6301	营业外收入
117	5001	生产成本	137	6401	主营业务成本
118	5101	制造费用	138	6402	其他业务成本
119	5201	劳务成本	139	6403	营业税金及附加
120	5301	研发支出	140	6411	利息支出
121	5401	工程施工	141	6421	手续费及佣金支出
122	5402	工程结算	142	6501	提取未到期责任准备金
123	5403	机械作业	143	6502	提取保险责任准备金
		六、损益类	144	6511	赔付支出
124	6001	主营业务收入	145	6521	保单红利支出
125	6011	利息收入	146	6531	退保金
126	6021	手续费及佣金收入	147	6541	分出保费
127	6031	保费收入	148	6542	分保费用
128	6041	租赁收入	149	6601	销售费用
129	6051	其他业务收入	150	6602	管理费用
130	6061	汇兑损益	151	6603	财务费用
131	6101	公允价值变动损益	152	6604	勘探费用
132	6111	投资收益	153	6701	资产减值损失
133	6201	摊回保险责任准备金	154	6711	营业外支出
134	6202	摊回赔付支出	155	6801	所得税费用
135	6203	摊回分保费用	156	6901	以前年度损益调整

2. 建筑施工企业常用会计科目

根据企业会计准则的规定，建筑施工企业会计核算中常用的会计科目如表1-4所示。

建筑施工企业常用会计科目 表1-4

顺序号	编号	会计科目名称	顺序号	编号	会计科目名称
		一、资产类	8	1131	应收股利
1	1001	库存现金	9	1132	应收利息
2	1002	银行存款	10	1221	其他应收款
3	1012	其他货币资金	11	1231	坏账准备
4	1101	交易性金融资产	12	1401	材料采购
5	1121	应收票据	13	1402	在途物资
6	1122	应收账款	14	1403	原材料
7	1123	预付账款	15	1404	材料成本差异

续表

顺序号	编号	会计科目名称	顺序号	编号	会计科目名称
16	1405	库存商品	49	2231	应付利息
17	1406	发出商品	50	2232	应付股利
18	1408	委托加工物资	51	2241	其他应付款
19	1411	周转材料	52	2401	递延收益
20	1471	存货跌价准备	53	2501	长期借款
21	1501	持有至到期投资	54	2502	应付债券
22	1502	持有至到期投资减值准备	55	2701	长期应付款
23	1503	可供出售金融资产	56	2702	未确认融资费用
24	1511	长期股权投资	57	2711	专项应付款
25	1512	长期股权投资减值准备	58	2801	预计负债
26	1521	投资性房地产	59	2901	递延所得税负债
27	1531	长期应收款			三、所有者权益类
28	1541	存出资本保证金	60	4001	实收资本
29	1601	固定资产	61	4002	资本公积
30	1602	累计折旧	62	4101	盈余公积
31	1603	固定资产减值准备	63	4103	本年利润
32	1604	在建工程	64	4104	利润分配
33	1605	工程物资	65	4201	库存股
34	1606	固定资产清理			四、成本类
35	1701	无形资产	66	5201	劳务成本
36	1702	累计摊销	67	5301	研发支出
37	1703	无形资产减值准备	68	5401	工程施工
38	1711	商誉	69	5402	工程结算
39	1801	长期待摊费用	70	5403	机械作业
40	1811	递延所得税资产			五、损益类
41	1901	待处理财产损溢	71	6001	主营业务收入
		二、负债类	72	6051	其他业务收入
42	2001	短期借款	73	6101	公允价值变动损益
43	2101	交易性金融负债	74	6111	投资收益
44	2201	应付票据	75	6301	营业外收入
45	2202	应付账款	76	6401	主营业务成本
46	2203	预收账款	77	6402	其他业务成本
47	2211	应付职工薪酬	78	6403	营业税金及附加
48	2221	应交税费	79	6602	管理费用

续表

顺序号	编号	会计科目名称	顺序号	编号	会计科目名称
80	6603	财务费用	83	6801	所得税费用
81	6701	资产减值损失	84	6901	以前年度损益调整
82	6711	营业外支出			

在实际操作中，根据核算需要也可以增设会计科目，如"低值易耗品"、"待摊费用"、"预提费用"、"临时设施摊销"等科目；还可以将"固定资产——临时设施"明细科目设置为"临时设施"一级科目等。

（五）相关的企业会计核算与管理的规定

除了上述会计准则和会计核算制度外，财政部还根据会计实务要求，制定了一系列有关具体核算与管理需要的规定、办法等。

三、会计人员

会计人员是指从事会计工作、处理会计事务、完成会计任务的人员。从事会计工作的人员，必须取得会计从业资格证书。按照会计岗位的设置，企业配备的会计人员，一般有：主管会计、出纳员、记账员、审核员、会计员（包括财产物资核算，工资核算，成本费用核算，财务成果核算，资金核算员，往来核算，总账报表）以及档案管理等。

为了保障会计人员依法行使职权，《中华人民共和国会计法》明确规定会计人员的职责是进行会计核算和实行会计监督。会计人员应当遵守职业道德，提高业务素质，以身作则，忠于职守，坚持原则，按照《中华人民共和国会计法》和国家统一会计制度的规定，进行会计核算，提供合法、真实、正确、完整的会计信息；依据财经法律、法规、规章和会计法律、法规以及国家统一会计制度严格审查单位财务收支，监督本单位的经济活动。

为了调动会计人员的工作热情和积极性，国家根据会计人员的专业知识、工作能力及其学历、从事会计工作的经历等条件，评定业务技术职称。国务院对会计人员确定了四种技术职称，即：会计员、助理会计师、会计师和高级会计师。

复 习 思 考 题

1. 什么叫建筑施工企业？
2. 建筑施工企业会计的对象及原则。
3. 如何理解建筑施工企业会计的特点？
4. 会计的目标是什么？
5. 建筑施工企业的会计工作组织包括的内容有哪些？
6. 中国会计法规体系是怎样的构成？
7. 认识会计岗位设置和会计人员的要求。

第二章 货币资金核算

本章学习目标：懂得企业货币资金的内容和管理要求，掌握货币资金核算的方法，掌握外币业务的折算和核算方法。

货币资金是指企业资金周转过程中，以货币形态存在的那部分资金。企业的货币资金通常包括库存现金、银行存款和其他货币资金。它是以货币形态存在于建筑施工企业的生产经营活动中的资产，是企业流动资产的重要组成部分，在企业所有的资产中，其流动性最强。

一个企业拥有货币资金的多少，能够反映该企业具有的偿债能力和支付能力的大小，反映该企业抵御风险的能力。但由于资金的时间价值，由于使用资金需要付出代价，所以企业需要科学、合理地保留一部分货币资金。

货币资金在企业的生产经营活动中有着不可或缺的作用。由于货币资金具有流动性强、流动量大、普遍可接受性以及易于散失、挪用和被盗等特点，为此，企业应该根据国家的有关法律和《内部控制规范—货币资金》，结合企业内部货币资金控制规定，建立适合本企业业务特点和管理要求的货币资金内部控制制度，认真做好货币资金的核算工作，加强对货币资金的管理。

第一节 库存现金核算

一、库存现金的管理

（一）库存现金的概念

现金的概念有广义和狭义之分。在西方会计中的"现金"，包括企业的库存现金、银行存款和现金等价物，属于广义的概念；在我国企业会计报表的现金流量表中的"现金"，包括企业的库存现金、随时可以用于支付的存款以及现金等价物，也属于广义的概念。狭义的"现金"概念，是仅指企业的库存现金，包括库存人民币和外币。在我国的会计核算中所指的现金即为狭义的概念。

（二）库存现金管理的内容

库存现金是企业流动性最强的货币资金，能够随时购买材料、物资等各种物品，是最具有通用性的、也是最容易受到侵吞和挪用的资产。因此，企业必须加强对库存现金日常收支的管理，严格执行国务院的《现金管理条理》，建立和完善现金内部管理制度，确保库存现金的完好无损。库存现金管理内容包括如下：

1. 库存现金的开支范围

根据国务院颁发的《现金管理条理》，企业可以在以下范围内使用现金支付：

（1）职工工资、津贴。
（2）个人劳务报酬。

(3) 根据国家规定颁发给个人的科学技术、文化艺术、体育等方面的各种奖金。
(4) 各种劳保、福利费用以及国家规定的对个人的其他支出等。
(5) 向个人收购农副产品和其他物资的价款。
(6) 出差人员必须随身携带的差旅费。
(7) 结算起点（1 000元）以下的零星开支。
(8) 中国人民银行确定需要支付现金的其他支出。

企业与其他单位之间的经济往来，除在规定的范围内可使用现金外，必须通过开户银行进行转账结算。

2. 库存现金限额

库存现金限额是指企业保留库存现金的最高数额。根据我国现行规定，企业日常零星开支所需库存现金数额，由开户银行根据企业的规模大小、日常现金开支的多少、企业距离银行的远近以及交通是否便利等实际情况来核定。库存现金限额一般为3~5天的日常零星开支，边远地区和交通不便地区，限额可以多于5天，但最多不得超过15天的需要量。库存现金限额一经开户银行核定，企业必须严格遵守。超过限额规定的现金应及时存入银行。在库存现金限额不足以保证日常零星开支时，企业应当及时向开户银行提出申请，经开户银行核定后进行库存限额的调整。

3. 不得坐支现金

坐支现金是指企业用经营业务收入的现金直接支付自身的支出。企业支付现金时，可以从本企业的库存现金限额中支付，也可从银行存款账户中提取现金支付，但不能用经营业务收入的现金直接支付，即不得坐支现金。企业的经营业务收入的现金应及时送存银行，因特殊情况需要坐支现金的，应事先报经开户银行审查批准。由开户银行核定其坐支范围和限额。企业应该按规定定期向开户银行报告其坐支现金情况。

4. 现金管理的其他规定

(1) 不得挪用现金和不符合财务手续的原始凭证（俗称"白条"）抵库。
(2) 不得公款私存，将单位收入的现金存入个人储蓄账户。
(3) 不得私设小金库，企业一切现金收入都必须入账，不得保留账外现金。
(4) 不准私人借用公款。
(5) 单位之间不得转借现金。
(6) 不准编造、谎报用途套取现金。
(7) 不准用银行账户代其他单位、个人存入或支取现金等。

企业应当定期或不定期地进行现金盘点，确保现金账面余额与实际库存现金余额相符。

开户银行有权对企业的现金收支情况和库存现金限额的遵守情况进行检查，对违反规定的，开户银行可进行相应的罚款和处罚。

二、库存现金的核算

（一）库存现金核算的依据

现金的日常收支必须有严格的规章制度来加以约束。一般涉及现金收支业务都要经过业务、出纳、会计和银行等多个部门共同操作，才得以完成。为了加强现金管理，企业应该建立现金管理的责任制，配备专门负责办理现金的收付和保管的会计人员，负责这类会计业务的人员称为出纳人员。出纳人员在办理现金的收付业务时，应以经过审核无误的会计凭证为依据，及时登记有关账簿，以便于及时反映和检查现金的收支结存情况。同时，为企业财务管理和事后分析检查提供依据。

企业每一项现金收支业务都要有合法的原始凭证，作为现金收付款的书面证明和核算的依据。例如，向银行提取现金，应该填制现金支票；用现金借支差旅费，要有经过有关负责人审批同意并由借款人签章的借款单；报销差旅费时，应该有出差人员签章的差旅费报销单、车船费单据；用现金支付零星购料款时，需要有供货单位的有效发票；出售物品、废旧材料取得的现金收入，应有本单位开具的发票；用现金支付职工劳务报酬时，应有经领款人签收的工资结算凭证或领款单；将现金送存银行，应有现金缴款单等。

现金收支的原始凭证，必须经过审核后才能填制记账凭证。为了保证会计记录真实、准确，充分发挥会计监督作用，对反映现金收支业务的原始凭证的审核，企业会计人员一般要从原始凭证的真实性、合法性和原始凭证的准确性、完整性两个方面进行。对于不合法、不真实的原始凭证不予受理；对于记载不准确、不完整的原始凭证应予以退回，要求出具单位予以更正、补充。经过审核后的原始凭证，即可据以编制收款凭证和付款凭证，并办理现金的收付。出纳人员在收付现金以后，还应在原始凭证上加盖"收讫"或"付讫"的戳记，表示款项已经收去或支付。经过审核无误的记账凭证方可据以记账。

如企业按照经济业务的内容分别填制收款凭证、付款凭证的，其收、付款凭证格式如表 2-1、表 2-2 所示。

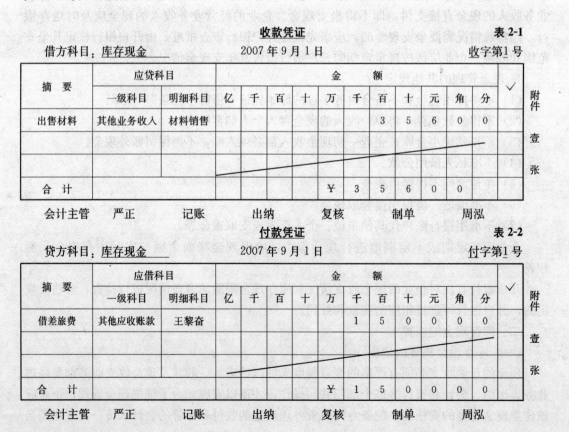

对于将现金存入银行或从银行提取现金的这类业务，属于货币资金内部的划转，只要填制一张收款凭证或付款凭证。一般只填制付款凭证，不填制收款凭证，以免重复登账。

（二）库存现金的核算

库存现金的核算包括库存现金的总分类核算和序时核算。库存现金的总分类核算，即由企业会计人员根据反映现金收付款业务的记账凭证或根据其他会计核算形式所规定的登记总账的依据登记"库存现金总账"，以提供企业库存现金增减变动的总括性核算指标所进行的核算。库存现金的序时核算则由企业出纳人员依据反映现金收付款业务的记账凭证，按照经济业务发生的先后顺序逐日逐笔登记"库存现金日记账"，以提供企业现金增减变动的序时指标所进行的核算。

1. 总分类核算

为了总括反映企业库存现金的收入、支出和结存情况，应该设置"库存现金"总分类账户。该账户的借方记录企业库存现金增加的数额，贷方记录企业库存现金减少的数额，期末余额在借方，反映企业持有的库存现金。

【例2-1】 公司从银行提取现金6 000元，备作零星开支。根据现金支票存根所表明的金额，会计分录如下：

  借：库存现金   6 000
    贷：银行存款   6 000

【例2-2】 公司办公室主任王黎奋出差预借款项1 500元，凭有效的借款单支付现金。会计分录如下：

  借：其他应收款——王黎奋   1 500
    贷：库存现金   1 500

【例2-3】 公司出售废旧材料，收回现金356元。凭本公司开出的收款收据收取现金，会计分录如下：

  借：库存现金   356
    贷：其他业务收入——材料销售收入   356

【例2-4】 将上述收取的现金送存银行。根据银行盖章退回的缴款单，会计分录如下：

  借：银行存款   356
    贷：库存现金   356

【例2-5】 公司办公室主任王黎奋出差回来凭差旅费票据报销差旅费1 346元，退回余款。会计分录如下：

  借：管理费用——差旅交通费   1 346
    库存现金   154
    贷：其他应收款——王黎奋   1 500

2. 库存现金的序时核算

库存现金的序时核算是通过序时账簿也称日记账进行的。企业应当设置"库存现金日记账"，由出纳人员根据收付款凭证，按照经济业务发生的先后顺序逐日逐笔登记。每日终了，应当计算当日的现金收入合计额、现金支出合计额和结余额，并将结余额与实际库存额核对，做到账款相符。

有外币现金的企业,需要分别以货币种类设置"库存现金日记账"进行明细核算。库存现金三栏式日记账的格式如表2-3所示。

库存现金日记账　　　　　　　　　　　　　表2-3

第1页

07年		凭证		摘　要	对方科目	账页	借　方	贷　方	结　存
月	日	种类	号数						
9	1			月初余额					1 000.00
	1	记	1	提取现金	银行存款	1	6 000.00		7 000.00
	1	记	2	借差旅费	其他应收款	3		1 500.00	5 500.00
	1	记	3	出售废料	其他业务收入	2	356.00		5 856.00
	2	记	4	送存银行	银行存款	1		356.00	5 500.00
	2	记	5	退回余款	管理费用	1		154.00	5 654.00
	……						……	……	……
	30			本月合计			……	……	……

三、库存现金的清查

为了保证企业的现金做到账款相符,应对库存现金进行清查,以确定库存现金的安全、完整。

库存现金的清查主要是采用实地盘点方法,内容有:出纳人员每日的清点核对、账款核对和清查小组定期或不定期的清查与核对。现金清查结束后,应根据清查的结果与现金日记账核对的情况填制"库存现金查点报告表"。"库存现金查点报告表"应由清查人员和出纳员共同签章方能生效。

根据《企业会计制度》规定,每日终了结算现金收支、财产清查等发现的有待查明原因的现金短缺或溢余,应通过"待处理财产损溢—待处理流动资产损溢"账户核算。属于现金短缺,应该按照实际短缺的金额借记"待处理财产损溢—待处理流动资产损溢"账户,贷记"库存现金";属于现金溢余,按照实际溢余的金额,应借记"库存现金",贷记"待处理财产损溢—待处理流动资产损溢"账户。待查明原因后,对发生现金短缺的处理是:如属于应由责任人赔偿的部分,借记"其他应收款—应收现金短缺款(××责任人)"或"库存现金";属于应由保险公司赔偿的部分,借记"其他应收款—应收保险赔款";属于无法查明的其他原因,根据管理权限,经过批准后,借记"管理费用—现金短缺"。对发生现金溢余的处理是:如属于应支付给有关人员或单位的,贷记"其他应付款—应付现金溢余(××个人或单位)";属于无法查明的其他原因的现金溢余,经过批准后,贷记"营业外收入—现金溢余"。

【例2-6】 公司进行现金盘点,发现短款78元,原因待查。

1/2 借:待处理财产损溢—待处理流动资产损溢　　　　　78
　　　贷:库存现金　　　　　　　　　　　　　　　　　　　78

2/2 经查,属于无法查明的原因,经批准后结转:

借：管理费用—现金短缺　　　　　　　　　　　　　　　　78
　　贷：待处理财产损溢—待处理流动资产损溢　　　　　　78

【例 2-7】 公司盘点发现现金库存余额大于账存余额 154 元，原因待查。
1/2 借：库存现金　　　　　　　　　　　　　　　　　　154
　　　贷：待处理财产损溢—待处理流动资产损溢　　　　154
2/2 经查，属于少付职工林语的款项。
　　借：待处理财产损溢—待处理流动资产损溢　　　　　154
　　　贷：其他应付款—应付现金溢余（职工林语）　　　154

四、备用金核算

建筑施工企业根据业务情况，需要设置"备用金"账户，核算企业财务部门单独拨给企业内部各单位备作差旅费、零星采购或零星开支使用的周转款项。"备用金"账户的借方，记录企业财务部门拨付给企业内部各单位周转使用的备用金；贷方核算企业向各内部单位收回的备用金；期末余额在借方，反映企业各内部单位占用的备用金。

备用金应该按照规定用途使用，不得转借给他人或挪作他用。支用的备用金，必须在规定期限内办理报销手续，交回余额；前账不清，不得继续借用备用金。

【例 2-8】 公司办公室伍进丰根据计划需要购买办公用品，预借现金 500 元。
　　借：备用金—伍进丰　　　　　　　　　　　　　　　500
　　　贷：库存现金　　　　　　　　　　　　　　　　　500

【例 2-9】 伍进丰凭购物发票和验收单报销购买办公用品的费用 516.50 元，余款现金补付。
　　借：管理费用—办公费　　　　　　　　　　　　　　516.50
　　　贷：备用金—伍进丰　　　　　　　　　　　　　　500
　　　　　库存现金　　　　　　　　　　　　　　　　　16.5

实现定额备用金的单位，自备用金中支付零星支出，应根据有关的支出凭单，定期编制备用金报销清单，财务部门根据内部各单位提供的备用金报销清单，定期补足备用金，借记"管理费用"等账户，贷记本科目或"银行存款"科目。除了增加或减少拨入的备用金外，使用或报销有关备用金支出时不再通过"备用金"科目核算。

【例 2-10】 公司办公室实现定额备用金制度，根据企业有关规定核定的备用金定额为 2 000 元，负责此项工作的伍进丰凭据取得备用金，现金付出。
　　借：备用金—办公室—伍进丰　　　　　　　　　　　2 000
　　　贷：库存现金　　　　　　　　　　　　　　　　　2 000

【例 2-11】 数日后，伍进丰凭差旅费单据报销差旅费 120 元、购物发票和验收单报销购买办公用品费用 1 326 元，现金付出。
　　借：管理费用—办公费用　　　　　　　　　　　　　1 326
　　　　管理费用—差旅交通费　　　　　　　　　　　　54
　　　贷：库存现金　　　　　　　　　　　　　　　　　1 380

【例 2-12】 根据需要收回备用金时的处理：
　　借：库存现金　　　　　　　　　　　　　　　　　　2 000
　　　贷：备用金—办公室—伍进丰　　　　　　　　　　2 000

第二节 银行存款核算

一、银行存款的管理

（一）银行转账结算

企业日常的收付结算方式有两种：通过现金收取、支付各种款项的方式，称为现金结算方式；通过银行将款项从付款方账户划拨到收款方账户上的结算方式，称为转账结算方式，也称为非现金结算方式。根据国家关于现金开支范围的规定，企业的一切货币资金收支，除了按规定可以用现金结算方式直接用现金收付外，其余一律通过银行划拨转账的方式办理结算。其目的在于：加强企业经济核算，加速资金的周转，维护企业正常的生产经营活动；减少现金的流通，节约人力和物力以及能够有效地利用闲置资金。

（二）银行开户的规定

企业的银行存款是指企业存放在银行及其他金融机构的各种款项。我国银行存款包括人民币存款和外币存款两种。根据国家有关支付结算办法的规定，建筑施工企业要在当地的银行开立账户，企业除按规定留有一定量的现金以备日常开支零用外，其余的货币资金都应存入银行。

建筑施工企业在银行开设的账户分为基本存款账户、一般存款账户、临时存款账户和专用存款账户。

基本存款账户是企业办理日常结算和现金收付的账户。企业的工资、奖金等现金的支取，只能通过基本存款户办理。

一般存款账户是企业在基本存款账户以外的银行借款转存账户，企业可通过此账户办理转账结算和现金缴存，但不能办理现金的支取。

临时存款账户是企业因临时经营活动需要开立的账户，企业可通过本账户办理转账结算和根据国家现金管理的规定办理现金收付。

专用存款账户是企业因特定用途需要开立的账户，如建筑施工企业因代管的房屋共用部分维修基金和共用设施设备维修基金专户等。

企业在银行开立银行存款基本账户时，必须填制开户申请书，提供当地工商行政管理机关核发的《企业法人执照》或《营业执照》正本等有关证件，送交盖有公司印章的印鉴卡片，经银行审核同意，并凭中国人民银行当地分支机构核发的开户许可证开立账户。企业申请开立一般存款账户、临时存款账户和专用存款账户，应填制开户申请书，提供基本存款账户的企业同意其所属的给独立核算单位开户的证明等证件，送交盖有企业印章的卡片，银行审核同意后开立账户。企业在银行开立账户后，可到开户银行购买各种银行往来使用凭证（送款簿、进账单、现金支票、转账支票等），用以办理银行存款的收付结算业务。

（三）银行结算纪律

企业除了按规定保留现金定额范围内的现金以外，所有的货币资金都必须存入银行，企业与其他单位之间的一切收付款项，都必须通过银行办理转账结算。

企业通过银行办理转账结算时，中国人民银行在《支付结算办法》中规定：单位和个人办理支付结算，不准签发没有资金保证的票据和远期支票，套取银行信用；不准签发、取得和转让没有真实交易和债权债务的票据，套取银行和他人资金；不准无理拒绝付款，任意占用他人资金；不准违反规定开立和使用账户。

二、银行存款的结算方式

根据《银行结算办法》和《票据法》有关规定，现行转账结算方式主要有银行汇票、商业汇票、银行本票、支票、汇兑、委托收款、异地托收承付、信用卡和信用证等九种。

（一）银行汇票结算方式

1. 银行汇票

银行汇票是汇款人将款项交存当地银行，由银行签发给汇款人办理转账结算或支取现金的票据。银行汇票一律记名，付款期为1个月（不分大月、小月，一律按次月对日计算；到期如遇例假日顺延），逾期的汇票，兑付银行不予受理，但汇票人可持银行汇票或解讫通知到出票银行办理退款手续。

2. 银行汇票结算的程序

汇款人需要使用银行汇票必须按照规定填写"银行汇票委托书"一式三联交给出票银行，出票银行受理"银行汇票委托书"并收妥款项后，签发银行汇票。汇款人持银行汇票可向收款单位办理结算。收款单位对银行汇票审核无误后，将结算款项及多余金额分别填写在银行汇票和解讫通知的有关栏内，连同进账单送交开户银行办理转账结算。

银行汇票具有使用方便，票随人到，兑付性强等特点。同城、异地均可使用，单位、个体经济户和个人都可使用银行汇票办理结算业务。

（二）商业汇票结算方式

1. 商业汇票

商业汇票是指收款人或付款人（或承兑申请人）签发，由承兑人承兑，并于到期日向收款人或背书人支付款项的票据。商业汇票适用于企业先收货后收款或者双方约定延期付款的商品交易或债权债务的清偿，同城或异地均可使用。商业汇票必须以真实的商品交易为基础，禁止签发无商品交易的商业汇票。商业汇票一律记名，付款期最长为6个月，允许背书转让，承兑人即付款人到期必须无条件付款。

2. 类别

商业汇票按承兑人不同，分为商业承兑汇票和银行承兑汇票。前者指由银行以外的付款人承兑的商业汇票。商业承兑汇票可由收款人签发，经过付款人承兑，也可由付款人签发并由付款人承兑。后者是指由银行承兑的商业汇票。银行承兑汇票应由在承兑银行开立账户的存款人或承兑申请人签发，并由承兑申请人向开户银行申请，经银行审查同意承兑的票据。

3. 商业汇票结算的程序

采用商业承兑汇票结算方式，付款人应于汇票到期前将款项足额存到银行，银行在到期日凭票将款项划转给收款人、被背书人或贴现银行。如到期日付款人账户存款不足支付票款，开户银行不承担付款责任，将汇票退回收款人、被背书人或贴现银行，由其自行处理，并对付款人处以罚款。

采用银行承兑汇票结算方式，承兑申请人应持购销合同向开户银行申请承兑，银行按有关规定审查同意后，与承兑申请人签订承兑协议，在汇票上盖章并按票面金额收取一定的手续费。承兑申请人应于到期前将票款足额交存银行。到期未能存足票款的，承兑银行除凭票向收款人、被背书人或贴现银行无条件支付款项外，还将按承兑协议的规定，对承兑申请人执行扣款，并将未扣回的承兑金额作为逾期贷款，同时收取一定的罚息。

（三）银行本票结算方式

银行本票是申请人将款项交存银行，由银行签发给其凭以办理转账结算或支取现金的票据。单位或个人在同城范围内的商品交易等款项的结算可采用银行本票。

银行本票一律记名，可以背书转让，不予挂失。银行本票的提示付款期限最长不能超过2个月。付款期内银行见票即付，逾期兑付银行不予受理但可办理退款手续。

银行本票分为定额本票和不定额本票。定额本票面额分别为1 000元、5 000元、10 000元和50 000元。

（四）支票结算方式

支票是出票人签发的，委托办理存款业务的银行或其他金融机构在见票时无条件支付确定金额给收款人或持票人的票据。适用于同城或同一票据交换区域内商品交易、劳务供应等款项的结算。支票分为现金支票、转账支票和普通支票。现金支票只能提取现金；转账支票只能用于转账；普通支票既可用于支取现金，也可用于转账。在普通支票左上角划两条平行线的为划线支票，只能用于转账，不得支取现金。转账支票可在票据交换区域内背书转让。

支票一律记名；支票提示付款期为10天；企业不得签发空头支票，严格控制空白支票。

支票以银行或其他金融机构作为付款人并且见票即付。已签发的现金支票遗失的，可向银行申请挂失，但挂失前已支取的除外；已签发的转账支票遗失，银行不受理挂失。

（五）汇兑结算方式

汇兑是指汇款人委托银行将款项汇给收款人的一种结算方式。

汇兑分为信汇和电汇两种。信汇是指汇款人委托银行以邮寄方式将款项划转给收款人；电汇则是指汇款人委托银行通过电报方式将款项划转给收款人。后者的汇款速度比前者迅速。

汇兑适用于单位和个人在同城或异地之间的清理结算尾款、交易旧欠、自提自运的商品交易以及汇给个人的差旅费或采购资金等的结算，其手续简便，方式灵活，便于汇款人主动付款；收付双方不需要事先订立合同；应用范围广泛。

（六）委托收款结算方式

委托收款是收款人委托银行向付款人收取款项的结算方式。同城、异地均可使用。

委托收款按款项划回方式可分为邮寄划回和电报划回两种，企业可根据需要选择不同方式。

企业办理委托收款，应填制委托收款凭证。付款单位接到银行通知及有关附件，应在规定的付款期（3天）内付款。在付款期内付款人未向银行提出异议，银行视作同意付款，并于付款期满的次日（节假日顺延）将款项主动划转收款人账户。如果付款单位在审查有关单证后，决定部分或全部拒付，应在付款期内出具"拒付理由书"，连同有关单证通过银行转交收款企业，银行不予划转款项且不负责审查拒付理由。

委托收款只适用于已承兑的商业汇票、债券、存单等付款人的债务证明办理款项的结算；手续简便、灵活，便于企业主动、及时收回款项；银行只承担代为收款的义务，不承担审查拒付理由的责任,收付双方在结算中如发生争议,由双方自行处理。

(七)异地托收承付结算方式

异地托收承付是指根据购销合同由收款人发货后委托银行向异地付款人收取款项,由付款人向银行承认付款的一种结算方式。

托收承付结算起点为1万元。按划回方式的不同,托收承付可分为邮寄和电报两种。

异地用托收承付方式,必须同时符合下述两项规定:其一,使用该结算方式的收款单位和付款单位,必须是国有企业、供销合作社以及经营管理较好,并经开户银行审查同意的城乡集体所有制工业企业;其二,办理结算的款项必须是商品交易以及因商品交易而产生的劳务供应的款项。

代销、寄销、赊销商品的款项,不得办理异地托收承付结算。

收款人必须以持有商品已发运的证件为依据向银行办理托收,填制托收凭证,并将有关单证送交开户银行。开户银行审查无误后,将托收凭证及有关单证交付款人开户银行。付款人开户银行收到托收凭证及有关附件后,通知付款人。付款人在收到有关单据后,应立即审核。付款人的承付期依据验单付款或验货付款两种不同方式而确定。验单付款承付期为3天,验货付款承付期是10天。付款人可在承付期内根据实际情况提出全部或部分拒付理由,并填制"拒付理由书",经过银行审查同意后,办理全部拒付或部分拒付。

(八)信用卡结算方式

信用卡是指商业银行向个人和单位发行的,凭以向特约单位购物、消费和向银行存取现金,具有消费信用的特制载体卡片。

信用卡按使用对象分为单位卡和个人卡;按信誉等级分为金卡和普通卡。

信用卡的基本规定和主要特点是:凡在中国境内金融机构开立基本存款账户的单位可申领单位卡,单位卡不得用于10万元以上的商品交易、劳务供应款项的结算;持卡人使用信用卡可透支;信用卡仅限于持卡人本人使用,不得出借或出租;信用卡丢失时可挂失,但挂失前被冒用,由持卡人自己负责。

信用卡透支的规定:金卡最高不得超过1万元,普通卡最高不超过5 000元,透支期限最长为60天;信用卡透支利息,自签单日或银行记账日起15日内按日息万分之五计算;超过15日按日息万分之十计算;超过30日或透支金额超过规定限额的,按日息万分之十五计算,透支计算不分段,按最后期限或最高透支额的最高利率档次计息。

(九)信用证结算方式

信用证是指开证银行依照申请人的申请开出的,凭符合信用证条款的单据支付的付款承诺。

采用信用证结算方式,付款单位应预先把一定款项专户存入银行,委托银行开出信用证,通知异地收款单位开户银行转给收款单位;收款单位按照合同和信用证规定的条件发货或交货以后,银行代付款单位支付货款。

信用证结算适用于国际、国内企业之间商品交易的结算。只限于转账结算,不得支取现金。信用证的主要特点:开证银行负第一性的付款责任;它是一项独立的文件,不受购销合同的约束;信用证业务只处理单据,一切都以单据为准,信用证业务实质上是一种单据买卖。

三、银行存款的核算

企业按照国家有关支付结算办法，正确地进行银行存款收支业务的结算。银行存款核算的依据是企业会计人员根据不同的银行结算方式的规定，填制或取得银行印发的收款或付款结算凭证，会计主管或指定人员必须认真审核收付款的结算凭证；经过审核正确的各项银行结算凭证，才能据以填制反映企业的银行存款收付业务的记账凭证（收款凭证或付款凭证），并据以登账。

企业银行存款的核算包括银行存款的总分类核算和序时核算。银行存款的总分类核算即由企业会计人员根据反映银行存款收付业务的记账凭证或根据其他会计核算形式所规定的登记总账的依据登记"银行存款"总账，以提供企业银行存款增减变动的总括性指标所进行的核算。银行存款的序时核算则由企业出纳人员依据反映银行存款收付业务的会计凭证，按照经济业务发生的时间顺序逐日逐笔登记"银行存款日记账"，以提供企业银行存款增减变动的序时指标所进行的核算。

（一）总分类核算

为了总括反映企业存入银行或其他金融机构的各种款项，应该设置"银行存款"总分类账户。该账户的借方记录企业增加的银行存款，贷方记录企业提取或支出的银行存款，余额在借方，反映企业存在银行或其他金融机构的各种款项。

【例2-13】 游艺公司送来拨付工程进度款200 000元的转账支票一张，随同填制的进账单一并送存银行。

借：银行存款　　　　　　　　　　　　　　　　　　200 000
　　贷：预收账款—游艺公司　　　　　　　　　　　　　200 000

【例2-14】 接到银行收账通知，收到上月出售给望洋公司预制构件的货款23 000元。

借：银行存款　　　　　　　　　　　　　　　　　　23 000
　　贷：应收账款—望洋公司　　　　　　　　　　　　　23 000

【例2-15】 填制现金缴库单，将库存多余的现金1 200元，送存银行。

借：银行存款　　　　　　　　　　　　　　　　　　1 200
　　贷：现金　　　　　　　　　　　　　　　　　　　　1 200

【例2-16】 接到银行收账通知，收到繁华公司拨入本月AB号完工工程的结算价款850 000元。

借：银行存款　　　　　　　　　　　　　　　　　　850 000
　　贷：工程结算—繁华公司　　　　　　　　　　　　　850 000

【例2-17】 根据需要并经过审核批准，企业从银行获得为期3年的贷款500 000元，存入银行。

借：银行存款　　　　　　　　　　　　　　　　　　500 000
　　贷：长期借款　　　　　　　　　　　　　　　　　　500 000

【例2-18】 通过银行转账支付上月购入市钢材公司的钢材款项120 000元。

借：应付账款—市钢材公司　　　　　　　　　　　　120 000
　　贷：银行存款　　　　　　　　　　　　　　　　　　120 000

【例2-19】 开出转账支票，预付购买市板材公司的板材价款80 000元。

借：预付账款—市板材公司　　　　　　　　　　　　80 000

贷：银行存款　　　　　　　　　　　　　　　　　　　　80 000

【例2-20】 通过银行转账支付企业应交的营业税 60 000 元。
　　借：应交税费—营业税　　　　　　　　　　　　　　　60 000
　　　贷：银行存款　　　　　　　　　　　　　　　　　　　　60 000

【例2-21】 开出现金支票，从银行提取现金 35 000 元，备发工资。
　　借：库存现金　　　　　　　　　　　　　　　　　　　35 000
　　　贷：银行存款　　　　　　　　　　　　　　　　　　　　35 000

【例2-22】 通过银行转账归还已到期的银行 6 个月的贷款 100 000 元。
　　借：短期借款　　　　　　　　　　　　　　　　　　　100 000
　　　贷：银行存款　　　　　　　　　　　　　　　　　　　　100 000

【例2-23】 通过银行转账支付企业的律师咨询费 5 500 元。
　　借：管理费用—咨询费　　　　　　　　　　　　　　　　5 500
　　　贷：银行存款　　　　　　　　　　　　　　　　　　　　5 500

（二）银行存款的序时核算

为了加强对银行存款的核算和管理，及时掌握银行存款收付动态以及结存情况，企业可按开户银行和其他金融机构、存款种类等设置"银行存款日记账"，进行银行存款的序时核算。企业出纳人员根据收付款凭证，按照经济业务发生的先后顺序逐日逐笔登记，并随时结出余额。

银行存款三栏式日记账的格式如表2-4所示。

银 行 存 款 日 记 账　　　　　　　　　　　　　　　　　表 2-4

第 1 页

2007年		凭证		摘要	结算凭证		对方账户	账页	借方	贷方	余额
月	日	种类	号数		种类	号数					
9	1			月初余额							500 000.-
9	1	记	1	提取现金	现支	02651979	现金	1		6 000.-	494 000.-
9	1	记	4	现金存入	交款	02620	现金	1	356.-		494 356.-
9	2	记	13	收备料款	进账	054812	预收账款	2	200 000.-		694 356.-
9	2	记	14	收回货款	进账	054813	应收账款	3	23 000.-		717 356.-
9	3	记	15	存入现金	现支	012345	现金	1	1 200.-		718 556.-
9	4	记	16	工程款	收账	…	应收账款	1	850 000.-		1 568 556.-
9	4	记	17	借款	…	…	长期借款	…	500 000.-		2 068 556.-
9	5	记	18	付钢材款	…	…	应付账款			120 000.-	1 948 556.-
9	10	记	19	预付板材	…	…	预付账款			80 000.-	1 868 556.-
9	12	记	20	付税金	…	…	应交税金			60 000.-	1 808 556.-
9	14	记	21	提现	…	…	现金			35 000.-	1 773 556.-
9	20	记	22	还借款	…	…	短期借款			100 000.-	1 673 556.-
	30	记	23	付咨询费	…	…	管理费用			5 500.-	1 668 056.-
	30			本月合计					1 574 556.-	406 500.-	1 668 056.-

银行存款日记账应该定期与开户银行送达的对账单进行核对（每月至少核对一次）。期末，银行存款日记账与银行存款总账的余额核对相符。银行存款的核算，必须做到账证相符、账账相符、账实相符。

有外币存款的企业，需要分别以货币种类设置"银行存款日记账"进行序时核算。

四、银行存款的清查

（一）银行存款清查方法

企业为了保证银行存款的安全、完整，杜绝各种记账错误和不法行为的发生，必须对银行存款定期进行清查。银行存款的清查是采用与开户银行核对账目的方法进行的，即将企业登记的"银行存款日记账"与开户银行送来的对账单逐笔进行核对。通过核对，若发现双方账目不一致时，其原因有二：一是双方账目可能发生错账、漏账；二是由于未达账项所致。

（二）未达账项

1. 未达账项内容

未达账项是指企业与银行对同一笔收付款业务，由于结算凭证在传递时间上的差异，使得一方先得到结算凭证已经入账，另一方尚未取得结算凭证故而尚未入账的项目。未达账项的情况有以下四种：

（1）银行已经收款入账，而企业尚未收款入账；
（2）银行已经付款入账，而企业尚未付款入账；
（3）企业已经收款入账，而银行尚未收款入账；
（4）企业已经付款入账，而银行尚未付款入账。

2. 未达账项的处理方法

企业在进行银行存款日记账与开户银行对账单核对发生未达账项时，可以通过编制银行存款余额调节表的形式作余额的核对。即根据银行存款日记账与开户银行对账单的记录发生的未达账项填制在"银行存款余额调节表"内，若调节后双方余额一致，则表明记账正确；否则，则需要进一步检查。"银行存款余额调节表"的编制方法举例如下：

（1）资料。2007年9月30日，WD公司"银行存款日记账"的账面余额为：1 668 056元；开户银行对账单余额为：1 682 500元。经逐笔核对，发现有下列未达账项：

①公司收到客户支付货款23 000元的转账支票，银行尚未入账；
②银行已代公司支付到期货款20 056元，公司尚未入账；
③银行已收到外单位汇来产品货款52 000元，公司尚未入账；
④公司开出转账支票支付咨询费5 500元，持票人尚未到银行办理转账手续。

（2）根据上述资料编制"银行存款余额调节表"见表2-5。

银行存款余额调节表　　　　　　　　　　　表2-5

2007年9月30日　　　　　　　　　　　　　　金额单位：元

项　　目	金　额	项　　目	金　额
公司银行存款日记账余额	1 668 056.-	银行对账单余额	1 682 500.-
加：银行已收，企业未收	52 000.-	加：企业已收，银行未收	23 000.-
减：银行已付，企业未付	20 056.-	减：企业已付，银行未付	5 500.-
调节后余额	1 700 000.-	调节后余额	1 700 000.-

需要说明的是:"银行存款余额调节表"只能是用来与开户银行对账单余额进行核对,检查其账户记录是否一致的,不能据此来更改企业"银行存款日记账"或更改开户银行对账单的记录。对于未达账项的入账只有当结算凭证到达并具有相关的记账凭证后才能进行。

(三)银行存款清查损失的处理

企业需要定期对存放银行或其他金融机构的款项进行检查,以掌握其安全、完整情况或可能出现的损失因素。根据《企业会计制度》的规定,如果有确凿证据表明存放在银行或其他金融机构的款项已经部分不能收回或全部不能收回的,例如,吸收存款的单位已宣告破产,其破产财产不足以清偿的部分,或全部不能清偿的,应当作为当期损失处理,计入"营业外支出"账户。

【例2-24】 经查明公司存在市某金融机构的款项有45 000元,已经不能收回。

借:营业外支出　　　　　　　　　　　　　　45 000
　　贷:银行存款　　　　　　　　　　　　　　　　45 000

第三节 其他货币资金核算

一、其他货币资金核算内容

(一)其他货币资金的特点

在建筑施工企业中,有些货币资金的存放地点和用途与银行存款不同,例如有的货币资金存放于外地而不在本地,有的货币资金的存放有特定的用途而不能通用。为了区别其与企业的现金和银行存款,在会计核算上将因存放地点和用途不同的货币资金称为"其他货币资金",即:其他货币资金是指除了现金、银行存款以外的各种货币资金。

(二)其他货币资金的内容

企业的其他货币资金按其存放地点和用途不同,包括的内容有:外埠存款、银行汇票存款、银行本票存款、信用卡存款、信用证保证金存款、存出投资款及在途资金等。

1. 外埠存款

外埠存款是指建筑施工企业到外地进行临时采购或零星采购时,汇往采购地银行开立采购专户的款项。

当建筑施工企业需要到外地采购,在办理外埠存款事项时,首先到当地银行填写汇款委托书,将款项交于当地银行委托其汇往采购地银行开立专户,然后汇入银行对于汇入的采购款项,按汇款单位开设采购专户。

采购专户只付不收,款项付完后或将剩余款项汇回本企业的银行存款账户后,此账户便结束。

2. 银行汇票存款

银行汇票存款是指建筑施工企业为取得银行汇票按规定存入银行的款项。

建筑施工企业需要取得银行汇票时,向银行提交"银行汇票委托书"并将款项交存开户银行后,取得银行汇票。

3. 银行本票存款

银行本票存款是指建筑施工企业为取得银行本票按规定存入银行的款项。

建筑施工企业需要取得银行本票时,向银行提交"银行本票委托书"并将款项交存开户银行后,取得银行本票。

4. 信用卡存款

信用卡存款是指建筑施工企业为取得信用卡按规定存入银行的款项。

建筑施工企业需要取得信用卡,办理信用卡事项时,按规定填制信用卡申请表,连同支票和有关资料一并送交发卡银行,取得信用卡。

5. 信用证保证金存款

信用证保证金存款是指建筑施工企业为取得信用证按规定存入银行的保证金。

建筑施工企业根据经营业务的需要,向银行申请开立信用证并交纳信用证保证金。建筑施工企业向银行申请开立信用证,按规定向银行提交开证申请书、信用证申请人承诺书和购销合同,同时交付信用证保证金。

6. 存出投资款

存出投资款是指建筑施工企业已经存入证券公司但尚未进行短期投资的现金。

7. 在途资金

在途资金是指建筑施工企业在与所属单位之间和上下级之间汇解款项业务中,对于已经汇出,月末尚未到达的那部分资金。

二、其他货币资金的核算

为了反映和监督企业关于其他货币资金的增减变化和结存情况,根据《企业会计制度》的规定,设置"其他货币资金"总分类账户,核算其他货币资金的各项收支业务。"其他货币资金"账户的借方记录其他货币资金的增加,贷方记录其他货币资金的结转,期末余额在借方,反映企业实际持有的其他货币资金。

同时,按照其他货币资金反映的内容分别设置"外埠存款"、"银行汇票存款"、"银行本票存款"、"信用卡存款"、"信用证保证金存款"、"存出投资款"和"在途资金"等明细分类账户,进行明细分类核算。

【例 2-25】 东灵建筑公司委托当地开户银行将 50 000 元采购款项汇往某市开立采购专户;数日后,采购员交来购料发票,采购货款为 43 560 元;采购完毕,通过银行接到退回剩余款项的收账通知。

1/3 开立采购专户时,会计分录如下:

借:其他货币资金—外埠存款　　　　　　　　50 000
　　贷:银行存款　　　　　　　　　　　　　　　　50 000

2/3 报销采购款项 43 560 元时,会计分录如下:

借:材料采购　　　　　　　　　　　　　　　43 560
　　贷:其他货币资金—外埠采购　　　　　　　　　43 560

3/3 收回剩余款项时,会计分录如下:

借:银行存款　　　　　　　　　　　　　　　 6 440
　　贷:其他货币资金—外埠存款　　　　　　　　　 6 440

【例 2-26】 东灵建筑公司向开户银行申请办理银行汇票,交付款项 100 000 元,取得银行汇票;持银行汇票办理货物价款的结算,凭购货发票单据及银行汇票第四联报销货款 96 324 元;通过银行收到银行汇票结算的多余款项划回的收账通知。

1/3 东灵公司取得银行汇票时，会计分录如下：
借：其他货币资金——银行汇票存款　　　　　　　　　100 000
　　贷：银行存款　　　　　　　　　　　　　　　　　　100 000

2/3 凭购货发票及银行汇票第四联报销采购款项96 324元时，会计分录如下：
借：材料采购　　　　　　　　　　　　　　　　　　　 96 324
　　贷：其他货币资金——银行汇票存款　　　　　　　　 96 324

3/3 收回多余款项时，会计分录如下：
借：银行存款　　　　　　　　　　　　　　　　　　　　3 676
　　贷：其他货币资金——银行汇票存款　　　　　　　　　3 676

【例2-27】东灵建筑公司向开户银行申请办理银行本票，交付款项10 000元，取得银行本票；持银行本票购买货物，凭购货发票账单报销货款9 538元；填制进账单将银行本票的剩余款项划回。

1/3 东灵公司取得银行本票时，会计分录如下：
借：其他货币资金——银行本票存款　　　　　　　　　 10 000
　　贷：银行存款　　　　　　　　　　　　　　　　　　 10 000

2/3 凭购货发票报销采购款项9 538元时，会计分录如下：
借：材料采购　　　　　　　　　　　　　　　　　　　　9 538
　　贷：其他货币资金——银行本票存款　　　　　　　　　9 538

3/3 填制进账单收回剩余款项时，会计分录如下：
借：银行存款　　　　　　　　　　　　　　　　　　　　　462
　　贷：其他货币资金——银行本票存款　　　　　　　　　　462

【例2-28】东灵建筑公司向开户银行申请办理信用卡，交付款项50 000元，取得信用卡；持信用卡存款支付业务招待费2 750元。

1/2 东灵公司取得信用卡时，会计分录如下：
借：其他货币资金——信用卡存款　　　　　　　　　　 50 000
　　贷：银行存款　　　　　　　　　　　　　　　　　　 50 000

2/2 凭信用卡付业务招待费时，会计分录如下：
借：管理费用　　　　　　　　　　　　　　　　　　　　2 750
　　贷：其他货币资金——信用卡存款　　　　　　　　　　2 750

【例2-29】东灵建筑公司向开户银行申请办理信用证，交付信用证保证金60 000元；持信用证办理货物价款的结算，凭信用证结算凭证和购货发票报销货款57 396元；通过银行收回信用证余款。

1/3 东灵公司取得信用证时，会计分录如下：
借：其他货币资金——信用证保证金存款　　　　　　　 60 000
　　贷：银行存款　　　　　　　　　　　　　　　　　　 60 000

2/3 凭信用证结算凭证和购货发票报销货款57 396元时，会计分录如下：
借：材料采购　　　　　　　　　　　　　　　　　　　 57 396
　　贷：其他货币资金——信用证保证金存款　　　　　　 57 396

3/3 收回信用证余款时，会计分录如下：

```
借：银行存款                                    2 604
    贷：其他货币资金—信用证保证金存款              2 604
```

【例 2-30】 月末，东灵建筑公司收到下级单位一分公司汇出 5 000 元的通知；次月初，银行转来收账通知。

1/2 公司收到一分公司汇出款项 5 000 元的通知时，会计分录如下：

```
借：其他货币资金—在途资金                      5 000
    贷：内部往来—分公司                          5 000
```

2/2 收到银行收账通知时，会计分录如下：

```
借：银行存款                                    5 000
    贷：其他货币资金—在途资金                    5 000
```

【例 2-31】 存出投资款核算，公司准备进行短期投资，签发转账支票一张，向证券公司划出资金 500 000 元。

```
借：其他货币资金—存出投资款                  500 000
    贷：银行存款                                500 000
```

【例 2-32】 公司购入辉煌公司的股票 280 000 元，作短期投资。

```
借：短期投资—辉煌公司股票投资                280 000
    贷：其他货币资金—存出投资款                280 000
```

第四节　外币业务核算

一、外币、外汇、汇率的基本内容

（一）外币概念

外币是指本国货币以外的其他国家和地区的货币。例如：美元（USD）、欧元（EUR）、英镑（GBP）、日元（JPY）、瑞士法郎（CHF）、丹麦克朗（DKK）、瑞典克朗（SEK）、挪威克朗（NOK）、港币（HKD）、加拿大元（CAD）、澳大利亚元（AUD）、新西兰元（NZD）、新加坡元（SGD）。

（二）外汇的基本内容

1. 外汇的概念

外汇指的是外币或以外币表示的用于国际间债权债务结算的各种支付手段。

2. 外汇的基本内容

按照我国 1997 年 1 月修订颁布的《外汇管理条例》规定，外汇包括下列以外币表示的可以用作国际清偿的支付手段和资产：

(1) 外国货币，包括纸币、铸币；
(2) 外币支付凭证，包括票据、银行存款凭证、公司债券、股票等；
(3) 外币有价证券，包括政府债券、公司债券、股票等；
(4) 特别提款权、欧洲货币单位；
(5) 其他外汇资产。

至于黄金，由于可以作为国际间支付手段，执行世界货币职能，在许多国家也将黄金列入外汇的范畴。

其中，特别提款权是国际货币基金组织创设的一种储备资产和记账单位，亦称"纸黄金"。它是国际货币基金组织分配给会员国的一种使用资金的权利。会员国在发生国际收支逆差时，可用它向基金组织指定的其他会员国换取外汇，以偿付国际收支逆差或偿还基金组织的贷款，还可与黄金、自由兑换货币一样充作国际储备。但由于其只是一种记账单位，不是真正的货币，使用时必须先换成其他货币，不能直接使用于贸易或非贸易的支付。

3. 外汇的分类

(1) 按其能否自由兑换，可分为自由外汇和记账外汇；
(2) 按其来源和用途，可分为贸易外汇和非贸易外汇；
(3) 按其买卖的交割期，可分为即期外汇和远期外汇。

在我国外汇银行业务中，还经常要区分外汇现汇和外币现钞。外币现钞是指外国钞票、铸币。外币现钞主要由境外携入。外汇现汇是指其实体在货币发行国本土银行的存款户中的自由外汇。外汇现汇主要由国外汇入，或由境外携入、寄入的外币票据，经银行托收，收妥后存入。

(三) 外汇汇率

1. 概念

汇率（兑换率）是指一国的货币单位兑换成另一国货币单位的比价，即一国货币单位用另一国货币单位表示的价格；也就是两种不同货币单位的兑换率。

汇率种类：根据不同的要求和作用，可以有许多分类。

(1) 从银行买卖外汇的角度分为：买入汇率（买入价）、卖出汇率（卖出价）和中间汇率；
(2) 按照从外汇交易支付通知方式角度分为电汇汇率、信汇汇率、标汇汇率；
(3) 按照从外汇交易交割期限长短划分为即期汇率、远期汇率；
(4) 按照从外汇银行营业时间的角度分为开盘汇率、收盘汇率；
(5) 按照从入账时间的角度分为记账汇率和账面汇率。

另外，还有官方汇率、市场汇率、名义汇率、实际汇率等一些汇率。

目前，我国的汇率有两种：一是由中国人民银行公布的汇率；二是各个经营外汇业务的指定银行的挂牌汇率。自2006年1月4日起，中国人民银行授权中国外汇交易中心于每个工作日上午9时15分对外公布当日人民币对美元、欧元、日元和港币汇率中间价，作为当日银行间即期外汇市场以及银行柜台交易汇率的中间价。各个经营外汇业务的指定银行，以此为依据，在中国人民银行规定的浮动幅度内，自行挂牌确定挂牌汇率，对客户买卖外汇。

自2005年7月21日起，我国开始实行以市场供求为基础、参考一篮子货币进行调节、有管理的浮动汇率制度。中国人民银行根据银行间外汇市场形成的价格，公布人民币对英镑、港币、美元、日元、欧元等主要外币的汇率。

中国人民银行公布的汇率一般为中间价，起宏观调控作用，并不直接向客户买卖外汇，为平抑汇率才适时向外汇市场吞吐外汇；对指定外汇买卖的银行的挂牌汇率，则有买入、卖出、现钞价之分。

2. 外汇汇率的标价方法

确定两种不同货币之间的比价,先要确定用哪个国家的货币作为标准。由于确定的标准不同,于是便产生了几种不同的外汇汇率标价方法。

(1)直接标价法又称为应付标价法。直接标价法是以一定单位的外国货币作为标准,折算为本国货币来表示其汇率。在直接标价法下,外国货币数额固定不变,汇率涨跌都以相对的本国货币数额的变化来表示。一定单位外币折算的本国货币减少,说明外币汇率下跌,即外币贬值或本币升值。我国和国际上大多数国家都采用直接标价法。

例如,直接标价法计算方法:

100 美元=人民币 756,汇率=7.56;(即 756/100=7.56)

100 港币=人民币 96.78,汇率=0.9678;(即 96.78/100=0.96)

(2)间接标价法又称为应收标价法。间接标价法是以一定单位的本国货币为标准,折算为一定数额的外国货币来表示其汇率。在间接标价法下,本国货币的数额固定不变,汇率涨跌都以相对的外国货币数额的变化来表示。一定单位的本国货币折算的外币数量增多,说明本国货币汇率上涨,即本币升值或外币贬值。反之,一定单位本国货币折算的外币数量减少,说明本国货币汇率下跌,即本币贬值或外币升值。英国一向使用间接标价法。

例如,间接标价法计算方法:

100 人民币=13.23 美元;(即 13.23/100=0.1323)

100 人民币=103.38 港元;(即 103.38/100=1.0338)

直接标价法和间接标价法所表示的汇率涨跌的含义正好相反,所以在引用某种货币的汇率和说明其汇率高低涨跌时,必须明确采用哪种标价方法,以免混淆。

美元标价法又称纽约标价法,是指在纽约国际金融市场上,除对英镑用直接标价法外,对其他外国货币用间接标价法的标价方法。美元标价法由美国在 1978 年 9 月 1 日制定并执行,目前是国际金融市场上通行的标价法。

二、外币业务

(一)外币业务概念

随着建筑施工企业生产规模的扩大,其生产经营地域有的已经突破国界,大量劳务输出,发展成为大型跨国公司,进行跨国施工。一般建筑施工企业在经营活动中也或多或少地发生外币业务活动,如引进施工设备,对外提供劳务,对外投融资活动等。企业会计核算是不可避免地要反映这些活动内容,因此,会计核算就要涉及外币业务的核算。

所谓外币业务是指企业以记账本位币以外的其他货币进行的款项收付、往来结算和计价的经济业务。其中,记账本位币是指一个企业在会计核算时统一使用的记账货币。在多种外币经济业务的情况下,企业用以计量经济业务规模、记录和反映经济业务的发生情况及其结果的基本货币单位。记账本位币是一种记账功能货币,是企业从事经营活动的主要经济环境中的货币,从而作为计量经济成果的统一尺度。企业选定的记账本位币以外的货币在会计核算上均视同外币。

根据我国《中华人民共和国会计法》第二章第十二条的规定"会计核算以人民币为记账本位币"。同时,"业务收支以人民币以外的货币为主的单位,可以选定其中一种货币作为记账本位币"。在会计核算上,企业选定的记账本位币以外的货币计价的经济业务,便属于外币业务。所以,会计上的外币概念与一般意义上的"外币"概念不同。

（二）外币业务的内容

建筑施工企业的外币业务的内容主要包括：

（1）企业购买或销售以外币计价的商品或劳务；

（2）企业借入外币资金；

（3）企业取得或处置外币计价的资产，承担或清偿以外币计价的债务等。

此外，外币会计报表的折算即将以外币表示的会计报表折算为某一特定货币表示的会计报表。

（三）外币业务折算方法

1. 外币业务的折算概念

外币业务的折算是将外币金额按照一定的汇率折算为记账本位币表示的金额。企业在发生外币业务时，应当将有关外币金额折合为记账本位币金额。

2. 外币业务折算汇率的确定

在进行外币业务折算时，企业折合外币所采用的汇率，按照《企业会计制度》的规定，可以采用外币业务发生时的市场汇率，也可以采用外币业务发生当期期初的汇率（如年初、季初、月初）。

（1）当日汇率。外币业务发生时的市场汇率，即当日汇率。由于每日的市场汇率不同，采用它的优点是外币折算与实际相符，不足的是每日汇率是变化的，使得折算工作比较烦琐。

（2）当期期初汇率。外币业务发生当期期初的市场汇率。例如当月1日汇率，则在这一时期内的汇率则相对固定，优点是外币折算简单，但折算的金额与实际有差异。

3. 外币业务折算方法

企业在以人民币作为记账本位币，发生外币业务时的折算方法，下面以美元为例举例说明。

（1）借入款项时的折算：

【例2-33】 10月3日创制公司借入美元150 000元，当日市场汇率1：7.57。

"银行存款—美元户" 150 000；人民币＝150 000×7.57＝1 135 500元

"短期借款—美元户" 150 000；人民币＝150 000×7.57＝1 135 500元

（2）还款时的折算：

【例2-34】 10月30日归还12月3日的美元借款150 000元，当日汇率1：7.55。

"短期借款—美元户" 150 000；人民币＝150 000×7.55＝1 135 500元

"银行存款—美元户" 150 000；人民币＝150 000×7.55＝1 135 500元

（四）外币业务记账方法

1. 外币统账制

外币业务统账制是指企业在发生外币业务时必须及时折算为记账本位币记账，并以此编制会计报表。

2. 外币分账制

外币分账制是指企业对外币业务在日常核算时按照外币原币进行记账，分别对不同的外币币种核算其所实现的损益，编制各种货币币种的会计报表，在资产负债表日一次性地将外币会计报表折算为记账本位币表示的会计报表，并与记账本位币业务编制的会计报表汇总编制整个企业一定期间的会计报表。

目前,我国绝大部分企业采用外币统账制方法核算其外币业务。外币分账制只有在银行等少数金融企业由于其外币收支频繁而采用。

三、外币业务的核算

(一)外币业务核算账户的设置

企业核算外币业务,按照有关规定需要设置相应的会计账户。包括:

1. 外币货币资产类账户

外币现金账户、外币银行存款账户。

2. 外币结算的债权账户

应收账款、应收票据、预付账款。

3. 外币结算的债务账户

应付账款、应付票据、预收账款、应付工资、短期借款、长期借款。

(二)外币业务的核算

实行以人民币为记账本位币,采用外币业务发生时的汇率为折算汇率的情况下,对涉及外币业务内容的账务处理。

1. 外币兑换业务的核算

【例2-35】 10月4日创伟建筑公司将50 000美元到银行兑换为人民币,当日银行美元买入价为1:7.56,市场汇率1:7.58。

借:银行存款—人民币　　　　　　　　　　　378 000(50 000×7.56)
　　财务费用 1 000
　　　　贷:银行存款—美元户(50 000)　　　379 000(50 000×7.58)

【例2-36】 10月10日因外汇支付的需要,从银行购入10 000美元,当日银行美元卖出价1:7.59,市场汇率为1:7.57。

借:银行存款—美元户(10 000)　　　　　　75 700(10 000×7.57)
　　财务费用　　　　　　　　　　　　　　　200
　　　　贷:银行存款—人民币　　　　　　　75 900(10 000×7.59)

2. 企业购买或销售以外币计价的商品或劳务

企业从国外或境外购进原材料、商品或引进设备时,应当按照当日的市场汇率将实际支付的外汇或应支付的外汇折算为记账本位币,以确定购入原材料等货物的入账价值和发生债务的入账价值,同时按照外币金额登记有关外币账户。

【例2-37】 壮志建筑公司10月11日进口钢材一批,价款200 000美元,暂未付款。当日汇率1:7.56。

借:材料采购—材料　　　　　　　　　　　1 512 000(200 000×7.56)
　　　　贷:应付账款—国外某公司　　　　　1 512 000(200 000×7.56)

【例2-38】 10月15日公司通过银行转账归还上述美元欠款,当日汇率为1:7.58

借:应付账款—国外某公司(200 000)　　　1 516 000(200 000×7.58)
　　　　贷:银行存款—美元户(200 000)　　1 516 000(200 000×7.58)

3. 外币借贷业务

企业借入外币时应按照借入外币时的市场汇率将外币折算为记账本位币,同时按照借入外币的金额登记相关的外币账户；偿还外币借款时，按照偿还外币借款时的市场汇率折算为记账本位币记账，同时按照偿还外币金额登记相关的外币账户。

【例2-39】 10月16日创制建筑公司借入美元150 000元，当日市场汇率1∶7.59。

借：银行存款—美元户（150 000）　　　1 138 500（150 000×7.59）
　　贷：短期借款—美元户（150 000）　　　1 138 500（150 000×7.59）

【例2-40】 10月26日归还上述美元借款150 000元，当日汇率1∶7.57。

借：短期借款—美元户（150 000）　　　1 135 500（150 000×7.57）
　　贷：银行存款—美元户（150 000）　　　1 135 500（150 000×7.57）

4. 接受外币投资业务的核算

【例2-41】 10月31日创伟建筑公司收到作为投资者之一的外商投入的200 000美元，当日市场汇率为1∶7.56，投资合同中规定的约定汇率为1∶7.55。

借：银行存款—美元户（200 000）　　　1 512 000（200 000×7.56）
　　贷：实收资本—某外商　　　　　　　1 510 000（200 000×7.55）
　　　　资本公积　　　　　　　　　　　2 000

【例2-42】 10月31日公司收到A外商投资人投入的资本150 000美元，投资合同规定按收到外币款项时的市场汇率进行折算，当日市场汇率为1∶7.56。

借：银行存款—美元户（150 000）　　　1 134 000（150 000×7.56）
　　贷：实收资本—A外商　　　　　　　1 134 000

四、汇兑损益的核算

（一）汇兑损益

1. 汇兑损益概念

汇兑损益是企业在持有外币性资产和负债期间，由于外币汇率变动而引起的外币货币性资产或负债的价值变动所产生的损失或收益。

在持有外币货币性资产期间，如果外币汇率上升时，则可兑换较期初更多的记账本位币，如外币银行存款、外币应收账款等，为此，企业便形成汇兑收益；反之，则发生汇兑损失。相反，在持有外币货币性负债期间，如果外币汇率上升时，则会使得企业为归还债务而付出较期初更多的记账本位币，由此导致汇兑损失；反之，则产生汇兑收益。

如［例2-39］借入短期借款150 000美元，折算为人民币＝150 000×7.59＝1 138 500元

当归还借款150 000美元时，折算为人民币＝150 000×7.57＝1 135 500元

则发生汇兑损益：1 138 500－1 135 500＝3 000元—汇兑收益

2. 汇兑损益的处理

根据我国现行会计制度的规定，各种外币账户的外币余额，期末时应当按照期末汇率折合为记账本位币。按照期末汇率折合的记账本位币金额与账面记账本位币金额之间的差额，作为汇兑损益，计入当期损益。企业发生的汇兑损益应当根据不同的情况处理：

（1）筹建期间发生的汇兑损益，应当计入长期待摊费用；

（2）属于与购建固定资产有关的借款产生的汇兑损益，在固定资产达到可使用状态前，计入该项在建固定资产成本；

（3）生产经营期间发生的汇兑损益，应当计入当期财务费用。

（二）汇兑损益的核算

1. 汇兑损益的计算

【例 2-43】 达源建筑公司采用当日市场汇率对外币业务进行折算，并按月计算汇兑损益。该公司 2007 年 10 月 31 日市场汇率 1 美元＝7.56 人民币，该日有关账户外币和记账本位币余额如表 2-6 所示。

期末外币账户汇兑损益调整与汇兑损益计算表　　　　表 2-6

2007 年 10 月 31 日

账户名称	账面余额		汇率	调整后余额	汇兑损益	
	美元	记账本位币（元）		记账本位币（元）	收益(元)	损失(元)
银行存款-美元户	16 000	121 920	7.56	120 960		960
应收账款-甲公司	2 000	16 020	7.56	15 120		900
应付账款-乙公司	2 000	16 300	7.56	15 120	1 180	
短期借款-美元户	5 000	40 050	7.56	37 800	2 250	
合　计					汇兑收益：1 570	

2. 汇兑损益的账务处理

借：应付账款—乙公司美元户　　　　　　　　　　　　　　1 180
　　短期借款—美元　　　　　　　　　　　　　　　　　　2 250
　贷：银行存款—美元户　　　　　　　　　　　　　　　　　960
　　　应收账款—甲公司　　　　　　　　　　　　　　　　　900
　　　财务费用　　　　　　　　　　　　　　　　　　　　1 570

复习思考题

1. 说明货币资金的含义、范围及特征。
2. 现金管理的基本内容有哪些？
3. 银行支付结算方式的种类和内容有哪些？
4. 未达账项的概念、内容及如何处理？
5. 说明外币业务的概念、内容。
6. 说明外币业务的折算、汇兑损益方法。

习　　题

[习题一]　库存现金核算

一、目的

掌握库存现金核算的基本方法与技能。

二、资料

（一）敏捷公司本月"库存现金"账户的月初余额：1 000 元（库存限额为：6 000 元）

（二）本月该公司发生关于库存现金收支业务的经济事项如下：

(1) 公司从银行提取现金 4 000 元，备作零星开支。

（2）公司营业部主任黎灵出差预借款项1 000元，凭有效的借款单支付现金。

（3）公司出售废旧材料，收取现金658元，本公司开出收款收据。

（4）填制现金缴款单，将上述收取的现金送存银行。

（5）公司营业部主任黎灵出差回来凭差旅费票据报销差旅费846元，退回余款。

（6）公司材料部门实行定额备用金制度，核定定额为2 000元，并由采购员文海帆专门管理。文海帆借出备用金2 000元，公司用现金付讫。

（7）从银行提取现金3 000元，备作日常开支。

（8）用现金支付给市运输公司上月购买材料的运费1 400元及装卸费600元。

（9）文海帆报差旅费150元，公司现金支付。

（10）购买采购人员的办公用品等支付现金496元。

（11）现场管理部门的业务费400元、办公费220元，由现金付出。

（12）现场管理部门咨询费350元，现金付讫。

（13）月末清点库存现金时，库存数为3 306元，账款不符，原因待查。

（14）经查，库存现金短缺是属于公司出纳人员工作失误所致，由其承担全部损失。

三、要求

（1）根据资料开设"库存现金日记账"，登记月初余额。

（2）根据本月经济业务编制记账凭证。

（3）根据记账凭证登记"库存现金日记账"，并结账。

[习题二] 银行存款核算

一、目的

掌握企业银行存款核算的基本方法与技能。

二、资料

（一）敏捷公司本月"银行存款"账户的月初余额：800 000元

（二）本月该公司发生关于银行存款收支业务的经济事项如下

（1）投资人按投资合同送来一张金额为250 000元转账支票，公司会计人员填制进账单33214号一式两联后将之一并送存银行。

（2）填制还款凭据183421号用银行存款100 000元归还为期9个月现已到期的银行贷款。

（3）公司会计开出转账支票8976541号用来偿付上月的购料货款120 000元，已收到对方开来的收款收据。

（4）开出现金支票0265401号，从银行提取现金2 000元备用。

（5）公司经理出差预借1 500元差旅费，公司开出现金支票0265402号付出。

（6）收到AQ公司支付上月的完工工程价款50 000元的转账支票一张，公司会计人员填制进账单33215号一式两联后将之一并送存银行。

（7）凭电话费收据开出转账支票8976542号支付本月公司机关的电话费1 600元。

（8）用银行电汇支付以前欠某市钢材公司的货款40 000元，电汇报销凭证123654号。

（9）收到MB公司送来的支付本月劳务款51 750元的转账支票一张，公司将之送存银行，进账单33216号。

（10）开出转账支票8976543号付公司产品宣传广告费4 100元。

（11）通过银行转账上缴营业税金3 500元，税务收据号码1935624号。

（12）通过查证，公司存放在某市一家金融机构的款项50 000元，已无法收回。

（三）编制银行存款余额调节表

敏捷公司本月月末的"银行存款日记账"账面余额为829 050元，开户银行对账单余额是：889 350元。经逐笔核对后，有下列内容的未达账项：

(1) 公司收到客户支付产品价款 15 600 元的转账支票,银行尚未入账;
(2) 银行已代公司支付到期货款 90 000 元,公司尚未入账;
(3) 银行已收到外单位汇来构件销售的货款 100 000 元,公司尚未入账;
(4) 公司开出转账支票支付材料价款 65 900 元,持票人尚未到银行办理转账手续。

三、要求

(1) 根据资料开设"银行存款日记账",登记月初余额。
(2) 根据本月经济业务编制记账凭证。
(3) 根据记账凭证登记"银行存款日记账",并结账。
(4) 根据资料(三)编制"银行存款余额调节表"。

[习题三] 其他货币资金核算

一、目的

掌握其他货币资金核算的基本方法和技能。

二、资料

(一)敏捷公司本月"其他货币资金"月初账面余额:110 500 元,其中明细分类账的资料如表 2-7 所示。

"其他货币资金"账户月初余额表　　　　　　　　　　　　表 2-7

总分类账	明细分类账	月初余额
其他货币资金	外埠存款	40 000.00
	银行汇票存款	50 000.00
	在途资金	20 000.00
	银行本票	500.00

(二)该公司本月发生关于"其他货币资金"业务的经济事项如下:

(1) 采购员凌敏凭购货发票报销外埠采购材料的款项 33 600 元。
(2) 公司向开户银行申请办理信用证,交付信用证保证金 50 000 元。
(3) 填制进账单将银行本票的剩余款项 500 元划回。
(4) 公司向开户银行申请办理信用卡,交付款项 35 000 元,取得信用卡。
(5) 收到银行收账通知,收取下属公司汇入的款项。
(6) 持信用卡支付业务招待费 2 750 元。
(7) 凭购货发票及银行汇票第四联报销采购款项 46 324 元。
(8) 根据公司经理办公会的决议,划出 500 000 元资金,转入本市宏伟证券公司,准备进行短期股票投资。
(9) 通过银行收到银行汇票结算的多余款项划回的收账通知。
(10) 接银行收账通知,上月下属分公司汇出的款项已入账。

三、要求

(1) 根据经济业务编制记账凭证。
(2) 根据记账凭证登记多栏式其他货币资金明细账。

[习题四] 外币业务核算

一、目的

掌握外币业务核算的基本方法和技能。

二、资料

(一)月初余额(表 2-8)

外币账户 9 月 30 日余额表　　　　　　　　　　　　　　　　　表 2-8

账户名称	外币-美元余额	汇　率	记账本位币余额
银行存款	300 000	7.56	2 268 000
应收账款	100 000	7.56	756 000

（二）本月发生的外币业务

1. 外币兑换业务的核算

（1）10 月 1 日创伟建筑公司将 55 000 美元到银行兑换为人民币，当日银行美元买入价为 1：7.56，市场汇率 1：7.58。

（2）10 月 9 日因外汇支付的需要，从银行购入 15 000 美元，当日银行美元卖出价 1：7.58，市场汇率为 1：7.55。

2. 外币购销业务的核算

（1）10 月 10 日从国外进口钢材一批，价款 250 000 美元，尚未付款，当日市场汇率 1：7.56（略去相关税费）。

（2）10 月 15 日通过银行支付上述钢材款项 200 000 美元，当日市场汇率 1：7.575。

3. 外币借贷业务核算

（1）10 月 15 日从银行借入 100 000 美元，当日市场汇率 1：7.575。

（2）10 月 30 日归还借入的 100 000 美元，当日市场汇率 1：7.57。

4. 接受外币投资业务的核算

（1）10 月 31 日创伟建筑公司收到作为投资者之一的外商投入的资本 200 000 美元，当日市场汇率为 1：7.57，投资合同中规定的约定汇率为 1：7.55。

（2）10 月 31 日公司收到 A 外商投资人投入的资本 150 000 美元，投资合同规定按收到外币款项时的市场汇率进行折算，当日市场汇率为 1：7.57。

三、要求

（1）根据月初余额登记相关外币账户。

（2）采用当日汇率，根据经济业务编制记账凭证（会计分录），并登记外币银行存款、外币债权债务的明细账。

（3）期末编制汇兑损益计算表，计算汇兑损益，并编制记账凭证（会计分录）结转汇兑损益。

（4）结账。

（5）选作：采用当期期初汇率进行核算。

第三章 应收与预付款项的核算

本章学习目标：认识企业应收与预付款项的基本内容、特点，掌握应收与预付款项的核算方法，掌握企业预提坏账准备金的方法和核算方法。

第一节 应收与预付款项

一、应收账款

（一）应收账款内容

1. 应收账款的概念

应收账款是建筑施工企业因完工产品结算，出售材料、产品，提供劳务和出租企业资产使用权等业务时，应向建设单位（发包单位）、购买单位、接受劳务和租用资产的单位或个人收取的款项。

应收账款是在企业已经向对方提供了产品、劳务和服务的前提条件下，向对方收取的款项，因而是企业经营活动中形成的债权，构成企业的资产内容。同时，应收账款是由赊销而形成的一种商业信用方式，是企业流动资产的重要组成。

在社会经济活动中，企业采用赊销方式销售产品、提供劳务和服务，会承担着由于对方无力付款等的信用缺失而不能收回资金的风险。然而，目前在商品销售等经济活动中，赊销作为销售方式之一，仍为许多企业所青睐。在对方没有及时付款的前提下，企业愿意向其提供产品、劳务和服务，基于的目的是：赊销可以扩大产品销售量、服务量，提高企业产品在市场竞争中的占有率；赊销可以减少企业存货的积压，加速存货周转，提高资金利用率；同时，随着企业产品的销售量、服务量在社会上的扩大，企业在市场中的影响也随之提高，这为企业的生存和发展营造了一个十分重要的条件。为此，通过增加应收账款来促销，是企业的有效经营策略。

不过，应收账款是一种债权，不是货币资金，不能立即用于支付和投资。企业资金过多占用于应收账款，会影响企业正常的资金使用，会使企业失去投资机会而增加机会成本。为管理和收回应收账款，企业还要负担管理成本，还要承担不能收回资金的损失。由此，企业必须谨慎采用赊销方式。为了减少风险，企业需要配套制定信用政策，对客户建立信用档案，进行信用调查；加强对应收账款日常管理，制定有效的收款策略、内部责任制度和奖罚制度，将风险降至最低。

2. 应收账款核算的内容

建筑施工企业关于应收账款核算的内容有：

（1）承建工程应向建设单位（发包单位）收取的款项；

（2）销售产品、材料应向购货单位收取的款项；

（3）提高劳务、作业应向接受劳务、作业单位收取的款项；

(4) 出租资产使用权，应向租用单位收取的款项。

另外，应收账款核算时包括附有现金折扣的核算内容。

(二) 应收账款的核算

1. 设置会计账户

建筑施工企业为了核算企业因承包工程、销售产品、提供劳务和出租资产等，应向建设单位（工程发包方）、购货单位、接受劳务和租用资产的单位收取的款项，应设置"应收账款"账户进行总分类核算。该账户的借方记录应收账款的增加，贷方记录应收账款的收回和转出，期末借方余额，表示尚未收回的应收账款。

"应收账款"账户应按照不同的客户（单位或个人）设置明细账，进行明细分类核算。

2. 核算内容

(1) 建筑施工企业办理工程完工、出售产品、提供劳务等结算业务。

【例3-1】 公司月末根据"工程价款结算账单"向建设单位希望公司结算应收工程款650 000元。

　　借：应收账款—希望公司　　　　　　　　　　650 000
　　　　贷：工程结算　　　　　　　　　　　　　　　　　650 000

【例3-2】 本月赊销给融跃公司库存积压的螺纹钢筋6t，单价3 200元，并通过银行支付代垫包装费300元、运杂费1 500元。

　　借：应收账款—融跃公司　　　　　　　　　　21 000
　　　　贷：其他业务收入　　　　　　　　　　　　　　19 200
　　　　　　银行存款　　　　　　　　　　　　　　　　　1 800

【例3-3】 向飞腾公司办理本月提供劳务的结算手续，应收取劳务款项18 500元。

　　借：应收账款—飞腾公司　　　　　　　　　　18 500
　　　　贷：其他业务收入　　　　　　　　　　　　　　18 500

【例3-4】 公司将现在暂时不需用的设备出租给长江公司，本月应收取租金3 500元。

　　借：应收账款—长江公司　　　　　　　　　　3 500
　　　　贷：其他业务收入　　　　　　　　　　　　　　3 500

(2) 收回应收账款的业务。

【例3-5】 快捷公司送来支付上月购买63 000元产品价款的支票，已存入银行。

　　借：银行存款　　　　　　　　　　　　　　　63 000
　　　　贷：应收账款—快捷公司　　　　　　　　　　　63 000

【例3-6】 公司收到黄河公司以前欠的工程价款95 000元的支票，送存银行。

　　借：银行存款　　　　　　　　　　　　　　　95 000
　　　　贷：应收账款—黄河公司　　　　　　　　　　　95 000

【例3-7】 接银行收账通知，收到融跃公司购买螺纹钢筋的价款19 200元和代垫包装费300元、运杂费1 500元。

　　借：银行存款　　　　　　　　　　　　　　　21 000
　　　　贷：应收账款—融跃公司　　　　　　　　　　　21 000

(三) 销售折扣、销售折让与销售退回的核算

1. 销售折扣核算

(1) 销售折扣。企业为了扩大销售量和尽快收回资金,在销售产品时往往给客户附有一定的优惠条件,即称为折扣。折扣分为商业折扣和现金折扣。

①商业折扣。商业折扣是企业出于推销商品,增加销售量的目的,采用从商品价目表上规定的价格中扣减一定数额作为出让给客户的利益条件。通常操作方法是:如果商品价目表上标明的单位价格是500元,当商业折扣为5%,则出售给客户的单位价格即:$500×(1-5\%)=475$元;当商业折扣为10%时,则出售给客户的单位价格即:$500×(1-10\%)=450$元;同时,商业折扣往往是根据客户购货量的增加而逐渐提高的。

不过,企业在确定商业折扣率时,不仅考虑产品的销售,还要考虑资金成本与资金收益之间的关系,应确定既能够吸引客户又符合企业自身承受能力的商业折扣率。

②现金折扣。现金折扣是指企业为了鼓励客户在一定期限内尽快偿还货款,而对其付款额给予一定的扣减。现金折扣的一般表示内容"折扣/付款期限",例如:客户在10天内付款,便可以按售价的2%折扣,表示方式为2/10;客户在20天内付款,便可以按售价的1%折扣,表示方式为1/20;在30天内付款,则不给折扣,表示方式为$n/30$。

(2) 核算。商业折扣是在交易之前确定的,按此确定的交易价格进行商品交易,企业应收取的价款是:扣除了商业折扣后的实际销售价格。这样,商业折扣不反映在买卖双方的账上,由此对应收账款入账价值的确定也没有实质性的影响。

【例3-8】 AD公司购买本公司甲产品,单价240元、数量150件,根据该客户的购买量,公司给予10%的商业折扣,公司应收产品价款为:$240×(1-10\%)×150=32\,400$元。

借:应收账款——AD公司　　　　　　　　　　　　　32 400
　　贷:其他业务收入　　　　　　　　　　　　　　　32 400

现金折扣是有一定的付款期限,应收账款则必须及时入账,其入账金额的确定则要依据客户是享受现金折扣和还是不享受现金折扣的不同情况而定。因此,在现金折扣的情况下,应收账款的入账金额的确认便有总价法和净价法两种,并在其中择其一种。

①总价法核算。总价法是将未减去现金折扣前的金额作为实际售价,据以确认应收账款的入账金额。

【例3-9】 将一批价值250 000元的预制构件销售给威海公司,为了及时收回货款,公司在合同中承诺给予购货方如下现金折扣条件:$2/10,1/20,n/30$。

按总价法确认应收账款的入账金额

借:应收账款——威海公司　　　　　　　　　　　　250 000
　　贷:其他业务收入　　　　　　　　　　　　　　　250 000

1/3 威海公司若在合同规定的前10天内支付款项,则按售价的2%享受现金折扣,实际收到价款245 000元[$250\,000×(1-2\%)=245\,000$元]。

借:银行存款　　　　　　　　　　　　　　　　　　245 000
　　财务费用　　　　　　　　　　　　　　　　　　　5 000
　　贷:应收账款——威海公司　　　　　　　　　　　250 000

2/3 威海公司若在合同规定的前16天内支付款项,则按售价的1%享受现金折扣,实际收到价款247 500元[$250\,000×(1-1\%)=247\,500$元]。

借:银行存款　　　　　　　　　　　　　　　　　　247 500

  财务费用   2 500
    贷：应收账款——威海公司   250 000
3/3 威海公司在超过合同规定的现金折扣期限付款，实际收到价款 250 000 元。
  借：银行存款   250 000
    贷：应收账款——威海公司   250 000

  采用总价法，现金折扣是客户在现金折扣期内付款时才能予以确认。在会计上，将给予客户的折扣视为企业的理财费用，作为财务费用处理。

  ②净价法核算。净价法是在应收账款入账时，以扣减现金折扣后的金额作为实际售价，据以确认应收账款的入账金额。

【例 3-10】 以［例 3-9］的资料说明净价法的核算。
按净价法确认应收账款的入账金额。
  借：应收账款——威海公司   245 000
    贷：其他业务收入   245 000
1/3 如果在 10 天内收到货款：
  借：银行存款   245 000
    贷：应收账款——威海公司   245 000
2/3 如果在 20 天内收到货款：
  借：银行存款   247 500
    贷：应收账款——威海公司   245 000
      财务费用   2 500
3/3 如果威海公司超过合同规定的现金折扣期限付款：
  借：银行存款   250 000
    贷：应收账款——威海公司   245 000
      财务费用   5 000

  净价法是把客户取得折扣视为正常现象，认为客户一般都不会放弃现金折扣的，而将客户由于超过折扣期限，未取得现金折扣而多付出的款项用作冲减财务费用。

  上述在出现现金折扣时，对应收账款的计量，有总价法和净价法两种方法供企业选用。然而，在应收账款入账时，客户能否享受到现金折扣是未知的。为此，《企业会计准则——收入》以及《企业会计制度》对应收账款的计量作了明确规定："现金折扣在实际发生时确认为当期财务费用"，这说明现金折扣条件下的应收账款入账金额应按尚未享受现金折扣前的金额入账。即：应收账款的入账金额就是发票的实际金额。所以，在有现金折扣的情况时，我国应采用总价法进行核算。

  2. 销售折让

  销售折让是指企业销售商品后，由于商品的品种、质量与合同不符或由于其他原因，对购货方在价格上给予的减让。在实际发生销售折让时，应根据折让金额调整应收账款的入账价值。

  【例 3-11】 接到融跃公司的函告，说明购买螺纹钢筋 6t，单价 3 200 元，其中有 1t 螺纹钢筋的规格与合同不符，并提出条件：或退货或在价格上给予减让。公司经核实后，通知对方同意在价格上折让 10%。

借：其他业务收入　　　　　　　　　　　　　　　　　　　　320
　　贷：应收账款—融跃公司　　　　　　　　　　　　　　　　320

3. 销售退回

销售退回是指企业售出的商品，由于质量、品种不符合要求等原因而发生的退货。

如果销售退回发生在企业已经确认收入的情况下，一般情况下直接冲减退回当月的销售收入、销售成本，调整尚未收取的应收账款金额。

【例 3-12】 就［例 3-11］资料，如果融跃公司要求退货处理。则：

借：其他业务收入　　　　　　　　　　　　　　　　　　　3 200
　　贷：应收账款—融跃公司　　　　　　　　　　　　　　　3 200

二、其他应收款

（一）其他应收款内容

其他应收款是除了应收票据、应收账款、预付账款等以外的其他各种应收、暂付款项。

其他应收、暂付款项主要包括：

(1) 应收的各种赔款、罚款；
(2) 应收出租包装物租金；
(3) 应向职工收取的各种垫付款项；
(4) 对没有设置"备用金"的企业拨出的备用金；
(5) 存出保证金（如水泥纸袋押金、保函金）；
(6) 预付账款转入（已不符合预付账款性质而按规定转入的）；
(7) 其他各种应收、暂付款项。

（二）其他应收款的核算

其他应收款是企业在非经营活动中产生的债权。为了核算建筑施工企业的各种其他应收、暂付款项，应设置"其他应收款"账户。该账户的借方记录企业发生的各项其他应收、暂付款项；贷方记录企业收回的各种其他应收、暂付款项，期末余额在借方，反映企业尚未收回的各种其他应收款。同时，"其他应收款"应该按照其他应收款的项目分类，并按不同的债务人设置明细账，进行明细核算。

【例 3-13】 购买市水泥公司的水泥时支付水泥纸袋押金 300 元，现金付出。

借：其他应收款—存出保证金—市水泥公司　　　　　　　　300
　　贷：现金　　　　　　　　　　　　　　　　　　　　　　300

【例 3-14】 企业财产清查发现丢失的工具，属保管员失职所致，故应由其赔偿损失 128 元。

借：其他应收款—赔款—保管员　　　　　　　　　　　　　128
　　贷：待处理财产损溢—流动资产损益　　　　　　　　　　128

【例 3-15】 接银行收账通知，收到市运输公司赔偿的运输材料的损失款 675 元。

借：银行存款　　　　　　　　　　　　　　　　　　　　　675
　　贷：其他应收款—赔款—市运输公司　　　　　　　　　　675

三、预付账款

（一）预付账款内容

预付账款是指企业由于购货、接受劳务而按照合同规定预先支付给供货方、劳务输出方的款项。

预付账款是企业支付款项在先，使用产品或享受服务在后，故而形成了企业的一项短期债权，如预付采购材料款。建筑施工企业的预付账款包括预付的购货款和预付给承包（分包）单位的工程建设款（工程备料款和工程进度款）等。

（二）预付账款的核算

为了核算企业的预付账款，应设置"预付账款"会计账户。该账户的借方记录企业预付账款的增加，贷方记录预付账款的结转，若期末余额在借方，反映企业实际预付的款项；期末余额在贷方，表示企业尚未补付的款项。

如果预付账款业务不多的企业，可以将预付的款项直接记入"应付账款"的借方。但在编制会计报表时，仍应将"预付账款"和"应付账款"的金额分开列示。

"预付账款"按照供应单位设置明细账，进行明细核算。

建筑施工企业对预付账款的核算内容包括如下三个方面：

①预付款项；②收回货物；③无法收到货物。

【例3-16】 公司根据与市钢材公司签订的钢材购买合同规定，预付价款10 000元，款已经开出支票付讫。

借：预付账款—市钢材公司　　　　　　　　　　　10 000
　　贷：银行存款　　　　　　　　　　　　　　　　　　10 000

【例3-17】 月底，购买的钢材已运到，发票价款为100 000元，其余货款暂欠。

借：材料采购　　　　　　　　　　　　　　　　100 000
　　贷：预付账款—市运输公司　　　　　　　　　　　100 000

或：

借：材料采购　　　　　　　　　　　　　　　　100 000
　　贷：预付账款—市运输公司　　　　　　　　　　　10 000
　　　　应付账款—市运输公司　　　　　　　　　　　90 000

【例3-18】 通过银行支付上述钢材的采购余款。

借：预付账款—市运输公司　　　　　　　　　　　90 000
　　贷：银行存款　　　　　　　　　　　　　　　　　　90 000

或：

借：应付账款—市运输公司　　　　　　　　　　　90 000
　　贷：银行存款　　　　　　　　　　　　　　　　　　90 000

四、其他应收款项

（一）应收股利

1. 应收股利概念

应收股利是指企业因股权投资（或向其他单位投资）而收取的现金股利（或利润）。

2. 应收股利的核算

为了核算企业的应收股利，应设置"应收股利"账户。该账户借方记录：①应该领取的投资分配的现金股利（或分得的利润）；②企业购入股票时，实际支付的价款中包含已宣告但尚未领取的现金股利。贷方记录已经收回的现金股利或利润。本账户期末余额在借方，表示企业尚未收回的现金股利或利润。

本账户需要按照被投资单位设置明细账，进行明细核算。

（二）应收利息

1. 应收利息概念

应收利息是指企业因债权投资而应收取的利息，包括企业进行短期债权投资获得的利息和长期债权投资但分期付息收取的利息。

2. 应收利息的核算

为了核算企业的应收利息，应设置"应收利息"账户。该账户借方记录：①企业购入债券时，实际支付的价款中包含已到期但尚未领取的债券利息；②购入分期付息、到期还本的债券以及取得的分期付息的其他长期债权投资，已到付息期而应收未收的利息。贷方记录实际收回的现金利息。本账户期末余额在借方，表示企业尚未收回的债券投资利息。

本账户需要按照债券种类设置明细账，进行明细核算。

（三）应收补贴款

1. 应收补贴款概念

应收补贴款是企业按照国家规定给予的定额补贴款项。如企业按销售量或工作量等，依据国家规定的补贴定额计算并按期给予的补贴。

2. 应收补贴款核算

为了核算企业的应收补贴款，应设置"应收补贴款"账户。该账户借方记录于期末应收的补贴金额；贷方记录已经收到的补贴金额。本账户期末余额在借方，表示企业尚未收到的补贴金额。

本账户需要按照应收补贴款的项目设置明细账，进行明细核算。

由于"应收股利"和"应收利息"反映的是在企业进行投资时带来的收益，其核算与企业的投资关系密切，所以这两个账户的具体使用方法在投资章节中说明。

第二节 应收票据的核算

一、应收票据的计价

（一）应收票据的概念

应收票据是指企业因销售商品、产品或提供劳务而收到的票据。它是由债权人持有的、在一定日期可向出票人或承兑人收回票款的书面证明。在会计上主要指企业持有尚未到期的商业汇票，包括商业承兑汇票和银行承兑汇票。

（二）应收票据的计价

应收票据的计价即确定应收票据入账金额的方法，一般有按面值计价和现值计价两种，面值法是指企业在收到应收票据时，按照票据的面值作为应收票据的入账价值；现值计价是以某一特定日所收到的现金到期值按交易发生时市场利率折算的价值（现值）入账。在我国，由于商业汇票期限短、利息金额不大，并很少采用长期应收票据，为此，为了简化核算手续，企业收到的应收票据不论是否带息，均采用面值计价方法。

商业汇票按是否计息分为带息票据和不带息票据两种。不带息票据是指商业汇票到期时，承兑人只按票面金额向收款人或背书人支付款项的汇票。带息票据是指商业汇票到期时，承兑人必须按票面金额和应计利息向收款人或背书人支付款项的汇票。对于带息的应收票据应于期末按票面价值与确定的利率计提利息，同时增加应收票据的账面价值。

应收票据相对于应收账款而言，风险较小，尤其是银行承兑汇票。因此，一般不对应收票据计提坏账准备。如果超过承兑期不能收回的应收票据应转入应收账款，并计提坏账准备。按照企业会计制度规定，企业持有的未到期应收票据，如果有确凿证据证明不能够收回或收回的可能性不大时，应将其账面余额转入应收账款，并计提相应的坏账准备。

（三）应收票据到期日与到期值的确定

1. 到期日

我国的应收票据的期限最长不超过6个月。应收票据的票据期限是指商业汇票签发日至到期日为止的时间间隔。应收票据的"到期日"的确定有两种表示方法，即：按月表示和按日表示。

（1）按月表示时应收票据到期日的确定。按月表示的应收票据"到期日"，是指以到期月份中与签发日相同的日期。如2002年7月20日出票的3个月票据，到期日为2002年10月20日。

对于月末签发的商业汇票到期日，不论月份大小，均以到期月份的月末那一天为"到期日"。如2002年2月28日签发的、期限为六个月的票据，"到期日"为2002年8月31日。

（2）按日表示时应收票据到期日的确定。按日表示的应收票据的"到期日"，应从签发日起按实际经历天数计算，遵循"算头不算尾，算尾不算头"的原则，即签发日和到期日只能算一天。如2002年5月3日签发、为期60天的商业汇票，按"算头不算尾"的原则，则5月份算29天（31－2），6月份30天，尚有1天（60－29－30），所以到期日为7月1日（5月3日含在内）；按"算尾不算头"的原则，那么到期日应是7月2日。

与此同时，对于带息应收票据计算利息所采用的利率一般是年利率。在确定票据"到期日"的方法时，采用的利率在时间上要与之相适应。如按月确定到期日，则利率为月利率（年利率÷12）；按日确定"到期日"，计算利息使用的利率，要换算成日利率（年利率÷360）。

2. 到期值

（1）不带息应收票据的到期值，就是票据的面值。即：到期值＝票面面值。

（2）带息应收票据的到期值应该是面值加上利息。其计算公式如下：

带息票据到期价值＝面值＋利息

带息票据利息＝面值×利率×票据期限

上式中，"票据期限"指签发日至到期日的时间间隔；"利率"一般指年利率，在具体计算时，应该换算成与票据期限相适应的利率，例如：票据期限为三个月，则，如果年利率6%，换算为6%÷12＝5‰月利率。

二、应收票据的核算

（一）应收票据的账户设置

为了核算建筑施工企业应收票据的增减变化情况，应设置"应收票据"账户。该账户借方记录企业应在收到开出、承兑的或收到转让的应收票据时，按应收票据的票面价值入账；带息应收票据应在期末计提利息，计提的利息应增加应收票据的账面余额。贷方记录：①收回到期应收票据的账面余额；②企业将持有的应收票据背书转让；③已办理贴现的应收票据的贴现额；④到期不能收到款项的被银行退回的商业承兑汇票的账面余额；⑤到期不能收回的应收票据的账面余额；⑥如有确凿证据表明企业所持有的未到期应收票据不能够收回或收回可能性不大时，应将其账面余额从本账户的贷方转入应收账款。本账户期末余额在借方，反映企业持有的应收票据的票面价值和应计利息。

企业应当设置"应收票据备查簿"，逐笔登记每一应收票据的种类、号数和出票日期、票面金额、票面利率、交易合同号和付款人、承兑人、背书人的姓名或单位名称、到期日、背书转让日、贴现日期、贴现率和贴现净额、未计提的利息以及收款日期和收回金额、退票情况等资料，应收票据到期结清票款或退票后，应当在备查簿内逐笔注销。

(二) 应收票据核算

1. 不带息票据核算

不带息票据的到期值等于票面面值。以下举例说明不带息票据的核算方法。

【例 3-19】 2002 年 12 月 1 日销售一批材料给岭西公司，货已经发出，价款为 29 250.50 元。收到岭西公司交来期限为 3 个月的银行承兑汇票一张。

(1) 收到票据

借：应收票据—银行承兑汇票—岭西公司　　29 250.50
　　贷：其他业务收入　　　　　　　　　　　29 250.50

(2) 票据到期收回款项

借：银行存款　　　　　　　　　　　　　　29 250.50
　　贷：应收票据—银行承兑汇票—岭西公司　29 250.50

2. 带息票据核算

企业应于期末，按规定计算票据利息，并增加应收票据的票面价值，同时冲减财务费用。

下面通过举例说明带息应收票据的核算方法。

【例 3-20】 2002 年 10 月 1 日销售一批混凝土预制构件给威海公司，货已经发出，价款为 58 500 元。收到威海公司交来期限为 3 个月、票面利率为 5% 的商业承兑汇票一张。

(1) 收到票据时

借：应收票据—商业承兑汇票—威海公司　　58 500
　　贷：其他业务收入　　　　　　　　　　　58 500

(2) 10 月月末，按规定计提 10 月份的利息

$$利息 = 58\,500 \times 5\% \times 1/12$$

借：应收票据—商业承兑汇票—威海公司　　243.75
　　贷：财务费用　　　　　　　　　　　　　243.75

(3) 11 月月末，按规定计提 11 月份的利息

$$利息 = 58\,500 \times 5\% \times 1/12$$

借：应收票据—商业承兑汇票—威海公司　　243.75
　　贷：财务费用　　　　　　　　　　　　　243.75

(4) 12 月 31 日，按规定计提 12 月份的利息

$$利息 = 58\,500 \times 5\% \times 1/12$$

  借：应收票据—商业承兑汇票—威海公司   243.75
    贷：财务费用   243.75
（5）次年1月1日票据到期，分别不同情况说明
$$收款金额 = 58\,500 \div (1 + 5\% \times 3/12) = 59\,231.25 元$$
①到期收回票款
  借：银行存款   59 231.25
    贷：应收票据—商业承兑汇票—威海公司 59 231.25
②到期拒付
如果威海公司到期无力付款，则银行将该票据退回。
  借：应收账款—威海公司   59 231.25
    贷：应收票据—商业承兑汇票—威海公司 59 231.25
（6）如果在持票期间，已有确凿证据查明已经不能收回款项（如在12月份内）的账务处理。
  借：应收账款—威海公司   58 987.50
    贷：应收票据—商业承兑汇票—威海公司 58 987.50

3. 应收票据贴现

应收票据贴现是指票据持有人因急需资金，将未到期的票据背书后转让给银行，银行受理后，从票面金额中扣除按银行的贴现率计算确定的贴现息后，将余额付给贴现企业的一种企业的融资活动。

（1）贴现利息。在贴现活动中，企业付给银行的利息称为贴现利息（或贴现息），计算公式是：

$$贴现利息 = 票据到期值 \times 利率 \times 贴现期$$

（式中"贴现期"指从贴现日到票据到期日的间隔时间或票据到期日—企业已持有票据期限）

（2）贴现利率。银行计算贴现利息的利率称为贴现利率，一般以年利率表示。

（3）贴现所得。企业从银行获得的票据到期值扣除贴现利息后的余额称为贴现所得（贴现净额）。公式为：

$$贴现所得 = 票据到期值 - 贴现利息$$

应收票据的贴现是因为资金使用的需要，通过将票据转让给银行而获得所需的资金，是企业的一种融资活动。将票据转让，既将票据拥有利益的权利转让，同时也转让了存在票据上的风险，即到期是否能够收到款项的不确定性风险。那么，这个风险一旦出现，应该由谁来承担。为此，由应收票据的贴现而可能产生的风险处理方式有两种："无追索权"和"有追索权"。

"无追索权"是指贴现企业在向银行办理了贴现手续，取得贴现所得后，如果付款方到期不能支付票款，与贴现企业无关，贴现企业不负担偿付票款的连带责任的一种方式。因此，应收票据一经贴现就可以在账簿记录中消除，不需要揭示与此有关的或有负债的金额。

"有追索权"是指当付款人到期无力偿付票款时，贴现企业在法律上要承担连带清偿责任，即贴现企业必须向贴现银行偿还这一债务，即存在或有负债的一种方式。对此，企

业会计制度规定：一方面在票据贴现时冲销已入账的应收票据，另一方面在当期的资产负债表附注中披露因贴现应收票据而产生的或有负债的金额。

大多数情况下，银行都要求应收票据贴现采用"有追索权"方式。

企业会计制度规定：企业将应收票据贴现后，应按实际收到的贴现所得款，借记"银行存款"账户，按应收票据账面余额（注意：应收票据账面余额＝面值＋已计提利息），贷记"应收票据"账户，按其差额借或贷记"财务费用"账户。

以下举例说明应收票据贴现的核算方法：

【例3-21】 因公司急需资金，于11月30日将2002年10月31日收到的一张，为期3个月、票面价值58 500元、年利率为5％的商业承兑汇票的带息票据到银行申请贴现，年贴现利率7.2％。

计算：

贴现期限＝3－1＝2月

到 期 值＝58 500×（1＋5％/12×3）＝59 231.25元

贴现利息＝59 231.25×7.2％×2/12＝710.78元

贴现所得＝59 231.25－710.78＝58 520.47元

账务处理如下：

（1）取得贴现所得

借：银行存款　　　　　　　　　　　　　　58 520.47
　　财务费用　　　　　　　　　　　　　　　　223.28
　　　贷：应收票据—商业承兑汇票—威海公司　58 743.75

（2）已贴现带息票据到期时的处理

已贴现带息票据到期时，根据承兑人是否付款，视其不同情况做账务处理：

①如果承兑人付款，则贴现企业不做任何账务处理。

②如果承兑人无力偿付票款，在贴现企业"银行存款"账上有足够资金时，则贴现银行将退票回扣款，贴现企业的账务处理为：

借：应收账款—威海公司　　　　　　　　　59 231.25
　　贷：银行存款　　　　　　　　　　　　59 231.25

③如果本企业银行存款不足，则按贴现协议，作为企业向银行借的短期借款，按应收票据的到期值（或加上有关手续）做账务处理为：

借：应收账款—威海公司　　　　　　　　　59 231.25
　　贷：短期借款　　　　　　　　　　　　59 231.25

4. 应收票据背书转让的核算

如果企业将持有的应收票据背书转让用于采购物资时，按应记入取得物资成本的价值，借记"物资采购"、"库存材料"账户等，按应收票据的账面余额贷记"应收票据"账户，如需要支付有关税费时，借或贷记"银行存款"账户。

如果是将带息应收票据背书转让，还应将尚未计提的利息，贷记"财务费用"账户。

【例3-22】 2002年11月20日购买一批材料，将持有为期3个月、票面面值45 000元的银行承兑汇票背书转让，发票价格为45 300元，差额用现金补付，同时用现金支付运杂费220元。

```
借：材料采购——主要材料              45 520
    贷：应收票据——银行承兑汇票        45 000
        库存现金                         520
```

【例3-23】 2002年12月10日购买一批生产工具,将11月10取得的、为期6个月、票面面值8 000元、票面利率6%的商业承兑汇票背书转让,发票价格为8 000元,发生运杂费120元,差额现金付讫。

应收票据账面余额=8 000×(1+6%×1/12)=8 040元

```
借：材料采购——生产工具              8 120
    贷：应收票据——商业承兑汇票        8 040
        库存现金                         80
```

5. 对收到用应收票据抵付债务时,分别按不同情况处理
(1) 不带息应收票据的面值,做账务处理如下：
借：应收票据
    贷：应收账款
(2) 带息票据,应于期末时,按应收票据的票面价值和确定的利率计算利息,并将计算的利息增加应收票据的账面余额,其账务处理同[例3-20]所示。

第三节 坏账准备的核算

一、坏账损失的确认

(一) 坏账、坏账损失的概念

坏账是指企业无法收回的或收回的可能性很小的应收款项。由于发生坏账而造成的损失,称为坏账损失。

企业尽管在赊销前认真调查了客户信用,建立了客户信用档案,并相应制定了信用条件,在客户未履约付款时又相应制定了收款政策,但确实还有应收款项无法收回,坏账损失不可避免。企业管理得好,坏账损失会尽可能低些。

(二) 坏账损失的确认

企业会计制度规定,对不能收回的应收款项（包括应收账款和其他应收款）,根据企业的管理权限,经过股东大会或董事会,或厂长（经理）办公会或类似机构批准作为坏账损失时予以确认。企业在确认坏账时,应具体分析各应收款项的特点、金额的大小、信用期限、债务人的信誉和当时的经营情况等因素。

确认坏账损失应符合下列条件：
(1) 因债务人破产或债务人单位撤销,依照民事诉讼法进行清偿后,确实无法追回的款项。
(2) 因债务人死亡,既无遗产可供清偿,又无义务承担人,确实无法追回的应收款项。
(3) 因债务逾期未履行偿债义务超过3年,经查确实无法偿还的应收款项。

企业对于以上确认无法收回的应收款项,报经批准后作为坏账损失处理。

需要说明的是,对已确认为坏账的应收账款,并不意味着企业就放弃了对其的追索

权,一旦重新收回,应及时入账。

二、坏账损失的核算

(一)坏账损失的核算方法

企业对坏账损失的核算方法一般有直接转销法和备抵法两种。

1. 直接转销法

直接转销法是指企业在实际发生坏账时确认坏账损失,将发生的坏账损失直接计入期间费用,同时注销相应的应收款项的一种核算方法。

【例3-24】 经查明,公司的购货单位环顾公司破产,所欠产品价款30 000元已无法收回,确认为坏账损失。

借:管理费用——坏账损失　　　　　　　　　　　30 000
　　贷:应收账款——环顾公司　　　　　　　　　　30 000

【例3-25】 经追索,公司收回原已经确认坏账的慷达公司的欠款26 500元。

1/2借:应收账款——慷达公司　　　　　　　　　　26 500
　　贷:管理费用　　　　　　　　　　　　　　　　26 500
2/2借:银行存款　　　　　　　　　　　　　　　　26 500
　　贷:应收账款——慷达公司　　　　　　　　　　26 500

坏账损失采用直接转销核算方法,其优点在于账务处理简单。然而,由于这种核算方法是以坏账的确认期来承担所发生的全部坏账损失,这样,使得期间费用负担不合理,影响当期的经营成效,也不利于企业对应收款项的日常管理,所以既不符合权责发生制原则,也不符合配比原则;同时,无法考察资产负债表中"应收账款"的实际变现数额。

2. 备抵法

无论从会计核算原则还是从企业管理的角度,企业都应在发生应收账款时就要考虑对预计不能收回的应收账款发生坏账的可能性分析,制定出现坏账的应对措施,这样,更能增强企业应对抵御坏账损失的能力。为此,《企业会计制度》中规定:"企业只能采用备抵法,核算坏账损失。"备抵法,即企业按期估计坏账损失,并将其计入期间费用,同时企业建立坏账准备金,待实际发生坏账时,以其冲销坏账准备金的方法。

为了核算建筑施工企业提取的坏账准备金,应该设置"坏账准备"账户。该账户贷方计入企业提取的坏账准备金和已确认并转销的坏账损失以后又收回的金额,借方反映发生坏账损失的冲销;期末贷方余额,反映企业已提取的坏账准备金。

(二)坏账准备金的计提

企业在采用备抵法计提坏账准备金时,要确定计提坏账准备的范围,确定坏账准备金的计提方法、计提比例。

1. 坏账准备的计提范围

企业计提坏账准备金,必须明确计提坏账准备的范围。按照企业会计制度的规定,计提坏账准备的范围包括以下方面:

(1)预计各项应收款项包括应收账款和其他应收款可能发生的坏账,对于没有把握能够收回的,应当计提坏账准备。

(2)企业持有的未到期应收票据,如有确凿证据证明不能够收回或收回的可能性不大时,应将其账面余额转入应收账款,并计提相应的坏账准备。

(3) 企业的预付账款如有确凿证据表明其不符合预付账款性质，或者因供货单位破产、撤销等原因已无望再收到所购货物的，应将原计入预付账款的金额转入其他应收款，并计提相应的坏账准备。

企业应按预计不能收到所购货物的预付账款的账面余额，借记"其他应收款—预付账款转入"账户，贷记"预付账款"账户。除转入"其他应收款"科目的预付账款外，其他预付账款不得计提坏账准备。

2. 坏账准备的计提比例

企业计提坏账准备金，要估计会发生多少坏账损失，估计可能发生坏账的比例，即确定坏账准备计提的比例。确定坏账准备计提的比例是一个量化指标，在会计上属于企业的会计估计。

企业在确定坏账准备的计提比例时，应当根据企业以往的经验、债务单位的实际财务状况和现金流量的情况，以及其他相关信息合理地估计。除有确凿证据表明该项应收款项不能收回，或收回的可能性不大外（如债务单位撤销、破产、资不抵债、现金流量严重不足、发生严重的自然灾害等导致停产而在短时间内无法偿付债务等，以及应收款逾期3年以上），下列各种情况一般不能全额计提坏账准备：

(1) 当年发生的应收款项；
(2) 计划对应收款项进行重组；
(3) 与关联方发生的应收款项；
(4) 其他已逾期，但无确凿证据证明不能收回的应收款项。

按照企业会计制度的规定，企业可以根据自身实际情况确定计提坏账准备的比例。值得一提的是，既要避免高估坏账准备的比例，影响企业自身的经营效果，弱化对应收款项的管理意识；也不能过低确定坏账准备的比例，由此带来的后果是：削弱企业抵御坏账风险的能力，造成企业经营业绩的不实。因此，企业确定计提坏账准备的比例一定尽可能科学、合理。

3. 坏账准备的计提方法

坏账准备的计提，依据什么计提企业的坏账准备金，这就要确定计提坏账准备的依据，即确定计提坏账准备的方法。采用备抵法进行坏账准备的核算，估计坏账的方法主要有销货百分比法、应收账款余额百分比法和账龄分析法。

(1) 销货百分比法。销货百分比法是根据当期赊销金额的一定比例估计坏账损失的一种坏账准备金的计提方法。其意是：坏账损失的发生与当年的赊销业务直接有关，当期赊销业务越多，发生坏账损失的可能性越大。由此，根据过去的经验和当期的有关资料，计算坏账损失的估计数。

赊销金额一般以赊销净额计算：赊销金额－销售折让－销售退回＝赊销净额

举例：公司2001年的赊销净额是200 000元，坏账比率为1%。则：计提的坏账准备金为：$200\,000 \times 1\% = 2\,000$元。

(2) 应收账款余额百分比法。应收账款余额百分比法是按应收账款期末余额的一定比例计算提取坏账准备的一种方法。其意是：可能发生的坏账损失占应收款项的概率。如果估计发生的坏账损失的概率大，则计提坏账准备的比例也高。反之则低。

坏账准备可以按以下公式计算：

$$当期应提取的坏账准备 = 当期按应收款项计算应提取坏账准备金额 - "坏账准备"账户的贷方余额$$

当期按应收款项计算应提取坏账准备金额大于"坏账准备"账户的贷方余额，应按其差额提取坏账准备；如果当期按应收款项计算应提取坏账准备金额小于"坏账准备"账户的贷方余额，应按其差额冲减已提取的坏账准备；如果当期按应收款项计算应提取坏账准备金额为零，应将"坏账准备"账户的余额，全部冲回。

举例说明应收账款余额百分比的方法：

公司2002年年末应收款项的余额为500 000元；2003年发生2 000元的产品价款已经不能收回，已确认为坏账，同时收到以前已确认并已转销的坏账损失2 300元的货款，年末应收款项的余额800 000元。该公司计提坏账准备的比例是1‰。

计算方法如下：

①2002年应提取的坏账准备=500 000×1‰=5 000元。如果本年之前，企业没有计提坏账准备，则计提后，2002年年末的"坏账准备"账户贷方余额：5 000元。

②2003年应提取的坏账准备。

2003年计提坏账准备之前的"坏账准备"账户余额=5 000-2 000+2 300=5 300元。

2003年应提取的坏账准备=800 000×1‰-5 300=2 700元。

（3）账龄分析法。账龄分析法是根据企业的应收账款入账时间的长短来估计可能发生的坏账损失的概率，确定坏账准备计提比例计提坏账准备的一种方法。账龄指的是顾客所欠账款的时间，即应收款项的入账时间。一般情况，入账时间越长，发生坏账的可能性越大，反之，则越小。这样，对不同账龄的应收账款就需要采用不同的计提坏账准备的比例。

账龄分析方法的思路是：先确定各项应收款项的入账时间，据此确定各项应收款项发生坏账损失的比例；计算每项应收款项的余额乘以估计比例后得出发生坏账损失的金额；加总计算全部应收款项的坏账金额。

举例说明账龄分析法的操作方法见表3-1。

账龄分析法的操作方法　　　　　　　　　　表3-1

应收账款账龄	账面余额	估计损失比例（％）	估计损失金额
未到期	120 000	0.2	240
超过1~30天	25 000	0.3	75
超过31~60天	4 500	1	45
超过61~120天	6 000	2.5	150
超过121~180天	5 000	4	200
超过181天以上	2 800	15	420
破产或追索中	2 000	40	800
	165 300		1 930

在确定坏账损失金额时，应该就具体应收账款的单位所欠的款项数额、入账时间和所欠款项的原因进行分析，估计可能发生的坏账损失。

可见，账龄分析法估计坏账损失较之应收账款余额百分比法更为精确。

企业会计制度规定，计提坏账准备的方法由企业自行确定。坏账准备计提方法一旦确定，不得随意变更。如需要变更，应当在会计报表附注中予以说明。

(三) 坏账准备的核算

1. 采用销货百分比法

【例3-26】 公司2005年的赊销净额是120 000元，坏账百分比是1‰。则：计提的坏账准备金为：120 000×1‰＝1 200元。会计分录为：

借：资产减值损失——坏账损失　　　　　　　　　1 200
　　贷：坏账准备　　　　　　　　　　　　　　　　1 200

2. 采用应收款项余额百分比法

【例3-27】 公司2005年年末应收款项的余额为650 000元；2006年发生2 200元的产品价款已经不能收回，已确认为坏账，同时收到以前已确认并已转销的坏账损失1 500元的货款，年末应收款项的余额860 000元。该公司计提坏账准备的比例是1‰。

①2005年计提坏账准备金时，"坏账准备"账户年末无余额，则当年计提的坏账准备金是：650 000×1‰＝6 500元

借：资产减值损失——坏账损失　　　　　　　　　6 500
　　贷：坏账准备　　　　　　　　　　　　　　　　6 500

②2006年，转销已经确认的坏账损失2 200元。

借：坏账准备　　　　　　　　　　　　　　　　　2 200
　　贷：应收账款　　　　　　　　　　　　　　　　2 200

③2006年收回已转销的坏账损失1 500元。

借：应收账款　　　　　　　　　　　　　　　　　1 500
　　贷：坏账准备　　　　　　　　　　　　　　　　1 500
借：银行存款　　　　　　　　　　　　　　　　　1 500
　　贷：应收账款　　　　　　　　　　　　　　　　1 500

④2006年年末需要计提的坏账准备的确定公式应是：

"坏账准备"账户的贷方余额＝6 500－2 200＋1 500＝5 800元
应提取的坏账准备金额＝860 000×1‰＝8 600元
则本年应提取的坏账准备是：8 600－5 800＝2 800元

会计分录为：

借：资产减值损失——坏账损失　　　　　　　　　2 800
　　贷：坏账准备　　　　　　　　　　　　　　　　2 800

这样，2006年年末的"坏账准备"账户的余额是：贷方余额8 600元。

如果本年应计提的坏账准备数额计算的结果为负数，则作相反会计分录：

借：坏账准备　　　　　　　　　　　　　　　　　2 800
　　贷：资产减值损失　　　　　　　　　　　　　　2 800

3. 采用账龄分析法

以表3-1资料为例，如果公司应收账款账龄分析情况如表3-1所示，其核算方法为：

(1) 该公司年末调整前"坏账准备"账户贷方余额为560元，则本期应提取的坏账准

备＝1 930－560＝1 370元。

借：资产减值损失——坏账损失　　　　　　　　　　　　1 370
　　　贷：坏账准备　　　　　　　　　　　　　　　　　　　1 370

(2) 如果该公司年末调整前"坏账准备"账户贷方余额为2 103元，则本期应提取的坏账准备＝1 930－2 103＝－173元。

借：坏账准备　　　　　　　　　　　　　　　　　　　　173
　　　贷：资产减值损失　　　　　　　　　　　　　　　　　　173

(3) 如果该公司年末调整前"坏账准备"账户借方余额为103元，则本期应提取的坏账准备＝1 930＋103＝2 033元。

借：资产减值损失——坏账损失　　　　　　　　　　　　2 033
　　　贷：坏账准备　　　　　　　　　　　　　　　　　　　2 033

复习思考题

1. 怎样理解企业的应收账款？其账户结构如何？
2. 什么是销售折扣、销售折让与销售退回？
3. 其他应收与预付款项各自核算什么内容？
4. 何谓坏账、坏账损失与坏账准备金？
5. 企业在什么情况下与在什么范围内需要计提坏账准备金？
6. 企业坏账准备计提方法有哪些？各自的特点是什么？
7. 坏账准备核算有哪些方法？企业会计制度规定坏账准备核算采用什么方法？为什么？
8. 什么是应收票据和票据贴现？
9. 说明"有追索权"方式、"无追索权"方式。
10. 何谓债务重组？怎样理解债务重组的特点？
11. 债务重组方式有哪些？
12. 关于通过债务重组清偿应收账款在核算上包括哪些方面的内容？

习　题

[习题一] 应收及预付账款的核算

一、应收账款的核算

(一) 目的

掌握应收账款核算的基本方法和技能。

(二) 资料

第一，敏捷公司本月"应收账款"月初账面余额：200 500元，其中明细分类账的资料如表3-2所示。

明细分类账资料表　　　　　　　　　　　　　　　　　　　　表3-2

总分类账	明细分类账	月初余额	总分类账	明细分类账	月初余额
应收账款	A公司	40 000	应收账款	C公司	65 000
应收账款	B公司	50 000	应收账款	D公司	45 500

第二，本月经济业务如下：

(1) 公司月末根据"工程价款结算账单"向建设单位燎望公司结算应收工程款500 000元。

(2) 赊销给 A 公司库存的螺纹钢筋 8t, 单价 3 250 元, 代垫包装费 350 元、运杂费 1 800 元通过银行付讫。

(3) 向 B 公司办理本月提供劳务的结算手续, 应收取劳务款项 16 500 元。

(4) 公司将现在暂时不需用的设备一台出租给 D 公司, 本月应收取租金 3 200 元。

(5) 公司收到上月 C 公司购买产品的价款 45 500 的支票, 已存入银行。

(6) 公司收到 A 公司以前欠的工程价款 35 000 元的支票, 送存银行。

(7) 接银行收账通知收到 B 公司支付劳务价款 40 000 元。

(8) A 公司购买本公司乙产品, 单价 260 元、数量 250 件, 根据该客户的购买量, 公司给予 10% 的商业折扣。

(9) 将一批价值 350 000 元的组合钢模销售给 D 公司, 为了及时收回货款, 公司在合同中承诺给予购货方如下现金折扣条件: 2/10, 1/20, n/30。(按总价法核算)。
D 公司制定了付款计划:
①D 公司在合同规定的前 6 天内支付总价款的 40%。
②D 公司在合同规定的前 18 天内支付总价款的 20%。
③D 公司在超过合同规定的现金折扣期限支付总价款的 25%。
根据上述 D 公司付款计划的施行, 核算本公司实际收到的价款。

(10) 公司销售一批材料给 C 公司, 价款 150 000 元。确定的现金折扣是: 1/20, n/30 (采用净价法核算)。公司在第 17 天接到银行 C 公司支付价款的收账通知。

(三) 要求

(1) 根据 (一) 开设"应收账款"总分类账户及明细账, 登记月初余额。

(2) 根据 (二) 编制记账凭证。

(3) 根据记账凭证登记"应收账款"总账和明细账, 并结账。

二、其他应收与预付账款的核算

(一) 目的

掌握其他应收与预付款核算的基本方法技能。

(二) 资料

第一, 敏捷公司本月"其他应收款"月初余额: 10 500 元, "预付账款"月初余额为 18 000 元, 其中明细分类账的资料如表 3-3 所示。

明细分类账资料表 表 3-3

总分类账	明细分类账	月初余额	总分类账	明细分类账	月初余额
其他应收款	存出保证金	9 650	预付账款	市水泥公司	5 000
	赔款—市运输公司	850		岭市材料公司	13 000

第二, 本月经济业务如下:

(1) 购买市水泥公司的水泥时支付水泥纸袋押金 500 元, 现金付出。

(2) 企业财产清查发现丢失的工具, 属保管员失职所致, 故应由其赔偿损失 226 元。

(3) 接银行收账通知收到市运输公司赔偿的运输材料的损失款 850 元。

(4) 公司根据与市钢材公司签订的钢材购买合同规定, 预付价款 50 000 元, 款已经开出支票付讫。

(5) 月底, 购买的钢材已运到, 发票价款为 100 000 元, 其余货款暂欠。

(6) 本月采购的水泥已到, 发票单据标明价款为 15 000 元, 通过银行支付余款。

(7) 已有确凿证据表明岭市材料公司已经不能够提供合同规定的货物, 按有关规定结转已经预付的款项。

(三) 要求

(1) 根据（一）开设"其他应收款"、"预付账款"的总分类账户及明细账，登记月初余额。
(2) 根据（二）编制记账凭证。
(3) 根据记账凭证登记"其他应收款"、"预付账款"的总账和明细账，并结账。

[习题二] 应收票据的核算

一、目的

掌握应收票据核算的基本方法与技能。

二、资料

（一）敏捷公司本月月初"应收票据"账面余额为：50 000元。其中明细账资料如表3-4所示。

明 细 账 资 料 表　　　　　　　　　　表3-4

总分类账	明细分类账	月初余额	总分类账	明细分类账	月初余额
应收票据	商业承兑汇票—辉煌公司	9 000		商业承兑汇票—友谊公司	5 000
	商业承兑汇票—皑皑公司	15 000		银行承兑汇票—前进公司	21 000

（二）本月经济业务如下：

第一，带息票据核算

1. 资料

2002年11月30日销售一批混凝土预制构件给光大公司，货已经发出，价款为234 000元。收到光大公司交来期限为3个月、票面利率为5%的商业承兑汇票一张。

2. 要求

(1) 计算商业汇票的入账价值、期末应计提的利息、到期值；

(2) 编制收到票据时、期末计提利息、票据到期收回的记账凭证。

第二，不带息票据核算

1. 资料

2007年11月30日销售一批材料给前进公司，货已经发出，价款为29 250元。收到前进公司交来期限为3个月的银行承兑汇票一张。

2. 要求

(1) 计算银行承兑汇票的入账价值、到期值。

(2) 编制收到票据时的记账凭证。

(3) 编制中途企业将该票据用于采购物资而背书转让的记账凭证。

第三，票据贴现的核算

1. 资料

因公司急需资金，于11月30日将2002年10月31日收到的一张为期3个月、票面价值15 000元的商业承兑汇票的带息票据到银行申请贴现，年贴现利率7.2%。

2. 要求

(1) 计算：贴现期限、贴现利息、贴现所得；

(2) 编制贴现时的记账凭证；

(3) 在"有追索权"方式下，票据到期，付款人无力偿付票款，贴现银行将票据退回贴现公司，而本公司银行存款又不足时的记账凭证。

第四，应收票据的其他核算业务

(1) A公司开来为期3个月、金额5 000元、不带息的商业承兑汇票一张，抵付以前欠的货款。

(2) 在2007年度终了，已有确凿证据证明辉煌公司9 000元的商业承兑汇票已经不能收回。

(3) 通过银行收到前进公司支付本月到期的银行承兑汇票21 000元。

(4) 银行退回由于友谊公司无力支付的本月到期的面值5 000元的商业承兑汇票。

三、要求

上述习题除了各题有相关的要求外，均要求根据编制的记账凭证，登记"应收票据"的总账与明细账。

[习题三] 坏账准备的核算

一、目的

掌握坏账准备金计提、核算的基本方法与技能。

二、资料

（一）应收账款余额百分比法练习

第一，资料

（1）光亮公司 2006 年年末调整前的"坏账准备"账面贷方余额：5 500 元，应收款项的账面余额：510 000 元。

（2）2007 年发生 2 300 元的产品价款已经不能收回，已确认为坏账，同时收到以前已确认并已转销的坏账损失 1 900 元的货款，年末应收款项的余额 560 000 元。2008 年发生坏账 3 800 元，收回以前已确认并已转销的坏账损失 500 元的货款，年末应收款项的账面余额 450 000 元。

（3）该公司计提坏账准备的比例是 1%。

第二，要求

（1）计算光亮公司 2006 年、2007 年、2008 年年末公司应计提的坏账准备。

（2）编制 2006 年、2007 年、2008 年坏账准备核算的记账凭证。

（3）根据记账凭证登记"坏账准备"账户。

（二）账龄分析法练习

第一，资料

（1）敏捷公司 2006 年年末应收款项的基本情况如表 3-5 所示。

应收款项账龄分析资料表　　　　　　　　　　表 3-5

应收款项账龄	账面余额	估计损失比例（%）	估计损失金额
未到期	143 000	0.1	
超过 1～30 天	25 500	0.25	
超过 31～60 天	64 500	0.6	
超过 61～120 天	60 000	1.5	
超过 121～180 天	42 000	6	
超过 181 天以上	10 800	14	
破产或追索中	5 000	40	
	350 800		

（2）敏捷公司 2006 年年末的"坏账准备"贷方余额 2 635 元。

（3）2007 年发生坏账损失 560 元。

（4）2007 年收回已确认并已转销的坏账 830 元。

第二，要求

（1）计算 2006 年估计的坏账损失金额。

（2）编制 2007 年发生坏账损失的记账凭证。

（3）编制 2007 年年末计提坏账准备的记账凭证*（未提供计提坏账准备金方法的确定或依据准备）。

（4）根据记账凭证登记敏捷公司的"坏账准备"账户，并结账。

第四章 存货核算

本章学习目标：认识存货的概念、内容与核算意义，掌握存货的计价、核算内容及核算方法。

第一节 存货概述

一、存货的内容

（一）存货的概念

存货，是指企业在日常活动中持有以备出售的产成品或商品、处在生产过程中的在产品、在生产过程或提供劳务过程中耗用的材料和物料等。包括各种材料、包装物、低值易耗品、商品、在产品、半成品、产成品。建筑施工企业除了上述内容外，还包括周转材料、未完工程等。

（二）存货的内容

建筑施工企业的存货，种类多，内容丰富。通过对存货按照不同内容进行分类，以认识存货并对之进行管理。

（1）按持有存货的目的不同，分为：

①为工程施工、产品生产或提供劳务耗用而储备的各种存货。如各种材料、低值易耗品等。

②为了最终出售而目前尚处于施工、生产过程的存货。如未完工程、在产品、委托加工物资等。

③待售的存货。如库存产成品、库存商品。

（2）按存货所处的阶段分为：

①库存存货。存放于企业仓库（包括露天仓库）的库存各种存货。如库存材料，库存的小型生产工具、劳保用品、管理用具、玻璃器皿等。

②在途存货。正在运输途中尚未到达企业或虽已到达企业但尚未验收入库的存货。

③使用中的存货。如在用的小型生产工具、管理用具、玻璃器皿，在用模板、脚手架、枕木、跳板等。

④生产、加工中的存货。如未完工程、在产品、委托加工物资等。

企业在确定存货的范围时，应以是否拥有法定所有权为标准，即：凡盘存之日法定所有权属本企业的货物，不论其存放地点在何处，都是企业的存货；否则，即便存放在企业都不属于企业的存货。同时，确定存货的范围应该注意，存货是企业在正常生产经营过程中，为销售或生产而耗用的资产，为此：如果企业为进行自身的建筑工程、安装工程、技术改造工程、大修理工程等而储备的材料、物资，则不属于企业的存货；如果企业接受国家委托所进行的特种储备、专项储备等，也不属于企业的存货。

（三）存货核算的意义

存货与其他资产相比较，具有以下特点：

(1) 存货是有形资产。

(2) 存货的流动性较大，但其流动性小于货币资金、应收账款等流动资产。

(3) 存货具有时效性和潜在损失的可能性。

如上所述：存货为企业拥有或控制的、能够为企业带来经济利益，是企业进行施工生产、产品加工中不可缺少的劳动对象以及所需要的劳动手段，它是企业的一项资产，属于企业的有形资产。建筑施工企业为了保证生产经营连续不断地进行，必须不断地购入、耗用或销售各种存货，因此，存货具有较强的流动性，属于企业的流动资产；企业的存货在企业资产中所占比重较大，又属于非货币性资产，因而，变现具有较强的时效性，并存在发生潜在损失的较大可能性；由此可见，正确核算企业存货具有十分重要的意义。

二、存货入账价值的确定

（一）存货的确认条件

为了如实反映存货资金的动态，企业必须按照企业会计制度规定，正确地计算存货成本。依据《企业会计准则第1号—存货》，存货同时满足下列条件的，才能予以确认：

(1) 与该存货有关的经济利益很可能流入企业；

(2) 该存货的成本能够可靠地计量。

因此，如果要判断某个项目是否为企业的存货，先判断是否符合存货的概念，同时必须符合上述两个条件。

（二）存货成本的构成

我国《企业会计准则第1号—存货》明确规定：存货的成本包括采购成本、加工成本和其他成本。

1. 采购成本

存货的采购成本，包括购买价款、相关税费、运输费、装卸费、保险费以及其他可归属于存货采购成本的费用。

2. 加工成本

存货的加工成本，包括直接人工以及按照一定方法分配的制造费用。

制造费用，是指企业为生产产品和提供劳务而发生的各项间接费用。企业应当根据制造费用的性质，合理地选择制造费用分配方法。建筑施工企业直接反映为对间接费用的分配。

3. 其他成本

其他成本是指除采购成本、加工成本以外的，使存货达到目前场所和状态所发生的其他支出，如为特定客户设计产品所发生的设计费等。

（三）存货入账价值的确定

企业取得各种存货时，均应确定其入账价值，即需要确定存货入账的初始成本。《企业会计准则第1号—存货》规定：存货应当按照成本进行初始计量。因此存货入账的初始成本的计量基础是实际成本。由于企业取得存货的途径不同，其实际成本构成的内容也不同。

1. 购入存货的成本

购入存货的成本，按买价加运杂费、装卸费、保险费、包装费、仓储费等费用，运输途中的合理损耗、入库前的挑选整理费用和按规定应当计入成本的税金以及其他费用作为实际成本。

建筑施工企业对外购存货的采购成本，包括：

（1）买价，包括原价和销货单位手续费；

（2）运杂费，包括运输费、装卸费、保险费、包装费、税金等（如果从国外进口，则有：进口关税，国外运杂费、保险费、银行手续费）；

（3）采购保管费，企业的物资供应部门和仓库在组织材料物资采购、供应和保管过程中发生的各项费用。

其中，买价直接计入材料物资的采购成本；运杂费能够分清负担对象的，按材料物资的重量或买价的比例等分配标准，分配计入各有关材料物资的采购成本中；采购保管费一般应先集中归集，然后按一定的方法分配计入有关材料物资的采购成本。

2. 自制存货的成本

自制存货的成本是以制造过程中发生的各项实际支出作为实际成本。包括直接成本和间接成本。

3. 委托加工完成存货的成本

委托加工完成的存货成本是以实际耗用的原材料或者半成品以及加工费、运输费、装卸费和保险费等费用以及按规定应当计入成本的税金作为实际成本。

4. 投资者投入存货的成本

投资者投入存货的成本，应当按照投资合同或协议约定的价值确定，但合同或协议约定价值不公允的除外。

5. 接受捐赠存货的成本，应按照以下规定确定其实际成本：

（1）捐方提供了有关凭据（如发票、报关单、有关协议）的，按凭据上标明的金额加上应支付的相关税费，作为实际成本。

（2）捐赠方没有提供有关凭据的，按如下顺序确定其成本：

①同类或类似存货存在活跃市场的，按同类或类似存货的市场价格估计的金额加上应支付的相关税费，作为实际成本。

②同类或类似存货不存在活跃市场的，按该接受捐赠的存货的预计未来现金流量现值，加上应支付的相关税费，作为实际成本。

6. 企业接受的债务人以非现金资产抵偿债务方式取得存货的成本

企业接受的债务人以非现金资产抵偿债务方式取得存货的成本，应当按照应收债权的账面价值减去可抵扣的增值税进项税后的差额，应支付的相关税费，作为实际成本。如涉及补价的，应当按以下的规定确定受让存货的实际成本：

（1）收到补价时，应当按应收债权的账面价值减去可抵扣的增值税进项税额和补价，应支付的相关税费，作为实际成本。

（2）支付补价时，应当按应收债权的账面价值减去可抵扣增值税进项税额，加上补价和应当支付的相关税费，作为实际成本。

7. 非货币性交易换入存货的成本

非货币性交易换入的存货成本，以换出资产的账面价值加上应支付的相关税费，作为

实际成本。如涉及补价的,应按以下规定确定换入存货的实际成本:

(1)收到补价的,应当以换出资产的账面价值加上应确认的收益和应支付的相关税费减去补价后的余额,作为实际成本。

(2)支付补价的,应当按换出资产的账面价值加上应支付的相关税费和补价,作为实际成本。

8. 盘盈存货的成本,按照相同或同类存货的市场价格作为实际成本

建筑施工企业的存货还可以由建设单位提供,对由建设单位提供的存货,其实际成本应包括:双方签订的合同确定的存货价值,施工企业负担的运杂费等。

对上述企业取得各种存货在确定其实际成本时,能够分清存货对象的应直接计入各存货对象的成本;不能分清存货对象的,应按一定的方法分配计入各存货对象的成本中。

三、存货核算的任务

存货核算是企业存货管理中的一个重要内容。认真做好存货核算,可以及时反映存货采购、储备、保管和耗用情况,考核各类存货供应计划、消耗定额的执行情况。这对于有效利用资金,降低工程成本、产品成本,进而提高企业经济效益有着十分重要的意义。因此,存货的核算任务有:

1. 能够正确反映并检查存货采购计划的科学性、有效性

存货采购计划应以保证企业施工生产、产品生产的需要为前提,要求在时间上、数量上和存货品种、规格上得到全面保障,减少停工待料的损失,防止采购错位,浪费资金,杜绝盲目采购现象,以降低存货的采购成本。

2. 及时提供存货收入、发出和结存的指标

通过对存货收发和结存指标的考核,可以检查企业对存货的储备定额制定是否合理并切合实际,有否发生超储和不足,以加速资金的周转。

3. 反映和考核存货消耗定额的执行情况

在建筑施工企业,存货中的材料费在工程成本中所占比重较大,其节约或浪费对整个成本的节超有着举足轻重的影响。因此,通过存货的消耗定额检查存货利用情况,可以促使企业有效利用资源、减少浪费,以降低工程、产品成本中的材料费成本。同时,正确计算、分配材料费的实际成本,是准确考核工程成本、产品成本的一个重要方面。

4. 加强存货清查

定期进行存货清查,掌握库存实际结存情况,及时查明账实不符的原因,防止存货的短缺、毁坏,确保企业存货的完整无缺,账实、账卡、账账相符。

建筑施工企业存货取得的渠道主要有:外购存货、委托加工存货、自制存货和建设单位提供的存货。本章根据存货的内容,主要介绍外购存货、委托加工存货的收发结存核算方法。

第二节 材料、物资采购核算

一、材料、物资采购核算的原始凭证

建筑施工企业核算材料、物资的采购成本,是通过有关原始凭证反映从各种渠道取得

的材料、物资，根据相关的原始凭证办理各种采购业务。例如：购入材料、物资由供货单位开出的发票、运输部门的运费单据和各种银行结算凭证以及有关费用的分配计算表等。通过这些原始凭证既反映了企业材料物资的采购情况、采购计划的执行情况，也反映了采购过程中发生的各项费用。由此，材料、物资的采购成本是根据审核无误的原始凭证为依据进行核算的，所以对外来原始凭证和内部形成的原始凭证，必须认真审核、准确计算并妥善保管，以便查核。

二、材料、物资采购核算

（一）材料、物资采购成本的核算账户

1. "材料采购"账户的设置

为了核算建筑施工企业采用计划成本进行材料日常核算而购入材料的采购成本，应设置"材料采购"账户。该账户的借方记录购入材料、物资的实际采购成本以及材料、物资实际采购成本小于计划采购成本的差异；贷方记录结转入库材料、物资的计划采购成本以及计划成本小于实际采购成本的差异；期末借方余额反映已经收到发票账单付款或已经开出、承兑商业汇票，但物资尚未到达或尚未验收入库的在途物资。

"材料采购"账户应按供应单位和物资品种设置明细账，进行明细核算。

2. "在途物资"账户的设置

建筑施工企业如果采用实际成本（或进价）进行材料、物资的日常核算时，则应设置"在途物资"一级账户，核算企业对货款已付、但尚未到达或尚未验收入库的各种材料、物资的实际采购成本。借方记录企业按实际支付或应支付的购入材料、物资的采购成本金额；贷方记录所购材料、物资到达并已验收入库的采购成本金额。本账户期末借方余额，反映企业在途材料、物资的采购成本。

"在途物资"账户可按供应单位和物资品种设置明细账，进行明细核算。

3. "采购保管费"账户

（1）账户结构。为了核算企业材料、物资供应部门及仓库为采购、验收、保管和收发材料、物资所发生的费用，应设置"采购保管费"账户。该账户的借方核算企业发生的各项采购保管费，贷方核算已经分配计入材料、物资采购成本的采购保管费；如果采用计划分配率的企业，期末借方余额反映实际发生数大于计划分配数的差额，贷余额反映实际发生数小于计划分配数的差额。

"采购保管费"账户按采购保管费项目设置多栏式采购保管费明细账，进行明细分类核算。采购保管费项目有：采购、保管人员的工资、职工福利费、办公费、差旅交通费、折旧费、修理费、低值易耗品摊销、物料消耗、劳动保护费、财产保险费、合同公证签证费、检验试验费（减检验试验费收入）、材料整理及零星运费、材料盘亏及毁损、其他费用等。

（2）采购保管费的分配方法

①采购保管费计划分配率

计算公式如下：

$$\text{采购保管费计划分配率} = \frac{\text{预计全年内采购保管费总额}}{\text{预计全年采购材料的计划价格成本总额（或买价和运杂费）}} \times 100\%$$

$$\begin{matrix}\text{某月（某批）采购材料}\\ \text{应分配的采购保管费}\end{matrix}=\begin{matrix}\text{该月（或该批）采购材料}\\ \text{的计划成本（或买价和运杂费）}\end{matrix}\times\begin{matrix}\text{采购保管费}\\ \text{计划分配率}\end{matrix}$$

②采购保管费实际分配率

计算公式如下：

$$\begin{matrix}\text{本月采购保管费}\\ \text{实际分配率}\end{matrix}=\frac{\text{本月发生的采购保管费}}{\text{本月验收入库材料的计划成本（或买价和运杂费）}}\times100\%$$

$$\begin{matrix}\text{某月（某批）采购材料}\\ \text{应分配的采购保管费}\end{matrix}=\begin{matrix}\text{该月（或该批）采购材料}\\ \text{的计划成本（或买价和运杂费）}\end{matrix}\times\begin{matrix}\text{采购保管费}\\ \text{实际分配率}\end{matrix}$$

4."材料成本差异"账户

(1) 账户核算主要内容。如果建筑施工企业在材料、物资日常核算时采用计划成本核算，则应设置"材料成本差异"账户，用以核算企业材料实际成本与计划成本的价格差异。该账户的借方核算各种外购、自制、委托加工（低值易耗品、周转材料）入库材料的实际成本大于计划成本的超支差；贷方核算各种材料的实际成本小于计划成本的节约差以及分摊发出材料应负担的成本差异；月末借方余额，反映为各种库存材料、在库和在用低值易耗品、在库和在用周转材料的实际成本大于计划成本的超支差，贷方余额反映实际成本小于计划成本的节约差。

发出材料应分摊的成本差异，从"材料成本差异"账户的贷方转到各有关成本、费用账户中时，超支差用蓝字结转，节约差用红字结转。

"材料成本差异"账户应按材料类别设置明细账，进行明细核算。

(2) 材料成本差异的分配方法

①上月材料成本差异率的计算方法

计算公式如下：

$$\text{上月材料成本差异率}=\frac{\text{月初结存材料的成本差异}}{\text{月初结存材料的计划成本}}\times100\%$$

本月发出材料应负担的成本差异＝本月领用材料计划成本×上月材料成本差异率

②本月材料成本差异率的计算方法

计算公式如下：

$$\text{本月材料成本差异率}=\frac{\text{月初结存材料成本差异}+\text{本月收入材料成本差异}}{\text{月初结存材料计划成本}+\text{本月收入材料计划成本}}\times100\%$$

本月发出材料应负担的成本差异＝本月领用材料计划成本×本月材料成本差异率

根据企业会计制度规定，发出材料、物资应负担的成本差异，除委托外部加工发出材料、物资可以按上月材料成本差异率计算外，其余都应当使用本月材料成本差异率；如果上月的成本差异率与本月成本差异率相差不大，也可以按上月的成本差异率计算。计算方法一经确定，不得随意变动。

(二) 材料、物资的采购成本核算——按实际成本日常核算

企业会计制度规定，企业的存货可以按实际成本计价核算也可以按计划成本计价核算。存货按实际成本计价进行日常核算的特点是：从存货的收入、发出会计凭证到明细分类账、总分类账全部按实际成本计价。

1. 外购材料、物资的核算

企业外购材料、物资时，由于结算方式和采购地点不同，材料、物资入库和货款的支

付往往在时间上不同步,所以,其账务处理方式也不同。

(1) 发票账单与材料、物资同时到达的采购业务。对于发票账单与材料、物资同时到达的采购业务,企业在支付货款或开出、承兑商业汇票,并对材料、物资验收入库后,根据发票账单等结算凭证确定的采购实际成本入账。

【例 4-1】 公司购入 32.5 级水泥一批,买价 80 000 元,到达工地仓库并已验收入库,根据购货发票由企业开出转账支票付款,根据华岭运输公司的运单,用现金支付购买上述水泥的运费 600 元以及将水泥运达工地仓库的装卸费 300 元。

借:原材料—水泥　　　　　　　　　　　　　　　80 900
　　贷:银行存款　　　　　　　　　　　　　　　　80 000
　　　　库存现金　　　　　　　　　　　　　　　　　　900

(2) 发票账单已经到达企业,并已经付款,但材料、物资尚未到达的采购业务。根据收到的发票账单企业已经付款或已开出、承兑商业汇票,由于材料、物资尚未到达或尚未验收入库,则依据企业的付款凭据或已开出、承兑的商业汇票登记入账。

【例 4-2】 购入电器材料价值 18 000 元,根据购货发票公司开出为期 3 个月的商业承兑汇票,该电器材料尚未到达仓库。

借:在途物资—电器　　　　　　　　　　　　　　18 000
　　贷:应付票据—商业承兑汇票　　　　　　　　　18 000

(3) 材料、物资已经收到,但发票账单尚未到达且尚未办理结算手续的采购业务。对材料、物资已经到达并已验收入库,但是,由于发票账单等结算凭证未到,不能确定采购价款而无法支付货款的采购业务,平时可以暂不做账务处理;等到发票账单到达,办理结算手续后,再按应记入采购成本的金额入账;如果到了月末,尚未收到发票账单的材料、物资,应当分材料、物资的类别,抄列清单,并按计划成本暂估入账。到了下月初,用红字作同样的账务处理,予以冲回,以便下月按正常程序进行账务处理。

【例 4-3】 向华铃公司订购配件一批已经到达工地仓库,月末对方的发票账单尚未到达,暂估成本 5 600 元。

1/2 当月月末的账务处理:

借:原材料—机械配件　　　　　　　　　　　　　5 600
　　贷:应付账款—暂估华铃公司货款　　　　　　　5 600

2/2 次月初的账务处理:

借:原材料—机械配件　　　　　　　　　　　　　5 600
　　贷:应付账款—暂估华铃公司货款　　　　　　　5 600

(4) 采用预付货款的方式采购材料、物资的采购业务。

【例 4-4】 向市钢材公司订购钢材一批,根据订购合同通过银行转账预付货款 6 000 元。

借:预付账款—市钢材公司　　　　　　　　　　　6 000
　　贷:银行存款　　　　　　　　　　　　　　　　6 000

【例 4-5】 根据市钢材公司的发票,钢材买价 15 000 元、运杂费 1 000 元,抵消预付账款后,公司开出转账支票支付余款。

借：在途物资—钢材 16 000
　　贷：预付账款—市钢材公司 6 000
　　　　银行存款 10 000

（5）材料、物资短缺或毁损的账务处理。在采购或运输过程中，如果发生毁坏、短缺的材料、物资，应查明原因、分清责任，作出处理。如果属于运输途中正常损耗，则计入材料、物资采购成本；如果由供应单位、外部运输机构等原因所致，应根据有关索赔凭据向供应单位、外部运输机构收回短缺、毁损的赔款；如果因遭受意外灾害发生的损失和尚待查明的原因的途中损耗，须先转入"待处理财产损溢"账户，查明原因后再作处理。

【例 4-6】 向市建材公司购入平板玻璃 5 000m²，单价 12 元/m²，由市运输公司负责承运，运费 200 元，价款及运费均通过银行转账支付。验收入库时，发现短缺平板玻璃 150m²，毁坏 10m²，经查：市建材公司认可少发了 150m²，由市运输公司赔偿运输损耗 8m² 的平板玻璃价款，其余属于途中正常损耗。

借：原材料—平板玻璃 58 304
　　应收账款—市建材公司 1 800
　　其他应收款—市运输公司 96
　　贷：银行存款 60 200

（6）材料、物资已到，尚未办理结算手续的采购业务。材料、物资已到并已验收入库，发票账单也已到，但尚未付款或尚未开出、承兑商业汇票的采购业务，平时可以暂不做账务处理，待办理结算手续后再作处理；到了月末，仍尚未办理结算手续的此类采购业务，则应按发票单据计算实际成本登记入账。如果发票账单虽然未到，但根据合同、随货同行的发票等能够计算实际成本的采购业务，在月末也应按实际成本入账。

【例 4-7】 向磊落砖瓦厂购入标砖 50 千匹已到并已验收入库，发票单据的价格为每千匹 140 元，代垫运费 150 元，月末尚未付款。

借：原材料—标砖 7 150
　　贷：应付账款—磊落砖瓦厂 7 150

2. 建设单位提供材料、物资的核算

根据工程承包合同，建设单位通过拨付部分材料抵作工程备料款时的材料、物资购入业务。

【例 4-8】 建设单位宏大公司拨来 32.5 级水泥 100t，单位价格为每吨 258 元，运杂费 200 元，已验收入库。

借：原材料—水泥 26 000
　　贷：预收账款—宏大公司 26 000

3. 月末，对本月验收入库的材料、物资的采购保管费分配的核算。

材料、物资按实际成本进行日常核算时，对采购保管费的分配方法有两种如下：

（1）不单独分配采购保管费，随着原材料的领用，按照一定的分配率分配计入相应的收益对象，这样，原材料账户反映的仅是材料、物资的实际直接成本。

（2）月末，根据本月验收入库材料、物资的收料单编制采购保管费分配表，将采购保管费直接分配计入"原材料"账户以及相应的明细账。这样，"原材料"账户反映的是材料、物资的实际采购成本。

【例4-9】 采购保管费分配率为2%，则本月验收入库材料应负担的采购保管费如表4-1所示。

表 4-1

采购保管费分配表
2007年11月30日

材料、物资类别	验收入库材料、物资的买价和运杂费	采购保管费分配率%	采购保管费分配额
水 泥	106 900	2	2 138
平板玻璃	58 304	2	1 166.08
标准砖	7 150	2	143
合 计	172 354		3 447.08

借：原材料—水泥　　　　　　　　　　　2 138
　　原材料—平板玻璃　　　　　　　　　1 166.08
　　原材料—标准砖　　　　　　　　　　143
　贷：采购保管费　　　　　　　　　　　3 447.08

上述采购保管费的分配需要按采购材料、物资的类别进行分配计算；采购保管费率既可以采用计划分配率也可以采用实际分配率。如果采用计划分配费率，对验收入库材料物资计算和分配采购保管费的核算工作，既可以在每批材料、物资验收入库时进行也可以在月末进行；如果采用实际分配率，则此项核算工作必须在月末完成。

4. 编制本月收入材料汇总表，反映本月验收入库材料、物资的实际成本

【例4-10】 月末，根据本月验收入库材料的收料凭证，编制收入材料汇总表反映其实际成本。收入材料成本汇总表见表4-2所示。

表 4-2

收入材料汇总表
2007年11月30日

本月收入材料、物资的类别及名称	入库材料物资直接成本	采购保管费	入库材料物资实际成本	入库材料物资收料凭证起讫号数
原材料—水泥	106 900	2 138	109 038	
原材料—平板玻璃	58 304	1 166.08	59 470.08	
原材料—标准砖	7 150	143	7 293	
合 计	172 354	3 447.08	175 801.08	

对验收入库材料、物资的采购成本既可随时根据收料单结转其成本，也可到月末将收料单编制收入材料汇总表，进行结转。

实际成本法一般适用于规模较小、存货品种简单、采购业务不多的企业。

"在途物资"账户明细账格式见表4-3所示。

表 4-3

在途物资—钢材

供应单位：市钢材公司

2007年		凭证		摘要	借方发生额		贷方	余额
月	日	种类	号数		买价	运杂费		
		记	5	购入钢材	15 000	1 000		

（三）材料、物资采购成本核算—按计划成本计价核算

建筑施工企业对材料、物资采购的日常核算如果采用计划成本，则与实际成本核算的主要区别在于：除了结转实际采购成本外，还要结转验收入库材料、物资的实际成本与计划成本的成本差异。

【例 4-11】 以上述例题［例 4-1］～［例 4-9］的实际成本资料为依据，编制收入材料汇总表（表 4-4），结转验收入库材料、物资的实际成本、计划成本及材料成本差异。

1. 外购材料、物资的核算

企业外购材料、物资时，由于结算方式和采购地点不同，材料、物资入库和货款的支付往往在时间上不同步，所以，其账务处理方式也不同。

（1）发票账单与材料、物资同时到达的采购业务

对于发票账单与材料、物资同时到达的采购业务，企业在支付货款或开出、承兑商业汇票，并对材料、物资验收入库后，根据发票账单等结算凭证确定的采购实际成本入账。

【例 4-12】 公司购入 32.5 级水泥一批，买价 80 000 元，到达工地仓库并已验收入库，根据购货发票由企业开出转账支票付款，根据华岭运输公司的运单，用现金支付购买上述水泥的运费 600 元以及将水泥运达工地仓库的装卸费 300 元。

借：材料采购—水泥　　　　　　　　　　80 900
　　贷：银行存款　　　　　　　　　　　　80 000
　　　　库存现金　　　　　　　　　　　　　　900

（2）发票账单已经到达企业，并已经付款，但材料、物资尚未到达的采购业务

根据收到的发票账单企业已经付款或已开出、承兑商业汇票，由于材料、物资尚未到达或尚未验收入库，则依据企业的付款凭据或已开出、承兑的商业汇票登记入账。

【例 4-13】 购入电器材料价值 18 000 元，根据购货发票公司开出为期 3 个月的商业承兑汇票，该电器材料尚未到达仓库。

借：材料采购—电器　　　　　　　　　　18 000
　　贷：应付票据—商业承兑汇票　　　　　18 000

（3）材料、物资已经收到，但发票账单尚未到达且尚未办理结算手续的采购业务

对材料、物资已经到达并已验收入库，但是，由于发票账单等结算凭证未到，不能确定采购价款而无法支付货款的采购业务，平时可以暂不做账务处理；等到发票账单到达，

办理结算手续后,再按应记入采购成本的金额入账;如果到了月末,尚未收到发票账单的材料、物资,应当分材料、物资的类别,抄列清单,并按计划成本暂估入账。到了下月初,用红字作同样的账务处理,予以冲回,以便下月按正常程序进行账务处理。

【例 4-14】 向华铃公司订购配件一批已经到达工地仓库,月末对方的发票账单尚未到达,暂估成本 5 600 元。

1/2 当月月末的账务处理:

借:原材料—机械配件　　　　　　　　　　　　　　　5 600
　　贷:应付账款—暂估华铃公司货款　　　　　　　　　5 600

2/2 次月初的账务处理:

借:原材料—机械配件　　　　　　　　　　　　　　　5 600
　　贷:应付账款—暂估华铃公司货款　　　　　　　　　5 600

(4) 采用预付货款的方式采购材料、物资的采购业务

【例 4-15】 向市钢材公司订购钢材一批,根据订购合同通过银行转账预付货款 6 000 元。

借:预付账款—市钢材公司　　　　　　　　　　　　　6 000
　　贷:银行存款　　　　　　　　　　　　　　　　　　6 000

【例 4-16】 根据市钢材公司的发票,钢材买价 15 000 元、运杂费 1 000 元,抵销预付账款后,公司开出转账支票支付余款。

借:材料采购—钢材　　　　　　　　　　　　　　　　16 000
　　贷:预付账款—市钢材公司　　　　　　　　　　　　6 000
　　　　银行存款　　　　　　　　　　　　　　　　　10 000

(5) 材料、物资短缺或毁损的账务处理

在采购或运输过程中,如果发生毁坏、短缺的材料、物资,应查明原因、分清责任,作出处理。如果属于运输途中正常损耗,则计入材料、物资采购成本;如果由供应单位、外部运输机构等原因所致,应根据有关索赔凭据向供应单位、外部运输机构收回短缺、毁损的赔款;如果因遭受意外灾害发生损失和尚待查明的原因的途中损耗,须先转入"待处理财产损溢"账户,查明原因后再作处理。

【例 4-17】 向市建材公司购入平板玻璃 5 000 m^2,单价 12 元/m^2,由市运输公司负责承运,运费 200 元,价款及运费均通过银行转账支付。验收入库时,发现短缺平板玻璃 150 m^2,毁坏 10 m^2,经查:市建材公司认可少发了 150 m^2,由市运输公司赔偿运输损耗 8 m^2 的平板玻璃价款,其余属于途中正常损耗。

1/2 支付买价及运杂费

借:材料采购—平板玻璃　　　　　　　　　　　　　　60 200
　　贷:银行存款　　　　　　　　　　　　　　　　　60 200

2/2 向市建材公司、运输公司赔偿损失

借:应收账款—市建材公司　　　　　　　　　　　　　1 800
借:其他应收款—市运输公司　　　　　　　　　　　　96
　　贷:材料采购—平板玻璃　　　　　　　　　　　　1 896

(6) 材料、物资已到，尚未办理结算手续的采购业务

材料、物资已到并已经验收入库，发票账单也已到，但尚未付款或尚未开出、承兑商业汇票的采购业务，平时可以暂不做账务处理，待办理结算手续后再作处理；到了月末，仍尚未办理结算手续的此类采购业务，则应按发票单据计算实际成本登记入账。如果发票账单未到，但根据合同、随货同行的发票等能够计算实际成本的采购业务，在月末也应按实际成本入账。

【例4-18】 向磊落砖瓦厂购入标砖50千匹已到并已验收入库，发票单据的价格为每千匹140元，代垫运费150元，月末尚未付款。

借：材料采购—标砖　　　　　　　　　　　　　　7 150
　　贷：应付账款—磊落砖瓦厂　　　　　　　　　　　　7 150

2. 建设单位提供材料、物资的核算

根据工程承包合同，建设单位通过拨付部分材料抵作工程备料款时的材料、物资购入业务

【例4-19】 建设单位宏大公司拨来42.5级水泥100吨，单位价格为每吨258元，运杂费200元，已验收入库。

借：材料采购—水泥　　　　　　　　　　　　　　26 000
　　贷：预收账款—宏大公司　　　　　　　　　　　　26 000

3. 月末，对本月验收入库的材料、物资的采购保管费分配的核算

【例4-20】 采购保管费分配率为2%，则本月验收入库材料应负担的采购保管费见下表4-4所示。

表4-4

材料、物资类别	验收入库材料、物资的买价和运杂费	采购保管费分配率%	采购保管费分配额
水　泥	106 900	2	2 138
平板玻璃	58 304	2	1 166.08
标　砖	7 150	2	143
合　计	172 354		3 447.08

采购保管费分配表
2007年11月30日

借：材料采购—水泥　　　　　　　　　　　　　　2 138
　　　　　—平板玻璃　　　　　　　　　　　　　　1 166.08
　　　　　—标砖　　　　　　　　　　　　　　　　143
　　贷：采购保管费　　　　　　　　　　　　　　　3 447.08

上述采购保管费的分配需要按采购材料、物资的类别进行分配计算；采购保管费率既可以采用计划分配率也可以采用实际分配率。如果采用计划分配费率，对验收入库材料物资计算和分配采购保管费的核算工作，既可以在每批材料物资验收入库时进行也可以在月末进行；如果采用实际分配率，则此项核算工作必须在月末完成。

表 4-4（续）

收入材料汇总表
2007 年 11 月 30 日

本月验收入库材料、物资的类别及名称	入库材料物资实际成本	入库材料物资计划成本	入库材料物资的成本差异（＋为超支差，－为节约差）	入库材料物资收料凭证起讫号数
原材料—水泥	109 038	114 500	－5 462	
原材料—平板玻璃	59 470.08	61 220	－1 749.92	
原材料—标准砖	7 293	7 508	－215	
合　　计	175 801.08	183 228	－7 426.92	

借：原材料—水泥　　　　　　　　　　　114 500
　　原材料—平板玻璃　　　　　　　　　 61 220
　　原材料—标砖　　　　　　　　　　　 7 508
　贷：材料采购—主要材料　　　　　　　175 801.08
　　　材料成本差异—主要材料　　　　　 7 426.92

物资采购明细账格式见表 4-5 所示。

表 4-5

物资采购—水泥

2003 年		凭　证		摘　　要	借　　方				贷　　方		余额
月	日	种类	号数		买价	运杂费	采购保管费	成本差异	计划成本	成本差异	
		记	11	购入水泥	80 000	900					
		记	18	建设单位拨入	25 800	200					
		记	19	分配采购保管费			2 138				
		记	20	转入库计划成本				5 462	114 500		0

第三节　原材料收发核算

一、原材料收发的原始凭证

建筑施工企业通过各种渠道取得的材料，必须办理入库手续：验收并填制收入材料的原始单据。同样，发出材料，也应该办理材料出库手续：领用单位或部门必须持经过审批签字的领用材料的单据，方可领出材料。

（一）收料单（表 4-6）

表 4-6

收 料 单

交物单位或个人：新丰水泥厂　　　　　　　　　　　　　　　　2007 年 11 月 8 日

品 名	来源说明	仓号	数量	单位	单价	金 额 万 千 百 十 元 角 分
水泥	购 入	1号	100	t	260	2 6 0 0 0 0 0

合计（大写）金额 贰万陆仟零佰零拾零元零角零分　　　　　（小写）¥26 000.00

主管 王兰　　　会计 周泓　　　保管 李岚　　　　　　　　经手人 张兰

第三联 会计做账

（二）材料交库单

企业仓库对于本企业辅助生产部门自制加工完成验收入库的材料、施工生产现场交来的自制材料，以及施工现场的废料回收、清理临时设施与固定资产的残料等，通过验收后填制"材料交库单"，作为入库材料的凭据。材料交库单一式三联：一联收料后退回交料单位，一联交与会计部门，一联收料仓库留存。格式见表 4-7。

表 4-7

材 料 交 库 单

交料单位：施工队　　　2007 年 11 月 22 日　　　　　　　收料仓库：4号
交料原因：残料　　　　　　　　　　　　　　　　　　　　编　　号：235

类别	编号	名称	规格	计量	数　量 交库	数　量 验收	计划成本 单价	计划成本 金额	实际成本 单价	实际成本 金额
其他材料	123—4	废木料		m³	1.5	1.5		280		265

记账：周宏　　　　　收料：陈放　　　　　　　　　　　　交库：严栓

（三）领料单

领料单是企业发出材料的一种一次性原始凭证。一般采用一料一单的形式，填制手续一次完成。领料单由企业内部各领料部门根据用料计划填制，经领料单位负责人签章后，据以向仓库领料。一式三联，其中一联由领料单位留存备查；一联由发料仓库留存，作为登记材料明细账的依据；一联交企业财务部门，作为登记材料总账和期末编制发料汇总表的依据。其格式见表 4-8 所示。

（四）定额领料单

定额领料单又称限额领料单，是一种累计原始凭证。它在一定时期内，根据领料限额，可以多次使用的累计领发材料。

为考核工程材料消耗情况，促使节约使用材料，保证降低成本计划的完成，对于各施工班组领用的材料，规定一定的限额。在每一分部工程开工以前，有施工员根据工程任务单中所列工程内容数量，按照材料消耗定额计算出完成这一任务所需要的材料数量，填制一式两份的"定额领料单"。

表 4-8

领 料 单

材料类别	主要材料								
材料科目	库存材料		2007 年 11 月 20 日						

材料编号	材料名称	规格	生产通知单号	用途	数量		计量单位	单价	金额
					请领	实领			
2	水泥	32.5级	1	1号工程	100	100	t	290	29 000

主管 郑刚　　记账　　　　发料 刘辉　　　领料部门　　　　领料人 黄雷

（第二联 会计做账）

"定额领料单"的一份交用料班组作为领料的限额依据，一份交仓库材料员，作为发料限额的依据，发料后在单上填上发出数并签名或盖章；对于超过领料或由于工程返工而补领材料的，必须办理追加材料的手续。结算完成的定额领料单由领料班组交付会计部门作为计算工程用料成本的依据。"定额领料单"格式如表 4-9 所示。

表 4-9

定 额 领 料 单

领料单位：			年　月　日				仓库：	
用　途：			计划工程量：			实际工程量：	编号：	

编号	名称	规格	单位	领用限额	调整后限额	实际耗用		
						数量	单价	金额

领料日期	请领数量	实　发		退　料			限额结余
		数量	发料人	领料人	数量	发料人	领料人	

计划部门：　　　供应部门：　　　　仓库：　　　　领料单位：

（五）大堆材料耗用计算单

大堆材料耗用计算单是一种形式比较特殊的费用计算、分配表。它主要适用于用料时既不能清点数量又不容易分清受益对象的大堆材料，如施工现场露天堆放的砖、瓦、砂、石等。由于该材料耗用频繁，领用时难以清点数量和过磅；在同一现场，如有几个工程共同耗用材料，又不能严格分清；因此，对大堆材料的耗用的计算，采用"实地盘点制"的方法，通过期末实地盘点，确定期末结存数和期初结存数、本期增加数，进而计算出本期的耗用总数；然后按一定的分配标准（如定额耗用量、计划耗用量），分配计入本期各受益对象成本中。其计算、分配表的格式见表 4-10 所示。

表 4-10

大堆材料耗用计算、分配单

年　月　日

材料名称	规格	计量单位	期初结存	本期收料	本期耗料	期末结存	本期定额耗用量	差异数量	计划（或实际）价格	备注

大堆材料耗用按受益对象分配计算表

受益对象＼材料名称	定额用量	实耗用量	成本	定额用量	实耗用量	成本	定额用量	实耗用量	成本

（六）退料单

退料单是指各用料单位领用材料后，对多余材料在退回仓库时办理的退料手续及材料入库的凭据。格式见表 4-11 所示。

表 4-11

退料单

退料单位或工程：施工队 B 号工程　　2007 年 11 月 29 日　　　　收料仓库：1 号
退料原因：剩余材料　　　　　　　　　　　　　　　　　　　　　编　　号：26

类别	编号	名称	规格	计量	数量		计划成本		实际成本	
					交库	验收	单价	金额	单价	金额
主要材料	123-1	水泥	32.5 级	t	1.0	1.0	290	290		270

记账：周宏　　　　　　收料：刘辉　　　　　　　　　　　　　　　交库：黄雷

建筑施工企业在存货管理中，办理退料手续，这既可减少存货的不必要的浪费，以降低存货的耗用成本，又能够准确计算工程（产品）的材料费成本，以达到正确反映工程（产品）成本的目的。

（七）已领未用材料清单

已领未用材料清单是指各用料单位在月末对已经领出但本月尚未使用而下月需要使用的材料进行清理盘点，并列出材料的名称、规格、数量等内容，将之送交会计部门，以便在本月发出材料成本中予以扣减，以达到正确计算工程材料费成本的一种凭证。格式见表 4-12 所示。

表 4-12

已领未用材料清单

2007 年 11 月 30 日

施工单位：施工队
工程编号：A 号工程
编　号：15

类别	编号	名称	规格	计量	已领未用数量	计划成本		实际成本	
						单价	金额	单价	金额
主要材料	123-1	螺纹钢筋	φ16	t	1.5	3 000	4 500		4 350

记账：周宏　　　材料员：刘辉　　　　　　　　　　　　制单：黄雷

二、原材料的核算内容

（一）原材料的构成内容

原材料是指建筑施工企业存放于企业仓库包括露天仓库的各种材料。建筑施工企业的原材料一般有如下的分类：

1. 主要材料

主要材料是指用于工程或产品并构成工程或产品实体的各种材料，如黑色金属材料、有色金属材料、木材、硅酸盐材料、小五金材料、电器材料、化工材料等。

2. 结构件

结构件是指经过吊装、拼砌和安装而构成房屋建筑物实体的各种金属的、钢筋混凝土的、混凝土的和木制的结构件等。

3. 机械配件

机械配件是指施工机械、生产设备、运输设备等各种机械设备替换、维修使用的各种零件和配件，以及为机械设备准备的备品备件等。

4. 其他材料

其他材料是指不构成工程实体或产品实体，但有助于工程或产品形成，或便于施工、生产进行的各种材料，如燃料、油料、饲料等。

（二）设置"原材料"会计账户

为了核算建筑施工企业库存材料的计划成本或实际成本，应设置"原材料"账户。该账户的借方核算从各种渠道取得并已验收入库的材料成本，贷方核算仓库发出的材料成本；期末借方余额反映企业库存的材料成本。

"原材料"账户应该按照材料的类别、品种、规格和保管地点设置明细账，进行明细核算。"原材料"明细账的设置一般应该包括："原材料明细账"（格式见表 4-13）、"原材料明细卡"（格式见表 4-14）。

建筑施工企业在原材料进行明细核算时，将所使用的这种"原材料明细账"称为数量金额式明细账，这是一种既可以记入材料收入、发出和结存的数量，又能够登记材料收入、发出和结存金额的明细账。它是根据材料收入、发出的凭证逐笔登记的，其单价与金额是根据原材料的日常核算方法而定，若采用实际成本核算，则记入实际成本单价，反映为实际成本；若采用计划成本核算，则记入计划成本单价，反映为计划成本。原材料卡见

表4-14所示。

表 4-13

原材料明细账

材料科目：　　　　　　　　　　　　　　　　　　　　　　　　　　　存放地点：
材料名称及规格：　　　　　　　　　　　　　　　　　　　　　　　　计量单位：

年		凭证及编号	摘要	收入			发出			结存		
月	日			数量	单价	金额	数量	单价	金额	数量	单价	金额

表 4-14

原材料明细卡

材料类别：　　　　　　　　　　　　　　　　　　　　　　　　　　　计量单位：
名称规格：　　　　　　　　仓库：　　　　　　　　　　　　　　　　计划单价：

年		凭证号数	摘要	收入数量	发出数量	结存		稽核	
月	日					数量	金额	日期	签章

材料卡也称为材料数量卡，是一种只登记材料收入、发出和结存的实物数量的材料明细账。材料卡是企业仓库人员按照材料的品名和规格开设的，根据收料、发料凭证逐一序时地登记材料的收入数量、发出数量并反映结存数量，是由仓库部门负责材料的数量核算，不作价值核算。在采用计划成本核算的企业，月末在"结存栏"内根据结存材料数量的计划单价计算库存该种材料的计划成本。

通过材料卡不仅能够起到核算收、发料和结存的材料数量情况，还可以据此考核企业材料储备的合理性，防止超储与不足。

三、原材料日常收发采用实际成本计价的核算

原材料日常收发核算采用实际成本计价，其特点是：从原材料收入、发出的凭证到原材料的明细分类账、总分类账全部按实际成本计价。

建筑施工企业在对原材料收入、发出的成本结转的核算，由于其结转时间不同，可以分为：日常分项成本结转和月末集中成本结转。下面对原材料采用实际成本计价的收入、发出的成本结转的核算，分别从日常分项成本结转和月末集中成本结转两个方面予以

介绍。

(一) 原材料收入的核算

1. 月末集中结转实际成本的核算 (实物入库与成本结转分步进行)

建筑施工企业对验收入库材料物资实际成本的结转,一般在月末根据收料凭证所反映的实际成本编制收入材料汇总表,根据收入材料汇总表对已验收入库材料物资的实际成本进行集中结转,其成本结转的核算方法见[例 4-10]所示。

这种账务处理方法,使得平时工作比较简单,统一在月末集中完成,并且通过收入材料汇总表可以全面了解本月收料情况。缺点是由于材料物资是在到达仓库验收后先入库,而其成本却要到月末才能入账,使得平时在会计账簿上实物与其成本暂时不能同步反映,账实不能做到随时核对。它适用于企业材料物资采购量较大,尤其是采用实际采购保管费分配率方法的企业。在这种情况下,企业必须加强对收入材料物资的实物管理和原始凭证的管理,以免丢失。

2. 日常分项结转成本的核算 (实物入库与成本结转同步进行)

建筑施工企业日常在对材料物资进行验收入库的同时,便及时办理其成本结转的方法。

【例 4-21】 购入水泥 50t,支付价款 14 000 元,付运杂费 450 元,银行存款支付;采用计划分配率分配采购保管费,费率为 2%;水泥已填制收料凭证验收入库。

1/3 支付价款及运杂费:

借:材料采购——水泥　　　　　　　　　　　14 450
　　贷:银行存款　　　　　　　　　　　　　　　　14 450

2/3 分配采购保管费:

借:材料采购——水泥　　　　　　　　　　　289
　　贷:采购保管费　　　　　　　　　　　　　　　289

3/3 结转水泥实际成本:

借:原材料——水泥　　　　　　　　　　　　14 739
　　贷:材料采购——水泥　　　　　　　　　　　　14 739

这种账务处理方法,平时逐项进行账务处理,比较烦琐,优点是由于材料物资与其成本同时入账,账实同时得到反映,减少了月末工作量。它适用于企业材料物资采购量不大,并采用的是计划采购保管费分配率分配采购保管费的企业。

(二) 原材料发出的核算

1. 原材料发出的计价方法

原材料日常核算采用实际成本计价,对发出材料成本的确定是依据各种发料凭证上所填制的实际成本资料。各种发料凭证所反映的发出库存材料的实际成本,是根据发出材料物资的数量与发出材料物资的实际单位成本计算的。由于某种材料物资取得的渠道、方式、时间和批量等不同,所以每次入库的实际单位成本也不尽相同,故而导致对发出材料物资在计价方面的变化比较多。在实际工作中,一般有以下方法:

(1) 先进先出法。先进先出法是先入库的材料先发出,按先入库材料所确定的实际单位成本计算先发出材料实际成本的一种方法。

例题说明先进先出法的计算方法如表 4-15 所示。

表 4-15

原材料明细账

材料类别：黑色金属　　　　　　　　　　　　　　　　　　　　存放地点：1号仓库
材料名称及规格：螺纹钢筋 φ16　　　　　　　　　　　　　　　计量单位：t

年		凭证编号	摘要	收入			发出			结存		
月	日			数量	单价	金额	数量	单价	金额	数量	单价	金额
11	1		月初结存							2	2 800	5 600
	2		购入	3	2 850	8 550				2	2 800	5 600
										3	2 850	8 550
	5		发出				2	2 800	5 600	2	2 850	5 700
							1	2 850	2 850			
	10		购入	4	2 840	11 360				2	2 850	5 700
										4	2 840	11 360
	26		发出				2	2 850	5 700	2	2 840	5 680
							2	2 840	5 680			
	30		合计	7		19 910	7		19 830	2	2 840	5 680

采用这种计价方法，期末存货成本比较接近市场价值。在商品价格下跌的情况下，使高价购入的材料能够尽快得到补偿；而在市场物价持续上涨时，计入工程（产品）成本的材料费则偏低。采用这种方法，可以均衡日常核算工作，但如果在收发材料业务频繁情况下则计算工作量繁重。

（2）加权平均法。加权平均法又称一次加权平均法，是在期末根据本期收入数量和期初结存数量与本期入库材料成本和期初结存材料成本计算加权平均单位成本，作为本期发出材料的实际单位成本的一种计算方法。公式如下：

加权平均单位成本＝（期初结存材料实际成本＋本期入库材料实际成本）／（期初结存材料数量＋本月入库材料数量）

本期发出材料的实际成本＝本期发出材料数量×材料加权平均单位成本

期末原材料成本＝期末库存材料数量×材料加权平均单位成本

例题说明加权平均法的计算如表 4-16 所示。

表 4-16

原材料明细账

材料类别：黑色金属　　　　　　　　　　　　　　　　　　　　存放地点：1号仓库
材料名称及规格：螺纹钢筋 φ16　　　　　　　　　　　　　　　计量单位：t

年		凭证编号	摘要	收入			发出			结存		
月	日			数量	单价	金额	数量	单价	金额	数量	单价	金额
11	1		月初结存							2	2 800	5 600
	2		购入	3	2 850	8 550				5		
	5		发出				3			2		
	10		购入	5	2 840	14 200				7		
	26		发出				4			3		
	30		合计	8		22 750	7	2 835	19 845	3	2 835	8 505

81

计算：

$$加权平均单位成本＝（5\,600＋22\,750）/（2＋8）＝2\,835\,元$$

$$本月发出材料的实际成本＝7×2\,835＝19\,845\,元$$

采用这种方法，只需要在月末一次计算加权平均单位成本，然后确定本月发出材料的实际成本，核算工作比较简单；并且在市场价格涨跌波动的情况下，可以均衡材料成本费用。这种方法的缺点是：由于是期末才能确定发出材料的实际成本，会影响工程（产品）成本核算的及时性，会使得期末核算工作过于集中。又由于平时在材料明细账上的"发出栏"、"结存栏"只反映数量不能反映其单价和金额，不利于管理。

（3）移动加权平均法。移动加权平均法是指每入库一批材料，重新计算一次平均单位成本并以这平均单位成本作为本次发出材料的实际单位成本计算其实际成本的一种方法。其平均单位成本的计算公式是：

移动加权平均成本＝（原结存材料的成本＋本批收入材料的实际成本）/（原结存材料的数量＋本批收入材料的数量）

本次发出材料的实际成本＝本次发出材料数量×材料移动加权平均成本

例题说明移动加权平均法的计算如表 4-17 所示。

表 4-17

原材料明细账

材料类别：黑色金属　　　　　　　　　　　　　　　　　　　　　存放地点：1号仓库
材料名称及规格：螺纹钢筋 φ16　　　　　　　　　　　　　　　　计量单位：t

年		凭证编号	摘要	收入			发出			结存		
月	日			数量	单价	金额	数量	单价	金额	数量	单价	金额
11	1		月初结存							2	2 800	5 600
	2		购入	3	2 850	8 550				5	①2 830	14 150
	5		发出				3	2 830	8 490	2	2 830	5 660
	10		购入	5	2 840	14 200				7	②2 837.143	19 860
	26		发出				4	2 837.143	11 348.57	3	2 837.143	8 511.43
	30		合计	8		22 750	7		19 838.57	3	2 837.143	8 511.43

计算：

11月2日购入材料时：

①移动加权平均单位成本＝（5 600＋8 550）/5＝2 830 元

11月10日购入材料时：

②移动加权平均单位成本＝（5 660＋14 200）/7＝2 837.143 元

这种方法可以在平时对发出材料进行及时核算，均衡日常的核算工作；在材料明细账上既能够反映实物数量的收发结存情况，也能够及时反映其实际成本。缺点是，如果材料收发业务频繁，则日常的计算工作烦琐，核算工作量也大。

（4）个别计价法。个别计价法又称具体辨认法、分批实际法，是指以某批材料收入时所确定的实际单位成本作为该批材料发出时的实际单位成本计算发出材料的实际成本的一种方法。

这种方法需要将仓库中的每批材料分别堆放,各批材料要标有记号,标明其实际单位成本,以便确定发出该批材料的实际单位成本。其登账方法与先进先出法、后进先出法相同。采用这种方法反映发出材料的成本是最为准确的,也能够均衡材料核算工作,随时掌握库存情况。在企业规模不大或收发材料业务不多的情况下可以采用。

2. 原材料发出的核算

建筑施工企业对原材料发出的核算,应根据受益对象计入相关的成本费用中。

(1) 日常分项成本结转的核算。随着领料业务的发生,平时根据发生的每项领料业务的凭证编制记账凭证进行账务处理,起到及时核算和监督材料耗费的作用。

【例4-22】 林观车间工程领用120mm厚空心板1 000m^3,实际单位成本515元。

借:工程施工—材料费　　　　　　　　　　515 000
　　贷:原材料—结构件　　　　　　　　　　　515 000

【例4-23】 古园住宅楼工程领用32.5级水泥100t,实际单位成本285元。

借:工程施工—材料费　　　　　　　　　　28 500
　　贷:原材料—主要材料　　　　　　　　　　28 500

【例4-24】 公司办公楼维修领用中砂2.5m^3,实际单位成本16元。

借:管理费用—维修费　　　　　　　　　　40
　　贷:原材料—主要材料　　　　　　　　　　40

【例4-25】 林观车间工程领用光圆钢筋100t,实际单位成本3 500元。

借:工程施工　　　　　　　　　　　　　　350 000
　　贷:原材料—主要材料　　　　　　　　　　350 000

【例4-26】 企业的钢材仓库维修领用标准砖2千匹,实际单位成本135元。

借:采购保管费—维修费　　　　　　　　　270
　　贷:原材料—主要材料　　　　　　　　　　270

【例4-27】 现场管理部门材料试验领用擦拭材料,实际成本125元。

借:工程施工　　　　　　　　　　　　　　125
　　贷:原材料—其他材料　　　　　　　　　　125

(2) 月末集中成本结转的核算。在平时对发生的领料业务并不按照每张领料凭证作账务处理,等到月末将本月发生的各种发料凭证进行全部汇总编制发出材料汇总表,然后根据发出材料汇总表进行发出材料的成本核算,可以简化平时核算工作,还可以通过发出材料汇总表全面了解本月材料的用途和规模,但月末工作量大。

【例4-28】 企业在月末根据领料单汇总编制的发出材料汇总表,其材料发出情况如表4-18所示。

作账务处理如下:

1/4 本月发出主要材料:

借:工程施工—材料费　　　　　　　　　　430 000
　　工程施工—间接费用　　　　　　　　　1 250
　　采购保管费—维修费　　　　　　　　　270
　　管理费用　　　　　　　　　　　　　　40

    辅助生产   230 000
   贷：原材料—主要材料   661 560

表 4-18

发 出 材 料 汇 总 表
2007 年 11 月 30 日

受益对象	发出材料				合 计
	主要材料	结构件	机械配件	其他材料	
工程施工	430 000	565 000		3 860	998 860
现场管理部门	1 250			120	1 370
采购保管费	270			230	500
管理费用	40			80	120
辅助生产	230 000		12 600	1 650	244 250
合 计	661 560	565 000	12 600	5 940	1245 100

2/4 本月发出结构件：
 借：工程施工—材料费   565 000
  贷：原材料—结构件   565 000
3/4 本月发出机械配件：
 借：辅助生产   12 600
  贷：原材料—机械配件   12 600
4/4 本月发出其他材料：
 借：工程施工—材料费   3 860
   工程施工—间接费用   120
   采购保管费—维修费   230
   管理费用   80
   辅助生产   1 650
  贷：原材料—其他材料   5 940

四、原材料收发日常核算采用计划成本核算

  原材料收发日常核算采用计划成本，其特点是：从原材料收入、发出的凭证到原材料的明细分类账、总分类账全部按计划成本计价。
  同样，采用计划成本核算原材料收入、发出成本时，根据其成本结转时间的不同，可以分为：日常分项成本结转与月末集中成本结转。在［例 4-19］中，在原材料日常收发采用计划成本计价核算时，对收入、发出原材料的成本结转，分别从日常分项成本结转和月末集中成本结转两个方面予以介绍。
  （一）原材料收入的核算
  1. 月末集中结转成本的方法（实物入库与成本结转分步进行）
  建筑施工企业对验收入库材料物资的成本结转，一般在月末根据收料凭证所反映的计划成本、实际成本编制收入材料汇总表，根据收入材料汇总表作对本月已验收入库材料物资的成本的集中结转，其成本结转的核算方法见［例 4-12］所示，此略。
  2. 日常分项成本结转的方法（实物入库与成本结转同步进行）

建筑施工企业日常在对材料物资进行验收入库的同时，根据收料凭证及时办理该材料物资的成本结转工作。举例如下：

【例 4-29】 购入水泥 50t，支付价款 14 000 元，付运杂费 450 元，银行存款支付；采用计划分配率分配采购保管费，费率为 2%；水泥已填制收料凭证验收入库，计划单价 290 元。

1/3 支付价款及运杂费：
借：材料采购—主要材料　　　　　　　　14 450
　　贷：银行存款　　　　　　　　　　　　　　14 450
2/3 分配采购保管费：
借：材料采购—主要材料　　　　　　　　289
　　贷：采购保管费　　　　　　　　　　　　　289
3/3 结转水泥的实际成本、计划成本及成本差异：
借：原材料—主要材料　　　　　　　　　14 500
　　材料成本差异—主要材料　　　　　　239
　　贷：材料采购—主要材料　　　　　　　　14 739

【例 4-30】 购入标准砖 50 千匹，支付价款 6 500 元，付运杂费 230 元，银行存款支付；采购保管费分配采用计划分配率，费率为 2%；标准砖已填制收料凭证验收入库，计划单价 140 元。

1/3 支付价款及运杂费：
借：材料采购—主要材料　　　　　　　　6 730
　　贷：银行存款　　　　　　　　　　　　　　6 730
2/3 分配采购保管费：
借：材料采购—主要材料　　　　　　　　135
　　贷：采购保管费　　　　　　　　　　　　　135
3/3 结转标准砖的实际成本、计划成本及成本差异：
借：原材料—主要材料　　　　　　　　　7 000
　　贷：材料采购—主要材料　　　　　　　　6 865
　　　　材料成本差异—主要材料　　　　　　135

这种账务处理方法，平时逐项进行账务处理，比较烦琐，优点是由于材料物资入库与其成本结转同步进行，同时入账，账实同步反映，可以随时核对，也简化了月末的工作量。这种方法适用于企业材料物资采购量不大，并采用的是计划采购保管费分配率分配采购保管费的企业。

（二）原材料发出的核算

建筑施工企业采用计划成本计价，在对发出材料物资的成本核算的同时，需要对发出材料物资应分摊的成本差异进行结转。发出材料应负担的成本差异，必须按月分摊，不得在季末或年末一次计算。

如果企业采用的是本月材料成本差异率则适用于月末集中结转成本差异，如果采用的是上月材料成本差异率则两者都可以适用。根据企业会计制度的规定，计算方法一经确定，则不能随意变动。

1. 日常分项结转成本的核算

随着领料业务的发生，平时根据发生的每项领料业务的凭证编制记账凭证进行账务处理，起到及时核算和监督材料耗费的作用。举例如下：

【例 4-31】 林观车间工程领用 120mm 厚空心板 1 000m³，计划单位成本 530 元。

借：工程施工—材料费　　　　　　　　　　530 000
　　贷：原材料—结构件　　　　　　　　　　　530 000

【例 4-32】 古园住宅楼工程领用 32.5 级水泥 100t，计划单位成本 290 元。

借：工程施工—材料费　　　　　　　　　　29 000
　　贷：原材料—主要材料　　　　　　　　　　29 000

【例 4-33】 公司办公楼维修领用中砂 2.5m³，计划单位成本 17 元。

借：管理费用—维修费　　　　　　　　　　42.5
　　贷：原材料—主要材料　　　　　　　　　　42.5

【例 4-34】 林观车间工程领用光圆钢筋 100t，计划单位成本 3 480 元。

借：工程施工—材料费　　　　　　　　　　348 000
　　贷：原材料—主要材料　　　　　　　　　　348 000

【例 4-35】 企业的钢材仓库维修领用标准砖 2 千匹，计划单位成本 140 元。

借：采购保管费—维修费　　　　　　　　　280
　　贷：原材料—主要材料　　　　　　　　　　280

【例 4-36】 现场管理部门材料试验领用擦拭材料，计划成本 130 元。

借：工程施工—材料费　　　　　　　　　　130
　　贷：原材料—其他材料　　　　　　　　　　130

如果企业采用本月材料成本差异率，则在月末，分摊本月发出材料的成本差异。举例如下：

【例 4-37】 月末，分摊本月发出材料的成本差异，其资料见表 4-19 所示。

表 4-19

发出材料成本差异分配表
2007 年 11 月 30 日

受益对象	主要材料（−2%）		结构件（2%）		其他材料（−1%）		合　计	
	计划成本	成本差异	计划成本	成本差异	计划成本	成本差异	计划成本	成本差异
工程施工	377 000	−7 540	530 000	10 600			907 000	3 060
工程施工					130	−1.30	130	−1.30
管理费用	42.50	−0.85					42.50	−0.85
采购保管费	280	−5.60					280	−5.60
合计	377 322.50	−7 546.45	530 000	10 600	130	−1.30	90 745.25	3 052.25

1/2 结转本月发出材料的节约差

借：工程施工—材料费　　　　　　　　　　7 540

　　工程施工—间接费用　　　　　　　　　1.30

管理费用	0.85
采购保管费	5.60
贷：材料成本差异—主要材料	7 546.45
材料成本差异—其他材料	1.30

2/2 结转本月发出材料的超支差：

借：工程施工—材料费	10 600
贷：材料成本差异—结构件	10 600

2. 月末集中结转成本的核算

在平时对发生的领料业务不需要按照每张领料凭证作账务处理，等到月末，将本月发生的各种发料凭证进行全部汇总编制发出材料汇总表，然后根据发出材料汇总表结转发出材料的计划成本和成本差异。

【例 4-38】 企业在月末根据领料单汇总编制的发出材料汇总表，其材料发出的成本结转和成本差异结转可以如表 4-19 资料所示，作账务处理如下：

①结转本月发出材料的计划成本：

1/4 本月发出主要材料：

借：工程施工—材料费	377 000
管理费用	42.50
采购保管费—维修费	280
贷：原材料—主要材料	377 322.50

2/4 本月发出结构件：

借：工程施工—材料费	530 000
贷：原材料—结构件	530 000

3/4 本月发出其他材料：

借：工程施工—间接费用	130
贷：原材料—其他材料	130

②结转本月发出材料的成本差异：

1/2 结转本月发出材料的节约差：

借：工程施工—材料费	7 540
工程施工—间接费用	1.30
管理费用	0.85
采购保管费	5.60
贷：材料成本差异—主要材料	7 546.45
材料成本差异—其他材料	1.30

2/2 结转本月发出材料的超支差：

借：工程施工—材料费	10 600
贷：材料成本差异—结构件	10 600

第四节 委托加工物资的核算

一、委托加工物资的成本

（一）委托加工物资的内容

委托加工物资是指委托外单位加工的各种材料物资，即由企业提供原材料委托外企业将该种材料加工成所需要的另一种材料物资。建筑施工企业时常根据施工生产需要，要将一种材料物资加工成另一种材料物资。如有：将原木加工成不同规格的各种枋材、板材，将板材加工成如单扇门、双扇门、办公用具等各种木构件，钢材加工成钢窗、钢门、钢屋架、钢梁等各种钢构件等。

企业需要委托加工物资的任务通常由企业的供应部门负责与受托加工单位签订加工合同。合同中应明确有关材料物资加工的具体内容以及双方的责任、义务；合同副本交于企业会计部门，便于以此考核合同的执行情况，进行委托加工成本的核算。

企业在办理委托加工业务，将加工材料发往加工单位时，要由供应部门根据委托加工合同填制的"委托加工物资领料单"，经有关负责人审核同意后，通知仓库将材料发往委托加工企业。"委托加工物资领料单"一般一式五份：一份由仓库发料后留存，据以登记"材料卡片"或"材料明细账"；一份连同加工材料交加工企业；一份交还供应部门，据以考核加工合同任务的执行情况；两份送交会计部门（有的企业一式四份，企业会计部门留一份）：一份作为"委托加工物资明细账"依据，一份作为记账依据。"委托加工物资领料单"参考格式见表 4-20。

表 4-20

委托加工物资领料单

加工企业：			年 月 日				发料仓库：	库
合同编号	加工后材料名称规格		计量单位	数量		加工要求		交货日期
材料编号	材料名称规格	计量单位	数量	材料成本		加工费	运输费	实际成本合计
				单价	金额			
记账：		发料：					制单：	

"委托加工物资领料单"有关内容说明：

（1）"材料成本"栏目。如果企业在材料日常核算采用实际成本计价时，则填制实际价格成本；如果企业材料日常核算采用计划成本核算时，则填制计划价格成本。

（2）"加工费"、"运输费"、"实际成本"三个栏目的内容只是在会计部门用于作为"委托加工物资明细账"时才需要填制或才能填制。

企业收到加工完成的材料物资时，经过验收，由供应部门根据有关凭据填制"委托加工物资入库单"见表 4-21 所示（有的企业以"收料单"代替），作为仓库收料依据。

（二）委托加工物资的成本

委托外单位加工后的材料物资，在品种、规格甚至形状都发生了变化，其价值也随着发生变化，一般都会增加。加工后的材料物资是一种新的材料物资，形成了一种新的材料物资成本。因此，委托加工物资的成本一般包括：耗用的原材料的实际成本，支付的加工材料物资的往返运杂费，支付给加工企业的加工费。

表 4-21

委托加工物资入库单

加工单位：　　　　　　　　　　　　　　　　　　　　　　　合同编号：
收料仓库：　　　　　　　年　月　日　　　　　　　　　　　　NO：

材料编号	材料名称及规格	计量单位	加工制成材料 数量		计划（实际）成本		材料编号	材料名称及规格	计量单位	数量	计划或实际成本	成本差异	加工费	运杂费	实际成本合计
			应收	实收	单位成本	金额									

二、委托加工物资的核算

为了核算委托外单位加工的各种物资的实际成本，应设置"委托加工物资"账户。该账户借方记录发送外单位加工的各种物资的实际成本（或计划成本和成本差异）、企业支付的加工费和应负担的运杂费；贷方记录加工完成并已经验收入库的物资的实际成本和剩余物资的实际成本（或计划成本或成本差异）；期末借方余额，反映企业委托外单位加工但尚未加工完成物资的实际成本和发出加工物资的运杂费，以及已经加工完成但尚未验收入库的物资的实际成本。

在采用计划成本进行日常材料收发核算企业，发出委托加工材料的计划成本时，按月初材料成本差异率及时分配发出材料应负担的材料成本差异。委托加工完成后，在结转加工完成的材料、物资计划成本时，应及时结转形成的材料成本差异。

"委托加工物资"账户应根据加工合同和受托单位设置明细账，反映加工单位名称、加工合同号数，发出加工物资的名称、数量，发生的加工费用和运杂费，退回剩余物资的数量、实际成本，以及加工完成物资的实际成本等资料，进行明细核算。

举例说明"委托加工物资"的核算方法

1. 企业材料物资以计划成本计价进行的日常核算

【例 4-39】 敏捷建筑公司与岭南加工公司签订加工合同，委托将甲材料加工成规定规格的乙材料。甲材料的单位计划成本 1 800 元，发出 5t。

借：委托加工物资—某加工合同—岭南加工公司　　9 000
　　贷：原材料—甲材料　　　　　　　　　　　　　　　　9 000

【例 4-40】 发出甲材料的成本差异率为－1%。

借：委托加工物资—某加工合同—岭南加工公司　　－90

　　　　贷：材料成本差异　　　　　　　　　　　　　　　　　　　－90

【例4-41】 加工完成，用现金支付往返运杂费200元。
　　借：委托加工物资—某加工合同—岭南加工公司　　　　200
　　　　贷：库存现金　　　　　　　　　　　　　　　　　　　200

【例4-42】 通过银行支付加工费900元。
　　借：委托加工物资—某加工合同—岭南加工公司　　　　900
　　　　贷：银行存款　　　　　　　　　　　　　　　　　　　900

【例4-43】 委托加工物资验收入库，收到乙材料4.5t，每吨计划成本2 200元。
　　借：原材料—乙材料　　　　　　　　　　　　　　　 9 900
　　　　材料成本差异　　　　　　　　　　　　　　　　　　 110
　　　　贷：委托加工物资—某加工合同—岭南加工公司　10 010

2. 企业材料物资以实际成本计价进行的日常核算

【例4-44】 公司与岭南加工公司签订加工合同，委托将甲材料加工成规定规格的乙材料。甲材料的单位实际成本1 782元，发出5t。
　　借：委托加工物资—某加工合同—岭南加工公司　　 8 910
　　　　贷：原材料—甲材料　　　　　　　　　　　　　　 8 910

【例4-45】 加工完成，用现金支付往返运杂费200元。
　　借：委托加工物资—某加工合同—岭南加工公司　　　　200
　　　　贷：库存现金　　　　　　　　　　　　　　　　　　　200

【例4-46】 通过银行支付加工费900元。
　　借：委托加工物资—某加工合同—岭南加工公司　　　　900
　　　　贷：银行存款　　　　　　　　　　　　　　　　　　　900

【例4-47】 委托加工物资验收入库，收到乙材料4.5t。
　　借：原材料—乙材料　　　　　　　　　　　　　　　10 010
　　　　贷：委托加工物资—某加工合同—岭南加工公司　10 010

第五节　周转材料核算

一、周转材料的概述

（一）周转材料的内容

在建筑施工企业中，有些材料发挥劳动对象的作用，一次使用后便改变其实物形态，构成了工程（产品）实体；还有一些能够在施工生产过程中多次使用、周转循环后仍维持原有实物形态的材料，例如：脚手架、模板等，对这类起着劳动手段作用的材料，在施工企业通常被称为是"工具性材料"，在会计核算上则称作"周转材料"。因此，建筑施工企业的周转材料定义：是指在施工生产过程中，能够多次使用，并可以基本保持原来的形态而逐渐转移其价值的材料。

建筑施工企业的周转材料按其不同用途和特点，可以分为：

（1）模板，指浇筑混凝土用的钢、木或钢木组合的模型板，包括配合模板使用的各种支撑材料、滑模材料和扣件。

(2) 挡板，指在土方工程施工时用于挡土的木板以及支撑材料等。

(3) 架料，指在工程施工中，用于搭设脚手架的竹竿、木竿和跳板，同时也包括金属架设工具，如钢管脚手架及其附件等。

(4) 其他，除了上述各类以外的其他周转材料，如塔吊使用的轻轨、枕木等。

(二) 周转材料特点

由于周转材料与构成工程实体的材料所发挥的作用不同，具有自身的特点。

1. 具有劳动手段的特征

周转材料在施工生产中可以多次使用，并保持原有实物形态，发挥着劳动手段的作用。这就使得周转材料的价值也具有分次转移的特征。

2. 具有与材料相同的特征

周转材料中，有些是主要材料加工制成的，如模板、跳板等；有些是直接从外部购入，如脚手架等；但是，周转材料一般在使用时都要经过安装或组合后才能整体发挥工具的作用，未使用或使用完毕拆卸后所体现的却是材料形态。因此，在实物管理和价值核算上具有材料管理的相同之处，将之列入企业的流动资产，但为区别一般都要设专库。

3. 价值核算上的特点

周转材料具有多次使用的特点，使得在实物管理上存在没有使用和正在使用两个阶段，据此，在"周转材料"一级账户下，需要分别设置："周转材料—在库"、"周转材料—在用"两个明细项目；同时，在使用过程中，周转材料的价值具有分次转移的特点，这使得在管理上就要相应确定科学、合理的确定价值转移的方法、数额的大小，会计核算上将这种价值转移的处理形式称为"摊销"，因此在会计核算上在反映它的原值的同时又要反映它的损耗价值，为此，要设置"周转材料—摊销"明细项目。

由于周转材料具有与材料相同的特点，所以其收入核算与材料收入核算相同。

4. 周转材料自身的特点

周转材料在每次使用完毕，就应该拆除、整理或入库保管，而拆除后的周转材料与使用前的周转材料无论在数量上还是在价值上往往不同，会发生损失。因此，这就需要对拆除后的周转材料进行成色和数量的盘点，同时，调整周转材料的账面价值。

二、周转材料的摊销方法

建筑施工企业的周转材料在施工生产过程中可以反复使用，并不改变其原来的实物形态，其价值是逐渐转移到成本、费用中去，所以根据周转材料的使用情况和特点，需要采取科学、合理的摊销方法进行价值摊销。周转材料的摊销方法常见的有以下几种：

(一) 一次摊销方法

一次摊销方法适用于对那些易腐、易潮或使用一次后便不能再使用的周转材料的价值转移，如安全网。在每次领用时，将其全部价值一次计入该成本、费用中。

(二) 分期摊销法

分期摊销法是根据周转材料预计使用期限，计算其每期的摊销额的方法。它适用于脚手架、跳板、塔吊轻轨、枕木等周转材料的摊销。其计算公式如下：

$$周转材料每月摊销额 = \frac{周转材料原值 \times (1 - 残值占原值的\%)}{预计使用月数}$$

例如：跳板使用期限18个月，单位成本1 350m³，预计残值率为4%，本月领用跳板 5m³。

则：本月跳板摊销额 $=\dfrac{5\times 1\,350\times(1-4\%)}{18}=360$ 元

（三）分次摊销法

分次摊销法是根据周转材料预计使用次数，计算其每使用一次的摊销额的方法。它适用于挡土板、定型模板、模板等周转材料的摊销。其计算公式如下：

$$周转材料每次摊销额=\dfrac{周转材料原值\times(1-残值占原值的\%)}{预计使用次数}$$

例如：定型模板一套，原值为 20 000 元，预计使用次数 40 次，残值率 10%。本期使用 5 次。

$$定型模板每次摊销额=\dfrac{20\,000\times(1-10\%)}{40}=450\text{ 元}$$

本月摊销额＝450×5＝2 250 元

（四）定额摊销法

定额摊销法是根据每月实际完成的实物工程量和规定的周转材料消耗定额计算本月摊销额的一种方法。它适用于各种模板等周转材料的摊销。其计算公式如下：

周转材料本月摊销额＝本月完成的实物工程量×单位工程量周转材料消耗定额

例如：本月施工现场预制混凝土构件 50m³，规定的定额每立方米消耗模板价值 60 元。

则：本月摊销额＝50×60＝3 000 元

每月月末，会计部门应根据施工部门所通知的实际完成量，编制"周转材料摊销额计算表"，计算各项工程、费用应负担的周转材料摊销额。

周转材料无论采用哪种摊销方法，平时计算的摊销额一般与实际损耗都会有差异，因此，对使用中的周转材料应定期盘点，对盘点中发现的报废和短缺周转材料，应及时办理报废、短缺手续，计算应补提的摊销额。补提摊销计算公式如下：

报废、短缺的周转材料应补提的摊销额＝①应提摊销额－②已提摊销额

式中

①应提摊销额＝报废、短缺周转材料的计划成本－残料价值；

②已提摊销额＝报废、短缺周转材料计划成本 $\times\dfrac{该类在用周转材料摊销额}{该类在用周转材料计划成本}$

对于补提的周转材料摊销额应该直接或分配计入有关成本、费用中。

上述各种摊销方法，企业可以根据实际情况自行确定。然而，一经确定的周转材料摊销方法，则不能随意变动。如有变动必须在会计报表中加以披露。

三、周转材料的核算

（一）设置"周转材料"账户

企业对周转材料的日常收发核算既可以按实际成本核算也可以按计划成本核算。

为了核算企业周转材料的增减变化情况，建筑施工企业应设置"周转材料"账户。根据周转材料的核算需要，在"周转材料"一级账户下，设置"周转材料—在库"、"周转材料—在用"和"周转材料—摊销"三个二级账户，分别对周转材料的库存、在用和摊销进行二级核算，同时，应按照周转材料的类别、品种规格设置明细项目，进行明细分类

核算。

在采用计划成本进行周转材料日常收发核算的企业,周转材料的计划成本与实际成本的差异,应在"材料成本差异"账户核算,并随着计划成本的转移而转入到有关账户中。企业领用周转材料应负担的材料成本差异的分配,视其不同的摊销方法而定。采用一次摊销方法的周转材料,在领用当月的月末按其领用周转材料的计划成本,计算与分配其应负担的材料成本差异;采用其他摊销方法的周转材料,可按各月在用周转材料的摊销额以及当月材料成本差异率计算应负担的成本差异;也可以在周转材料报废时,按其当月报废周转材料的计划成本分配成本差异。

周转材料在用明细账格式见表 4-22 所示。

表 4-22

周转材料在用及摊销明细账

使用部门_____										类别_____	
计量单位_____										单价_____	
年		凭证		摘要	计划成本				摊销价值		结余	
					借方	贷方	余额					
月	日	种类	号数		数量	金额	数量	金额	数量	金额	借方	贷方	余额	成色%	净值

(二)周转材料收入的核算

(1)企业购入、自制、委托加工完成验收入库的周转材料,与"库存材料"核算方法相同,此略。

(2)对于施工现场领用主要材料转作周转材料使用的,应将其成本由"库存材料"账户转入"周转材料"账户。

【例 4-48】 施工现场领用板材一批转作模板,计划成本 5 000 元。

借:周转材料——在用模板　　　　　　　　　　　5 000
　　贷:原材料　　　　　　　　　　　　　　　　　　　　5 000

(三)周转材料领用及摊销核算

1. 一次摊销法

(1)周转材料日常采用计划成本核算。

【例 4-49】 施工现场领用一次报耗的安全网,计划成本 450 元,材料成本差异率 2%。

1/2 领用时:

借:工程施工——材料费　　　　　　　　　　　450
　　贷:周转材料——在库其他周转材料　　　　　　　450

2/2 月末分配成本差异:

　　　　本月周转材料应分配的成本差异=450×2%=9 元

借：工程施工—材料费　　　　　　　　　　　　　　　　9
　　贷：材料成本差异　　　　　　　　　　　　　　　　　　9

(2) 周转材料日常采用实际成本核算。

【例 4-50】 施工现场领用一次报耗的安全网，实际成本 435 元。

借：工程施工—材料费　　　　　　　　　　　　　　　435
　　贷：周转材料—在库其他周转材料　　　　　　　　　　435

2. 周转材料分期摊销法

以周转材料在日常采用计划成本核算的方法为例说明核算方法和过程。

【例 4-51】 本月施工现场领用分次摊销的模板，计划成本 50 000 元，预计使用 20 个月，预计残值率 5%；材料成本差异 2%。

1/3 本月领用时：

借：周转材料—在用模板　　　　　　　　　　　　　50 000
　　贷：周转材料—在用模板　　　　　　　　　　　　　50 000

2/3 本月应提摊销额：

$$\text{计算本月摊销额} = \frac{50\,000 \times (1-5\%)}{20} = 2\,375 \text{元}$$

借：工程施工—材料费　　　　　　　　　　　　　　2 375
　　贷：周转材料—在用模板摊销　　　　　　　　　　　2 375

3/3 月末分配成本差异：

本月应分配的成本差异 = 2 375 × 2% = 47.50 元

借：工程施工—材料费　　　　　　　　　　　　　　47.50
　　贷：材料成本差异　　　　　　　　　　　　　　　　47.50

【例 4-52】 如果上述模板在使用了 16 个月后全部报废，残值回收 480 元入库存其他材料，材料成本差异率 2%。

计算应提的摊销额 = 50 000 − 480 = 49 520 元
已提摊销额 = 50 000 × 38 000/50 000 = 38 000 元
应补提的摊销额 = 49 520 − 38 000 = 11 520 元

1/3 补提摊销额：

借：工程施工—材料费　　　　　　　　　　　　　11 520
　　贷：周转材料—在用模板摊销　　　　　　　　　　11 520

2/3 结转成本：

借：原材料—其他材料　　　　　　　　　　　　　　480
　　周转材料—在用模板摊销　　　　　　　　　　　49 520
　　贷：周转材料—在用模板　　　　　　　　　　　　50 000

3/3 报废模板应分配的成本差异：

计算报废模板的成本差异 = 11 520 × 2% = 230.40 元

借：工程施工—材料费　　　　　　　　　　　　　230.40
　　贷：材料成本差异　　　　　　　　　　　　　　　230.40

【例 4-53】 期末盘点施工现场在用周转材料，钢管架料的估计成色为 45%，账面成色40%，在用钢管架料60 000元。

$$已提摊销额=60\,000×（1-40\%）=36\,000元$$
$$应提摊销额=60\,000×（1-45\%）=33\,000元$$

应补提摊销额=33 000-36 000=-3 000元（即多提了3 000元摊销额）

冲减多提3 000元摊销额：

借：工程施工—材料费　　　　　　　　　　　 3 000
　　贷：周转材料—在用钢管架料摊销　　　　　 3 000

【例4-54】 将上述钢管架料办理退库手续。

1/2 结转退库钢管架料计划成本：

借：周转材料—在库钢管架料　　　　　　　60 000
　　贷：周转材料—在用钢管架料　　　　　　60 000

2/2 结转退库钢管架料的摊销额：

借：周转材料—在库钢管架料摊销　　　　　33 000
　　贷：周转材料—在用钢管架料摊销　　　　33 000

【例4-55】 如果将上述钢管架料办理转移工地的手续。则账务处理为：

1/2 结转钢管架料由甲工地转移到乙工地的计划成本：

借：周转材料—在用钢管架料—乙工地　　　60 000
　　贷：周转材料—在用钢管架料—甲工地　　60 000

2/2 结转钢管架料由甲工地转移到乙工地的摊销额：

借：周转材料—在用钢管架料摊销—甲工地　 33 000
　　贷：周转材料—在用钢管架料摊销—乙工地 33 000

目前，在一些建筑施工企业里，对于工程施工中所用的周转材料主要通过内部或外部的租赁方式取得，通过支付租金反映周转材料的耗费。由此，工程成本含有的周转材料费用是以每期支付的租金体现。账务处理比较简单。

【例4-56】 通过周转材料租赁租入钢管架料用于工程施工，根据租赁合同通过银行转账按月支付租金400元。

借：工程施工—材料费　　　　　　　　　　　 400
　　贷：银行存款　　　　　　　　　　　　　　 400

第六节　低值易耗品核算

一、低值易耗品概述

（一）低值易耗品的内容

低值易耗品是指使用时间较短或单位价值较低，不符合固定资产标准，不能作为固定资产的各种用具物品。例如：工具、管理用具、玻璃器皿，以及在经营过程中周转使用的包装容器等。

建筑施工企业的低值易耗品种类很多，但依据其在施工生产中的用途可以分为：

1. 工具

(1) 生产工具指在施工生产过程中使用的各种工具。如：扳手、手推车、铁镐、铁铲、灰槽、架子车等。

(2) 专用工具、替换设备等。

2. 劳保用品

劳保用品是指发放给生产工人在施工生产过程中用于保护职工劳动安全的各种劳动保护用品。如：工作服、安全帽、雨衣、胶鞋、手套及安全带等。

3. 管理用具

管理用具是指为施工生产服务过程中使用的各种办公用品、家具用品、消防用具等。如：办公桌、椅、文件柜等。

4. 试验、测试用的用具、器具

如：玻璃器皿、测试仪器等。

另外，还有炊事用具、医疗器械等。

企业应根据低值易耗品与固定资产的划分标准，结合自身具体情况，编制本企业的"低值易耗品目录"，详细列明各种低值易耗品的类别、名称、规格、编号、计量单位和内部制定的计划单价等项目，便于低值易耗品的核算和管理。

（二）低值易耗品特点

1. 具有固定资产相同的特征

低值易耗品一般都能够多次参加施工生产经营过程而不改变其原有的物资形态，具有劳动资料的鲜明的特征，发挥着劳动资料的作用，与此同时，这就使得低值易耗品的价值也就具有分次转移的特征。由此可见，与企业固定资产有相同的特征。

2. 具有与材料相似的特点

这部分劳动资料有的使用时间短于一年，有的单位价值比较小，例如：几元、数十元、近百元的都有，这与企业的材料相似。对此，不能同时满足固定资产的标准。为此，将这一类不符合固定资产条件的、使用时间较短或单位价值较小的，采购、领用频繁的流动资料列入企业的流动资产，作为流动资产进行管理和核算。

3. 具有与周转材料相同的核算与管理要求

与周转材料相同，低值易耗品同样具有多次使用的特点，使得其在实物管理上也存在没有使用和正在使用两个阶段，在会计核算上需要相应列出："低值易耗品—在库"、"低值易耗品—在用"两个明细项目。同理，在使用过程中，有的低值易耗品的价值是具有分次转移的特点，这使得在管理上同样要确定科学、合理摊销方法，核算中则需要设置"低值易耗品—摊销"的明细项目。

由于低值易耗品具有与材料相似的特点，所以其收入核算与材料收入核算相同。

二、低值易耗品摊销方法

根据低值易耗品的不同情况，主要摊销方法有：一次摊销法、分期摊销法和五五摊销法。

（一）一次摊销法

一次摊销法是指在领用低值易耗品时，就将其全部价值一次计入当期有关的成本费用中的摊销方法。

这种方法简单，但费用负担不均衡。它主要适用于一次领用数量不大、价值较低、适用期限较短或易碎的低值易耗品的摊销。如玻璃器皿等易碎物品，不论价值大小，在领用时一次计入有关的成本费用。

（二）五五摊销法

五五摊销法是指在领用低值易耗品时，先将其价值的50%计入当期成本费用，然后在其报废时，再将其余的50%（扣除收回的残料价值）计入有关成本费用的一种摊销方法。适用于领用数量多、金额大适用期限长的低值易耗品。

在一次大量领用低值易耗品时（新增职工需要大量领用工器具、劳保用品），按照上述方法摊销使领用月份成本过高，可将领用月份发生的摊销额先转作待摊费用或长期待摊费用，然后分次摊入有关的成本费用。

低值易耗品报废时，将其报废的残料价值作为当月低值易耗品的摊销额的减少，冲减有关成本、费用。

如果低值易耗品已经发生毁损、遗失等，不能再继续使用的，应将其账面价值，全部转入当期成本、费用。

三、低值易耗品摊销的核算

（一）设置"低值易耗品"账户

企业对低值易耗品的日常收发核算既可以按实际成本核算也可以按计划成本核算。

为了核算企业低值易耗品的增减变化情况，建筑施工企业应设置"低值易耗品"账户。根据低值易耗品的核算需要，在"低值易耗品"一级账户下，设置"低值易耗品－在库"、"低值易耗品－在用"和"低值易耗品－摊销"三个二级账户，分别对低值易耗品的库存、在用和摊销进行二级核算，同时，应按照低值易耗品的类别、品种规格设置明细项目，进行明细分类核算。

在采用计划成本进行低值易耗品日常收发核算的企业，低值易耗品的计划成本与实际成本的差异，应在"材料成本差异"账户核算，并随着计划成本的转移而转入到有关账户中。企业领用低值易耗品应负担的材料成本差异的分配，视其不同的摊销方法而定。采用一次摊销方法的低值易耗品，在领用当期的月末，按其领用的计划成本计算与分配其应负担的材料成本差异；采用其他摊销方法的低值易耗品，可按每月在用低值易耗品的摊销额以及当月材料成本差异率计算应负担的成本差异；也可以在低值易耗品报废时，按其当月报废低值易耗品的计划成本分配成本差异。

（二）低值易耗品收入的核算

低值易耗品收入的主要途径是外购、自制或委托加工。对低值易耗品验收入库的程序和核算方法、盘盈时的账务处理方法与库存材料核算完全相同，此略。

（三）低值易耗品领用摊销的核算

一次报耗的低值易耗品在领用时，填制"低值易耗品领用单"，据以登记低值易耗品明细账。

领用的低值易耗品报废时，填制"低值易耗品报废单"，并在报废单中注明残值，经本单位领导批准后，据此登记低值易耗品明细账。

1. 一次摊销法的核算

（1）实际成本核算方法。

【例4-57】 仓库发出属于一次报耗的工具的实际成本500元，其中：施工生产工人使用的工具价值350元，施工现场管理人员领用工具价值150元。

  借：工程施工—其他直接费   350
    工程施工—间接费用   150
    贷：低值易耗品—在库生产工具   500

（2）计划成本核算。

【例4-58】 仓库发出属于一次报耗的工具的计划成本550元，其中：施工生产工人使用的工具价值380元，施工现场管理人员领用的工具价值170元。

  借：工程施工—其他直接费   380
    工程施工—间接费用   170
    贷：低值易耗品—在库生产工具   550

【例4-59】 在月末分摊计入上述领用的工具的材料成本差异，材料成本差异率为—1.5%。

  借：工程施工—其他直接费   5.70
    工程施工—间接费用   2.55
    贷：材料成本差异   8.25

2．五五摊销法的核算

（1）实际成本核算。

【例4-60】 本月施工现场领用属于五五摊销的工具一批，实际成本为5 000元；本月报废一批过去领用的工具实际成本3 000元，报废残值290元，作为其他材料入库。

1/2 本月新领用工具：

①由在库转为在用：

  借：低值易耗品—在用生产工具   5 000
    贷：低值易耗品—在库生产工具   5 000

②本月新领用的摊销：

  借：工程施工—其他直接费用   2 500
    贷：低值易耗品—生产工具摊销   2 500

2/2 结转本月报废工具的成本、残值：

①摊销其余50%：

  借：工程施工—其他直接费   1 500
    贷：低值易耗品—生产工具摊销   1 500

②回收的残料抵扣成本并冲减摊销额：

  借：低值易耗品—生产工具摊销   290
    贷：工程施工—其他直接费   290

③结转报废工具成本：

  借：原材料   290
    低值易耗品—生产工具摊销   2 710
    贷：低值易耗品—在用生产工具   3 000

（2）计划成本的核算。

【例 4-61】 本月施工现场领用属于五五摊销的工具一批，计划成本为 4 000 元；本月报废一批过去领用的工具计划成本 2 000 元，报废残值 90 元，作为其他材料入库；材料成本差异率 2%。

1/2 本月新领用工具：

①由在库转为在用：

借：低值易耗品——在用生产工具　　　　　4 000
　　贷：低值易耗品——在库生产工具　　　　　4 000

②本月新领用的摊销：

借：工程施工——其他直接费用　　　　　　2 000
　　贷：低值易耗品——生产工具摊销　　　　　2 000

③本月末分摊领用工具的成本差异：

借：工程施工——其他直接费用　　　　　　　40
　　贷：材料成本差异　　　　　　　　　　　　　40

2/2 结转本月报废工具的成本、残值：

①摊销其余 50%：

借：工程施工——其他直接费　　　　　　　1 000
　　贷：低值易耗品——生产工具摊销　　　　　1 000

②回收残料抵扣成本、摊销额：

借：低值易耗品——生产工具摊销　　　　　　80
　　贷：工程施工——其他直接费　　　　　　　　80

③结转报废工具成本：

借：工程施工——其他直接费　　　　　　　　80
　　低值易耗品——生产工具摊销　　　　　1 920
　　贷：低值易耗品——在用生产工具　　　　　2 000

④分摊本月报废工具的成本差异（2000×50%×2%＝20 元）：

借：工程施工——其他直接费　　　　　　　　20
　　贷：材料成本差异　　　　　　　　　　　　　20

第七节　存货清查及期末计价

一、存货清查

（一）存货清查要求

为了保证存货的安全完整，了解存货的结存和保管情况，做到账实一致，建筑施工企业需要建立一套财产清查制度和管理办法。

根据企业会计制度规定，存货应当定期盘点，每年至少一次。存货清查时，如果出现存货盘点的结果与账面结存不相符，应于办理年终结算前查明原因，并根据企业的管理权限，经过股东大会或董事会、或经理（厂长）会议或类似机构批准后，在年终结账前处理完毕。

（二）存货清查的核算

1. 存货清查结果的处理要求

通过对存货的清查,其清查结果有盘盈、盘亏及毁损的情况,即:账存数大于实存数、账存数小于实存数以及实物的毁坏。对存货清查结果的处理,应按照财产清查的程序:首先,通过财产清查账户调整存货账户的账面记录,并按照企业管理权限,报告上一级主管部门或机构;其次,必须经过上级有关部门或机构的批准,才能转销存货的盘盈、盘亏和毁损的价值。

因此,为了核算企业在清查存货过程中,发生的各种存货的盘盈、盘亏和毁损的价值,应设置"待处理财产损益—待处理流动资产损益"账户,进行存货的盘盈、盘亏和毁损的核算。

企业对存货清查后的盘盈、盘亏和毁损的价值,在查明原因后,需要分清责任作出处理:

(1) 企业存货的短缺与损耗如果是属于定额内的正常损耗,应直接计入该材料物资的采购成本,如果确定是存货保管人员、运输部门或供应单位等过失所造成的损失,并能够确定其损失的金额则由过失人(单位、部门)承担相应的损失;如果不能确定过失人的,则计入企业的管理费用。

(2) 如果企业存货的短缺与损耗,是由于不可抗力的原因造成的(如水灾、地震、台风等自然灾害),按照规定程序报经批准后,在扣除保险公司赔款后的净损失,作为企业的营业外支出。

(3) 如果企业的存货盘盈,则将其盘盈价值抵减企业的管理费用(登账时,用红字在"管理费用"账户借方记录)。

2. 存货清查结果的核算

(1) 盘盈的核算。

【例 4-62】 发现账外 32.5 级水泥 10t,计划单位成本 290 元、材料成本差异率 2%;无法查明原因,经过批准转销。

1/2 批准前,调整库存材料的账面记录:

借:原材料—主要材料　　　　　　　　　　　2 900
　　材料成本差异　　　　　　　　　　　　　　　58
　　　贷:待处理财产损益—待处理流动资产收益　2 958

2/2 批准后,转账:

借:待处理财产损益—待处理流动资产损益　　2 958
　　　贷:管理费用　　　　　　　　　　　　　2 958

(2) 盘亏的核算。

【例 4-63】 甲材料账存数大于实存数 5kg。经查明,其中:3kg 为保管人员过失所至;2kg 为计量器具不准所致;甲材料计划单位成本为 100 元/kg,材料成本差异率 2%,经过批准后转账。

1/2 批准前,调整甲材料的账面记录:

借:待处理财产损益—待处理流动资产损益　　510
　　　贷:材料成本差异　　　　　　　　　　　　10
　　　　　原材料—主要材料　　　　　　　　　500

2/2 批准后，转账：
借：采购保管费—材料物资盘亏及毁损　　　204
　　其他应收款—保管人员　　　　　　　　306
　　贷：待处理财产损益－待处理流动资产损益　510

二、存货期末计价

（一）存货期末计价

资产负债表日，存货应当按照成本与可变现净值孰低计量。

存货成本高于其可变现净值的，应当计提存货跌价准备，计入当期损益。

可变现净值，是指在日常活动中，存货的估计售价减去至完工时估计将要发生的成本、估计的销售费用以及相关税费后的金额。

企业确定存货的可变现净值，应当以取得的确凿证据为基础，并且考虑持有存货的目的、资产负债表日后事项的影响等因素。

存货在期末财务会计报告中，通常是采用历史成本计价的。根据《企业会计准则第1号—存货》中的规定，对股份有限公司的存货在会计期末应当按照成本与可变现净值孰低计量，即：是指在会计期末，按成本与可变现净值两者中较低的一者对存货进行计价的一种方法。其中：存货的"可变现净值"是指正常生产经营过程，以存货的估计售价减去至完工估计将要发生的成本、估计的销售费用以及相关税金后的金额，也就是在报告时重新取得相同的存货所需要的成本；成本与可变现净值孰低法中的"成本"是指存货的历史成本。

（二）存货期末价值的确定方法

股份制施工企业在估计存货的可变现净值时，根据取得的可靠证据为基础，并考虑持有存货的目的、资产负债表日后事项的影响等因素。如果有合同约定的存货，通常按合同价作为计算基础，如果企业持有的存货的数量多于销售合同订购数量，则超出部分的存货的可变现净值应以一般销售价格为基础计算。用于出售的材料等，应当以市场价格作为其可变现净值的计算基础。

在采用成本与可变现净值孰低法时，需要将企业的存货成本与其可变现净值进行比较，才能确定在财务会计报告中予以反映的价值。其比较的方法一般有三种：

1. 单项比较法

单项成本法是指将每项存货的成本逐一与其可变现净值进行比较，取其两者中较低的，作为计算存货的期末价值。

2. 分类比较法

分类比较法是指按存货的类别成本与其可变现净值进行比较，取其两者中较低的，作为计算存货的期末价值。

3. 总额比较法

总额比较法是指按全部存货的成本与其可变现净值进行比较，取其两者中较低的，作为计算存货的期末价值。

根据《企业会计准则第1号—存货》中规定，企业只能采用单项比较法，确定存货的期末报告价值。只有在某些情况下，比如，与具有类似目的或最终用途并在同一地区生产和销售的产品系列相关，且实际上难以将其与该产品系列的其他项目区别开来进行估价的存货，可以合并计量成本与可变现净值；对于数量繁多、单价较低的存货，也可以按存货的类别计量成本与可变现净值。

（三）存货跌价损失

当存货的历史成本大于其可变现净值的差额，称为存货的跌价损失。企业在期末或至少在每年年度终了，对存货进行全面清查中发现存货遭受毁损、全部或部分陈旧过时或销售价格低于成本，会使存货成本产生不可收回的部分，就造成存货的跌价损失。

根据企业会计制度规定，当企业存货存在以下一项或若干项情况时，应将存货账面价值全部转入当期损益：

(1) 已霉烂变质的存货；

(2) 已过期且无转让价值的存货；

(3) 生产中不再需要，并且已无使用价值和转让价值的存货；

(4) 其他足以证明已无使用价值和转让价值的存货。

当企业的存货存在以下情况之一时，需要考虑存货跌价的准备：

(1) 市价持续下跌，并且在可预见的未来无回升的希望；

(2) 企业使用该项原材料生产的产品的成本大于产品的销售价格；

(3) 企业因产品更新换代，原有库存材料已不能适应新产品的需要，而该原材料的市场价格又低于其账面成本；

(4) 因企业所提供的商品或劳务过时或消费者偏好改变而使市场的需求发生变化，导致市场价格逐渐下跌；

(5) 其他足以说明该项存货实质上已经发生减值的情形。

（四）存货跌价损失的账务处理方法

1. 账户设置

(1) 设置"资产减值损失—存货跌价损失"明细账户，反映企业由于存货发生的跌价损失。借方计入存货发生的跌价损失，贷方计入跌价损失的转回（登账时，用红字在其借方反映），期末将本账户发生额转入当期损益，结转后，本账户期末无余额。

(2) 设置"存货跌价准备"账户，核算企业提取的存货跌价准备，是存货账户的调整账户。该账户的贷方计入企业在期末计算的存货可变现净值低于成本的差额；借方计入对已计提跌价准备的存货的价值以后又得以恢复的增加数，但这恢复的增加数的冲减跌价准备金额应以本账户余额冲至零为限；期末贷方余额，反映企业已提取的存货跌价准备。

2. 账务处理方法

(1) 直接转销法。当存货的可变现净值低于成本时，根据两者的差额，账务处理是：

借：资产减值损失—存货跌价损失

  贷：原材料（低值易耗品等）

当可变现净值又得以恢复时，根据恢复增加数，账务处理是：

借：原材料（低值易耗品）

  贷：资产减值损失—存货跌价损失

此种方法下，期末需要逐项调整存货的账簿记录，工作量较大。

(2) 备抵法。当存货的可变现净值低于成本时，根据两者的差额，账务处理是：

借：资产减值损失—存货跌价损失

　　　　贷：存货跌价准备
　　当可变现净值又得以恢复时，根据恢复增加数，会计分录：
　　借：存货跌价准备
　　　　贷：资产减值损失—存货跌价损失
　　此种方法下，期末不需要逐项调整存货的账簿记录，期末在财务会计报告中的"存货"栏的价值应是：存货成本与"存货跌价准备"项目之差。

复 习 思 考 题

1. 如何理解存货的概念及存货内容？
2. 存货成本包括的内容？
3. 存货计价方法是什么？
4. 存货核算的基本原始凭证有哪些？
5. "物资采购"账户的结构如何？如何核算？
6. 原材料的内容及账户结构是什么？
7. 原材料采用实际成本计价和计划成本计价的核算是怎样完成的？
8. "委托加工物资"账户的结构、成本构成以及核算方法是什么？
9. 周转材料的特点、账户结构、摊销方法如何？怎样进行周转材料核算？
10. 低值易耗品的特点、账户结构、摊销方法如何？怎样进行低值易耗品核算？
11. 简述存货清查的要求与清查结果的处理。
12. 存货期末计价方法是什么？存货跌价损失的核算方法有哪些？"存货跌价准备"账户的结构及核算方法有哪些？

习 题

[习题一] 材料采购核算
一、目的
掌握物资采购核算的基本方法和技能。
二、资料
海光建筑公司12月份发生以下材料采购经济业务，采用计划成本计价核算：
(1) 购买32.5级水泥60t，买价15 600元，由企业存款户付款。
(2) 用现金支付上述水泥的运费2 600元并支付运达工地仓库的装卸费800元，水泥已经验收入库，计划单位成本285元。
(3) 购买圆钢80t，每吨单价2 500元，运杂费3 600元，均通过银行转账付款，该圆钢已经验收入库，计划单位成本2 650元。
(4) 购入20~40砾石1 000m^3，货款38 000元暂欠，运费650元、装卸费330元，已通过银行转账支付，该配件已经验收入库，计划单位成本42元。
(5) 购入ϕ16的螺纹钢筋500kg，价款1 350元，运杂费680元，均由银行转账支付，该材料尚未到达。
(6) 收到五层胶合板200块，发票账单未到，五层胶合板已验收入库，计划单位成本27.5元暂估入账。
(7) 收到标准砖1000千匹，价款130 000元，运杂费3 000元，均由银行转账支付，标准砖已验收入库，计划单位成本140元。
(8) 通过银行转账支付购买20~40砾石1 000m^3的价款38 000元。

(9) 月末，根据对本月购入的且已经验收入库的材料物资，按照其计划成本的2%计算、分配本月发生的采购保管费。

(10) 结转已经验收入库材料的计划成本、成本差异。

三、要求

(1) 根据上述经济业务编制记账凭证（登入会计分录表内）。

(2) 根据有关记账凭证登记"材料采购"、"材料成本差异"总分类账户及相关明细分类账，并结账。

[习题二] 原材料收发核算

一、目的

掌握原材料收发核算的基本方法和技能。

二、资料

力量建筑公司按照计划成本计价进行材料收发的核算，本月发生下列经济业务：

(1) A号工程领用32.5级水泥400t，计划单位成本285元。

(2) B号工程领用标准砖80千块，计划单位成本140元。

(3) A号工程领用板材10m³，计划单位成本1 340元。

(4) A号工程领用标准砖100千块，计划单位成本140元。

(5) B号工程领用水泥100t，计划单位成本285元，20~40砾石200m³，计划单位成本42元。

(6) A号工程领用Φ16螺纹钢2 400kg，计划单位成本3元，Φ20螺纹钢筋200kg，计划单位成本2.95元。

(7) B号工程领用Φ16螺纹钢1 000kg，Φ20螺纹钢筋1 500kg，计划单位成本同（6）题。

(8) A号工程领用材料：120mm厚预应力空心板1 200m³，计划单位成本530元；PVC DN100排水管3 300m，计划单位成本23元；PVC管卡3 000只，计划单位成本0.60元；铝合金1 200m²，计划单位成本185元。

(9) 公司办公室用涂料粉刷500m²，计划单位成本12元。

(10) 月末，A号工程退回领用的2t水泥。

(11) 盘点施工现场，有下列已领未用材料：

A号工程：Φ16螺纹钢筋500kg，板材2m³；

B号工程：PVC DN100排水管300m，Φ20螺纹钢筋400kg。

(12) 计算出本月材料成本差异——主要材料成本差异率为－1.5%、结构件，成本差异率为－1%，月末分配发出材料成本差异。

三、要求

(1) 根据上述经济业务编制记账凭证（或登记会计分录表）。

(2) 根据有关记账凭证登记"原材料"、"材料成本差异"总分类账户及相关明细分类账，并结账。

[习题三] 委托加工物资核算

一、目的

掌握委托加工物资核算的基本方法和技能。

二、资料

万达建筑公司采用计划成本计价进行的日常核算，本月发生委托加工的经济业务如下：

(1) 公司与万方加工公司签订钢窗加工合同，委托加工一批钢窗，发出钢材4t，计划单位成本2 680元。

(2) 分摊发出钢材的成本差异率为－1%。

(3) 支付上述材料的运杂费650元。

(4) 收到万方加工公司加工钢窗的发票，通过银行支付加工费3 100元。

(5) 用现金支付钢窗的运杂费 350 元。
(6) 钢窗 3.7t 验收入库，每吨计划成本 2 850 元，退回剩余 0.3t。

三、要求

(1) 根据上述经济业务编制记账凭证（或登记会计分录表）。
(2) 根据有关记账凭证登记"委托加工物资"、"材料成本差异"总分类账户及相关明细分类账，并结账。

[习题四] 周转材料核算

一、目的

掌握周转材料核算的基本方法和技能。

二、资料

力量建筑公司采用计划成本计价方法核算周转材料，本月发生以下经济业务：

(1) 施工现场领用板材一批转作模板，计划成本 6 000 元。
(2) 施工现场领用一次性报耗的安全网，计划成本 550 元，材料成本差异率 2%。
(3) 本月施工现场领用分次摊销的模板，计划成本 45 000 元，预计使用 20 个月，预计残值率 4%；材料成本差异 2%。
(4) 上述模板在使用了 16 个月后全部报废，残值回收 450 元，入库存其他材料，材料成本差异率 2%。
(5) 期末盘点施工现场在用周转材料，钢管架料的估计成色为 45%，账面成色 40%，在用钢管架料计划成本 56 000 元。
(6) 将上述在用钢管架料中的 50% 办理退库手续。
(7) 将上述钢管架料中剩余的 50% 由 A 号工地转入 B 号工地，办理转移工地的手续。
(8) 通过周转材料租赁，租入模板用于工程施工，根据租赁合同通过银行转账按月支付租金 400 元。

三、要求

(1) 根据上述经济业务编制记账凭证（或登记会计分录表）。
(2) 根据有关记账凭证登记"周转材料"、"材料成本差异"总分类账户及相关明细分类账，并结账。

[习题五] 低值易耗品核算

一、目的

掌握低值易耗品核算的基本方法和技能。

二、资料

力量建筑公司采用计划成本计价核算低值易耗品，本月发生以下经济业务：

(1) 仓库发出属于一次性报耗的工具的计划成本 750 元，其中：施工生产工人使用的工具价值 480 元，施工现场管理人员领用工具价值 270 元。
(2) 在月末分摊计入上述领用的工具的材料成本差异，材料成本差异率为 −1.5%。
(3) 本月施工现场领用属于五五摊销的工具一批，计划成本为 6 000 元；本月报废一批过去领用的工具的计划成本 2 000 元，报废残值 80 元，作为其他材料入库；材料成本差异率 2%。
(4) 本月施工现场管理部门领用分期摊销的管理用具的计划成本 18 000 元，期限为 10 个月；使用到第 9 个月便报废，残值 320 元；材料成本差异 2%。

三、要求

(1) 根据上述经济业务编制记账凭证（或登记会计分录表）。
(2) 根据有关记账凭证登记"低值易耗品"、"材料成本差异"总分类账户及相关明细分类账，并结账。

[习题六] 存货清查结果的核算

一、目的

掌握存货清查核算的基本方法与技能。

二、资料

力量建筑公司通过财产清查,发生下列的清查结果业务:

(1) 发现账外 3mm 平板玻璃 $20m^2$,计划单位成本 12 元;无法查明原因,经过批准后转销。

(2) 光圆钢筋账存数大于实存数 1.3t。经查明,其中:0.3t 为保管人员过失所致;1t 为计量器具不准所致,计划单位成本为 3 500 元/t,材料成本差异率 2%,经过批准后转账。

三、要求

(1) 根据上述经济业务编制记账凭证(或登记会计分录表)。

(2) 根据有关记账凭证登记"待处理财产损益—待处理流动资产"总分类账户及相关明细分类账,并结账。

第五章 对外投资核算

通过本章的学习，了解企业对外投资的意义、投资的分类，掌握投资成本的确认，熟悉短期投资、长期股权投资、长期债权投资的方式，重点掌握以购入方式取得短期投资和长期投资的核算方法以及取得投资收益、计提跌价损失或减值准备的核算方法，熟悉长期债权投资溢折价的摊销方法。

第一节 对外投资概述

一、对外投资的概念

对外投资是指企业为通过分配来增加财富，或为谋求其他利益，而将资产让渡给其他单位所获得的另一项资产。投资对象有权益投资、债权投资，不包括房地产投资、期货投资、固定资产投资、存货投资等。建筑施工企业除了经营本身的主要业务外，还经常将其暂时多余的资金或资产投放于债券或投入其他经济实体，以获得投资收益，或控制被投资企业。

二、对外投资的分类

（一）按投资期限分类

企业按投资期限的长短可以分为短期投资和长期投资，这是对外投资的基本分类。

1. 短期投资

短期投资是指能够随时变现而持有时间不准备超过一年的投资。其投资对象主要是有价证券（债券和股票通常被称为"有价债券"）及不超过一年的其他投资。有价证券的投向主要是购买国库券、国家重点建设债券、重点企业债券、金融债券和公司债券、优先股股票、普通股票以及基金等。

2. 长期投资

长期投资是指短期投资以外的有关投资。即不准备随时变现而持有期超过一年的投资。主要包括持有至到期的金融资产、可供出售的金融资产、长期股权投资、投资性房地产等。

（二）按投资性质分类

企业投资按其投资性质可以分为债权性投资、权益性投资和混合性投资。

1. 债权性投资

债权性投资是指投资企业通过投资获得债权，被投资企业承担债务。从而，投资企业与被投资企业之间形成了一种债权债务关系。债权性投资的主要投资对象是债权性债券，如投资于公司债券、国库券、国家重点建设债券等。

2. 权益性投资

权益性投资是指为获得另一企业的权益或净资产所进行的投资。投资企业通过投资取得对被投资企业相应份额的所有权,从而形成投资企业与被投资企业之间的所有权关系。投资的目的主要是为获得另一家企业的控制权,或实施对另一家企业的重大影响。权益性投资主要是通过购买股票或采取合同、协议的方式进行,包括投资于普通股股票、签定合同或协议投资于合资、联营企业、单位等。

3. 混合性投资

混合性投资是指具有债权性和权益性双重性质的投资。投资形式主要是购买可转换公司债券,购买优先股股票。

(三) 按投资内容分类

按投资内容可以分为实物性资产投资、货币性资产投资和无形资产投资。

1. 实物性资产投资

实物性资产投资是指用材料、固定资产等实物所进行的投资。企业以实物资产投资多为权益性长期投资。投资时,应对实物资产进行合理评估。

2. 货币性资产投资

货币性资产投资是指用货币所进行的投资,如短期投资、长期投资中的债权性投资多是用货币直接购买各种债券。另外直接用货币购买股票和直接向被投资单位投资均属货币性资产投资。

3. 无形资产投资

无形资产投资是指用无形资产的所有权或使用权作价所进行的投资。主要包括用专利权、专有技术、商标权等所进行的投资。由于无形资产不具备实物形态,其价值具有不确定性,投资成本的确认及计量有一定难度。

三、投资核算的主要内容

1. 初始投资成本的确定

遵循历史成本原则,投资的初始成本是指取得投资所付出的全部代价,包括买价和其他相关费用。

2. 投资的期末计价

根据历史成本原则,投资在资产负债表上应按其账面余额反映。

3. 投资收益的确认

遵循权责发生制原则和配比原则,投资收益主要来自于三个方面:一是收到从被投资单位分配来的利息或股利、利润;二是对投资账面价值进行后续调整产生的差额;三是投资收回或转让投资账面价值与取得收入之间的差额。

第二节 短期投资的核算

一、短期投资的条件

1. 短期投资的目的

短期投资是指能够随时变现而持有时间不准备超过一年的投资。企业进行短期投资的目的是利用闲置的资金,获取高于银行存款的利息收入或是为了赚取短期差价收入,并且当生产经营需要时,能够随时兑换成现金,以满足生产经营活动的需要。因此,短期投资的主要对象时证券市场中交易活跃、变现能力强的有价债券,包括股票、国库券、国家重点建设债券、公司债券、投资基金等。

2. 短期投资的条件

从事这种目的投资的资产按《企业会计准则》规定，可称为交易性金融资产，即：企业为了近期内出售而持有的金融资产。因此要满足该投资要求的应具备的条件，首先得有活跃的市场，这样才能易于取得其公允价值；其次，这种投资是以"交易"或赚取差价为目的的，这样的市场应具备以下三个基本特征：一是市场内交易的对象具有同质性；二是通常可以随时找到自愿而非被迫的买方或卖方；三是市场价格信息是公开的。为此，应具备的条件可归纳为：

（1）能够随时变现。短期投资是将施工生产过程中暂时闲置的资金进行的投资，是一种理财的方法。其投资对象通常是具有公开市场交易，可以随时变现。

（2）准备随时变现。企业用于短期投资的资金是暂时闲置的资金，因而企业持有的短期投资也是暂时的，一旦生产经营需要资金或有更好的投资机会，企业必须准备随时变现。

二、短期投资的取得方式及初始成本的确定

1. 购入短期投资

通过购入方式取得的短期投资，按照实际支付的全部价款作为短期投资取得的成本。实际支付的价款中，除短期投资本身价款外，还应包括所支付的相关税金和手续费。如果为取得短期投资而实际支付的价款中包含已经宣告尚未领取的现金股利，或是已经到了付息期尚未领取的债券利息，应作为应收股利、应收利息单独核算，不作为短期投资的成本构成内容。

2. 投入短期投资

建筑施工企业收到投资者投入的短期投资，其初始成本应按投资各方确认的价值确定。

3. 以债务重组方式取得的短期投资

建筑施工企业接受的债务人以非现金资产抵债方式取得的短期投资，或以应收债权换入的短期投资，按应收债权的账面价值加上应支付的相关税费，作为短期投资成本。本教材中所提的账面价值同会计制度的提法是一致的，是指某账户的账面余额减去相关备抵项目后的净额。如应收账款的账面价值就是该账户的账面金额减去相关坏账准备后的差额。如果接受的短期投资中包含已经宣告尚未领取的现金股利，或是已经到了付息期尚未领取的债券利息，则应从短期投资成本中扣除，若涉及补价的，则还应加上支付的补价或减去收到的补价，作为短期投资的成本。

4. 以非货币交易方式换入的短期投资

非货币性交易，指交易双方以非货币性资产进行的交换。非货币性资产包括短期投资、库存材料、固定资产、无形资产等。

建筑施工企业以非货币交易换入方式取得的短期投资，按照换出资产的账面价值，加上支付的相关税费，作为短期投资成本。涉及补价时：如收到补价，应按换出资产的账面价值加上应确认的收益和应支付的相关税费，减去收到的补价之后的余额，作为短期投资的取得成本；如支付补价，按照换出资产的账面价值，加上支付的相关税费和补价后，作为短期投资的取得成本。

三、短期投资损益的确定

短期投资的损益包括短期投资持有期间的损益和处置短期投资时实现损益。《企业会计制度》规定,建筑施工企业进行短期投资所取得的股利、利息以及处置损益应按下列办法处理:

(1) 短期投资取得时实际支付的价款中包含的已宣告但尚未领取的现金股利,或已到付息期但尚未领取的债券利息,属于企业在购买时暂时垫付的资金,是企业在投资时所取得的一项债权,因此,在实际收到时,应冲减已记录的应收股利或应收利息,不能将其确认为投资收益。

(2) 短期投资持有期间所获得的现金股利或债券利息,除取得时已记入应收项目的现金股利或债券利息外,在实际收到时应作为初始投资成本的收回,冲减短期投资账面价值,不确认为投资收益。

(3) 短期投资处置时,投资的账面价值与实际取得收入的差额,确认为当期投资收益。

四、短期投资的核算

(一) 设置会计账户

为了正确地反映企业短期投资的增减变化以及损益情况,建筑施工企业应设置"交易性金融资产"、"投资收益"和"公允价值变动损益"等账户。

1. 设置"交易性金融资产"账户

为了核算企业为交易目的所持有的债券投资、股票投资、基金投资等交易性金融资产的公允价值,需要设置"交易性金融资产"账户,进行核算。

"交易性金融资产"账户的主要核算内容及方法如下。

(1) 企业取得交易性金融资产,按其公允价值,借记本账户(成本),按发生的交易费用,借记"投资收益"账户,按已到付息期但尚未领取的利息或已宣告但尚未发放的现金股利,借记"应收利息"或"应收股利"账户,按实际支付的金额,贷记"银行存款"、"存放中央银行款项"、"结算备付金"等账户。

(2) 交易性金融资产持有期间被投资单位宣告发放的现金股利,或在资产负债表日按分期付息、一次还本债券投资的票面利率计算的利息,借记"应收股利"或"应收利息"账户,贷记"投资收益"账户。

(3) 资产负债表日,交易性金融资产的公允价值高于其账面余额的差额,借记本账户(公允价值变动),贷记"公允价值变动损益"账户;公允价值低于其账面余额的差额做相反的会计分录。

(4) 出售交易性金融资产,应按实际收到的金额,借记"银行存款"、"存放中央银行款项"、"结算备付金"等账户,按该金融资产的账面余额,贷记本账户,按其差额,贷记或借记"投资收益"账户。同时,将原计入该金融资产的公允价值变动转出,借记或贷记"公允价值变动损益"账户,贷记或借记"投资收益"账户。本账户期末借方余额,反映企业持有的交易性金融资产的公允价值。

企业持有的直接指定为以公允价值计量且其变动计入当期损益的金融资产,也在本账户核算。

企业可按交易性金融资产的类别和品种,分别以"成本"、"公允价值变动"等设置明细账,进行明细核算。

2. 设置"公允价值变动损益"损益账户

为了核算企业交易性金融资产、交易性金融负债,以及采用公允价值模式计量的投资性房地产等公允价值变动形成的应计入当期损益的利得或损失,需要设置"公允价值变动损益"账户,进行核算。

"公允价值变动损益"账户核算的主要内容如下。

(1) 资产负债表日,企业应按交易性金融资产的公允价值高于其账面余额的差额,借记"交易性金融资产——公允价值变动"账户,贷记本账户;公允价值低于其账面余额的差额做相反的会计分录。

出售交易性金融资产时,应按实际收到的金额,借记"银行存款"等账户,按该金融资产的账面余额,贷记"交易性金融资产"账户,按其差额,借记或贷记"投资收益"账户。同时,将原计入该金融资产的公允价值变动转出,借记或贷记本账户,贷记或借记"投资收益"账户。

(2) 资产负债表日,交易性金融负债的公允价值高于其账面余额的差额,借记本账户,贷记"交易性金融负债"等账户;公允价值低于其账面余额的差额做相反的会计分录。

处置交易性金融负债,应按该金融负债的账面余额,借记"交易性金融负债"账户,按实际支付的金额,贷记"银行存款"等账户,按其差额,贷记或借记"投资收益"账户。同时,按该金融负债的公允价值变动,贷记或借记本账户,借记或贷记"投资收益"账户。

(3) 采用公允价值模式计量的投资性房地产、衍生工具、套期工具、被套期项目等形成的公允价值变动,按照"投资性房地产"等账户的相关规定进行处理。期末,将本账户余额转入"本年利润"账户,结转后本账户无余额。

指定为以公允价值计量且其变动计入当期损益的金融资产或金融负债公允价值变动形成的应计入当期损益的利得或损失,也在本账户核算。

企业可按交易性金融资产、交易性金融负债、投资性房地产等设置明细账,进行明细核算。

3. 设置"投资收益"账户

为了核算企业确认的投资收益或投资损失,需要设置"投资收益"账户,进行核算。

"投资收益"账户核算内容:该账户贷方记入:①长期股权投资采用成本法核算的,企业应按被投资单位宣告发放的现金股利或利润中属于本企业的部分;②长期股权投资采用权益法核算的,应按根据被投资单位实现的净利润或经调整的净利润计算应享有的份额。

另外,处置长期股权投资时,应按实际收到的金额,借记"银行存款"等科目,按其账面余额,贷记"长期股权投资"账户,按尚未领取的现金股利或利润,贷记"应收股利"账户,按其差额,贷记或借记本账户。已计提减值准备的,还应同时结转减值准备。

处置采用权益法核算的长期股权投资,除了上述规定外,还应结转原记入资本公积的相关金额,借记或贷记"资本公积——其他资本公积"账户,贷记或借记本账户。

企业持有交易性金融资产、持有至到期投资、可供出售金融资产期间取得的投资收益以及处置交易性金融资产、交易性金融负债、指定为以公允价值计量且其变动计入当期损益的金融资产或金融负债、持有至到期投资、可供出售金融资产实现的损益，比照"交易性金融资产"、"持有至到期投资"、"可供出售金融资产"、"交易性金融负债"等科目的相关规定进行处理。

期末，应将本账户余额转入"本年利润"账户，本账户结转后应无余额。

企业可按投资项目设置明细账，进行明细核算。

（二）举例说明核算方法

1. 企业购入各种股票、债券、基金等交易性金融资产的投资的核算

【例5-1】 某建筑施工企业2006年4月1日从证券交易所购入A公司普通股票10 000股作为短期投资，每股买价15元，另支付相关交易费4 500元，款项均以银行存款支付。

会计处理为：

借：交易性金融资产——股票投资成本　　　　　　150 000
　　投资收益——股票投资　　　　　　　　　　　　4 500
　　贷：银行存款　　　　　　　　　　　　　　　　　154 500

【例5-2】 某施工企业2006年4月20日购入B公司普通股15 000股作为短期投资，以银行存款支付投资款160 000元、相关交易费5 000元，另B公司已宣告发放尚未支付的每股股利0.56元。会计处理为：

借：交易性金融资产——股票投资成本　　　　　　160 000
　　应收股利——B公司　　　　　　　　　　　　　　8 400
　　投资收益—股票投资　　　　　　　　　　　　　5 000
　　贷：银行存款　　　　　　　　　　　　　　　　　173 400

【例5-3】 某建筑施工企业于8月1日收到4月20日购入股票，应由B公司发放的股利8 400元，已存入银行。会计处理为：

借：银行存款　　　　　　　　　　　　　　　　　　8 400
　　贷：应收股利——B公司　　　　　　　　　　　　8 400

【例5-4】 某建筑施工企业取得短期股票投资、债券投资，在付息日收到被投资单位支付的股息12 000元、债券利息3 000元，已存入银行。会计处理为：

借：银行存款　　　　　　　　　　　　　　　　　　15 000
　　贷：投资收益——股票投资　　　　　　　　　　　12 000
　　　　投资收益——债券投资　　　　　　　　　　　3 000

【例5-5】 某建筑施工企业2007年10月1日转让M公司股票12 000股，每股转让价为16元，共计192 000元。该短期投资账面金额为184 000元，原公允价值变动损益4 000元。会计处理为：

（1）借：银行存款　　　　　　　　　　　　　　　　192 000
　　　　贷：交易性金融资产——股票投资成本　　　　184 000
　　　　　　投资收益——股票投资收益　　　　　　　8 000

（2）结转公允价值

借：公允价值变动损益　　　　　　　　　　　　　　4 000
　　贷：投资收益　　　　　　　　　　　　　　　　　4 000

2. 接受抵债取得的短期投资的核算

【例 5-6】 某建筑施工企业有一项 C 公司的应收账款，账面余额为 100 000 元。因对方资金紧张难以及时偿付，经双方协商，同意对方以持有的乙公司股票 10 000 股抵债，该股票目前每股市价为 11.5 元，本企业同意支付对方 10 000 元作为补价，办理过户及相关交易费 1 200 元。会计处理为：

借：交易性金融资产——股票投资成本　　　　　110 000
　　投资收益　　　　　　　　　　　　　　　　1200
　　贷：应收账款——C 公司　　　　　　　　　　100 000
　　　　银行存款　　　　　　　　　　　　　　　11 200

3. 短期投资换入短期投资的非货币性交易的核算

【例 5-7】 建筑施工企业以持有的对康化公司的短期债券换入甲公司持有的方正公司股票 10 000 股，企业对换入的方正公司股票作为短期投资。企业持有的康化公司债券的账面余额为 96 500 元，其公允价值为 95 000 元；甲公司持有的方正公司股票的公允价值为 95 000 元。假设企业在交换过程中未发生其他相关交易费。有关的会计处理为：

借：交易性金融资产——股票投资成本　　　　　95 000
　　应收股利——方正公司　　　　　　　　　　5 000
　　投资收益——股票投资收益　　　　　　　　1 500
　　贷：交易性金融资产——债券投资成本　　　　96 500

4. 公允价值变动损益核算

【例 5-8】 达胜建筑公司 2007 年末交易性金融资产期末账面余额 510 000 元，期末市场价值为 495 000 元。期末公允价值变动损益＝510 000－495 000＝15 000 元。会计处理为：

借：公允价值变动损益　　　　　　　　　　　　15 000
　　贷：交易性金融资产——公允价值变动　　　　15 000

【例 5-9】 百杰建筑公司 2007 年末，交易性金融资产按公允价值 500 000 元，账面余额 455 000 元。

计算：期末公允价值变动损益＝500 000－455 000＝45 000 元

借：交易性金融资产——公允价值变动　　　　　45 000
　　贷：公允价值变动损益　　　　　　　　　　　45 000

第三节　长期投资的核算

一、长期投资的特点

1. 长期投资概念

长期投资是指不准备随时变现而持有期超过一年（不含一年）的投资。主要包括持有至到期投资、可供出售金融资产、长期股权投资、投资性房地产等。

长期投资是企业资产的一个组成部分，所有权或控制权虽仍属于企业，与短期投资都属于对外投资范畴。但这部分资产已经脱离了企业自身生产经营的正常周转，而由被投资企业进行运营，在投资限期、投资方式、投资目的方面都与短期投资不同。

2. 长期投资特点

(1) 长期持有。至少在一年以上，占有资金较多，风险较大。

(2) 不能随时变现或不准备随时变现。

(3) 获取一定的经济利益，并需要承担相应的风险。

二、持有至到期投资的核算

(一) 持有至到期投资的特征

持有至到期投资，是指到期日固定、回收金额固定或可确定，且企业有明确意图和能力持有至到期的非衍生金融资产。下列非衍生金融资产不应当划分为持有至到期投资：

(1) 初始确认时被指定为以公允价值计量且其变动计入当期损益的非衍生金融资产；

(2) 初始确认时被指定为可供出售的非衍生金融资产；

(3) 贷款和应收款项。

企业应当在资产负债表日对持有意图和能力进行评价。发生变化的，应当按照企业会计准则有关规定处理。

根据以上规定可以看出，持有至到期投资具有以下特征：

(1) 持有至到期投资是非权益性的投资。

(2) 在初次确认时即明确确定一直持有该投资到期才收回，除非有企业不可控制的原因使得企业无法再对该项投资持有至到期，此时应将其重新分类为可供出售金融资产。

(3) 该投资到期时收回的金额固定或可确定。

根据持有至到期投资的特征可知，旧准则中的长期债权投资如持有至债权到期的应确认为持有至到期投资。

此外，对于到期时间短于1年的投资，如果满足持有至到期投资的其他条件，也应该确认为持有至到期投资。因此，旧准则中的短期投资如果在初次确认时即确定持有至到期，也应确认为持有至到期投资。

(二) 持有至到期投资的核算

1. 设置账户

(1) 设置"持有至到期投资"账户。为了核算建筑施工企业持有至到期投资的摊余成本，需要设置"持有至到期投资"账户，进行核算。

"持有至到期投资"账户核算的主要内容：

①企业取得的持有至到期投资，应按该投资的面值，借记本账户（成本），按支付的价款中包含的已到付息期但尚未领取的利息，借记"应收利息"账户，按实际支付的金额，贷记"银行存款"等账户，按其差额，借记或贷记本账户（利息调整）。

②资产负债表日，持有至到期投资为分期付息、一次还本债券投资的，应按票面利率计算确定应收未收利息，借记"应收利息"账户，按持有至到期投资摊余成本和实际利率计算确定的利息收入，贷记"投资收益"账户，按其差额，借记或贷记本账户（利息调整）。

持有至到期投资为一次还本付息债券投资的，应于资产负债表日按票面利率计算确定的应收未收利息，借记本账户（应计利息），按持有至到期投资摊余成本和实际利率计算确定的利息收入，贷记"投资收益"账户，按其差额，借记或贷记本账户（利息调整）。

持有至到期投资发生减值后利息的处理，比照"贷款"账户相关规定。

③将持有至到期投资重分类为可供出售金融资产的，应在重分类日按其公允价值，借记"可供出售金融资产"账户，按其账面余额，贷记本账户（成本、利息调整、应计利息），按其差额，贷记或借记"资本公积——其他资本公积"账户。已计提减值准备的，还应同时结转减值准备。

④出售持有至到期投资，应按实际收到的金额，借记"银行存款"等账户，按其账面余额，贷记本账户（成本、利息调整、应计利息），按其差额，贷记或借记"投资收益"账户。已计提减值准备的，还应同时结转减值准备。

本账户期末借方余额，反映企业持有至到期投资的摊余成本。

企业可按持有至到期投资的类别和品种，分别按"成本"、"利息调整"、"应计利息"等设置明细账，进行明细核算。

（2）设置"持有至到期投资减值准备"账户。为了核算企业持有至到期投资的减值准备，需要设置"持有至到期投资减值准备"账户，进行核算。该账户贷方记入资产负债表日持有至到期投资发生的减值；借方记入已计提减值准备的持有至到期投资价值以后又得以恢复，应在原已计提的减值准备金额内恢复增加的金额；本账户期末贷方余额，反映企业已计提但尚未转销的持有至到期投资减值准备。

企业可按持有至到期投资类别和品种设置明细账，进行明细核算。

2. 举例说明核算方法

【例 5-10】 企业于 2005 年 1 月 1 日购入 B 公司当日发行的三年期债券，票面利率为 12%，债券面值为 1 000 元，企业按 1 100 元价格购入 100 张，另支付相关税费 400 元。该债券每年 12 月 31 日付息一次，最后一年还本并付最后一次利息。相关市场利率 10%。有关账面处理为：

(1) 2005 年 1 月 1 日购入长期债券时：

借：持有至到期投资——债券投资成本　　　　　100 000
　　持有至到期投资——利息调整　　　　　　　 10 400
　　贷：银行存款　　　　　　　　　　　　　　 110 400

(2) 2005 年 12 月 31 日年末计算应收利息：

①应收利息＝票面面值×票面利率＝100 000×12%＝12 000 元

利息收入＝(100 000＋10 400)×10%＝11 040 元

借：应收利息——B 公司　　　　　　　　　　　 12 000
　　贷：持有至到期投资—利息调整　　　　　　　　 960
　　　　投资收益——债券投资收益　　　　　　　11 040

②收到利息时：

借：银行存款　　　　　　　　　　　　　　　　 12 000
　　贷：应收利息——B 公司　　　　　　　　　　 12 000

(3) 2006 年 12 月 31 日年末计算应收利息：

①应收利息＝票面面值×票面利率＝100 000×12%＝12 000 元

利息收入＝(100 000＋10 400－960)×10%＝10 944 元

借：应收利息——B 公司　　　　　　　　　　　 12 000
　　贷：持有至到期投资—利息调整　　　　　　　 1 056

　　　　投资收益——债券投资收益　　　　　　　　　　10 944

②收到利息时：
借：银行存款　　　　　　　　　　　　　　　　　　12 000
　　贷：应收利息——B公司　　　　　　　　　　　　　12 000

③2006年12月31日期末发生减值1 000元。
借：资产减值损失　　　　　　　　　　　　　　　　 1 000
　　贷：持有至到期投资减值准备　　　　　　　　　　 1 000

（4）2007年12月31日到期收回本金和最后一期的债券利息为100 000+12 000=112 000元，结转其已计提减值准备1 000元，则：
借：银行存款　　　　　　　　　　　　　　　　　　112 000
　　持有至到期投资减值准备　　　　　　　　　　　　 1 000
　　贷：持有至到期投资——利息调整　　　　　　　　　8 384
　　　　持有至到期投资——债券投资成本　　　　　　100 000
　　　　投资收益——债券投资收益　　　　　　　　　　4 616

三、可供出售金融资产的核算

（一）可供出售金融资产特征

准则规定：可供出售金融资产，是指初始确认时即被指定为可供出售的非衍生金融资产，以及除下列各类资产以外的金融资产：

（1）贷款和应收款项。
（2）持有至到期投资。
（3）以公允价值计量且其变动计入当期损益的金融资产，即交易性金融资产。

在企业会计准则指南中指出：可供出售金融资产通常是指企业没有划分为以公允价值计量且其变动计入当期损益的金融资产、持有至到期投资、贷款和应收款项的金融资产。例如，企业购入的在活跃市场上有报价的股票、债券和基金等，没有划分为以公允价值计量且其变动计入当期损益的金融资产或持有至到期投资等金融资产的，可归为此类。

从上述规定可以看出，与前面三类金融资产相比，可供出售金融资产具有以下特征：

（1）该资产有活跃市场，公允价值易于取得。
（2）该资产持有限期不定，即企业在初次确认时并不能确定是否在短期内出售以获利，还是长期持有以获利。也就是其持有意图界于交易性金融资产与持有至到期投资之间。
（3）由于可供出售金融资产可能是短期持有，也可能是长期持有，为了保持计量的一致性，因此与交易性金融资产将公允价值变动计入当期损益不同，其公允价值变动计入"资本公积—其他资本公积"。

（二）可供出售金融资产的核算

1. 设置"可供出售金融资产"账户

为了核算企业持有的可供出售金融资产的公允价值，包括划分为可供出售的股票投资、债券投资等金融资产，需要设置"可供出售金融资产"账户，进行核算。

"可供出售金融资产"账户核算的主要内容如下。

①企业取得可供出售的金融资产，应按其公允价值与交易费用之和，借记本账户（成

本），按支付的价款中包含的已宣告但尚未发放的现金股利，借记"应收股利"账户，按实际支付的金额，贷记"银行存款"等账户。

企业取得的可供出售金融资产为债券投资的，应按债券的面值，借记本账户（成本），按支付的价款中包含的已到付息期但尚未领取的利息，借记"应收利息"账户，按实际支付的金额，贷记"银行存款"等科目，按差额，借记或贷记本账户（利息调整）。

②资产负债表日，可供出售债券为分期付息、一次还本债券投资的，应按票面利率计算确定的应收未收利息，借记"应收利息"账户，按可供出售债券的摊余成本和实际利率计算确定的利息收入，贷记"投资收益"账户，按其差额，借记或贷记本账户（利息调整）。

可供出售债券为一次还本付息债券投资的，应于资产负债表日按票面利率计算确定的应收未收利息，借记本账户（应计利息），按可供出售债券的摊余成本和实际利率计算确定的利息收入，贷记"投资收益"账户，按其差额，借记或贷记本账户（利息调整）。

可供出售债券投资发生减值后利息的处理，比照"贷款"账户相关规定。

③资产负债表日，可供出售金融资产的公允价值高于其账面余额的差额，借记本账户（公允价值变动），贷记"资本公积——其他资本公积"账户；公允价值低于其账面余额的差额做相反的会计分录。

确定可供出售金融资产发生减值的，按应减记的金额，借记"资产减值损失"账户，按应从所有者权益中转出原计入资本公积的累计损失金额，贷记"资本公积——其他资本公积"账户，按其差额，贷记本账户（公允价值变动）。

对于已确认减值损失的可供出售金融资产，在随后会计期间内公允价值已上升且客观上与确认原减值损失事项有关的，应按原确认的减值损失，借记本账户（公允价值变动），贷记"资产减值损失"账户；但可供出售金融资产为股票等权益工具投资的（不含在活跃市场上没有报价、公允价值不能可靠计量的权益工具投资），借记本账户（公允价值变动），贷记"资本公积—其他资本公积"账户。

④将持有至到期投资重分类为可供出售金融资产的，应在重分类日按其公允价值，借记本账户，按其账面余额，贷记"持有至到期投资"账户，按其差额，贷记或借记"资本公积—其他资本公积"账户。已计提减值准备的，还应同时结转减值准备。

⑤出售可供出售的金融资产，应按实际收到的金额，借记"银行存款"等账户，按其账面余额，贷记本账户（成本、公允价值变动、利息调整、应计利息），按应从所有者权益中转出的公允价值累计变动额，借记或贷记"资本公积—其他资本公积"账户，按其差额，贷记或借记"投资收益"账户。

本账户期末借方余额，反映企业可供出售金融资产的公允价值。

企业按可供出售金融资产的类别和品种，分别以"成本"、"利息调整"、"应计利息"、"公允价值变动"等设置明细账，进行明细核算。

2. 举例说明核算方法

【例5-11】 某施工企业2006年5月15日购入W公司普通股10 000股将之列入可供出售金融资产，以银行存款支付投资款150 000元、相关交易费4 000元，另W公司已宣告发放尚未支付的每股股利0.80元。会计处理为：

借：可供出售金融资产——股票投资—成本　　　　154 000

应收股利——W公司		8 000
贷：银行存款		162 000

【例 5-12】 A公司于2007年1月1日从证券市场上购入B公司于2006年1月1日发行的债券作为可供出售金融资产，该债券5年期、票面年利率为5％、每年1月5日支付上年度的利息，到期日为2011年1月1日，到期日一次归还本金和最后一次利息。购入债券时的实际利率为4％。A公司购入债券的面值为1 000万元，实际支付价款为1 076.30万元，另支付相关费用10万元。假定按年计提利息。2007年12月31日，该债券的公允价值为1 020万元。2008年12月31日，该债券的预计未来现金流量现值为1 000万元并将继续下降。2009年1月20日，A公司将该债券全部出售，收到款项995万元存入银行。

要求：编制A公司从2007年1月1日至2009年1月20日上述有关业务的会计分录。

(1) 2007年1月1日取得时：

借：可供出售金融资产—成本	10 000 000
应收利息—公司	500 000
可供出售金融资产—利息调整	363 000
贷：银行存款	10 863 000

(2) 2007年1月5日收取利息时：

借：银行存款	500 000
贷：应收利息—B公司	500 000

(3) 2007年12月31日，期末计算利息日时：

①应确认的投资收益＝(1 000＋36.30)×4％＝41.45万元，"可供出售金融资产—利息调整"＝1 000×5％－41.45＝8.55万元。

借：应收利息—B公司	500 000
贷：投资收益	414 500
可供出售金融资产—利息调整	85 500

②可供出售金融资产账面价值＝1 000＋36.30－8.55＝1 027.75万元，公允价值为1 020万元，应确认公允价值变动损失＝1 027.75－1 020＝7.75万元。

借：资本公积—其他资本公积	77 500
贷：可供出售金融资产—公允价值变动	77 500

(4) 2008年1月5日收回利息时：

借：银行存款	500 000
贷：应收利息—B公司	500 000

(5) 2008年12月31日，期末计息日：

①应确认的投资收益＝(1 000＋36.30－8.55)×4％＝41.11万元，"可供出售金融资产—利息调整"＝1 000×5％－41.11＝8.89万元。

借：应收利息—B公司	500 000
贷：投资收益	411 100
可供出售金融资产—利息调整	88 900

②可供出售金融资产账面价值＝1 020－8.89＝1 011.11万元，公允价值为1 000万

元，应确认公允价值变动=1 011.11－1 000=11.11万元。

```
借：资产减值损失                          188 600
    贷：可供出售金融资产—公允价值变动        111 100
        资本公积—其他资本公积              77 500
```

(6) 2009年1月5日收回利息时：

```
借：银行存款                              500 000
    贷：应收利息—B公司                     500 0000
```

(7) 2009年1月20日出售时：

```
借：银行存款                              9 950 000
    可供出售金融资产—公允价值变动           188 600
    投资收益                               50 000
    贷：可供出售金融资产—成本              10 000 000
        可供出售金融资产—利息调整            188 600
```

四、长期股权投资

长期股权投资是指通过投资取得被投资单位的股权，投资企业成为被投资单位的股东，按所持比例享有权益并承担责任。长期股权投资按投资形式不同，分为长期股票投资和其他长期股权投资。

（一）长期股权投资取得方式及初始成本的确定

长期股权投资的初始成本，按照长期股权投资的不同取得方式加以确定。

1. 以支付现金取得的长期股权投资

企业以现金购入的长期股权投资，应按照实际支付的全部价款（包括支付的税金、手续费等相关费用）作为初始投资成本。如果实际支付价款中包含已宣告但尚未领取的现金股利，作为应收股利单独核算，不作为长期股权投资初始成本。

2. 以债务重组方式取得的长期股权投资

企业接受抵债取得的长期股权投资，应按应收债权的账面价值（账面余额减去已计提的坏账准备）加上应支付的相关税费，作为初始投资成本。如果涉及补价：收到对方支付的补价，则应按照应收债权的账面价值减去补价，加上应支付的相关税费，作为换入长期股权投资的初始成本；支付补价的，按应收债权的账面价值加上支付的补价和应支付的相关税费，作为初始投资成本。

3. 以非货币性交易方式换入的长期股权投资

以非货币性交易换入的长期股权投资，其初始投资成本是按照《企业会计准则第12号-非货币性资产交换》确定。

4. 以发行权益性证券取得的长期股权投资

以发行权益性证券取得的长期股权投资，应当按照发行权益性证券的公允价值作为初始投资成本。

5. 投资者投入的长期股权投资

投资者投入的长期股权投资，应当按照投资合同或协议约定的价值作为初始投资成本，但合同或协议约定价值不公允的除外。

（二）长期股权投资核算的账户设置

1. 设置"长期股权投资"账户

为了核算企业持有的采用成本法和权益法核算的长期股权投资，正确地反映企业长期股权投资的增减变化及获利情况，建筑施工企业应设置"长期股权投资"、"投资收益"等账户，进行核算。

"长期股权投资"账户核算内容如下：

第一，借方记入初始取得长期股权投资的初始投资成本、采用权益法核算的长期股权投资的初始投资成本小于投资时应享有被投资单位可辨认净资产公允价值份额的差额以及根据被投资单位实现的净利润或经调整的净利润计算应享有的份额；贷方记入采用成本法核算下属于被投资单位在取得本企业投资前实现净利润的分配额、采用权益法核算的长期股权投资被投资单位以后宣告发放现金股利或利润时，企业计算应分得的部分。

第二，在持股比例不变的情况下，被投资单位除净损益以外所有者权益的其他变动，企业按持股比例计算应享有的份额，借记或贷记"长期股权投资"账户（其他权益变动），贷记或借记"资本公积——其他资本公积"账户。

第三，长期股权投资核算方法的转换。将长期股权投资自成本法转按权益法核算的，应按转换时该项长期股权投资的账面价值作为权益法核算的初始投资成本，初始投资成本小于转换时占被投资单位可辨认净资产公允价值份额的差额，借记本科目（成本），贷记"营业外收入"科目。

长期股权投资自权益法转按成本法核算的，除构成企业合并的以外，应按中止采用权益法时长期股权投资的账面价值作为成本法核算的初始投资成本。

第四，处置长期股权投资。处置长期股权投资时，应按实际收到的金额，借记"银行存款"等账户，按其账面余额，贷记"长期股权投资"账户，按尚未领取的现金股利或利润，贷记"应收股利"账户，按其差额，贷记或借记"投资收益"账户。已计提减值准备的，还应同时结转减值准备。

采用权益法核算长期股权投资的处置，除上述规定外，还应结转原记入资本公积的相关金额，借记或贷记"资本公积——其他资本公积"账户，贷记或借记"投资收益"账户。

长期股权投资账户期末借方余额，反映企业长期股权投资的价值。

企业可按被投资单位进行设置明细账，进行明细核算。在长期股权投资采用权益法核算时，还应当分别以"成本"、"损益调整"、"其他权益变动"进行明细核算。

2. 设置"长期股权投资减值准备"

为了核算企业长期股权投资的减值准备，需要设置"长期股权投资减值准备"账户，进行核算。该账户贷方记入资产负债表日，长期股权投资发生减值的金额；贷方记入处置长期股权投资时，结转的已计提的长期股权投资减值准备。本账户期末贷方余额，反映企业已计提但尚未转销的长期股权投资减值准备。

企业可按被投资单位进行明细核算。

（三）长期股权投资的核算方法

企业的长期股权投资，应当根据具体情况不同，分别采用成本法或权益法进行核算。

（1）根据《企业会计准则第2号-长期股权投资》的规定，下列长期股权投资应当采用成本法核算：

①投资企业能够对被投资单位实施控制的长期股权投资。

控制，是指有权决定一个企业的财务和经营政策，并能据以从该企业的经营活动中获取利益。投资企业能够对被投资单位实施控制的，被投资单位为其子公司，投资企业应当将子公司纳入合并财务报表的合并范围。

投资企业对子公司的长期股权投资，应当采用本准则规定的成本法核算，编制合并财务报表时按照权益法进行调整。

②投资企业对被投资单位的不具有共同控制权或重大影响，并且在活跃市场中没有报价、公允价值不能可靠计量的长期股权投资。

共同控制，是指按照合同约定对某项经济活动所共有的控制，仅在与该项经济活动相关的重要财务和经营决策需要分享控制权的投资方一致同意时存在。投资企业与其他方对被投资单位实施共同控制的，被投资单位为其合营企业。

重大影响，是指对一个企业的财务和经营政策有参与决策的权力，但并不能够控制或者与其他方一起共同控制这些政策的制定。投资企业能够对被投资单位施加重大影响的，被投资单位为其联营企业。

（2）投资企业对被投资单位具有共同控制或重大影响的长期股权投资，应当采用权益法核算。

（四）长期股权投资核算的成本法

长期股权投资按成本法计价，是指长期股权投资在持有期间应按初始投资成本反映长期股权投资价值的方法。成本法核算的一般要求为：

（1）取得长期股权投资时，按初始投资成本入账；除追加或收回投资外，一般不对长期股权投资持有期间的账面价值进行调整。

（2）股权持有期内应于被投资单位宣告发放现金股利或利润时，确认投资收益。企业确认投资收益，仅限于所获得被投资单位在接受投资后产生的累积净利润的分配额，所获得的被投资单位宣告分派的现金股利或利润超过上述数额的部分，作为初始投资成本的收回，冲减投资的账面价值。

现举例说明成本法的核算方法如下：

【例5-13】 A公司2004年2月1日购买乙公司5％股份，并准备长期持有，实际成本721 000元已通过银行存款转账支付。有关会计处理为：

借：长期股权投资——股票投资—乙公司　　721 000
　　贷：银行存款　　　　　　　　　　　　　　　721 000

【例5-14】 乙公司2004年4月8日宣布将2003年度实现400 000元的净利润60％分派现金股利。

根据乙公司宣告分派现金股利，计算企业应收取的股利为：400 000×60％×10％＝24 000元。有关会计处理为：

借：应收股利——乙公司　　　　　　　　　24 000
　　贷：长期股权投资——股票投资—乙公司　　24 000

收到乙公司股利时：

借：银行存款　　　　　　　　　　　　　　24 000
　　贷：应收股利——乙公司　　　　　　　　　24 000

【例 5-15】 乙公司从 2005 年、2006 年两个年度以来一直发生亏损,到 2007 年第三年末累计净利润 10 万元(每股盈利 0.2 元),但为了增强股东信心,仍宣告发放 5 万元的现金股利(每股股利为 1 元)。A 公司持有股份为 50 000 股。

企业实际应收股利金额为:50 000×1=50 000 元

其中:企业应享有的投资收益为:50 000×0.2=10 000 元

应冲减初始投资成本的金额为:500 000×(1-0.2)=40 000 元

企业根据乙公司宣告分派现金股利时会计处理为:

借:应收股利——乙公司	50 000
贷:投资收益——股票投资收益	10 000
长期股权投资——股票投资—乙公司	40 000

(五)长期股权投资核算的权益法

长期股权投资权益法计价,是指投资最初以成本计价,以后根据投资企业享有被投资单位所有者权益份额的变动对投资的账面价值进行调整的方法。

采用权益法计价,需要进行股权投资差额的核算。即初始投资成本与应享有被投资单位所有者权益份额差额的处理;包括投资企业在投资后被投资单位实现净利润或发生净亏损的处理;被投资单位除净损益以外的及其他所有者权益变动的处理等。

权益法通常对长期股权投资而言。如果长期股权投资初始投资成本与其在被投资单位所有者权益中所占的份额有差额,应当调整初始投资成本。企业在取得股权投资后,按应享有或分担的被投资单位当年实现的净利润或发生的净亏损的份额,调整投资的账面价值,并作为当期投资收益。被投资单位因增资扩股而增加的所有者权益,或因接受捐赠增加的资本公积,企业应按持股比例计算应享有的份额,调整长期股权投资的账面价值,并增加资本公积。被投资企业宣告分派现金股利或利润,企业应按持股比例计算应享有的份额,调减长期股权投资的账面价值。企业处置长期股权投资时,应按实际取得的价款与长期股权投资的账面余额及已计提的长期投资减值准备的差额,作为投资收益。

同时,股权投资差额的摊销期限确定。合同规定投资期限的,按投资期限摊销;合同没有规定投资期限的,初始投资成本超过享有被投资单位所有者权益份额的差额,按不超过 10 年(含 10 年)的期限摊销。

1. 取得长期股权投资的核算

【例 5-16】 企业 2005 年 1 月 1 日购入乙公司发行的股票 20 000 股,占乙公司发行股票 50 000 股的 40%,具有共同控制的作用。以银行存款支付买价及相关税费 500 000 元。会计处理为:

借:长期股权投资——乙公司股票投资—成本	500 000
贷:银行存款	500 000

【例 5-17】 企业以 4 000 000 元购入丙公司 60%的股份,购买日该公司普通股股东享有权益总额为 8 000 000 元。则投资初始成本 4 000 000 比应享有的所有者权益份额 8 000 000×60%=4 800 000 元低 800 000 元,会计处理为:

(1)购入股票时:

借:长期股权投资——丙公司股票投资—成本	4 800 000
贷:银行存款	4 000 000

    长期股权投资——丙公司股票投资—损益调整 800 000

 （2）设股权投资差额按10年摊销，每年应摊销80 000元。摊销时：
  借：长期股权投资——丙公司股票投资—损益调整 80 000
    贷：投资收益——股票投资收益 80 000

 2. 被投资单位实现净收益的核算

  企业在取得股权投资后，按应享有或应分担的被投资单位当年实现的净利润或发生的净亏损的份额，调整投资的账面价值，并作为当期投资收益。

 【例5-18】 企业取得A公司有表决权的60%股份一年后，A公司实现净利润42万元，经股东大会决定，向投资者分派现金股利20万元。有关会计处理为：

 （1）根据被投资单位实现的净利润，按投资份额进行调整投资的账面价值：
  借：长期股权投资——A公司股票投资—损溢调整 252 000
    贷：投资收益——股票投资收益 252 000
 （2）按被投资单位宣告分派的现金股利：
  借：应收股利——A公司 120 000
    贷：长期股权投资——A公司股票投资—损溢调整 120 000

 3. 被投资单位除净损益外的其他所有者权益变动的核算

  被投资单位所有者权益的变化除净损益的影响外，还包括增资扩股、接受捐赠等影响所有者权益数额。

 【例5-19】 B公司接受其他单位捐赠设备一台，价款为20 000元，企业按持股比例60%计算享有的份额为12 000元。有关会计处理为：
  借：长期股权投资——B公司股票投资——其他权益变动 12 000
    贷：资本公积——其他资本公积 12 000

 4. 企业处置长期股权投资的核算

  企业处置长期股权投资时，按实际取得的价款，借记"银行存款"等账户，按已计提的减值准备，借记"长期投资减值准备"账户，按股权投资的账面余额，贷记"长期股权投资——股票投资"或"长期股权投资——其他股权投资"账户，按尚未领取的现金股利或利润，贷记"应收股利"账户，按其差额，贷记或借记"投资收益"账户。

 【例5-20】 企业将持有作为长期投资的S公司的普通股10 000股转让，股权投资账面金额为125 000元，已计提长期投资减值准备1 000元，转让收入为126 000元。会计处理为：
  借：银行存款 126 000
    长期股权投资减值准备 1 000
    贷：长期股权投资——股票投资（S公司） 125 000
      投资收益——股票投资收益 2 000

五、长期股权投资减值准备的核算

（一）计提减值准备的条件及判断标准

  长期股权投资减值，是指长期股权投资未来可收回的金额低于账面价值所发生的损失。可收回的金额是指企业所持有的长期投资再预计未来可以得到的现金。预计可收回的现金可以按市价确定，也可以根据被投资单位的财务状况、现金流量等情况，对未来可能收回的投资金额进行估计确定。根据投资准则要求,企业应对长期股权投资的账面价值定期地逐项进行检查。如果市价持续下跌或被投资单位经营状况变化等原因导致其可以收回的金额低于投资的账面价值,应将可收回金额低于长期投资账面价值的差额,计提长期股权投资减值准备,确认为当期投资损失。

如何判定、确认长期投资账面价值的下跌,以及是否计提减值准备和计提多少减值准备是一个难以量化且争议较多的问题。通常的做法是企业根据客观情况和某些迹象进行判断。

1. 有市价的长期投资

对于有市价的长期投资是否计提减值准备以及计提标准,可以根据下列迹象判断:

(1) 市价持续两年低于账面价值。这种情况表明投资企业出售该项投资时,所收到的现金会低于账面价值,可能出现投资亏损,因此,企业应按期末市价低于账面价值的差额计提减值准备。

(2) 该项投资暂停交易1年。这种情况表明被投资企业已连续三年发生亏损,使投资企业能否按账面价值收回投资产生怀疑,企业应根据被投资企业的财务状况,合理确定应计提的减值准备。

(3) 被投资企业当年发生严重亏损。如果当年的巨额亏损使被投资企业的所有者权益出现负数,在近期内很难用实现的利润弥补,而且按市价计算的可收回投资额低于账面价值,投资企业应按低于市价的差额,计提减值准备。

(4) 被投资企业连续两年发生亏损。在债券市场上连续两年发生亏损的企业,其股票或债券的市价通常会下跌,投资企业应按市价确定未来可收回的金额,并计提减值准备。

(5) 被投资企业出现不能持续经营状况。如被投资企业进行清理整顿、清算等,表明其持续经营能力受到怀疑,投资企业应按可收回金额低于账面价值的差额计提减值准备。

应当说明的是,上述判断标准只是就一般情况而言,有时候可能出现这样一种情况:虽然存在上述减值的迹象,但债券的市场价值并未降低,甚至还高于账面价值,此时,应根据"实质重于形式"的原则,按被投资企业实际财务状况而不是市价,估计未来可以收回的金额,并计提投资减值准备。

2. 没有市价的长期投资

对于没有市价的长期投资,可以根据下列迹象判断是否应当计提减值准备。

(1) 影响被投资企业经营的政治或法律环境发生变化,如有关的环境保护、税收、贸易等法规的颁布或修订,从而导致某些被投资企业发生亏损。

(2) 被投资企业所提供的商品或劳务,因产品过时或消费者偏好改变而使市场需求发生变化,从而导致被投资企业财务状况恶化。

(3) 被投资企业所在行业的生产技术或竞争者数量发生变化,使企业之间的竞争加剧,导致产品积压,出现严重亏损。

(4) 被投资企业陷入财务困境,如产品滞销、应收账款回收不利、现金流量严重不足、资金周转困难或陷入法律诉讼案件等,使被投资企业的持续经营能力受到怀疑。

当出现上述情况时,投资企业应根据被投资企业的实际财务状况,估计未来可收回的投资金额,将可收回金额低于投资账面价值的差额,计提减值准备。

3. 按全额计提投资减值准备的情况

根据《企业会计准则》的谨慎性原则，当发生下列情况之一时，投资企业应按全额计提投资减值准备。

（1）该项投资已停止交易，并且预计今后也不可能再交易。这种情况表明被投资企业已被清理出债券市场，其股票或债券的价值必然会一落千丈。

（2）被投资企业已资不抵债，并且预计今后也没有盈利的希望，这种情况表明被投资企业可能正在等待起诉注销。

（3）被投资企业已经清理整顿、清算或出现其他不能持续经营的迹象。

（4）影响被投资企业经营的政治或法律环境发生变化，如有关的环境保护、税收、贸易等法规的颁布或修订，导致被投资企业出现巨额亏损，并且在短期内难以恢复。

（5）由于被投资企业所在行业的生产技术或竞争数量发生变化，被投资企业已失去竞争能力，从而导致其财务和现金流量严重恶化，并且在短期内难以改变。

（6）其他有充分证据表明该项投资实质上已经不能给企业带来经济利益的情况。

（二）长期股权投资减值准备的核算

企业为核算提取的长期投资减值准备，应设置"长期股权投资减值准备"账户和通过"资产减值损失——计提的长期投资减值准备"账户。

"长期股权投资减值准备"账户是长期投资的备抵账户，该账户的贷方反映累计提取的长期投资减值损失；借方反映两项内容：①投资到期收回或进行处置前，该项投资价值回升，借方反映该部分回升的价值，并冲减已计入损益的减值损失；②投资到期收回处置时，该项投资已计提的减值准备，从借方转入当期投资收益。期末贷方余额反映现有长期投资已提取的减值准备。

长期股权投资减值准备的账务处理如下：

（1）发生长期投资价值下跌并予以确认时，按确认的金额，借记"资产减值损失—计提的长期投资减值准备"账户，贷记"长期股权投资减值准备"账户。

（2）如果发生减值的长期投资在到期收回或处置前，其价值回升，应冲减已计提的减值损失，并转回所回升的价值。按回升的价值，借记"长期投资减值准备"账户，贷记"资产减值损失——计提的长期投资减值准备"账户。

（3）如果长期投资到期收回或处置时，其账面价值仍未恢复到初始成本，应按长期投资账面余额，贷记"长期股权投资"或"长期债权投资"账户；按已计提的投资减值准备，借记"长期投资减值准备"账户。

【例5-21】 企业购买T公司2001年上市发行的普通股250 000股，每股10元，共计2 500 000元，占T公司普通股股权的5%。从1999年下半年开始，因T公司经营不善，连续两年亏损，2001年股票价格持续下跌。2004年企业确认每股账面价值损失2元。2005年T公司扭亏为盈，股票价格上涨，该投资的账面价值恢复到每股9.5元。2006年3月，企业将该股票售出，扣除相关税费后，实际收入为2 600 000元，其款项已存入银行。此时，股票的账面价值为2 375 000元，该股票已计提的减值准备为125 000元。有关会计处理为：

（1）2004年末，股票的跌价损失＝2×250 000＝500 000元

借：资产减值损失—长期投资减值损失　　　　　　500 000
　　贷：长期投资减值准备　　　　　　　　　　　　　　　500 000

(2) 2005年末,应按回升的金额冲减已计入损益的投资跌价损失:
股票投资价值回升＝1.5×250 000＝375 000元
借:长期投资减值准备　　　　　　　　　　　　　375 000
　　贷:资产减值损失——长期投资减值损失　　　　　　375 000
(3) 2006年3月,企业售出该项股票投资:
借:银行存款　　　　　　　　　　　　　　　　　2 600 000
　　长期投资减值准备　　　　　　　　　　　　　　125 000
　　贷:长期股权投资——股票投资成本　　　　　　2 500 000
　　　　投资收益——长期投资收益　　　　　　　　　225 000

六、投资性房地产的核算

(一)投资性房地产核算的内容

投资性房地产是指为赚取租金或资本增值,或两者兼有而持有的房地产。投资性房地产除了符合上述定义外,还应该满足以下两个条件时,才能确认。其条件为:

(1) 该投资性房地产包含的经济利益很可能流入企业;

(2) 该投资性房地产的成本能够可靠计量。

企业投资性房地产的范围是:①出租的土地使用权;②长期持有并准备增值后转让的土地使用权;③企业拥有并已出租的建筑物等三类。不涉及为生产经营、提供劳务或者经营管理而持有的房地产,即自用房地产以及作为存货的房地产。

企业取得投资性房地产时,应当按照取得时的实际成本进行初始计量:

(1) 外购的投资性房地产按买价和可直接归属于该资产的相关税费,作为入账价值;

(2) 自行建造的投资性房地产,按建造该项资产达到预定可使用状态前所发生的必要支出,作为入账价值;

(3) 以其他方式取得的投资性房地产,应当按照其他准则的相关规定予以确定。

投资性房地产的后续计量方法有成本模式计量和公允价值模式计量两种。

企业采用出售、转让、报废、毁损等形式处置投资性房地产时,应当将处置收入扣除其账面价值和相关税费后的金额计入当期损益。

(二)投资性房地产的核算

1. 设置"投资性房地产"账户

为了核算企业采用成本模式计量、公允价值模式计量的投资性房地产的成本,需要设置"投资性房地产"账户,进行核算。

"投资性房地产"账户核算的主要内容如下:

(1) 采用成本模式计量投资性房地产的主要账务处理。

①企业外购、自行建造等取得的投资性房地产,按应计入投资性房地产成本的金额,借记本科目,贷记"银行存款"、"在建工程"等科目。

②将作为存货的房地产转换为投资性房地产的,应按其在转换日的账面余额,借记本科目,贷记"开发产品"等科目。已计提跌价准备的,还应同时结转跌价准备。

将自用的建筑物等转换为投资性房地产的,应按其在转换日的原价、累计折旧、减值准备等,分别转入本科目、"投资性房地产累计折旧(摊销)"、"投资性房地产减值准备"科目。

③按期（月）对投资性房地产计提折旧或进行摊销，借记"其他业务成本"科目，贷记"投资性房地产累计折旧（摊销）"科目。取得的租金收入，借记"银行存款"等科目，贷记"其他业务收入"科目。

④将投资性房地产转为自用时，应按其在转换日的账面余额、累计折旧、减值准备等，分别转入"固定资产"、"累计折旧"、"固定资产减值准备"等科目。

⑤处置投资性房地产时，应按实际收到的金额，借记"银行存款"等科目，贷记"其他业务收入"科目。按该项投资性房地产的累计折旧或累计摊销，借记"投资性房地产累计折旧（摊销）"科目，按该项投资性房地产的账面余额，贷记本科目，按其差额，借记"其他业务成本"科目。已计提减值准备的，还应同时结转减值准备。

(2) 采用公允价值模式计量投资性房地产的主要账务处理。

①企业外购、自行建造等取得的投资性房地产，按应计入投资性房地产成本的金额，借记本科目（成本），贷记"银行存款"、"在建工程"等科目。

②将作为存货的房地产转换为投资性房地产的，应按其在转换日的公允价值，借记本科目（成本），按其账面余额，贷记"开发产品"等科目，按其差额，贷记"资本公积——其他资本公积"科目或借记"公允价值变动损益"科目。已计提跌价准备的，还应同时结转跌价准备。

将自用的建筑物等转换为投资性房地产的，按其在转换日的公允价值，借记本科目（成本），按已计提的累计折旧等，借记"累计折旧"等科目，按其账面余额，贷记"固定资产"等科目，按其差额，贷记"资本公积——其他资本公积"科目或借记"公允价值变动损益"科目。已计提减值准备的，还应同时结转减值准备。

③资产负债表日，投资性房地产的公允价值高于其账面余额的差额，借记本科目（公允价值变动），贷记"公允价值变动损益"科目；公允价值低于其账面余额的差额做相反的会计分录。

取得的租金收入，借记"银行存款"等科目，贷记"其他业务收入"科目。

④将投资性房地产转为自用时，应按其在转换日的公允价值，借记"固定资产"等科目，按其账面余额，贷记本科目（成本、公允价值变动），按其差额，贷记或借记"公允价值变动损益"科目。

⑤处置投资性房地产时，应按实际收到的金额，借记"银行存款"等科目，贷记"其他业务收入"科目。按该项投资性房地产的账面余额，借记"其他业务成本"科目，贷记本科目（成本）、贷记或借记本科目（公允价值变动）；同时，按该项投资性房地产的公允价值变动，借记或贷记"公允价值变动损益"科目，贷记或借记"其他业务收入"科目。按该项投资性房地产在转换日记入资本公积的金额，借记"资本公积——其他资本公积"科目，贷记"其他业务收入"科目。

(3) 其他：

①投资性房地产作为企业主营业务的，应通过"主营业务收入"和"主营业务成本"科目核算相关的损益。

②采用成本模式计量的投资性房地产的累计折旧或累计摊销，可以单独设置"投资性房地产累计折旧（摊销）"科目，比照"累计折旧"等科目进行处理。

③采用成本模式计量的投资性房地产发生减值的，可以单独设置"投资性房地产减值

准备"科目，比照"固定资产减值准备"等科目进行处理。

本账户期末借方余额，反映企业采用成本模式计量的投资性房地产成本。企业采用公允价值模式计量的投资性房地产，反映投资性房地产的公允价值。

企业可按投资性房地产类别和项目设置明细账，进行明细核算。如采用公允价值模式计量的投资性房地产，还应当分别"成本"和"公允价值变动"进行明细核算。

2. 设置"投资性房地产减值准备"账户

为了核算企业投资性房地产的减值准备，需要设置"投资性房地产减值准备"账户，进行核算。该账户贷方记入资产负债表日，投资性房地产发生的减值；借方记入处置投资性房地产投资时结转的已计提的投资性房地产减值准备。本账户期末贷方余额，反映企业已计提但尚未转销的投资性房地产减值准备。

企业可按被投资单位设置明细账，进行明细核算。

3. 举例说明核算方法

【例5-22】 企业购买一块土地所有权，购买价款为2 500万元，并支付相关手续费35万元，款项全部以存款支付。企业准备待其增值后转让。

借：投资性房地产——土地使用权　　　　　　　25 350 000
　　贷：银行存款　　　　　　　　　　　　　　　　25 350 000

【例5-23】 企业将一闲置办公楼对外出租。该楼原值800万元，已提折旧320万元，提取固定资产减值准备80万元。转换当日其公允价值390万元。

借：投资性房地产——办公楼成本　　　　　　　3 900 000
　　固定资产减值准备　　　　　　　　　　　　　　800 000
　　累计折旧　　　　　　　　　　　　　　　　　3 200 000
　　公允价值变动损益　　　　　　　　　　　　　　100 000
　　贷：固定资产　　　　　　　　　　　　　　　　8 000 000

【例5-24】 企业对外出租一仓库，初始成本390万元，期末采用成本法模式计量，经复核，该办公楼的公允价值380万元。

借：资产减值损失　　　　　　　　　　　　　　　100 000
　　贷：投资性房地产减值准备　　　　　　　　　　100 000

复 习 思 考 题

1. 短期投资成本如何确定？
2. 如何区分交易性金融资产、持有至到期投资、可供出售金额资产？
3. 长期股权投资成本如何确定？
4. 投资性房地产的范围？
5. 长期股权投资成本法适用范围及核算方法是什么？
6. 长期股权投资权益法适用范围及核算方法是什么？
7. 如何判断投资的价值是否发生损失？计提长、短期投资的减值准备应如何进行会计处理？
8. 投资性房地产后续计量方法有哪些？如何核算？

习　　题

[习题一] 短期投资的核算

一、目的

掌握短期投资核算的基本方法和技能。

二、资料

南方建筑施工企业发生下列有关短期投资的经济业务：

(1) 企业购入 A 公司发行的公司债券 100 张，每张价格为 1 000 元，另付手续费 300 元，全部价款以银行存款支付。

(2) 企业购买 B 公司上市普通股股票 10 000 股，每股面值为 10 元，买入价总额为 125 000 元，其中包含 2000 元已宣告但尚未发放的现金股利。另付经纪人佣金 100 元。

(3) 企业用银行汇票购入金融债券 200 张，每张面值为 1 000 元，买入价总额为 203 200 元，其中包括 3 000 元已到期但尚未支付的利息和 200 元手续费。

(4) 企业收到 A 公司支付的债券利息 2 000 元，已存入银行。

(5) 由于股市价格上涨，企业将所持有的 B 公司普通股股票 10 000 股全部出售，每股的售价为 15 元，扣除相关税费 500 元，实际收回 149 500 元，已存入企业开户银行。

(6) 企业接受华阳公司投资转入的甲公司股票 8 000 股，准备作为短期投资，双方确认的价值为 40 000元。

(7) 企业应向红星公司收取的工程款 120 000 元，因红星公司的现金流量严重不足，短期内无法支付，经协商，双方达成债务重组协议，企业同意红星公司以其持有的乙公司债券一批抵偿该项债务，并支付补价 20 000 元。企业对该项应收工程款已计提坏账准备 3 600 元，企业接受的乙公司债券作为短期投资，企业已收到红星公司支付的补价并存入银行，交易过程中未发生相关税费，已办妥有关手续。

(8) 企业以持有的对天宏公司的短期股票投资换入甲公司持有的清风公司债券一批，企业对换入的债券作为短期投资。在交换日，企业持有的天宏公司股票的账面余额为 126 000 元，已计提的减值准备为 9 000 元，其公允价值为 120 000 元；甲公司持有的清风公司债券的公允价值为 90 000 元，其中含有已到付息期但尚未领取的利息 600 元，并补差价 30 000 元。企业已收到乙公司支付的补价并存入银行，在交换过程中未发生其他相关税费。（注：交换过程中应确定的收益为（1−117 000/120 000）×30 000 ＝750 元。换入债券的入账价值为 117 000＋750−600−30 000＝87 150 元。）

(9) 2006 年末，企业交易性金融资产账户的总成本为 896 000 元，总市价为 880 000 元。

(10) 2007 年末，企业交易性金融资产的总市价为 890 000 元，比上年末回升 10 000 元。

三、要求

(1) 根据上述资料编制记账凭证。

(2) 根据记账凭证登记"短期投资"总分类账，并结账。

［习题二］持有至到期投资的核算

一、目的

掌握持有至到期投资核算的基本方法和技能。

二、资料

江城股份有限公司 20×1 年 1 月 1 日购入乙公司当日发行的 3 年期债券，准备持有至到期。债券的票面利率为 12%，债券面值 1 000 元，企业按 1 050 元的价格购入 80 张。该债券每年年末付息一次，最后一年还本并付最后一次利息。假设甲公司按年计算利息。假定不考虑相关税费。该债券的实际利率为 10.66%。要求：做出甲公司有关上述债券投资的会计处理（计算结果保留整数）。

三、要求编制下列经济业务的记账凭证

(1) 20×1 年 1 月 1 日取得时；

(2) 20×1 年 12 月 31 日 时应计利息计、利息收入及已收利息；

(3) 20×2 年 12 月 31 日 时应计利息计、利息收入及已收利息；

(4) 20×3 年 12 月 31 日 时应计利息计、利息收入及已收回本息。

[习题三] 可供出售金融资产的核算
一、目的
掌握可供出售金融资产核算的基本方法和技能。
二、资料
20×1年5月6日,甲公司支付价款10 160 000元(含交易费用20 000元和已宣告发放现金股利140 000元),购入乙公司发行的股票200 000股,占乙公司有表决权股份的0.5%。甲公司将其划分为可供出售金融资产。

20×1年5月10日,甲公司收到乙公司发放的现金股利140 000元。

20×1年6月30日,该股票市价为每股52元。

20×1年12月31日,甲公司仍持有该股票;当日,该股票市价为每股50元。

20×2年5月9日,乙公司宣告发放股利40 000 000元。

20×2年5月13日,甲公司收到乙公司发放的现金股利。

20×2年5月20日,甲公司以每股49元的价格将股票全部转让。

三、要求:假定不考虑其他因素,编制甲公司下列内容的记账凭证。
(1) 20×1年5月6日,购入股票;
(2) 20×1年5月10日,收到现金股利;
(3) 20×1年6月30日,确认股票的价格变动;
(4) 20×1年12月31日,确认股票价格变动;
(5) 20×2年5月9日,确认应收现金股利;
(6) 20×2年5月13日,收到现金股利;
(7) 20×2年5月20日,出售股票。

[习题四] 长期股权投资的核算
一、目的
掌握长期股权投资核算的基本方法和技能。
二、资料
北方建筑施工企业发生下列有关长期股票投资的经济业务:
(1) 企业于2005年3月6日购入A公司发行的普通股10 000股,准备长期持有,采用成本法核算,每股的售价为30元,另付有关税费和手续费1 500元,A公司已于2月20日宣告分派2004年的现金股利,每股0.2元,并定于3月10至20日发放股利,企业以银行存款支付全部价款303 500元。3月15日企业收到A公司支付已宣告发放的现金股利2 000元,并存入银行。

①2005年3月6日,购入股票时;
②2005年3月15日,收到现金股利时。

(2) 企业于2006年4月1日购入B公司发行的普通股股票20 000股,准备长期持有,采用成本法核算,每股的售价为40元,另付有关税费和手续费4 000元,以银行存款支付全部价款804 000元。B公司4月6日宣告分派2001年的现金股利,每股0.3元,并定于4月20日至30日发放现金股利,企业于4月23日收到现金股利,并存入银行。2007年3月20日,B公司宣告分派2002年的现金股利,每股为2元,2002年B公司每股盈余为1.6元,B公司定于4月1日至10日发放现金股利,企业于4月8日收到现金股利,并存入银行。

①2006年4月1日,购入股票时;
②2006年4月6日,B公司宣告分派现金股利时;
③2006年4月23日,企业收到现金股利时;
④2007年3月20日,B公司宣告分派现金股利时;
⑤2007年4月8日,企业收到现金股利时。

(3) 企业因急需资金，于 2006 年 4 月 26 日将持有的 B 公司股票 20 000 股全部出售，取得出售净收入（扣除相关税费）812 000 元，已存入银行。

(4) 企业于 2005 年 1 月 1 日购入 C 公司发行的普通股股票 20 000 股，准备长期持有，企业购入的股票占 C 公司有表决权资本的 40%，采用权益法核算，该股票的售价为每股 15 元，另付有关税金和手续费 15 000 元，以银行存款支付全部价款 3 015 000 元。2005 年 C 公司实现净利润 900 000 元，2006 年 2 月 20 日，C 公司宣告分派 2005 年 C 公司的现金股利 500 000 元，并定于 3 月 5 日至 15 日发放现金股利，企业于 3 月 9 日收到现金股利，并存入银行。2002 年 C 公司发生净亏损 300 000 元，不分配股利。2003 年 C 公司实现净利润 500 000 元。

①2005 年 1 月 1 日，购入股票时；
②2005 年 12 月 31 日，按持有比例计算权益的增加额时；
③2006 年 2 月 20 日，C 公司宣告分派现金股利时；
④2006 年 3 月 9 日，企业收到现金股利时；
⑤2006 年 12 月 31 日，按持股比例计算应分担的亏损额时；
⑥2007 年 12 月 31 日，按持股比例计算权益的增加额时。

(5) 企业于 2007 年 7 月 1 日以银行存款 800 000 元投资 D 公司的普通股，占 D 公司的 30%，采用权益法核算。2003 年 7 月 1 日，D 公司的所有者权益总额为 2 500 000 元。企业按 10 年的期限摊销股权投资差额。

①2007 年 7 月 1 日，企业投资时；
②计算当年应摊销的股权投资差额时。

(6) 企业持有的甲公司股票，采用成本法核算，2006 年 12 月 31 日，该项投资的账面价值为 150 000 元，由于该股票的市价持续两年低于市价，年末按市价计算其可收回的金额为 120 000 元，企业计提长期投资减值准备 30 000 元。2007 年 12 月 31 日甲公司的股票市价回升 136 000 元，企业冲减已计提的长期投资减值准备 16 000 元。2008 年 1 月 16 日，企业将所持有的甲公司股票全部出售，已计提的减值准备 14 000 元，取得出售净收入（已扣除相关税费）141 000 元，并已存入开户银行。

①2006 年 12 月 31 日，计提长期投资减值准备时；
②2007 年 12 月 31 日，冲减长期投资减值准备时；
③2008 年 1 月 16 日，出售股票取得收入时。

三、要求

(1) 根据上述资料编制记账凭证。
(2) 根据记账凭证登记"长期股权投资"总分类账，并结账。

[习题五] 投资性房地产的核算

一、目的

掌握投资性房地产核算的基本方法和技能。

二、资料

(1) 企业自行建造一幢厂房，准备对外出租。其建造成本 1 000 万元。厂房建好后又支付 500 万元的装修费，款项通过银行转账付讫。

(2) 企业将一出租厂房出售，取得收入 300 万元，款项已存入银行。该厂房的账面价值为 320 万元，企业对该厂房采用公允价值模式计量，其中成本 350 万元，公允价值变动贷方余额 30 万元。在出售过程中以现金支付清理费 5000 元，同时按售价的 5%缴纳营业税。

(3) 企业将一幢自用厂房对外出租。该楼原值 1 800 万元，已提折旧 720 万元，提取固定资产减值准备 180 万元。转换当日其公允价值 810 万元。

三、要求

根据上述经济业务编制记账凭证。

第六章 固定资产核算

通过本章的学习，理解固定资产的概念，熟悉固定资产的内容，明确固定资产的分类和计价，认识做好固定资产核算对于加强企业固定资产管理的重要意义；掌握固定资产增加、计提折旧、减值准备、修理及减少的各种账务处理方法。

第一节 固定资产的分类和计价

一、固定资产的特征

根据《企业会计准则第 4 号-固定资产》准则中规定：固定资产是指为生产商品、提供劳务、出租或经营管理而持有的、使用寿命超过一个会计年度的有形资产。其中，使用寿命是指企业使用固定资产的预计期间，或者该固定资产所能生产产品或提供劳务的数量。

作为企业的固定资产，使用期限较长，在使用过程中能基本保持原有的实物形态，例如建筑施工企业的房屋及建筑物、施工机械、运输设备、工具器具等。

固定资产按其性质，属于劳动资料，但在实际工作中，并非所有劳动资料都属于固定资产。判断一项资产是否属于固定资产，除了从定义上符合外，还要同时满足下列两个条件的：第一，与该固定资产有关的经济利益很可能流入企业；第二，该固定资产的成本能够可靠地计量。只有在既符合定义又满足上述两个的条件的基础上的资产，才能将其确认为企业的固定资产。根据《企业会计准则第 4 号-固定资产》准则的规定，建筑施工企业的固定资产，包括房屋、建筑物、机器、机械、运输工具以及其他与生产经营有关的设备、器具、工具等，应当作为固定资产。关于固定资产的各组成部分具有不同使用寿命或者以不同方式为企业提供经济利益，适用不同折旧率或折旧方法的，应当分别将各组成部分确认为单项固定资产。例如属于固定资产的备品配件同时符合上述定义和条件的，则应当作固定资产。

凡不能满足上述两项内容的劳动资料，一般应当列作企业的存货，作为流动资产管理。

固定资产是施工企业从事建筑安装工程施工活动的重要物资，它与流动资产相比，主要表现出以下几个方面的特征：

（1）使用期限长。固定资产使用期限超过一个会计年度，并在施工过程中保持其实物形态。

（2）使用寿命有限（除土地外），需要合理估计并确定分期转移的价值。

（3）是为施工生产、提供劳务、出租或经营管理的服务为目的。企业的固定资产，主要是用作施工生产活动的劳动手段，不是为了出售，这是固定资产区别于流动资产的重要标志。

二、固定资产的分类

施工企业的固定资产数量大，品种多，规格不一，用途和使用情况也有差异。为了正确组织固定资产核算，管好用好固定资产，必须对固定资产进行不同的分类，主要有以下几种：

（一）按经济用途分类

固定资产按经济用途分类，可分为生产经营用固定资产和非生产经营用固定资产。这样分类可以反映生产用和非生产用固定资产的比重，便于分析固定资产的结构是否合理。

（1）生产经营用固定资产，是指直接服务于企业市场生产经营过程的各种固定资产，包括生产经营用的房屋建筑物、机械设备、器具工具等。

①房屋。是指施工、生产单位和行政管理部门所使用的房屋，并包括与房屋不可分割的各种附属设备，如电灯、电话、水管、电梯、供暖设备、通风设备、卫生设备等。作为固定资产管理的可以搬迁移动的钢、木架活动房屋，如果为数不多，可包括在本核算，如果为数太多，也可单独设置"活动房屋"类进行核算。生产和非生产共同使用的房屋，可按其主要用途列为生产用固定资产或非生产用固定资产。

②建筑物。是指房屋以外的各种建筑物，如水塔、蓄水池、储油罐、企业的道路、铁路、停车场、围墙等。

③施工机械。是指为进行建筑安装工程施工所使用的各种机械，如起重机械、挖掘机械、土方铲运机械、凿岩机械、基础及凿井机械、钢筋混凝土机械、焊接机械等，包括随机设备以及装置在机械上的发动机、联动机。

④运输设备。指用于运载物资的各种运输工具，包括铁路运输用的机械、棚车，公路运输用的载重汽车、自卸汽车、散装水泥车、架线车、油槽车、平板拖拉机、拖拉机、兽力车，水上运输用的汽轮、拖轮、潜水工作船、驳船等。

⑤生产设备。是指生产、维修、动力、传导等设备，如金属切割机床、铸锻热处理设备、维修专用机床和设备、动力设备、传导设备等，包括机械设备的机座以及机器设备连成一体而不具有独立用途的附属设备。

⑥仪器及试验设备。指对材料、工艺、产品进行研究试验用的各种仪器设备，如计量用的精密天平、测绘用的经纬仪、水准仪，探伤用的探伤机，分析测定用的渗透仪、显微镜、高温测定仪以及材料试验用的各种实验机、白金坩埚、高压釜等。

⑦其他生产经营用固定资产。指不属于以上各类的其他生产用固定资产，包括计量用具（如地磅等）、消防用具（如消防车等）、办公用具（如计算机、复印机、电视机、文字处理机、保险柜等）以及行政管理用的汽车、电话总机等。

（2）非生产经营用固定资产，是指不直接服务于企业市场生产经营过程的各种固定资产，如职工宿舍及食堂、浴室等职工福利设施和有关的设备器具等。

企业如有用住房基金购建的拥有所有权的职工住房，应另设"职工住房"类进行核算。对其中已出售使用权的职工住房，应再设"出售使用权职工住房"类进行核算。

（二）按使用情况分类

固定资产按使用情况分类可分为使用中固定资产、未使用固定资产和不需用固定资产。这种分类可以反映固定资产的利用情况，使未使用的固定资产尽快加以利用，不需用固定资产尽快调拨处理，从而有利于减少固定资产的不合理占用，提高固定资产利用率，同时又为正确计提固定资产折旧提供可靠的依据。

（1）使用中固定资产，是指正在使用中的固定资产，包括正在本企业使用中的生产经营性固定资产和非经营性固定资产、由于季节性原因或大修原因暂时停用的固定资产、用于内部替换使用而暂时停用的固定资产以及临时性租出的固定资产。

（2）未使用固定资产，是指企业已购建完成尚未交付使用的新增固定资产、因改扩建原因暂时停用的固定资产。

（3）不需用固定资产，是指因本企业多余不用或不再适用而准备调配处理的固定资产。

（三）按所有权分类

固定资产按所有权分类可分为自有固定资产和租入固定资产。

（1）自有固定资产，是指企业拥有的可供企业自行支配使用的固定资产。融资租入固定资产一般视同自有的固定资产。

（2）租入固定资产，是指企业采用租赁方式从其他单位租入的固定资产，一般只指临时性租入固定资产，不包括融资租入固定资产。

（四）结合以上几种分类方法综合分类，可将固定资产分为以下几类：

（1）生产经营用固定资产；
（2）非生产经营用固定资产；
（3）租出固定资产；
（4）未使用固定资产；
（5）不需用固定资产；
（6）土地（过去已单独估价入账的土地）；
（7）融资租入固定资产。

企业应当根据固定资产的定义，结合本企业的具体情况，制定适合于本企业的固定资产目录、分类方法、每类或每项固定资产的折旧年限、折旧方法，作为进行固定资产核算的依据。

三、固定资产的计价

固定资产的计价，就是按照一定的原则，以货币表现的固定资产价值。固定资产应当按照成本进行初始计量。固定资产的计价标准一般有：原始价值、重置完全价值和净值三种。

固定资产计价即确定固定资产的入账价值，它对客观反映企业生产规模，正确计提折旧，准确确定生产成本及企业经营成果具有主要的意义。对固定资产的计价，传统上都是以原始价值为基础，但是，因盘盈或接受捐赠等原因而增加的固定资产，由于无法确定其历史成本，就要采用重置成本来计价；另外，由于固定资产价值会随着服务能力的下降而逐渐减少，因此，还需要揭示固定资产的折余价值（净值）。这样固定资产的计价标准有原值、重置完全价值和净值三种。在固定资产的核算和管理中，采用以下三种计价标准：

（一）固定资产的原始价值

也叫原值，是指企业为购建某项固定资产达到可使用状态前所发生的一切合理、必要的支出。

（1）企业从外部购入的不需经过建造过程即可使用的固定资产，为实际支付的全部价款,包括实际支付的买价、包装费、运杂费、安装调试费以及缴纳的税金作为入账价值。

(2) 自行建造的固定资产,以建造过程中实际发生的全部支出作为入账价值。

(3) 接受投资取得的固定资产,以评估确认或者合同协议约定的价值作为入账价值。

(4) 融资租入固定资产,按租赁开始日租赁资产的原始价值与最低租赁付款额的现值两者较低者,作为入账价值。如果融资租赁资产占企业资产总额比例等于或小于30%的,在租赁开始日,企业也可按最低租赁付款额,作为固定资产的入账价值。

(5) 在原有固定资产基础上进行改建、扩建的,按原有固定资产账面价值,减去改建、扩建过程中发生的变价收入,加上由于改建、扩建而增加的支出作为入账价值。

(6) 接受捐赠的固定资产,根据捐赠者提供的有关凭据入账。捐赠方没有提供有关凭据的,如果同类或类似资产存在活跃市场的,按市场价格估计入账;如果不存在活跃市场,按接受捐赠资产预计未来现金流量现值入账。接受固定资产时发生由企业负担的运输费、保险费、安装调试费等费用应当计入固定资产的价值。

(7) 企业接受的债务人以非现金资产抵押债务方式取得的固定资产,或以应收债权换入的固定资产,应按应收债权的账面价值加上应支付的相关税费,作为入账价值。涉及补价的,凡收到对方支付补价的,按应收债权账面价值,减去补价,加上交付的相关税费,作为入账价值;凡向对方支付补价的,按应收债权的账面价值,加上支付的补价和应支付的相关税费,作为入账价值。

(8) 以非货币性交易换入的固定资产,按换出资产的账面价值加上支付的相关税费,作为入账价值。涉及补价的,收到对方支付补价时,按换出资产的账面价值,加上应确认的收益和支付的相关税费减去补价后的余额,作为入账价值;向对方支付补价的,按换出资产的账面价值加上应支付的相关税费和补价,作为入账价值。其中,确认收益的计算公式为:

$$应确认的收益=补价-\frac{补价}{换出资产公允值}\times 换出资产账面价值$$

(9) 经批准无偿换入的固定资产,按调出单位的账面价值加上发生的运输费、安装费等相关费用作为入账价值。

企业为取得固定资产而发生的借款利息和有关费用,一般应以固定资产是否达到预定可使用状态为时间界限,即在固定资产达到预定可使用状态之前发生的借款费用应计入购建固定资产的成本,其后发生的应计入当期损益。所谓固定资产达到预定可使用状态是指资产已达到购买方或建造方预定的可使用状态。

(二) 固定资产重置完全价值

固定资产重置完全价值是指在当时的生产技术条件下,重新购建同样固定资产所需的全部支出。对于企业在财产清查中确定盘盈的固定资产价值,可按同类固定资产的完全重置价值作为入账价值。

(三) 固定资产的净值

固定资产的净值,也叫折余价值,是固定资产原值和重置完全价值减去已提折旧后的余额,也就是固定资产的现有价值。固定资产的净值,可以反映企业当前实际占用在固定资产上的资金,通过净值和原值的对比,还可了解固定资产的新旧程度。

以上三种计价有着不同的特点,对固定资产的管理与核算有着不同的作用:采取原始价值计价可反映固定资产的原始投资,其特点是具有客观性和可验证性,核算上比较简单,便于计算折旧,因此在日常的核算中一般以原始价值计价入账,但可能会因经济的发展与市场价格相差较大。采取重置完全价值计价,其特点是可以比较真实地反映固定资产的现时价值,但作为普遍地计价标准会带来一系列复杂的问题,因此在实际上很少采用,当固定资产价值变动太大或无原值可以查考时,才根据财务制度的规定按重置完全价值计价入账。采用净值计价,反映固定资产的实有价值,将其与固定资产原值比较,可以了解固定资产的新旧程度,以便妥善安排固定资产的更新。此外,净值也是考核资金利用效果的主要依据。

企业已经入账的固定资产,除发生下列情况外,不得任意变动固定资产的账面价值:
(1) 根据国家规定对固定资产价值重新估价;
(2) 增加补充设备或改良装置;
(3) 将固定资产的一部分拆除;
(4) 根据实际价值调整原来的暂估价值;
(5) 发现原记账固定资产价值错误。

第二节 固定资产增加的核算

一、固定资产增加的主要途径

施工企业固定资产的增加,主要有如下途径:
(1) 从企业外部购入的固定资产;
(2) 由企业自行建造的固定资产;
(3) 在原有基础上改、扩建而增加的固定资产;
(4) 接受投资取得的固定资产;
(5) 接受捐赠取得的固定资产;
(6) 融资租入的固定资产;
(7) 接受抵债取得的固定资产;
(8) 非货币交易换入的固定资产;
(9) 无偿拨入的固定资产;
(10) 财产清查中盘盈的固定资产。

二、固定资产增加的核算

(一) 主要设置的会计账户

固定资产增加的核算既要反映其原始价值,又要反映企业购建、扩建过程中该项支出,确定固定资产成本,还要设置"在建工程"、"工程物资"等账户。

(1) "固定资产"账户。本账户核算固定资产原价。建造承包商的临时设施,以及企业购置计算机硬件所附带的、未单独计价的软件,也通过本账户核算。其借方登记增加固定资产的原价以及反映购入固定资产超过正常信用条件延期支付价款、实质上具有融资性质的,以应付购买价款的现值;贷方登记减少固定资产的原价,期末余额在借方,反映现有固定资产的原价。临时租入的固定资产,应当另设备查簿进行登记,不在本账户核算。

企业应当设置"固定资产登记簿"和"固定资产卡",按固定资产类别和项目、使用部门和每项固定资产进行明细核算。

(2)"在建工程"账户。本账户核算企业基建、更新改造等在建工程发生的支出,包括自行建造固定资产、固定资产修理、购入需安装设备的安装工程以及建造临时设施等各种在建工程所发出的实际支出。其借方登记为在建工程储备的物资的实际成本和进行各项在建工程实际发生的支出,贷方登记结转已完在建工程实际成本,期末余额在借方,表示企业未完工交付使用的在建工程实际支出及购入尚未使用的工程物资成本。

本账户可按"建筑工程"、"安装工程"、"在安装设备"、"待摊支出"以及单项工程等进行明细核算。

(3)"工程物资"本账户核算企业为在建工程准备的各种物资的成本,包括工程用材料、尚未安装的设备以及为生产准备的工器具等。其借方反映购入为工程准备的物资以及工程完工后将领出的剩余物资退库;贷方反映领用工程物资以及工程完工后剩余的工程物资转作本企业存货的。已计提减值准备的,还应同时结转减值准备。本账户期末借方余额,反映企业为在建工程准备的各种物资的成本。

本账户可按"专用材料"、"专用设备"、"工器具"等进行明细核算。工程物资发生减值的,可以单独设置"工程物资减值准备"科目,比照"固定资产减值准备"科目进行处理。

(二)购入固定资产的核算

建筑施工企业购入固定资产的价值,为实际支付的全部价款,包括买价、支付的包装费、运杂费、安装成本及缴纳的税金等。

(1)购入不需要安装的固定资产,应以实际支付的价款作为原价入账,借记"固定资产"账户,贷记"银行存款"等账户。

【例 6-1】 某施工企业购入不需要安装的施工用设备一台,买价 65 000 元,同时支付包装及运杂费 8 000 元,以银行存款支付。有关会计处理为:

借:固定资产——生产经营用固定资产	73 000
贷:银行存款	73 000

(2)购入需要安装的固定资产,其价值及安装费用先记入"专项工程支出"账户,待安装交付使用时再转入"固定资产"账户。

【例 6-2】 某施工企业购入动力传导设备一台,以银行存款支付买价和运输费 625 000 元,以自营方式交付安装,安装中领用材料实际成本为 35 000 元,发生人工费 5 000 元,设备安装完毕交付生产部门使用。有关会计处理为:

①支付购入设备价款:

借:工程物资——专用设备—动力传导设备	625 00
贷:银行存款	625 000

②安装中领用材料和发生人工费:

借:在建工程——安装工程—动力传导设备安装	665 000
贷:工程物资——专用设备—动力传导设备	625 000
原材料	35 000
应付职工薪酬	5 000

③设备安装完毕,交付使用时:

借：固定资产——生产经营用固定资产　　　　　　　　665 000
　　贷：在建工程——安装工程—动力传导设备安装　　　665 000

（三）建造固定资产的核算

企业建造的固定资产，可以采用自营方式，也可以采用出包方式，不同的方式有不同的会计核算方法。

1. 自营建造固定资产

企业自营建造固定资产是指企业本身承担全企业固定资产的建筑安装等施工任务，自营建造的固定资产以建造工程中发生的全部支出作为固定资产的原值。自营建造固定资产过程中所发生的全部支出应在"专项工程支出"账户核算，借记"专项工程支出"账户，贷记"银行存款"等账户，待工程完工结转工程实际成本时，结转"固定资产"账户。

【例 6-3】 某施工企业自建办公楼一栋，建造中领用专用材料 560 000 元。以银行存款支付施工机械租赁费 14 000 元，应付施工人员工资 40 000 元。一年后，自建办公楼完工交付使用。有关会计处理为：

（1）施工中领用专用材料

借：在建工程——建筑工程—办公楼　　　　　　　　560 000
　　贷：工程物资——专用材料　　　　　　　　　　　560 000

（2）支付机械租赁费，作如下分录：

借：在建工程——建筑工程—办公楼　　　　　　　　 14 000
　　贷：银行存款　　　　　　　　　　　　　　　　　 14 000

（3）结转应付施工人员工资

借：在建工程——建筑工程—办公楼　　　　　　　　 40 000
　　贷：应付职工薪酬　　　　　　　　　　　　　　　 40 000

（4）办公楼交付使用，结转实际建造成本

借：固定资产——生产经营用固定资产　　　　　　　614 000
　　贷：在建工程——建筑工程—办公楼　　　　　　　614 000

2. 出包建造固定资产

出包建造固定资产是指固定资产的建造、安装工程由外单位承包施工。采用出包方式建造固定资产时，需与承包单位签订承包合同，并按合同规定预付备料款和部门工程款，由承包单位组织施工。工程完工要及时办理验收、交接手续，同时结清工程价款。

采用出包方式进行的固定资产建筑工程，仍通过"专项工程支出"账户核算出包工程的实际成本。

【例 6-4】 某施工企业建造办公楼一栋，工程出包给其他施工单位施工，合同造价为 1 600 000 元，按规定由本企业预付 30% 的工程款，其余款项待工程完工交付时结清。有关会计处理为：

（1）预付承建单位工程款时：

借：预付账款——预付工程款　　　　　　　　　　　480 000
　　贷：银行存款　　　　　　　　　　　　　　　　　480 000

（2）该工程完工，办理工程价款结算：

借：在建工程——出包办公楼　　　　　　　　　　1 600 000

  贷：应付账款——应付工程款   1 600 000

  （3）从结算的已完工工程价款中，扣除预付工程款 480 000 元。扣下 60 000 元的保修费，其余款 1 060 000 元用转账支票支付：

  借：应付账款——应付工程款   1 600 000
    贷：预付账款——预付工程款   480 000
      银行存款   1 060 000
      其他应付款   60 000

  （4）该工程完工结转其实际成本 1 600 000 元：

  借：固定资产——生产经营用固定资产   1 600 000
    贷：在建工程——出包办公楼   1 600 000

（四）改、扩建增加固定资产的核算

  施工企业的固定资产改、扩建工程亦称为固定资产改良，应按照固定资产的原价加上改、扩建发生的支出，减去改、扩建过程中发生的固定资产变价收入后的余额作为改、扩建后的固定资产价值入账。

  为了区分在用和未用固定资产的界限，便于计提折旧，在改、扩建前，应将使用中的固定资产转入未使用固定资产。

  固定资产在改、扩建中发生的各项支出，应通过"在建工程——改、扩建固定资产工程"账户核算，借记"在建工程——改、扩建固定资产工程"账户，贷记"银行存款"等账户。固定资产改、扩建中发生的残值收入冲减改、扩建成本，借记"银行存款"等账户，贷记"在建工程——改、扩建固定资产工程"账户。改、扩建完工应将未使用固定资产转回生产用或非生产用固定资产。

  【例 6-5】 某施工企业改建职工宿舍一栋，其账面价值 400 000 元，已提折旧 100 000 元，拆除残料作价 5 000 元。改建过程中共支出 300 000 元，改建完工后，交付使用。有关会计处理为：

  （1）改建时由非生产经营用转入未使用固定资产：

  借：固定资产——未使用固定资产   400 000
    贷：固定资产——非生产经营用固定资产   400 000

  （2）拆除残料作价 5 000 元入库：

  借：原材料——其他材料   5 000
    贷：在建工程——改建职工浴池工程   5 000

  （3）以银行存款支付改建工程支出 300 000 元：

  借：在建工程——改建职工浴池工程   300 000
    贷：银行存款   300 000

  （4）改建完工交付使用，结转改建实际成本：

  借：固定资产——未使用固定资产   295 000
    贷：在建工程——改建职工浴池工程   295 000

  （5）浴池投入使用时，将未使用转非生产经营用：

  借：固定资产——非生产经营用固定资产   695 000
    贷：固定资产——未使用固定资产   695 000

（五）接受投资转入固定资产的核算

企业接受投资增加的固定资产，应以评估确认或者合同协议约定的价值作为入账价值。借记"固定资产"账户，贷记"实收资本账户"。

【例 6-6】 A 建筑公司与 B 公司联营，A 公司收到 B 公司投入的一项固定资产，投出单位的账面原值为 90 000 元，已提折旧 10 000 元，经评估确定为 80 000 元。有关会计处理为：

  借：固定资产   80 000
    贷：实收资本   80 000

（六）接受捐赠固定资产

企业接受其他单位或个人捐赠的固定资产，捐赠房提供了有关凭据（发票、账单、合同等）的，应按凭据上标明的金额加上支付的相关税费，作为固定资产原价入账，借记"固定资产"账户（如受赠的是旧固定资产，应按照新旧程度估计价值损耗后的余额，作为固定资产的入账价值），按规定计算递延所得税，贷记"递延税款"账户，两者余额作为资本公积，贷记"资本公积"账户。如捐赠方没有提供有关凭据的，应按照同类或类似固定资产的市场价格估计的金额，加上支付的相关税费，作为固定资产的市场价格估计的金额，加上支付的相关税费，作为固定资产入账价值，或者按照接受捐赠固定资产的预计未来现金流量现值，作为固定资产价值。

【例 6-7】 企业接受捐赠设备一台，根据捐赠设备的发票等确定价值 35 000 元，发生包装运输费用 1 000 元，该企业适用的所得税税率为 33%。企业收到捐赠设备时，有关会计处理为：

  借：固定资产   36 000
    贷：递延税款   11 550
      银行存款   1 000
      资本公积   23 450

（七）融资租入固定资产

融资租赁与经营租赁相比，具有的特点是：①租期较长（一般达到租赁资产使用年限的 75% 以上）；②租约一般不能取消；③支付的租金包括了设备的价款、租赁费和借款利息等；④租赁期满，承租人有优先选择廉价购买租赁资产的权利。在这种租赁方式下，与租赁资产有关的主要风险和报酬已由出租人转归承租人。

1. 设置"未确认融资费用"账户

建筑施工企业为核算企业应分期计入利息费用的未确认融资费用，需要设置"未确认融资费用"账户，进行核算。未确认融资费用的主要账务处理方法如下：

（1）企业融资租入的固定资产，在租赁期开始日，按应计入固定资产成本的金额（租赁开始日租赁资产公允价值与最低租赁付款额现值两者中较低者，加上初始直接费用），借记"在建工程"或"固定资产"科目，按最低租赁付款额，贷记"长期应付款"科目，按发生的初始直接费用，贷记"银行存款"等科目，按其差额，借记本科目。

采用实际利率法分期摊销未确认融资费用，借记"财务费用"、"在建工程"等科目，贷记本科目。

（2）购入有关资产超过正常信用条件延期支付价款、实质上具有融资性质的，应按购买价款的现值,借记"固定资产"、"在建工程"等科目,按应支付的金额,贷记"长期应付款"科目,按其差额,借记本科目。

采用实际利率法分期摊销未确认融资费用,借记"在建工程"、"财务费用"等科目,贷记本科目。本账户期末借方余额,反映企业未确认融资费用的摊余价值。

企业可按债权人和长期应付款项目进行明细核算。

同时,融资租入的固定资产,应当单设明细账户进行明细核算。企业应在租赁开始日,按租赁开始日租赁资产的原始账面价值与最低租赁付款额的现值两者中较低者作为入账价值,借记"固定资产——融资租入固定资产"账户,按最低租赁付款额,贷记"长期应付款——应付融资租赁款"账户,按其差额,借记"未确认融资费用"账户。在租赁期间,融资租入的固定资产视同企业自有的固定资产进行管理和核算。租入固定资产所发生的维修费、折旧费等计入工程和产品成本费用中去。租赁期满,如合同规定将设备所有权转归承租企业,应进行转账,将固定资产从"融资租入固定资产"明细账户转入有关明细账目。

如果融资租赁资产占企业资产总额比例等于或小于30%的,在租赁开始日,企业也可按最低租赁付款额作为固定资产的入账价值。企业应按最低租赁付款额,借记"固定资产——融资租入固定资产"账户,贷记"长期应付款——应付融资租赁款"账户。

2. 举例说明核算方法

【例 6-8】 企业向南方租赁公司租入不需要安装的土方铲运机一台,按照租赁协议,起租期为 2003 年 1 月 1 日,租赁期为 3 年,企业每年付租金为 200 000 元,年利率为 7%,租赁期届满时,企业支付优惠购买价为 700 元,该设备的所有权转归本企业。2003 年 1 月 1 日,该设备的原账面价值为 400 000 元。该设备的预计使用年限为 7 年,已使用 3 年,租赁期满时该设备的公允价值为 40 000 元。在租赁期开始日,企业按租赁资产的原账面价值与最低租赁付款额的现值孰低的原则,确认租入资产的入账价值。各年末,企业采用直线法分摊未确认融资费用。

(1) 分析计算:

本题中,租赁合同规定租赁期届满时设备的所有权转归本企业,且企业支付的优惠购买价 700 元远低于行使选择权日租赁资产的公允价值 40 000 元(700/40 000=1.75% <5%,租赁期满,承租人有权优先廉价购买资产,一般不超过资产价值的 5%),另外,租赁期 3 年占租赁资产尚可使用年限 4 年的大部分(3/4=75%,融资租入资产使用年限长,一般达到资产可使用年限的 75% 以上),因此,可以认定该项租赁为融资租赁。

最低租赁付款额 $=200\,000\times3+700=600\,700$ 元

每年租金 200 000 元的年金现值 $=200\,000\times PA\,(3,7\%)$

优惠购买选择权行使价 700 元的复利现值 $=700\times PV\,(3,7\%)$

查"1 元年金现值表"和"1 元复利现值表"得知:

$PA\,(3,7\%)=2.6243$

$PV\,(3,7\%)=0.8163$

现值合计 $=200\,000\times2.6243+700\times0.8163$

$=524\,860+571.41=525\,431.41$ 元 $>400\,000$ 元

根据租赁准则和《企业会计准则》规定的孰低原则,租赁资产的入账价值应为其账面

价值 400 000 元。

未确认融资租赁费用＝600 700－400 000＝200 700 元

(2) 账务处理方法：

①2003 年 1 月 1 日，租入土方铲运机：

借：固定资产——融资租入固定资产　　　　　400 000
　　未确认融资费用　　　　　　　　　　　　200 700
　　贷：长期应付款——应付融资租赁款　　　　　　600 700

②2003 年 12 月 31 日，支付第一年的租金时：

借：长期应付款——应付融资租赁款　　　　　200 000
　　贷：银行存款　　　　　　　　　　　　　　　　200 000

③2003 年 12 月 31 日，按直线法分摊未确认融资费用时：

借：财务费用　　　　　　　　　　　　　　　　66 900
　　贷：未确认融资费用　　　　　　　　　　　　　　66 900

④2006 年 1 月 1 日，租赁期届满，支付优惠购买价时：

借：长期应付款——应付融资租赁款　　　　　　　700
　　贷：银行存款　　　　　　　　　　　　　　　　　　700

⑤2006 年 1 月 1 日，租赁期届满，结转租入设备的所有权时：

借：固定资产——生产经营用固定资产　　　　400 000
　　贷：固定资产——融资租入固定资产　　　　　　400 000

【例 6-9】 某施工企业融资租入不需要安装设备一台，按照租赁协议确定的租赁价款为 110 000 元，租赁费用分为 5 年，于每年年初偿还。租赁期满后，改租赁设备转为承租方所有。有关会计处理为：

(1) 租入设备：

借：固定资产——融资租入固定资产　　　　　110 000
　　贷：长期应付款——应付融资租赁款　　　　　　110 000

(2) 按期支付融资租费：

借：长期应付款——应付融资租赁款　　　　　　22 000
　　贷：银行存款　　　　　　　　　　　　　　　　　22 000

(3) 还清款项，固定资产归施工企业所有：

借：固定资产——生产经营用固定资产　　　　110 000
　　贷：固定资产——融资租入固定资产　　　　　　110 000

(八) 接受抵债取得的固定资产

企业接受的债权人以非现金资产抵偿债务方式取得的固定资产，或以应收债权换入固定资产的，按应收债权的账面价值加上应支付的相关税费，借记"固定资产"账户，按该项目应收债权已计提的坏账准备，借记"坏账准备"账户，按应收账面余额，贷记"应收账款"等账户，按应支付的相关税费，贷记"银行存款"、"应交税金"等账户。涉及补价的，凡收到对方支付补价的，按应收债权账面价值，减去补价，加上交付的相关税费，作为固定资产价值；凡向对方支付补价的，按应收债权的账面价值，加上支付的补价和应支付的相关税费，作为固定资产价值。

【例6-10】 经协商，某施工企业收到东风公司混凝土搅拌机一台，抵付应收工程款70 000元。施工企业对该项应收款已计提坏账准备3 800元，混凝土搅拌机已运到并交付使用，施工企业以银行存款支补差价16 000元，运杂费800元，已办妥有关手续。有关会计处理为：

借：固定资产——生产经营用固定资产　　　　　83 000
　　坏账准备　　　　　　　　　　　　　　　　 3 800
　贷：应收账款——应收工程款　　　　　　　　　70 000
　　　银行存款　　　　　　　　　　　　　　　　16 800

（九）非货币交易换入的固定资产

由于企业可以用许多非货币资产换入固定资产，如短期投资、产成品、库存材料、无形资产、长期投资等，甚至是固定资产换入固定资产，而且还涉及是否补价的情况，故在此仅以库存材料换入固定资产为例，说明非货币性交易换入的固定资产核算方法。

【例6-11】 某施工企业以库存圆钢一批换入某公司拥有的柴油空压机一台。在交换日，库存圆钢的账面计划成本为60 000元，应负担的材料差异为2%，其公允价值为55 000元，柴油机的公允价值为70 000元。企业以银行存款支付补价15 000元以及换出圆钢的运杂费1 200元，换入的空压机已运到并交付使用。有关会计处理为：

借：固定资产——生产经营用固定资产　　　　　77 300
　贷：原材料——主要材料　　　　　　　　　　　60 000
　　　材料成本差异——黑色金属　　　　　　　　 1 100
　　　银行存款　　　　　　　　　　　　　　　　16 200

（十）无偿拨入的固定资产

经批准无偿换入的固定资产，按调出单位的账面价值加上发生的运输费、安装费等相关费用作为固定资产价值。企业调入需安装的固定资产，按调入固定资产的原账面价值以及发生的包装费、运杂费等，借记"在建工程——无偿调入固定资产"账户，按调入固定资产的原账面价值，贷记"资本公积——无偿调入固定资产"账户，按所发生的支出，贷记"银行存款"等账户，发生的安装费用，借记"在建工程——无偿调入固定资产"账户，贷记"银行存款"、"应付职工薪酬"等账户。工程达到可使用状态时，按工程的实际成本，借记"固定资产"账户，贷记"在建工程——无偿调入固定资产"账户。

【例6-12】 某施工企业经有关部门批准从宏达建筑公司无偿调入挖掘机一台，调出单位的账面原价为80 000元，累计已提折旧为20 000元，已计提的减值准备为1 000元，企业以银行存款支付运杂费1 500元，挖掘机已交付使用。有关会计处理为：

借：固定资产——生产经营用固定资产　　　　　60 500
　贷：资本公积——无偿调入固定资产　　　　　　59 000
　　　银行存款　　　　　　　　　　　　　　　　 1 500

（十一）盘盈的固定资产

盘盈固定资产应查明原因，填制固定资产盘盈盘亏报告表并写出说明报告，在报经企业领导机构（股东大会或董事长、经理、厂长汇集或类似机构）批准前，作为待处理财产损溢处理，在按规定程序批准后，予以转入"营业外收入"账户。

【例6-13】 某企业期末财产清查，盘盈一台钻床，重置完全价值为20 000元，估计已提折旧 5 000 元。有关会计处理为：

(1) 报经审批前：

借：固定资产——生产经营用固定资产　　20 000
　　贷：累计折旧　　　　　　　　　　　　　　　5 000
　　　　待处理财产损溢——待处理固定资产损溢　15 000

(2) 审批后确认为营业外收入：

借：待处理财产损溢——待处理固定资产损溢　15 000
　　贷：营业外收入——固定资产盘盈　　　　　　15 000

第三节　固定资产折旧和固定资产减值准备的核算

一、固定资产折旧的概念和意义

施工企业的固定资产由于使用和自然力的侵蚀等因素，会发生自然损耗和使用损耗，从而减少其价值；同时，由于科学技术进步因素，也会引起固定资产价值上的损失。我们把前者称作固定资产的有形损耗，后者称作固定资产的无形损耗。这部分有形或无形损耗价值，应作为固定资产使用期间的费用计入有关工程和产品成本中去。由于固定资产损耗而逐渐转移到成本、费用中去的那一部分价值就叫做折旧。

正确计算固定资产折旧，对企业经济核算有着重要的意义。

首先，正确计算固定资产折旧，是正确计算工程和产品成本的需要。作为工程和产品成本组成要素的折旧费，它的计算正确与否，不但会影响工程和产品成本的正确性，而且会影响企业盈利核算的正确性。在折旧费提取偏低的情况下，会使工程和产品成本虚降，夸大企业盈利水平，造成"虚盈实亏"；反之，会人为提高工程和产品成本，减少企业盈利。这两种情况，都不利于正确评价企业经济活动的经济效益，从而削弱企业的经济核算。

其次，正确计提折旧，是保证固定资产简单再生产的前提。固定资产损耗价值的补偿是恢复其实物形态的前提。正确计提折旧，为固定资产的更新提供了资金来源，如果提取的折旧低于固定资产的实际损耗程度，就不能积存起足够的资金来保证固定资产简单再生产的正常进行。

另外，正确计提折旧还有利于国民经济的计划安排。

二、影响固定资产折旧计算的因素

1. 固定资产折旧的基数

固定资产折旧的基数，一般为固定资产的原值，即取得固定资产的原始成本。

2. 固定资产的预计净残值

固定资产预计净残值是指假定固定资产预计使用寿命已满并处于使用寿命终了时的预期状态，企业目前从该项资产处置中获得的扣除预计处置费用后的余额。即回收的残余材料的价值扣除预计支付的清理费后的余值。

即：固定资产预计净残值 = 预计残值收入－预计清理费

其中：

预计残值收入是指预先估计的固定资产清理时的残料变价收入；

预计清理费是指预先估计固定资产报废时所支付的拆卸、搬运等费用。

3. 固定资产的使用寿命

固定资产的使用寿命是指固定资产预计可使用的期限。确定固定资产的使用寿命，一般以固定资产物质上的耐用年限为基础，同时应视其有形损耗、无形损耗等具体情况而有所侧重。企业应根据国家的有关规定，结合本企业的具体情况科学、合理地确定固定资产的折旧年限。为此，建筑施工企业确定固定资产使用寿命，应当考虑下列因素：

（1）预计生产能力和实物产量；

（2）预计有形损耗和无形损耗；

（3）法律或类似规定对资产使用的限制。

三、固定资产折旧范围的确定

1. 应计提折旧的固定资产

按照《企业会计准则第 4 号-固定资产》准则的规定，企业应当对所有固定资产计提折旧。建筑施工企业固定资产应计提折旧的包括如下几个方面：

（1）所有房屋及建筑物，包括在用和未用的房屋及建筑物；

（2）施工机械、运输设备、生产设备、仪器及试验设备、工具、器具；

（3）因季节性或大修理停用的固定资产；

（4）经营出租的固定资产；

（5）融资租入固定资产；

（6）因施工任务不足处于半停产状态的固定资产。

2. 不应计提折旧的固定资产

《企业会计准则第 4 号-固定资产》准则中规定下列固定资产不应计提折旧：

（1）已提足折旧仍可使用的固定资产；

（2）按规定单独计价入账的土地（不论在用还是闲置）。

四、固定资产开始折旧和终止折旧的时间

企业一般应当按月计提折旧，当月增加的固定资产，当月不提折旧，从下月起计提折旧；当月减少的固定资产，当月照提折旧，从下月起不提折旧。固定资产提足折旧后，不管是否继续使用，均不再提取折旧；提前报废的固定资产，也不再补提折旧。所谓提足折旧，是指已经提足该项固定资产应计折旧额。应计折旧额是指应当计提折旧的固定资产原价减去预计净残值后的余额。已计提减值准备的固定资产，还应当扣除已计提的固定资产减值准备累计金额。

五、固定资产折旧的方法

固定资产折旧计算的目的是将固定资产成本在有效使用期内合理摊配，并使固定资产损耗价值得以补偿。固定资产折旧数额的确定，主要受固定资产的原值、净残值和使用年限的影响。固定资产的折旧方法有平均年限法、工作量法等传统方法，还有双倍余额递减法、年数总和法等快速折旧方法。企业要依据科技发展、环境及其他因素，选择合理的折旧方法，按照管理权限，经股东大会或董事会，或经理（厂长）会议或类似机构批准，作为计提折旧的依据。同时，按照法律、行政法规的规定报送有关各方备案，同时备案于企业所在地，以供股东等有关方面查阅。企业已经确定并对外报送，或备案于企业所在地的有关固定资产预计使用年限和预计净残值、折旧方法，

一经确定不得随意变更。企业至少应当于每年年度终了，对固定资产的使用寿命、预计净残值和折旧方法进行复核。使用寿命预计数与原先估计数有差异的，应当调整固定资产使用寿命；预计净残值预计数与原先估计数有差异的，应当调整预计净残值；与固定资产有关的经济利益预期实现方式有重大改变的，应当改变固定资产折旧方法；这些变更需要在会计报表附注中予以披露。

（一）传统折旧方法

（1）平均年限法。平均年限法，是将固定资产的应计折旧额在固定资产整个预计使用年限内平均分摊的折旧方法，也称直线法。有关计算公式如下：

$$固定资产年折旧额 = \frac{固定资产原值 - （预计残值收入 - 预计清理费用）}{固定资产预计使用年限}$$

$$= \frac{固定资产原值 - 预计净残值}{固定资产预计使用年限}$$

$$固定资产月折旧额 = \frac{固定资产年折旧额}{12}$$

在实际工作中，为了反映固定资产在一定期间内的损耗程度和便于计算折旧，每月应计提的折旧额一般是根据固定资产的原值乘以月折旧率计算确定的。固定资产折旧率是指一定时间内固定资产折旧额与固定资产原值之比。其计算公式如下：

$$固定资产年折旧率 = \frac{固定资产原值 - 预计净残值}{固定资产预计使用年限} \div 固定资产原值 \times 100\%$$

$$= \frac{1 - 预计残值率}{固定资产使用年限}$$

$$固定资产月折旧率 = \frac{固定资产年折旧率}{12}$$

$$固定资产月折旧额 = 固定资产原值 \times 固定资产月折旧率$$

折旧率按计算对象不同，分为个别折旧率、分类折旧率和综合折旧率三种。个别折旧率是按单项固定资产计算的折旧率，分类折旧率是按各类固定资产计算的折旧率，综合折旧率是按全部固定资产计算的折旧率。有关公式如下：

$$某项固定资产年折旧率 = \frac{该项固定资产的年折旧额}{该项固定资产原值} \times 100\%$$

$$某项固定资产月折旧率 = \frac{该项固定资产年折旧率}{12}$$

$$某项固定资产月折旧额 = 该项固定资产原值 \times 该项固定资产月折旧率$$

$$某类固定资产年折旧率 = \frac{该类固定资产的年折旧额}{该类固定资产原值} \times 100\%$$

$$某类固定资产月折旧率 = \frac{该类固定资产年折旧率}{12}$$

$$某类固定资产月折旧额 = 该类固定资产原值 \times 该类固定资产月折旧率$$

$$固定资产月综合折旧率 = \frac{\Sigma（固定资产原值 \times 各项固定资产月折旧率）}{\Sigma 固定资产原值}$$

$$全部固定资产月折旧额 = 全部固定资产原值 \times 综合固定资产月折旧率$$

按个别折旧率计算折旧，工作量过于烦琐；按综合折旧率计算折旧，会影响折旧费的合理分摊；采用分类折旧率，既可以适当简化核算工作，又可以较为合理地分配折旧费，故一般采取分类折旧率。

【例 6-14】 某施工企业有三台电脑，原始价值为 25 000 元，预计使用年限为 5 年，预计净残值率为 4%。有关计算如下：

$$年折旧率=\frac{1-4\%}{5}=19.2\%$$

$$月折旧率=19.2\%\div 12=1.6\%$$

$$月折旧额=25\ 000\times 1.6\%=400\ 元$$

平均年限法操作简便，适用于大多数固定资产，因而应用范围最广泛。另外，由于按固定资产的服务时间计提折旧，平均年限法有可能充分反映无形损耗的影响。但是，这种方法忽略了某些固定资产在不同期间使用的强度的不均衡性所导致的不同期间固定资产有形损耗程度的差异。

（2）工作量法。工作量法，是将固定资产的应计折旧额在固定资产预计总工作量中平均分摊的方法。有关计算公式如下：

$$单位工作量折旧额=\frac{固定资产原值\times(1-预计净残值率)}{预计总工作量}$$

某项固定资产某月折旧额=该项固定资产当月工作量×单位工作量折旧额

这里的"工作量"，可以是小时数、产量数、行驶里程数、工作台班数等。

【例 6-15】 某施工企业一辆轿车，其原始价值 150 000 元，预计净残值率为 4%，预计总行驶里程为 50 万 km，某月行驶里程 4 000km。则：

$$每公里折旧额=150\ 000\times(1-4\%)\div 500\ 000=0.288\ 元$$

$$本月折旧额=0.288\times 4\ 000=1\ 152\ 元$$

（二）加速折旧方法

可以通过两种方式实现固定资产的加速折旧：一是缩短折旧年限；二是在固定资产使用的早期多提折旧，在后期少提折旧，计提的折旧额呈逐年递减的趋势。无论哪一种方式，加速折旧的目的都是为了使固定资产的成本尽早得到补偿。加速折旧法主要有年数总和法、双倍余额递减法两种方法，通常采用第二种方法。

（1）年数总和法。年数总和法是以固定资产的应计提折旧额作折旧基数，以一个逐期递减的分数作折旧率来计算各期折旧额的方法。逐年递减分数的分子代表固定资产尚可使用的年限（含当年），分母代表使用年限的逐年数字之总和。假定使用年限为 n 年，分母为 $1+2+3+\cdots+n=n(n+1)/2$，其折旧的计算公式如下：

$$年折旧率=\frac{尚可使用年限(含本年)}{预计使用年限\times(预计使用年限+1)/2}$$

$$月折旧率=\frac{年折旧率}{12}$$

月折旧额=(固定资产原值-预计残值率)×月折旧率

【例 6-16】 某施工企业某项固定资产原值为 16 000 元，预计使用年限 5 年，预计净残值为 400 元，采用年数总和法计提折旧，各年的折旧额如表 6-1。

固定资产折旧计算表　　　　　　　　　　　　表 6-1

使用年份	应计提折旧额(元)	年折旧率	年折旧额（元）	累计折旧额（元）	年末账面净值(元)
0					16 000
1	15 600	5/15	5 200	5 200	10 800
2	15 600	4/15	4 160	9 360	6 640
3	15 600	3/15	3 120	12 480	3 520
4	15 600	2/15	2 080	14 560	1 440
5	15 600	1/15	1 040	15 600	400

年数总和法仅适合于单个固定资产折旧。

（2）双倍余额递减法。双倍余额递减法是以固定资产的期初账面净值为折旧基数、以直线法折旧率的双倍数（不考虑净残值）作为折旧率来计算各期折旧额的方法。由于折旧率中不考虑预计净残值，这样会导致在固定资产预计使用期满时已提折旧总数超过应计折旧额。为次，在固定资产预计使用年限到期前的两年内，将固定资产账面净值扣除预计净残值后的余额平均摊销。

【例 6-17】 如前［例 6-16］，采用双倍余额递减法计提折旧，各年折旧额如表 6-2。

固定资产折旧计算　　　　　　　　　　　　表 6-2

年　数	年初账面余额(元)	年折旧率（%）	年折旧额（元）	累计折旧额（元）	年末账面净值(元)
1	16 000	40	6 400	6 400	9 600
2	9 600	40	3 840	10 240	5 760
3	5 760	40	2 304	12 544	3 456
4	3 456		1 528	14 072	1 928
5	1 928		1 528	15 600	400

双倍余额递减法也仅适合于单个固定资产计提折旧。

六、固定资产折旧的核算

（一）应设置的会计账户

为了反映和监督建筑施工企业固定资产折旧的变动以及累计折旧额，应设置"累计折旧"账户，进行总分类核算。其贷方登记提取的折旧、增加固定资产转入的折旧，借方登记处置固定资产而结转的折旧，期末余额在贷方，反映企业固定资产的累计折旧额。

本账户可按固定资产的类别或项目进行明细核算。

每月计提的固定资产折旧，应按照固定资产的账户进行总分类核算，也可按固定资产类别或项目进行明细核算。若只进行总分类核算时，需查明某项固定资产的已提折旧，可以根据固定资产卡片上所记载项目的固定资产原价、折旧率和使用年限作为计算依据。

（二）固定资产折旧的核算

在实际工作中，固定资产折旧的核算，是通过编制"固定资产折旧计算表"进行的。该表可以由会计部门编制，也可由各使用部门编制，由会计部门进行审核汇总后作为固定资产折旧总分类的依据。

【例 6-18】 某施工企业本月"固定资产折旧计算表"见表 6-3。

固定资产折旧计算表　　　　　表 6-3

2008 年 6 月　　　　　　　　　单位：元

固定资产类别	月折旧额	按使用对象分配			
		采购保管费	机械作业	辅助生产	管理费用
房　屋	600	150			450
建筑物	300				300
施工机械	3 600		3 600		
运输设备	1 200		1 200		
生产设备	1 000			1 000	
仪器及试验设备	300			200	100
其他生产用固定资产	1 000	100			900
合　计	8 000	250	4 800	1 200	1 750

根据表 6-3 所列固定资产折旧额，作如下分录：
借：采购保管费　　　　　　　　　　　　250
　　机械作业　　　　　　　　　　　　4 800
　　辅助生产　　　　　　　　　　　　1 200
　　管理费用　　　　　　　　　　　　1 750
　贷：累计折旧　　　　　　　　　　　8 000

七、固定资产减值准备的核算

根据《企业会计准则第 8 号-资产减值》的规定，企业的固定资产应当在资产负债表日时账面价值与可收回金额孰低计量，对可收回金额低于账面价值的差额，应当计提固定资产减值准备。因此，企业应当在期末或至少年末，对固定资产进行逐项检查，对照市价，如果市价持续下跌或其他原因导致（技术陈旧、损坏、长期闲置等）可收回金额低于账面价值的，应当将可收回金额低于其账面价值的差额作为固定资产减值准备。即当存在下列情况之一时，计提固定资产减值准备：

（1）长期闲置不用，在预见的未来不会再使用，且无转让价值的固定资产；
（2）由于技术进步等原因，已不可使用的固定资产；
（3）虽然尚可使用，但使用后生产大量不合格产品的固定资产；
（4）已遭毁损，以至于不再具有使用价值和转让价值的固定资产；
（5）其他实质上不能给企业带来经济效益的固定资产。

固定资产减值损失一经确认后，在以后会计期间不得转回。同时，计提减值后的固定资产的折旧应当在未来期间作相应调整，以使该固定资产在剩余使用寿命内，系统地分解调整后的固定资产账面价值（扣除预计净残值）。

计提固定资产减值准备时应设置"固定资产减值准备"账户核算。资产负债表日，固定资产发生减值时，借记"资产减值损失"账户，贷记"固定资产减值准备"账户。处置固定资产还应同时结转减值准备；本账户期末贷方余额，反映企业已计提但尚未转销的固定资产减值准备。

【例 6-19】 某企业固定资产原值为 6 480 000 元，累计折旧 3 200 000 元，该固定资产当前市场价值为 3 100 000 元，固定资产减值准备账面余额为 100 000 元。

1/2 应计提的固定资产减值准备：

6 480 000－3 200 000－3 100 000－100 000＝80 000 元

会计处理为：

借：资产减值损失——固定资产减值准备　　　80 000
　　贷：固定资产减值准备　　　　　　　　　　　　80 000

2/2 计提减值后该固定资产的折旧调整计算，预计净残值率 3%，预计尚可使用 8 年。

(1) 调整后的固定资产应计折旧额＝3 100 000－93 000＝3 007 000 元；

(2) 每年应计提的折旧额＝3 007 000/8＝375 875 元；

(3) 调整后的计提折旧的账务处理，此略。

第四节　固定资产修理的核算

一、固定资产修理的意义和种类

固定资产可以长期使用，在长期使用过程中由于自然损耗，其各个组成部分因耐用程度不同，磨损的程度也不同，因而经常发生固定资产的部分损坏。为维护固定资产的使用效能，使其经常处在良好状态，保证固定资产的正常运转和使用，企业必须对固定资产有计划地、及时地进行修理。

修理是恢复固定资产原有性能的行为，一般地说，修理并不延长固定资产的使用年限或提高其预计的服务能力。按照修理范围的大小、间隔时间的长短及费用支出的多少，可以分为大修理和中、小修理。

固定资产大修理是对企业的固定资产进行局部更新。例如，机器设备进行拆卸，部分更换主要部件、配件，房屋建筑物进行翻修等。由此可见，固定资产大修理的主要特点是：修理范围大、间隔时间长、修理次数少、支出费用大。

固定资产中、小修理也可称为经常性修理或日常修理，是为了维护和保持固定资产正常工作状态所进行的经常性修理工作。例如：对机械设备进行局部检修，更换个别零件、排除故障或清洗设备以及房屋、建筑物的局部修缮等。由此可见，固定资产中、小修理的特点是：修理范围小、间隔时间短、修理次数多、费用支出少。

二、固定资产修理的核算方法

根据固定资产修理费用的多少及其对各期成本费用的均衡负担的影响程度，固定资产的修理费用可以采用直接列支、摊销列支和预提列支三种方法计入各期工程、产品成本及有关费用。

1. 直接列支

为了简化核算，对于经常发生且比较均衡，一次支付费用较少的修理费用，可以采用直接列支的方法，直接计入当期有关成本、费用账户。

【例 6-20】某机械施工单位为施工机械的经常修理领用机械配件 1 250 元，发生工资费用 100 元。有关会计处理为：

借：机械作业　　　　　　　　　　　　　　　　1 350
　　贷：原材料——机械配件　　　　　　　　　　　1 250

　　　　应付职工薪酬　　　　　　　　　　　　　　　　　100

　2. 摊销列支

　　摊销列支是指将实际支付或发生的固定资产修理费用，按受益时间进行分摊计入受益各期生产经营费用的一种核算方法，它适用于一次性支付的修理费用数额较大，且是先发生后摊销的情况。发生修理费用，先通过"在建工程"账户汇集，修理完工后转入"待摊费用"或"长期待摊费用"账户，分期摊销时，计入有关成本、费用账户，借记"机械作业"、"工程施工"、"辅助生产"、"管理费用"等账户，贷记"待摊费用"或"长期待摊费用"账户。

　　【例 6-21】某施工企业辅助生产车间的大修理工程出包给燕京房修公司，以银行存款预付大修理工程款 40 000 元，大修理工程完工后又补付工程款 32 000 元，该厂房的大修理周期为 4 年。有关会计处理为：

　　（1）预付大修理工程款：

　　　借：在建工程——大修工程（厂房）　　　　　　40 000
　　　　贷：银行存款　　　　　　　　　　　　　　　　　40 000

　　（2）补付大修理工程款：

　　　借：在建工程——大修工程（厂房）　　　　　　32 000
　　　　贷：银行存款　　　　　　　　　　　　　　　　　32 000

　　（3）大修理工程完工后：

　　　借：长期待摊费用　　　　　　　　　　　　　　72 000
　　　　贷：在建工程——大修工程（厂房）　　　　　　72 000

　　（4）按月摊销大修理费用：

　　　借：辅助生产　　　　　　　　　　　　　　　　1 500
　　　　贷：长期待摊费用　　　　　　　　　　　　　　1 500

　3. 预提列支

　　预提列支是指根据固定资产修理和计划，按月计提，计入各月生产经营费用；修理时，将实际支付或发生的费用在预提的修理费用中列支的一种核算方法。它适用于一次性支付的修理费数额较大，而又必须先提后用的情况。

　　为了核算方便，采取预提办法时，应通过"预提费用"账户进行核算，企业每月根据计划预提修理费用时，借记有关成本、费用账户，贷记"预提费用"账户；实际发生修理费用时，可先通过"在建工程"账户汇集修理费用，修理完工后，借记"预提费用"，贷记"在建工程"账户。

　　【例 6-22】某施工企业所属内部独立核算的机械站计划于本年度 12 月份对一台塔式起重机进行大修，预计大修理费用总额为 36 000 元，决定从本年度 1～12 月份按月预提大修理费用。12 月份，委托外单位对塔式起重机进行大修，以银行存款一次性支付大修理费用 38 000 元，年末大修理工程已完工。有关会计处理为：

　　（1）按月预提大修理费用：

　　　借：机械作业　　　　　　　　　　　　　　　　3 000
　　　　贷：预提费用　　　　　　　　　　　　　　　　3 000

　　（2）支付清理费用：

　　　借：在建工程——大修工程（塔式起重机）　　　38 000

  贷：银行存款   38 000
（3）大修理工程完工后：
  借：预提费用   36 000
    机械作业   2 000
    贷：在建工程——大修工程（塔式起重机） 38 000

第五节 固定资产减少的核算

一、固定资产减少的情况
（1）投资转出的固定资产；
（2）捐赠转出的固定资产；
（3）进行非现金资产抵债转出的固定资产；
（4）非货币交易转出的固定资产；
（5）无偿调出的固定资产；
（6）财产清查中盘亏的固定资产；
（7）出售、报废和毁损等原因减少的固定资产。

二、固定资产减少的核算

（一）主要设置的会计账户

  固定资产因出售、报废、毁损、清偿债务、非货币交易等情况减少固定资产，在会计核算上既要反映减少固定资产的价值，又要反映减少过程中发生的该项支出。为此，在总分类核算中要设置和运用"固定资产清理"账户。

  "固定资产清理"账户是计价对比账户，核算企业因出售、报废、毁损、对外投资、非货币性资产交换、债务重组等原因转出的固定资产价值及其在清理过程中发生的清理费用等。其借方登记转入清理的固定资产价值、发生的清理费用以及清理完成后结转的净收益等；贷方登记清理固定资产的价款、变价收入、残料价值、应由保险公司或过失人承担的损失以及清理完成后结转的净损失等；本账户期末如是借方余额，反映企业尚未清理完毕的固定资产清理净损失。

  "固定资产清理"账户可按被清理的固定资产项目设置明细账，进行明细核算。

（二）投资转出的固定资产

  投资转出的固定资产，按转出固定资产的账面价值加上应支付的相关税费，借记"长期债权投资"账户，按投出固定资产已提折旧，借记"累计折旧"账户，按该项固定资产已计提的减值准备，借记"固定资产减值准备"账户，按投出固定资产的账面原价，贷记"固定资产"账户，按应付的相关税费，贷记"银行存款"、"应交税费"等账户。

【例 6-23】 某施工企业将一台账面原值为 70 000 元，已计提折旧 20 000 元的刨床对外投资，该项固定资产已提取减值准备 5 000 元。有关会计处理为：
  借：长期债权投资   45 000
    累计折旧   20 000
    固定资产减值准备   5 000
    贷：固定资产——生产经营用固定资产   70 000

（三）捐赠转出的固定资产

捐赠转出的固定资产，应按固定资产净值，借记"固定资产清理"账户，按该项固定资产已提的折旧，借记"累计折旧"账户，按固定资产的账面原价，贷记"固定资产"账户；按该项固定资产已计提的减值准备，借记"固定资产减值准备"账户，贷记"固定资产清理"账户；按捐赠转出的固定资产应交的相关税费，借记"固定资产清理"账户，贷记"银行存款"等账户；按"固定资产清理"账户的余额，借记"营业外支出——公益性捐赠支出"账户，贷记"固定资产清理"账户。

【例 6-24】 某施工企业将一台账面原值为 45 000 元，已计提折旧为 15 000 元的轿车捐赠给本企业的某一协作单位，捐出时用现金支出运杂费 200 元，该设备已计提减值准备 500 元。有关会计处理为：

（1）注销捐赠资产价值：

借：固定资产清理——轿车	30 000	
累计折旧	15 000	
贷：固定资产——生产经营用固定资产		45 000

（2）发生清理费用：

A 发生运杂费：

借：固定资产清理——轿车	200	
贷：库存现金		200

B 注销捐赠转出固定资产已计提的减值准备

借：固定资产减值准备	500	
贷：固定资产清理——轿车		500

（3）结转清理支出：

借：营业外支出——公益性捐赠支出	29 700	
贷：固定资产清理——轿车		29 700

（四）抵债转出的固定资产

企业以抵偿债务方式转出的固定资产，应按固定资产净值，借记"固定资产清理"账户，按该项固定资产已计提的折旧，借记"累计折旧"账户，按固定资产的账面原价，贷记"固定资产"账户；按该项固定资产已计提的减值准备，借记"固定资产减值准备"账户，贷记"固定资产清理"账户；按转出的固定资产应支付的相关税费，借记"固定资产清理"账户，贷记"银行存款"等账户；按应付债务的账面余额，借记"应付账款"等账户，按"固定资产清理"账户的余额，贷记"固定资产清理"账户，按其差额，借记"营业外支出——债务重组损失"账户，或贷记"资本公积"账户。

【例 6-25】 某施工企业欠分包单位丰台建筑公司的工程款 500 000 元，短期内无法支付，经协商达成债务重组协议，企业以其拥有的塔式起重机一台抵偿债务。塔式起重机的账面原价 540 000 元，累计折旧为 60 000 元，已计提的减值准备为 30 000 元。企业以银行存款支付清理费和运杂费 10 000 元。有关会计处理为：

（1）注销抵偿债务转出固定资产的账面原价和累计已提折旧：

借：固定资产清理——塔式起重机	480 000	
累计折旧	60 000	

  贷：固定资产——生产经营用固定资产   540 000
 （2）注销抵偿债务转出固定资产已计提的减值准备
  借：固定资产减值准备   30 000
   贷：固定资产清理——塔式起重机   30 000
 （3）支付清理费和运杂费：
  借：固定资产清理——塔式起重机   10 000
   贷：银行存款   10 000
 （4）注销应付债务的账面余额：
  借：应付账款——应付工程款   500 000
   贷：固定资产清理——塔式起重机   460 000
    营业外收入——债务重组利得   40 000

（五）非货币交易转出的固定资产

  以非货币性交易换出的固定资产的，应按换出固定资产的账面净值，借记"固定资产清理"账户，按换出固定资产的已提折旧，借记"累计折旧"账户，按换出固定资产的账面原价，贷记"固定资产"账户；按换出固定资产已计提的减值准备，借记"固定资产减值准备"账户，贷记"固定资产清理"账户；按应确认的收益，借记"固定资产清理"账户，贷记"营业外收入——非货币交易收益"账户；按收到的补价，借记"银行存款"等账户，贷记"固定资产清理"账户。按"固定资产清理"账户的余额，借记有关资产账户，贷记"固定资产清理"账户。

  【例 6-26】 某施工企业以载重汽车一辆换入飞达公司的一批钢材。在交换日，载重汽车的账面原价为 268 000 元，累计已提折旧为 50 000 元，已计提的减值准备为 10 000 元，其公允价值为 210 000 元，飞达公司钢材的公允价值为 210 000 元，企业在交换过程中未发生其他相关税费。有关会计处理为：

 （1）注销换出固定资产的账面原价和累计折旧：
  借：固定资产清理——汽车   218 000
   累计折旧   50 000
   贷：固定资产——生产经营用固定资产   268 000
 （2）注销换出固定资产已计提的减值准备：
  借：固定资产减值准备   10 000
   贷：固定资产清理——汽车   10 000
 （3）将换入的钢材入账：
  借：原材料——主要材料   210 000
   贷：固定资产清理——汽车   208 000
    营业外收入——非货币性资产交换利得   2 000

（六）无偿调出的固定资产

  企业按照有关规定并报经有关部门批准无偿调出的固定资产，应按固定资产净值，借记"固定资产清理"账户，按该项固定资产已提的折旧，借记"累计折旧"账户，按固定资产的账面原价，贷记"固定资产"账户；按该项固定资产已计提的减值准备，借记"固定资产减值准备"账户，贷记"固定资产清理"账户；发生的清理费用，借记"固定资产清理"账户，贷记"银行存款"、"应付职工薪酬"等账户；调出固定资产发生的净损失，借记"营业外支出——非流动资产处置损失"账户，贷记"固定资产清理"账户。

【例 6-27】某施工企业经批准无偿调出经纬仪一台，其账面原价为 65 000 元，累计折旧 20 000 元，已计提的减值准备为 5 000 元，企业以银行存款支付清理费用 1 000 元。有关会计处理为：

（1）注销无偿调出固定资产的账面价值：

借：固定资产清理——经纬仪　　　　　　　30 000
　　累计折旧　　　　　　　　　　　　　　15 000
　　　贷：固定资产——生产经营用固定资产　45 000

（2）支付清理费用：

借：固定资产清理——经纬仪　　　　　　　1 000
　　　贷：银行存款　　　　　　　　　　　1 000

（3）结转无偿调出固定资产发生的净损失：

借：营业外支出——非流动资产处置损失　　31 000
　　　贷：固定资产清理——经纬仪　　　　31 000

（七）财产清查中盘亏的固定资产

对盘亏的固定资产，企业应及时办理资产注销手续。在按规定程序报有关机构批准前，应将原固定资产卡片抽出，单独保管。同时按盘亏固定资产价值，借记"待处理财产损溢"账户，按该项固定资产已提的折旧，借记"累计折旧"账户，按该项固定资产已计提的减值准备，借记"固定资产减值准备"账户，按固定资产的账面原价，贷记"固定资产"账户。在规定程序报经审批后，扣除过失人及保险公司赔款后的差额，借记"营业外支出"账户，贷记"待处理财产损溢"账户。

【例 6-28】某施工企业在财产清查中发现短少一台地磅，其账面原价为 5 000 元，已提折旧 2 000 元，已提减值准备 500 元，有关会计处理为：

（1）报经审批前：

借：待处理财产损溢——待处理固定资产损溢　2 500
　　累计折旧　　　　　　　　　　　　　　2 000
　　固定资产减值准备　　　　　　　　　　500
　　　贷：固定资产——生产经营用固定资产　5 000

（2）审批后确认为营业外支出：

借：营业外支出——固定资产盘亏损失　　　2 500
　　　贷：待处理财产损溢——待处理固定资产损溢　2 500

（八）出售、报废和毁损等原因减少的固定资产

出售、报废和毁损等原因减少的固定资产，按减少固定资产账面价值，借记"固定资产清理"账户，按该项固定资产已提的折旧，借记"累计折旧"账户，按该项固定资产已计提的减值准备，借记"固定资产减值准备"账户，贷记"固定资产清理"账户，按固定资产的账面原价，贷记"固定资产"账户；清理净收益，贷记"营业外收入——固定资产处置收益"，清理净损失，借记"营业外支出——固定资产处置损失"。

【例 6-29】某施工企业一台经营管理用电脑使用期满，进行报废处理。该设备的账

面原始价值79 000元,已提折旧70 000元,已提减值准备6 000元,清理过程中用现金100元支付清理费用,回收残料价值2 000元,暂入材料库。有关会计处理为:

(1) 注销报废固定资产价值:

借:固定资产清理——电脑	3 000
累计折旧	70 000
固定资产减值准备	6 000
贷:固定资产——生产经营用固定资产	79 000

(2) 支付清理费用:

借:固定资产清理——电脑	100
贷:银行存款	100

(3) 取得清理收入:

借:原材料——其他材料	2 000
贷:固定资产清理——电脑	2 000

(4) 结转清理净损失:

借:营业外支出——固定资产处置损失	1 100
贷:固定资产清理——电脑	1 100

【例6-30】某施工企业出售一栋旧办公楼。该房屋账面原始价值2 000 000元,已提折旧1 100 000元,取得出售价款1 200 000元,应交营业税6 600元。该厂房已计提减值准备100 000元。有关会计处理为:

(1) 注销报废固定资产价值:

借:固定资产清理——办公楼	800 000
累计折旧	1 100 000
固定资产减值准备	100 000
贷:固定资产——生产经营用固定资产	2 000 000

(2) 取得清理收入:

借:银行存款	1 200 000
贷:固定资产清理——办公楼	1 200 000

(3) 应交营业税:

借:固定资产清理——办公楼	6 600
贷:应交税费	6 600

(4) 结转清理净收益:

借:固定资产清理——办公楼	393 400
贷:营业外收入——固定资产处置收益	393 400

【例6-31】某施工企业一辆载重汽车因车祸毁损,经批准进行报废处理,其账面原始价值120 000元,已提折旧70 000元,已计提减值准备5 000元,以银行存款支付清理费用800元,取得残值变价收入4 000元。经确认,应由保险公司赔偿35 000元,责任人张林赔偿5 000元。有关会计处理为:

(1) 转入清理:

借:固定资产清理——载重汽车	45 000

累计折旧		70 000
固定资产减值准备		5 000
贷：固定资产——生产经营用固定资产		120 000

（2）支付清理费用：
　　借：固定资产清理——载重汽车　　　　　800
　　　　贷：银行存款　　　　　　　　　　　　　　800

（3）取得残值变价收入：
　　借：银行存款　　　　　　　　　　　　4 000
　　　　贷：固定资产清理——载重汽车　　　　4 000

（4）确认应由保险公司和责任人赔偿的款项：
　　借：其他应收款——保险公司　　　　　35 000
　　　　其他应收款——张林　　　　　　　5 000
　　　　贷：固定资产清理——载重汽车　　　　40 000

（5）结转清理净损失：
　　借：营业外支出——非常损失　　　　　1 800
　　　　贷：固定资产清理——载重汽车　　　　1 800

第六节　固定资产的明细分类核算

　　为了反映固定资产的明细核算，企业应设置"固定资产登记簿"和"固定资产卡片"，按固定资产的类别、使用部门和每项固定资产进行明细核算。

　　"固定资产卡片"是按登记对象进行固定资产明细核算的账簿。应为每一个独立的固定资产项目设置一张卡片，卡片上载明该固定资产的名称、编号、规格、主要技术参数、使用年限、折旧年限、停用记录等。如房屋建筑物应以每一栋房屋或独立建筑物连同附属设备作为一个登记对象；施工机械应每一独立的施工机械连同附属设备、发动机、联动机作为一个登记对象；运输设备应以每一个独立的运输设备（如一辆卡车、一辆马车）作为一个登记对象；生产设备应以每一个独立机器连同基座、附属设备、工具、仪器作为一个登记对象；仪器及试验设备应以每一个独立的仪器或设备连同为便于操作控制而配备的各种附具作为一个登记对象；其他生产用固定资产应以每一单项固定资产如每件管理用具、每一消防车作为一个登记对象。为了方便管理和核算，企业应对每一固定资产登记对象加以编号，并在实物上将编定的号码标明，以便查找核对，避免乱账、错账。固定资产卡参考格式见表6-4、表6-5。

　　"固定资产卡片"通常应一式三份，一份由固定资产使用单位保管，一份由财产管理部门保管，一份由会计部门保管。为了归类反映和便于查找，"固定资产卡片"一般存放在卡片箱内，先按房屋、建筑物、施工机械、运输设备、生产设备、仪器及试验设备、其他固定资产等类排列；在每一大类下，再按使用单位排列。凡增加的固定资产，都应设置新的卡片；凡是有关在修理、停用、在企业内改变使用单位、进行清理或出售等，都应在卡片内登记。凡是已减少的固定资产，都应将卡片抽出，另行保管。会计部门保管的卡片，还应定期与财产管理部门保管的卡片进行核对。

固 定 资 产 卡 片　　　　　　　　　表 6-4

（正面）

固定资产编号 固定资产类别 固定资产名称 固定资产型号规格						建造单位 建造年份 交接验收日期 调入时已用年限 调入时已提折旧				固定资产原值 预计使用年限 预计残值 预计清理费用 月折旧率 月大修理费用提存率		
原值及折旧记录						大修理				停用记录		
日期	凭证	摘要	原值	折旧	净值	日期	凭证	摘要	金额	停用日期	原因	动用日期

固 定 资 产 卡 片　　　　　　　　　表 6-5

（背面）

主体、附属设备及其变动记录				使用部门和内部注意情况			出售情况	报废清理记录
名称	规格	数量	变动记录	日期	凭证	使用部门	出售日期 凭证号码 原值 已提折旧 售价	报废清理日期 凭证号数 报废清理原因 原值 已提折旧 变价收入 清理费用
								其他需要记录的事项： 记卡日期 注销日期 卡片登记人

通过"固定资产卡片"，可以了解每项固定资产的变动情况。但是由于卡片的数量较多，不便据以了解各类固定资产的变动情况，因此，还须设置"固定资产登记簿"进行核算。"固定资产登记簿"是按固定资产类别开设账页，由金额综合反映各类固定资产增、减、结存情况的账簿。为了解各施工单位固定资产的变动情况和各类固定资产折旧的变动情况，在登记簿中除按使用、保管单位分栏登记原值外，还可设置折旧栏，以便计算和反映各类固定资产的折旧。每月按固定资产的增减日期顺序登记，反映各类、各部门固定资产的增减变动情况。月末结出余额，作为下月计提固定资产的依据。"固定资产登记簿"的格式见表 6-6。

固定资产登记簿　　　　　　　　　表 6-6

固定资产类别：

日期	凭证号码	摘要	增 加						减 少				余额
			国家投入	自行建造	购入	其他单位投入	融资租入	其他	合计	售出转让	报废清理	其他	合计	

为了保证会计记录的正确性,做到账账相符,"固定资产卡片"、"固定资产登记簿"和总分类账中"固定资产"账户的余额,应定期进行核算。

第七节 临时设施的核算

《企业会计准则-会计科目》中指出,固定资产账户核算内容中包括建筑承包商的临时设施的核算内容,将其作为固定资产的一个明细分类核算项目。

一、临时设施的概念

临时设施是指建筑施工企业为保证施工和管理的正常进行而建造的各种简易设施。

二、临时设施的核算内容

建筑施工企业的临时设施包括:现场办公室、作业棚、库房、机具棚、临时铁路专用线、临时道路、围墙、临时给水、排水、供电、供热设施、临时预制构件及加工材料场所、临时厕所、休息室、化灰池、茶炉、蓄水池、沥青锅炉、临时性简易周转房以及临时性的职工宿舍、食堂、浴池、医务室等设施。

三、临时设施的核算

(一)临时设施核算的账户设置

为了核算临时设施的搭建及其摊销情况,建筑施工企业应在固定资产总分类账户下设置"固定资产—临时设施"明细分类账户进行明细分类核算,同时增设"临时设施摊销"账户,反映临时设施摊销的核算内容。

(1)"固定资产—临时设施"账户。本账户借方登记企业因购置或搭建各种临时设施发生的实际成本,贷方登记企业因出售、拆除、报废的不需用或不能继续使用的临时设施的实际成本,月末借方余额反映企业现有临时设施的实际成本。

本账户可按临时设施种类和使用部门进行二级明细分类核算。

(2)"临时设施摊销"账户。其贷方登记建筑施工企业按月计提摊入受益对象的临时设施摊销额,借方登记企业因出售、拆除、报废、毁损和盘亏临时设施的已提摊销额,月末贷方余额反映企业在用临时设施的已提摊销额。

(二)临时设施的核算

1. 临时设施购建的核算

建筑施工企业对于用银行存款购入的临时设施,应按购入时的实际支出,借记"固定资产—临时设施"账户,贷记"银行存款"账户。对于通过建筑安装活动建造完成的临时设施,在搭建过程中发生的各种支出,先通过"在建工程"账户核算,即发生费用时,借记"在建工程"账户,贷记"原材料"、"应付职工薪酬"等账户;搭建完工交付使用时,按建造期间发生的实际成本,借记"固定资产—临时设施"账户,贷记"在建工程"账户。

【例6-32】 某建筑施工企业以银行存款120 000元购入旧房一栋,作为现场施工管理部门临时办公室。会计处理为:

借:固定资产—临时设施—临时办公室　　　　120 000
　　贷:银行存款　　　　　　　　　　　　　　　　120 000

【例6-33】 某施工企业搭建一临时库房,领用材料8 000元,发生人工费用2 000元,以银行存款支付其他费用1 840元，本月材料成本差异率为2%，搭建完工后随即交付使用。有关会计处理为：

(1) 搭建发生各项支出时：

借：在建工程——临时库房工程　　　　　　　　12 000
　　贷：原材料　　　　　　　　　　　　　　　　　　8 000
　　　　应付职工薪酬　　　　　　　　　　　　　　　2 000
　　　　材料成本差异　　　　　　　　　　　　　　　　160
　　　　银行存款　　　　　　　　　　　　　　　　　1 840

(2) 完工交付使用时：

借：固定资产—临时设施——临时库房　　　　　　12 000
　　贷：在建工程——临时库房工程　　　　　　　　12 000

2. 临时设施摊销的核算

企业各种临时设施，应根据其服务年限和服务对象，合理地确定摊销期限，将其价值分期摊入工程成本。临时设施摊销方法一般可采用直线法。建筑施工企业按月计算的临时设施摊销额，可按其受益对象，借记"工程施工"、"在建工程"等有关账户，贷记"临时设施摊销"账户。

【例6-34】 某建筑施工企业的工程施工现场按规定计算本月应负担的临时设施摊销额500元，会计处理为：

借：工程施工——间接费用　　　　　　　　　　　　500
　　贷：临时设施摊销　　　　　　　　　　　　　　　　500

3. 临时设施清理的核算

企业出售、拆除、报废的临时设施应转入清理。转入清理的临时设施，按临时设施账面净值，借记"固定资产清理——临时设施清理"账户，按已计提摊销额，借记"临时设施摊销"账户，按其账面价值，贷记"临时设施"账户。出售、拆除过程发生的变价收入和残料价值，借记"银行存款"、"原材料"等账户，贷记"固定资产清理——临时设施清理"账户；若发生净收益，借记"固定资产清理——临时设施清理"账户，贷记"营业外收入——处理临时设施净收益"；若发生净损失，则借记"营业外支出——处理临时设施净损失"账户，贷记"固定资产清理——临时设施清理"账户。

【例6-35】 由于承包工程竣工将临时设施拆除，该库房原价12 000元，已提摊销10 000元，在拆除过程中支出费用500元，残料作价800元入库。有关会计处理为：

(1) 将拆除的临时设施库房转入清理时：

借：固定资产清理——临时设施清理　　　　　　　2 000
　　临时设施摊销——临时库房　　　　　　　　　10 000
　　贷：固定资产—临时设施——临时库房　　　　12 000

(2) 发生清理费用时：

借：固定资产清理——临时设施清理　　　　　　　　500
　　贷：银行存款　　　　　　　　　　　　　　　　　　500

(3) 残料回收时：

借：原材料　　　　　　　　　　　　　　　　　　　　800

  贷：固定资产清理——临时设施清理　　　　　　800
（4）结转清理后的净损失时：
借：营业外支出——处理临时设施净损失　　　　　1 700
  贷：固定资产清理——临时设施清理　　　　　1 700

<h2 style="text-align:center">复 习 思 考 题</h2>

  1. 什么是固定资产？固定资产有哪些分类方法？施工企业的固定资产分为哪几类？你认为如何分类才能符合管理上的要求？
  2. 如何确定固定资产入账价值？
  3. 计提固定资产折旧有哪些基本方法？
  4. 企业在什么情况下可计提固定资产减值准备？如何提取？
  5. 固定资产修理费用计入有关成本、费用有几种方式？
  6. 固定资产有哪些增加的途径？
  7. 固定资产减少的情况有哪些？

<h2 style="text-align:center">习　　题</h2>

[习题一] 固定资产增加的核算
一、目的
掌握固定资产增加核算的基本方法和技能。
二、资料
南方建筑施工企业发生下列有关固定资产增加的经济业务：
  (1) 企业购入全新机动翻斗车2辆，买价128 000元，增值税21 760元，运杂费3 000元，款项已用银行存款支付，翻斗车险已交付使用。
  (2) 企业购入需要安装的全新生产设备1台，买价为60 000元，支付增值税10 200元，发生包装费和运杂费1 500元，均以银行存款支付。购入后委托外单位进行安装，以银行存款支付安装费用2 000元，设备现已安装完毕，交付使用。
  ①购入时；
  ②支付安装费时；
  ③安装完毕交付使用时。
  (3) 企业从其他单位购入需要安装的旧动力设备1台，原单位的账面原价为86 000元，累计折旧为30 000元，经协商作价50 000元，支付增值税8 500元，发生运杂费2 500元，均以银行存款支付。购入时发生安装费用3 500元，其中：领用材料的计划成本2 000元，应负担的材料成本差异为5%，应付安装人员的工资为1 000元，以银行存款支付的其他费用为400元。设备现已安装完毕，交付使用。
  ①购入时；
  ②发生安装费用时；
  ③安装完毕交付使用时。
  (4) 企业采用自营方式建造仓库1栋，发生下列经济业务：
  ①企业为建造该工程项目向银行借入长期借款600 000元，已存入开户银行。
  ②该工程项目领用主要材料一批，其中计划成本为540 000元，应负担的材料成本差异为3%。
  ③分配自营施工人员的工资50 000元。
  ④结转辅助生产部门为该工程提供的水、电、修理和运输等劳务费用18 000元。

⑤接到银行的计息通知，应付该工程建设工程中的借款利息 45 000 元。
⑥以银行存款支付该工程减少过程中的其他费用 15 000 元。
⑦仓库工程已竣工，经验收合格，交付使用，结转其实际成本 684 200 元。
⑧仓库竣工后，接到银行的计息通知，应付借款利息 15 000 元。
⑨企业以银行存款归还长期借款本息 660 000 元。

（5）企业采取出包方式建造机修车间 1 个，将工程出包给鸿力建筑公司，工程预算造价为 2 300 000 元，发生下列经济业务：
①企业按合同规定向鸿力建筑公司预付备料款 300 000 元，预付工程款 500 000 元，以银行存款支付。
②企业将机修车间专用的设备 10 台交付给鸿力公司进行安装，其实际成本为 500 000 元（含增值税）。
③工程竣工后，企业于鸿力公司办理工程价款结算，以银行存款补付工程价款 1 000 000 元。
④机修车间工程竣工后，经验收合格，交付使用，结转其实际成本 2 300 000 元。

（6）企业收到甲公司投资转入的施工机械 1 台，其账面原价为 160 000 元，累计折旧为 56 000 元，双方确认的价值为 100 000 元，施工机械现已交付使用。

（7）企业经批准对办公楼进行改扩建，其账面原价为 6 000 000 元，扩建时拆除旧料 3 000 元，已验收入库，以银行存款支付扩建工程款 500 000 元，扩建工程现已竣工，并交付使用。
①扩建工程开始时；
②将拆除的旧料验收入库时；
③支付扩建工程款时；
④扩建工程竣工时。

（8）企业融资租入一台设备，租期为 8 年，租赁合同规定的租金共计 160 000 元，每年年底分别支付 20 000 元，租赁合同规定的利率为 6%（查表得知，1 元年金现值系数为 6.21），租赁期满，设备的所有权转归本企业。
①租入时；
②每年支付租金时；
③每年对未确认融资费用按直线法分摊；
④租赁期满，资产所有权转入企业。

（9）企业收到某公司捐赠的不需要安装的施工机械 1 台，按同类施工机械的市场价格估计其金额为 56 000 元，根据其新旧程度，估计已提折旧 10 000 元，企业以银行存款支付运杂费 1 200 元，企业适用的所得税率为 33%，施工机械已交付使用。

（10）企业应收东风公司的工程款 60 000 元，因东风公司的现金流量严重不足，短期内无法支付，经协商，双方达成债务重组协议，企业同意东风公司以其拥有的混凝土搅拌机 1 台抵偿债务。企业对该项应收工程款已计提坏账准备 1 800 元，混凝土搅拌机已运到并交付使用，企业以银行存款支付补价 16 000 元、运杂费 800 元，已办妥有关手续。

（11）企业以持有的对九州公司的短期债券投资换入现代公司拥有的电动凿岩机 1 台。在交换日，企业持有的九州公司债券的账面余额为 56 000 元，已计提跌价准备为 3 000 元，其公允价值为 54 000 元；现代公司的凿岩机的公允价值为 54 000 元。企业在交换过程中未发生其他相关税费，换入的电动凿岩机已交付使用。

（12）企业在财产清查过程中，发现盘盈电动机 1 台，同类或类似设备的市场价格为 12 000 元，按该电动机的新旧程度估计其已提折旧 4 000 元，经查明系记账差错所致，已按规定程序报经有关机关审核批准。
①上报待批前；

②报经批准后。

(13) 企业经有关部门批准从东海公司无偿调入皮带运输机 1 台，调出单位的账面原值为 162 000 元，累计已提折旧为 50 000 元，已计提的减值准备为 6 000 元，以银行存款支付包装费和运杂费 2 000 元。调入后发生安装费用 1 500 元，皮带运输机已安装完毕并投入使用。

①调入皮带运输机时；
②支付安装费用时；
③安装完毕交付使用时。

三、要求

根据上述经济业务编制记账凭证。

[习题二] 固定资产折旧及减值准备的核算

一、目的

掌握固定资产折旧的计算及其核算的基本方法和技能。

二、资料

奔腾建筑施工企业发生下列有关固定资产折旧及减值准备的经济业务：

(1) 企业有厂房 1 栋，其账面原价 2 500 000 元，规定的折旧年限为 40 年，预计净残值为 45 万元，按平均年限法计算其年折旧率、月折旧率和折旧额。

(2) 企业有载重汽车 1 辆，其账面价值为 160 000 元，预计净残值率为 5%，规定的总行驶里程为 200 000km，本月实际行驶 2 000km。按行驶里程折旧法计算其单位里程折旧额和本月应提折旧额。

(3) 企业有施工机械 1 台，其账面原价为 60 000 元，规定的折旧年限为 5 年，预计净残值为 10%。分别按双倍余额递减法和年数总和法计算其年折旧额和应提的折旧额。

(4) 企业本月计提固定资产折旧 86 000 元，其中：工程成本负担 25 000 元，材料供应部门和仓库负担 5 000 元，机械作业部门负担 30 000 元，附属工业企业负担 10 000 元，辅助生产部门负担 6 000 元，企业管理部门负担 10 000 元。

(5) 企业于 2001 年末对专项工程进行检查时，发现有一项固定资产在性能和技术上已落后，确认其已经发生减值，该专项固定资产的价值为 1 680 000 元，估计其市场价值为 1 500 000 元，企业按规定计提固定资产减值准备。

三、要求

根据上述经济业务编制记账凭证。

[习题三] 固定资产修理的核算

一、目的

掌握固定资产修理核算的基本方法和技能。

二、资料

栋梁建筑施工企业发生下列有关固定资产修理的经济业务：

(1) 企业的行政管理部门委托外单位对办公用的复印机 1 台进行日常维修，以银行存款支付维修费 600 元。

(2) 企业所属内部独立核算的机械站对施工机械进行日常检修，共发生检修费用 5 000 元，其中：领用各种机械配件、零件的计划成本为 3 600 元，应负担的材料成本差异为 5%，应付检修人员的工资为 1 220 元。

(3) 企业所属二工区自行对办公楼进行大修理，发生大修理费用共 72 000 元，其中：领用材料的计划成本为 50 000 元，应负担的材料成本差异为 2%，应付大修人员的工资为 15 000 元，应付福利费为 2 100 元，以银行存款支付的其他费用为 3 900 元，该办公楼的大修理周期为 4 年。

①发生大修理费用时；
②大修理工程完工后；

③按月摊销大修理费用时。

(4) 企业的材料供应部门计划于本年度12月份对仓库进行大修理，预计大修理费用总额为48 000元，决定从本年度1~12月份按月预提大修理费用。12月份，委托外单位对库房进行大修理，以银行存款一次性支付大修理费用50 000元，年末大修理工程已完工。

①按月预提大修理费用时；
②支付大修理费用时；
③大修理工程完工后。

三、要求

根据上述经济业务编制记账凭证。

[习题四] 固定资产减少的核算

一、目的

掌握固定资产减少核算的基本方法和技能。

二、资料

胜利建筑施工企业发生下列有关固定资产减少的经济业务：

(1) 企业将不需要的1台生产设备出售给甲公司，其账面原值为68 000元，累计已折旧为27 000元，已计提的减值准备为3 000元，以银行存款支付拆除费用1 000元，经协商作价40 000元，价款已收到，并存入开户银行。

①转入清理时；
②支付拆除费用；
③收到价款时；
④结转清理净收益时。

(2) 企业毁损房屋1栋，账面原值150 000元，已提折旧10 000元，以银行存款支付清理费用3 000元，残料变价收入2 000元，已收到并存入银行。

①转入清理时；
②支付清理费用时；
③取得残值变价收入时；
④结转清理净损失时。

(3) 企业将1台账面价值为112 600元，已提折旧20 000元的电动式起重机1台对外投资，已计提的减值准备为2 000元，企业以银行存款支付运杂费。

(4) 企业向灾区捐赠推土机1台，其账面原值为154 000元，累计折旧为22 000元，已计提的减值准备为6 000元，企业以银行存款支付运杂费1 600元。

①注销捐赠转出固定资产的账面原价和累计折旧时；
②注销捐赠转出固定资产已计提的减值准备时；
③支付运杂费时；
④结转"固定资产清理"账户的余额时。

(5) 企业欠清河建材公司购货款110 000元，因企业资金周转发生困难，短期内无法支付，经协商，双方达成债务重组协议，企业以拥有的轴流风机1台抵偿债务。轴流风机的账面原价为160 000元，累计已提折旧为40 000元，已计提的减值准备为6 000元。企业以银行存款支付清理费用和运杂费8 000元。

①注销抵偿债务转出固定资产的账面原价和累计折旧时；
②注销抵偿债务转出固定资产已计提的减值准备时；
③支付运杂费时；
④注销应付债务的账面余额。

（6）企业以 1 台施工机械换入富邦公司的一批无缝钢管，在交换日，施工机械的账面价值为 20 000 元，已提折旧 8 000 元，该机械已提取的固定资产减值准备为 1 000 元，其公允价值为 10 000 元；富邦公司的无缝钢管的公允价值为 10 000 元。企业在交换过程中各自负担运输费 300 元，不考虑其他税费。

①注销换出固定资产的账面原价和累计折旧时；

②注销换出固定资产已计提的减值准备时；

③支付运杂费时；

④将换入的无缝钢管入账时。

（7）企业经批准调出木工用的裁口机 1 台，其账面原值为 50 000 元，累计已提折旧为 12 000 元，已计提的减值准备为 3 000 元，企业以银行存款支付清理费用 1 000 元。

①注销无偿调出固定资产的账面价值；

②支付清理费用时；

③结转无偿调出固定资产发生的净损失时。

（8）企业在财产清查过程中，发现盘亏测绘仪 1 台，其账面价值为 18 200 元，累计已提折旧为 5 000元，已计提的减值准备为 2 000 元，经查明属于被盗，已按规定程序报经有关机构审核批准。

①上报待批前；

②报经批准后。

三、要求

根据上述经济业务编制记账凭证。

[习题五] 临时设施的核算

一、目的

掌握临时设施核算的基本方法和技能。

二、资料

西南建筑施工企业发生下列有关临时设施的经济业务：

（1）承包工程需要，企业在施工现场附近购置简易房屋一栋，作为临时职工宿舍，用银行存款支付全部价款 300 000 元，预计其净残值率为 5%，预计工程的受益期限为 40 个月，现已交付使用。

①购入简易房屋时；

②按月计提摊销额时。

（2）企业在施工现场搭建临时办公室一栋，发生支出 160 000 元，其中：领用材料的计划成本为 100 000 元，应负担的材料成本差异为 5%，应付搭建人员的工资为 40 000 元，以银行存款支付的其他费用为 15 000 元，现已搭建完成，交付使用，预计其净残值率为 5%，预计工程的收益期限为 40 个月。

①发生搭建临时设施的费用时；

②临时设施搭建完成交付使用时；

③按月计提临时设施的摊销额时。

（3）企业的一项临时设施报废，转入清理，其账面原价为 50 000 元，账面累计已提摊销额为 43 000 元，以银行存款支付清理费用 1 000 元，收回残料 500 元，已验收入库，清理工作已结束。

①报废临时设施转入清理时；

②支付清理费用时；

③将残料验收入库时；

④结转清理净损失时。

（4）企业在施工现场附近购置的临时设施职工宿舍，实际使用 36 个月后，因承包的工程已竣工，不再需要，将其出售给其他单位，售价为 65 000 元，价款已收到，并存入银行，该临时设施宿舍的账面累计已提摊销额为 256 500 元。

①出售的临时设施转入清理时;
②收到出售临时设施的价款时;
③结转出售临时设施的净收益时。
三、要求
(1) 根据上述资料,计算临时设施的月摊销额;
(2) 根据上述经济业务编制记账凭证(或编制会计分录)。

第七章 无形资产、商誉及其他资产

了解无形资产、商誉及其他资产的概念、内容，理解无形资产的特点，熟悉"无形资产"、"商誉"、"长期待摊费用"等账户的核算内容，掌握无形资产的取得、摊销、处置的核算方法以及商誉、长期待摊费用的核算方法。

第一节 无形资产核算

一、无形资产概述

（一）无形资产的定义

无形资产是指企业拥有或控制的、没有实物形态的可辨认非货币性资产。无形资产是企业为商品生产、提供劳务、出租给他人，或为管理目的而持有的。其中，可辨认的标准是当资产满足下列条件之一的，即符合无形资产定义中的可辨认的标准。

（1）能够从企业中分离或者划分出来，并能单独或者与相关合同、资产或负债一起，用于出售、转移、授予许可、租赁或者交换。

（2）源自合同性权利或其他法定权利，无论这些权利是否可以从企业或其他权利和义务中转移或者分离。

（二）无形资产的确认条件

（1）满足无形资产的定义。

那么，无形资产作为一项资产，在满足其定义的同时还应具有资产的特点。从资产的实质内容出发，将项目确认为无形资产还必须满足以下两个条件时，企业才能加以确认：

（2）与该无形资产有关的经济利益很可能流入企业。企业应能够控制无形资产产生的经济效益，即企业拥有无形资产的法定所有权，或企业与他人签订了协议，使得企业的相关权利收到法律的保护。在判断无形资产产生的经济效益是否很可能流入企业时，企业应对无形资产在预计使用寿命内可能存在的各种经济因素作出稳健的估计。

（3）该无形资产的成本能够可靠地计量。

无形资产的成本是否能够可靠计量。资产的计量是指入账的资产应按什么样的金额予以记录和报告，目前，在我们国家为了确保会计信息的真实、完整，一般都以历史成本为主要的计量方法。即按企业各项资产在取得时应当根据实际成本计量。现在，对于无形资产而言，它是属于没有实物形态、非货币性的长期资产，为此是否能够可靠计量，是确认的一个重要的条件。

（三）建筑施工企业无形资产的主要内容

建筑施工企业的无形资产主要包括专利权、商标权、土地使用权、著作权、非专利权等。

专利权是指政府对发明者在某一产品的造型、配方、结构、制造工艺或程序的发明创造上给予其制造、使用和出售等方面的专门权利。我国《专利法》规定，可以申请专利的发明创造包括发明、实用新型和外观设计三种。

商标是用来辨认特定的商品或劳务的标记。商标权是指专门在某类指定的商品或产品上使用特定的名称或图案的权利。

著作权，也称版权，是指文学、艺术和科学作品的作者依法拥有的发表权、署名权、修改权、使用权和获得报酬权。著作权受法律保护的内容，除了文学、艺术作品以外，还有工程设计、产品设计图纸及说明、计算机软件等。

土地使用权，是指国家允许某一企业在一定期间内对国有土地享有的开发、利用和经营的权利。

非专利权，也称专有技术，是指未公开，也未申请专利的先进技术、知识和经验。这些先进技术、知识和经验，一般来说都是经过实践检验认可的。

（四）无形资产的特征

（1）不存在实物形态。无形资产只是一种受法律承认和保护的法定权利或获得超额利润的能力，没有物资实体。

（2）收益性。无形资产是一种长期资产，能在较长时期内为企业带来较大的经济利益。

（3）收益的不确定性。无形资产要依托于一定的实体发挥作用，所能带来的预期收益受诸多外在因素的影响，有些无形资产只是在某个特定的企业存在并发挥效能，有些无形资产随着市场竞争、新技术的出现而使其被替代或丧失其优越性。

（4）持有的目的是为了使用、收益，而不是为了转卖。

（5）有偿取得。无形资产作为一种能带来预期收益的资产，除接受捐赠以外，无非是通过外购和自创方式取得的，而外购和自创都必须花费成本、购买费用和自制费用，因此，都是通过有偿取得的。

（五）无形资产的分类

没有实物形态、非货币性、可辨认的无形资产通常可以脱离企业个体而单独取得或转让，具有相对独立性，如专利权、著作权、非专利权、土地使用权等。

（1）按形成来源渠道分类，可分为购入的无形资产，自行开发的无形资产，投资者投入的无形资产，非货币性资产交换的、债务重组、政府补贴和企业合并、接受捐赠取得的无形资产等。

（2）按其使用寿命是否确定分类，分为使用寿命确定的无形资产和使用寿命不确定的无形资产。使用寿命确定的无形资产，即可以估计该资产使用寿命的年限或者构成使用寿命的产量等类似计量单位数量；无法预见该资产为企业带来经济利益期限的，则视为使用寿命不确定的无形资产。

二、无形资产的核算

（一）无形资产核算的账户设置

1. 设置"无形资产"账户

建筑施工企业为了核算持有的无形资产成本，包括专利权、非专利技术、商标权、著作权、土地使用权等，应设置"无形资产"账户。该账户借方记入企业无形资产的增加额，贷方记入无形资产按规定年限分期摊销的金额以及企业因处置无形资产而减少的净额,期末借方余额反映企业无形资产的成本。

企业可按无形资产项目设置明细账,进行明细核算。

2. 设置"研发支出"账户

为了核算企业进行研究与开发无形资产过程中发生的各项支出,需要设置"研发支出"账户,进行核算。本账户借方记入企业自行开发无形资产发生的研发支出,不满足资本化条件的费用化支出和满足资本化条件的资本化支出;贷方记入研究开发项目达到预定用途形成无形资产的资本化支出的余额以及期(月)末应将本账户归集的费用化支出金额转入"管理费用"账户;本账户期末借方余额,反映企业正在进行无形资产研究开发项目满足资本化条件的支出。

企业可按研究开发项目,分别"费用化支出"、"资本化支出"进行明细核算。

(二)无形资产取得的核算

1. 购入无形资产

企业购入的无形资产,应按实际支付价款作为购入无形资产的实际成本。即按实际支付的价款及购入时发生的各种手续费等费用,借记"无形资产"账户,贷记"银行存款"账户。

【例7-1】 企业购买某专利权,价款为150 000元,发生业务洽谈、技术考察等相关费用2 500元,价款已从银行存款户付讫。

  借:无形资产——专利权   152 500
    贷:银行存款   152 500

2. 投资者投入的无形资产

投资者以无形资产进行投资,按投资双方确认的价值作为投入无形资产的实际成本,即应按资产评估或双方协商确认的价值,借记"无形资产"账户,贷记"实收资本"账户。

【例7-2】 企业收到乙公司以场地使用权进行投资,经评估确认其价值为350 000元。会计处理为:

  借:无形资产——土地使用权   350 000
    贷:实收资本   350 000

3. 企业通过债务人以非现金资产抵偿债务方式取得的无形资产

企业通过债务人以非现金资产抵偿债务方式取得的无形资产,按应收债权的账面价值加上应当支付的相关手续费作为实际成本。如涉及补价:收到补价的,应当按应收债权的账面价值减去补价,加上应当支付的相关税费作为实际成本;支付补价的,应当按照应收债权的账面价值加上补价和应当支付的相关税费,作为实际成本。企业通过债务重组取得的无形资产,按债权的账面金额加上应支付的相关税费,借记"无形资产"账户,按应收债权的账面余额贷记"应收账款"等账户,按应支付的相关税费,贷记"银行存款"账户。

【例7-3】 新海公司因财务上的困难,无法支付企业5月20日到期的应付款260 000元,经与企业协商进行债务重组,新海公司以非专利权技术抵偿企业债务,企业在进行债务重组过程中发生相关费用支付2 000元,以银行存款支付。会计处理为:

  借:无形资产——非专利技术   262 000
    贷:应收账款——新海公司   260 000

银行存款　　　　　　　　　　　　　　　　　　2 000

4. 以非货币性交易取得的无形资产

以非货币性交易取得的无形资产的，按换出资产的账面价值加上应支付的相关税费作为实际成本。如涉及补价：收到补价，按换出资产的账面价值加上应确认的收益和应支付的相关费用减去补价后的余额，作为实际成本；支付补价的，按换出资产的账面价值加上应支付的相关税费和补价，作为实际成本。以非货币性交易取得的无形资产会计处理参见第六章固定资产增加核算中的以非货币性交易取得的固定资产的核算（第六章第二节）。

5. 接受捐赠的无形资产

企业接受捐赠的无形资产，按以下规定确定其实际成本：

（1）捐赠方提供了有关凭据的，按凭据上表明的金额加上应支付的相关税费，作为实际成本。

（2）捐赠方没有提供有关凭据的，按如下顺序确定其实际成本：

①同类或类似无形资产存在活跃市场的，按同类或类似无形资产的市场价格估计的金额加上应支付的相关税费，作为实际成本；

②同类或类似无形资产不存在活跃市场的，按该接受捐赠的无形资产的预计未来现金流量现值，加上应支付的相关税费，作为实际成本。

接受捐赠的无形资产，按其公允价值及发生的相关费用，借记"无形资产"账户，按未来应交的所得税，贷记"递延税款"，按确定的价值减去未来应交所得税后的差额，贷记"营业外收入——捐赠利得"账户，按应支付的相关税费，贷记"银行存款"等账户。

【例7-4】 企业接受某单位捐赠的一项专利权，其发票账单所列金额为150 000元，接受捐赠过程中发生费用支付5 000元，以银行存款支付，企业适用的所得税率为33%。会计处理为：

应交所得税：150 000×33%＝49 500元

属于资本公积的部分为：150 000－49 500＝100 500元

借：无形资产——专利权　　　　　　　　　　　155 000

　　贷：递延税款　　　　　　　　　　　　　　　49 500

　　　　营业外收入——捐赠利得　　　　　　　100 500

　　　　银行存款　　　　　　　　　　　　　　　5 000

6. 企业自行开发取得的无形资产

企业自行开发并按法律程序申请取得的无形资产，按依法取得时发生的注册费、聘请律师费等费用，作为无形资产的实际成本。在研究与开发过程中发生的材料费用、直接参与开发人员的工资及福利费、开发过程中发生的租金、借款费用等作为研发支出中的费用化支出，应当于发生时直接计入当期损益（管理费用）。

已经计入各期费用的研究与开发费用作为研发支出中的费用化支出，在该项无形资产获得成功并依法申请取得权利时，不得列入其实际成本。

自行开发取得的无形资产，按依法取得时发生的聘请律师费、注册费等费用与研发支出中的已经作为资本化的支出，构成无形资产的实际成本。

【例7-5】 某建筑施工企业自行开发专利权，在各期间研究开发过程中所发生的材料费用、工资及福利费用、租金、借款费用共计6 000 000元，其中研发过程中陆续发生的作为费用化支出的占40%，其余为资本化支出；之后按法律程序申请取得的专利权，共计支付注册费、律师费等费用50万元。则会计处理为：

（1）在各期间研究开发过程中发生费用：

借：研发支出—费用化支出　　　　　　2 400 000
　　研发支出—资本化支出　　　　　　3 600 000
　　　贷：银行存款等　　　　　　　　　　　　6 000 000

（2）期末，结转研发支出中的费用化支出：

借：管理费用—研发支出　　　　　　　2 400 000
　　　贷：研发支出—费用化支出　　　　　　　2 400 000

（3）该项专利研发完成，结转其实际成本：

借：无形资产——专利权　　　　　　　4 100 000
　　　贷：银行存款　　　　　　　　　　　　　 500 000
　　　　　研发支出—资本化支出　　　　　　　3 600 000

（三）无形资产摊销的核算

1. 无形资产摊销期限的确定

企业应当于取得无形资产时分析判断其使用寿命。使用寿命有限的无形资产，其应摊销金额应当在使用寿命内系统合理摊销。使用寿命不确定的无形资产不计提摊销。企业摊销无形资产，应当自无形资产可供使用时起，至不再作为无形资产确认时止。

如果预计使用寿命超过相关合同规定的受益年限或法律规定的有效年限，则摊销年限应按以下原则确定：

（1）合同规定了受益年限的但法律没有规定有效年限的，按不超过合同规定的受益年限摊销；

（2）合同规定了受益年限的，法律也规定了有效年限的，摊销期限不应超过受益年限与有效年限两者之中较短者；

（3）合同没有规定受益年限而法律规定了有效年限的，按不超过法律规定的有效年限摊销；

（4）合同没有规定受益年限的，法律也没有规定有效年限的，按不超过10年的期限摊销。

2. 无形资产摊销方法

根据《企业会计准则第6号-无形资产》准则规定，企业选择的无形资产摊销方法，应当反映与该项无形资产有关的经济利益的预期实现方式。无法可靠确定预期实现方式的，应当采用直线法摊销。

因此，对某项无形资产摊销所使用的方法应依据从资产中获取的预期未来经济利益的预计实现方式来选择，并一致地运用于不同会计期间。对于无法可靠确定预期实现方式的，应采用直线法摊销。

3. 无形资产摊销的账务处理

建筑施工企业为核算对使用寿命有限的无形资产计提的累计摊销，需要设置"累计摊销"账户，进行无形资产摊销核算。贷方记入企业按期（月）计提无形资产的摊销，借方记入处置无形资产时结转的累计摊销。本账户期末贷方余额，反映企业无形资产的累计摊销额。

企业可按无形资产项目设置明细账，进行明细核算。

确定了无形资产的入账价值，企业已开始利用时，再按确定的无形资产摊销期限，便可以正确计算出无形资产每期的摊销额。无形资产摊销金额，一般计入当期损益。

无形资产的应摊销金额为其成本扣除预计残值后的金额。已计提减值准备的无形资产，还应扣除已计提的无形资产减值准备累计金额。使用寿命有限的无形资产，其残值应当视为零，但下列情况除外：

第一，有第三方承诺在无形资产使用寿命结束时购买该无形资产。

第二，可以根据活跃市场得到预计残值信息，并且该市场在无形资产使用寿命结束时很可能存在。

【例7-6】 企业购入专利一项，价值为180 000元，其有效期限为10年，本月应摊销1 500元（180 000÷10÷12＝1 500元）。会计处理为：

借：管理费用——无形资产摊销 　　　　　　　　1 500
　　贷：累计摊销——专利权 　　　　　　　　　　　　1 500

根据《企业会计准则6号-无形资产》准则规定，企业至少应当于每年年度终了，对使用寿命有限的无形资产的使用寿命及摊销方法进行复核。无形资产的使用寿命及摊销方法与以前估计不同的，应当改变摊销期限和摊销方法。

对于使用寿命不确定的无形资产不计提摊销。企业应当在每个会计期间对使用寿命不确定的无形资产的使用寿命进行复核。如果有证据表明无形资产的使用寿命是有限的，应当估计其使用寿命，同时按使用寿命有限的规定进行处理。

4. 无形资产减值的核算

企业应定期对于无形资产的账面价值进行检查，至少每年年末检查一次。如发现下面一种和数种情况，应对无形资产的可收回金额进行估计，按照账面价值与可收回金额孰低的原则进行计量，对可收回金额低于账面价值的差额，应当计提无形资产减值准备：

(1) 某项无形资产已被其他新技术等所替代，使其为企业创造经济利益的能力受到重大不利影响；

(2) 某无形资产的市价在当期大幅下跌，在剩余摊销的年限内预期不会恢复；

(3) 某项无形资产超过法律保护期限仍然具有部分使用价值；

(4) 其他足以表明某项无形资产实质上已经发生了减值的情形。

建筑施工企业为了核算无形资产计提的减值准备，需要设置"无形资产减值准备"账户。其贷方记入资产负债表日，无形资产发生的减值；借方记入处置无形资产时结转的减值准备。

本账户期末贷方余额，反映企业已计提但尚未转销的无形资产减值准备。

企业可按无形资产项目进行明细核算。

【例7-7】 年末，企业对无形资产进行检查时，发现有一项专利权受其他新技术影响，该项专利权的市价下降为65 000元，其账面余额为80 000元，已计提的减值准备为10 000元，按规定予以提取减值准备。会计处理为：

借：资产减值损失——计提无形资产减值准备 　　　5 000
　　贷：无形资产减值准备 　　　　　　　　　　　　　　5 000

(四) 无形资产处置的核算

1. 无形资产出租

企业将无形资产出租，取得的租金收入，借记"银行存款"等账户，贷记"其他业务收入"账户；结转出租无形资产的成本支出，计算应交纳的营业税费，借记"其他业务成本"和"营业税金及附加"账户，贷记"银行存款"、"应交税费——应交营业税"账户。

【例 7-8】 企业向 A 公司转让某项软件的使用权，一次性收费 300 000 元，不提供后续服务，企业应确认收入 300 000 元，已收到并已存入银行。营业税率为 5%，应交纳的营业税为 15 000 元（300 000×5%＝15 000）。会计处理为：

(1) 取得收入时：

借：银行存款　　　　　　　　　　　　　　　　300 000
　　贷：其他业务收入——出租无形资产　　　　　　　300 000

(2) 计算应交营业税时：

借：营业税金及附加——出租无形资产　　　　　15 000
　　贷：应交税费——应交营业税　　　　　　　　　15 000

【例 7-9】 企业向 D 公司转让某项专利权的使用权，转让期为 4 年，每年 12 月 31 日收取使用费 50 000 元，营业税率为 5%。

(1) 每年 12 月 31 日，收使用费时：

借：银行存款（或应收账款）　　　　　　　　　50 000
　　贷：其他业务收入——出租无形资产　　　　　　　50 000

(2) 计算应交营业税：

借：营业税金及附加——出租无形资产　　　　　2 500
　　贷：应交税费——应交营业税　　　　　　　　　2 500

2. 无形资产出售

企业出售无形资产，按实际取得的转让收入，借记"银行存款"等账户，按该项无形资产已计提的减值准备，借记"无形资产减值准备"账户，按无形资产的账面余额，贷记"无形资产"账户，按应支付的相关税费，贷记"银行存款"、"应交税金"等账户，按其差额，贷记"营业外收入——出售无形资产收益"账户或贷记"营业外支出——出售无形资产损失"账户。

【例 7-10】 企业转让商标权一项，取得转让收入 250 000 元已存入银行，该项无形资产已计提减值准备 2 000 元，账面余额为 254 000 元。会计处理为：

借：银行存款　　　　　　　　　　　　　　　　250 000
　　无形资产价值准备　　　　　　　　　　　　　2 000
　　营业外支出——出售无形资产损失　　　　　　2 000
　　贷：无形资产——商标权　　　　　　　　　　　254 000

3. 无形资产投资

企业用无形资产向外投资，如投出无形资产的公允价值大于其账面余额的，应按公允价值，借记"长期股权投资"账户，按投资无形资产的账面余额，贷记"无形资产"账户，按其差额，贷记"资本公积"账户；如果投资无形资产的公允价值小于其账面余额的，应按其公允价值，借记"长期股权投资"账户，按投资无形资产的公允价值小于账面余额的价值，借记"营业外支出"账户，按投出无形资产的账面余额，贷记"无形资产"账户。如果投出无形资产的公允价值无法确定的，应以所得的长期股权投资的公允价值确认为投资成本。具体内容可参见第五章"对外投资"。

4. 无形资产的报废处理

无形资产如不能为企业带来超额利益，也就没有存在的必要了，应加以报废。无形资产的报废与固定资产不同，它具有残值，企业应将该无形资产的账面价值予以注销，计入当期管理费用。无形资产预期不能为企业带来经济利益的情形主要包括：

(1) 该无形资产已被其他新技术等所替代，且已不能给企业带来经济效益；

(2) 该无形资产不再受法律保护，且不能给企业带来经济效益；

(3) 其他足以证明某项无形资产已经丧失使用价值和转让价值的情形。

【例 7-11】 年末，企业对无形资产进行检查时，发现有一项专利权已经被其他新技术所替代，并且该项专利权已无使用价值和转让价值，其账面余额为 80 000 元，已计提的减值准备为 30 000 元，按规定予以转销。会计处理为：

借：营业外支出——无形资产处置损失　　　　50 000
　　无形资产减值准备　　　　　　　　　　　30 000
　　贷：无形资产——专利权　　　　　　　　　　80 000

第二节　商　誉　核　算

一、商誉的基本概念

商誉是企业合并成本大于合并取得被购买方各项可辨认资产、负债公允价值份额的差额，其存在无法与企业自身分离，不具有可辨认性，不属于无形资产准则所规范的无形资产。其基本含义如下：

(1) 商誉是在企业合并时产生的。投资方合并被投资方取得股权有两种情况：一是同一控制下的企业合并取得股权，如企业集团内的企业合并，二是非同一控制下的企业合并取得股权。

(2) 商誉的确认是指"正商誉"，不包括"负商誉"。即"企业合并成本大于合并取得被购买方各项可辨认资产、负债公允价值份额的差额"作为商誉（正商誉）处理，如果企业合并成本小于合并取得被购买方各项可辨认资产、负债公允价值份额的差额——负商誉，则计入当期损益。

(3) 商誉的确认以"公允价值"为基础。

(4) 商誉与企业自身不可分离，不具有可辨认性。

(5) 商誉不属于"无形资产"规范的内容。

二、商誉的核算

《企业会计准则第 20 号——企业合并》应用指南》规定：非同一控制下的控股合并，如果"合并成本大于合并中取得的被购买方可辨认净资产公允价值份额的差额，确认为合并资产负债表中的商誉。企业合并成本小于合并中取得的被购买方可辨认净资产、公允价值份额的差额，在购买日合并资产负债表中调整盈余公积和未分配利润。"

(一) 设置账户

1. 设置"商誉"账户

为了核算企业合并中形成的商誉价值,需要设置"商誉"账户,进行核算。该账户借方记入非同一控制下企业合并中确定的商誉价值;贷方记入归属公司股东权益的商誉价值;本账户期末借方余额,反映企业商誉的价值。

2. 设置"商誉减值准备"账户

为了核算企业商誉发生的减值情况,可以单独设置"商誉减值准备"账户,进行核算。该账户贷方记入资产负债表日,企业根据资产减值准则确定商誉发生的减值;借方记入企业应按企业合并准则确定的商誉价值,本账户期末借方余额,反映企业外购商誉的价值。

(二)举例说明核算方法

1. 货币性收购时产生的商誉核算

【例7-12】A企业2007年1月1日,用2 000万元存款收购了B公司85%的股权。购买日,B公司可辨认资产账面价值3 800万元,公允价值4 000万元,可辨认负债账面价值1 600万元,公允价值1 700万元。A企业购买日进行如下计算和处理:

(1) B公司可辨认净资产的公允价值=4 000-1 700=2 300万元;

(2) A企业购买日确认的投资额=2 300×85%=1 955万元;

(3) A企业购买日确认的商誉=2 000-1 955=45万元;

(4) A企业购买日所做会计分录如下(单位:元):

借:长期股权投资——其他股权投资　　　19 550 000
　　商誉　　　　　　　　　　　　　　　　450 000
　贷:银行存款　　　　　　　　　　　　　20 000 000

上述入账商誉450 000元,仅为A企业收购了B公司拥有85%股权时产生的归属A公司的商誉,另15%的少数股东权益的商誉为79 400元(45÷85%-45=7.94万元)。

如果上例B公司可辨认净资产的公允价值为2 400 000元,其他条件不变,A企业购买日的合并成本2 000 000元小于其从被投资方B公司中取得的可辨认净资产公允价值2 040 000元(2 400 000×85%),则400 000元的商誉不作商誉入账,而是贷记"盈余公积"科目和"利润分配——未分配利润"科目。

2. 非货币性收购时产生的商誉核算

【例7-13】甲公司以一台设备换取乙公司60%的股权(甲和乙为非同一方控制)。换出设备的账面原始价值4 000 000元,已提折旧800 000元,该设备换出时的公允价值为2 900 000元。乙公司在被甲公司合并时可辨认净资产公允价值为4 400 000元。甲公司投资时的会计分录如下(单位:元):

借:长期股权投资——其他股权投资　　　2 900 000
　　累计折旧　　　　　　　　　　　　　　800 000
　　营业外支出　[(400-80)-290]　　　300 000
　贷:固定资产　　　　　　　　　　　　　4 000 000

同时,公允价值2 900 000元与投资额(4 400 000×60%=2 640 000元)差额260 000元作商誉,分录如下:

借:商誉　　　　　　　　　　　　　　　　260 000

贷：长期股权投资——其他股权投资　　　　　　260 000

可见，调整后，长期股权投资价值为264（290－26）万元。

三、商誉的减值核算

《企业会计准则第8号——资产减值》规定："因企业合并所形成的商誉和使用寿命不确定的无形资产，无论是否存在减值迹象，每年都应当进行减值测试。"同时，《（企业会计准则第8号——资产减值）应用指南》明确，按照《企业会计准则第20号——企业合并》，在合并财务报表中反映的商誉，不包括子公司归属于少数股东的商誉。但对相关资产组（新准则规定，资产组是企业可以认定的最小资产组合。它的认定应当以资产组产生的主要现金流入是否独立于其他资产组的现金流入为依据。）进行减值测试时，应当调整资产组的账面价值，将归属于少数股东权益的商誉包括在内，然后根据调整后的资产组账面价值与其可收回金额（可收回金额的预计包括了少数股东在商誉中的权益价值部分）进行比较，以确定资产组（包括商誉）是否发生了减值。如果资产组已发生减值，应当按照资产减值准则规定计提减值准备。但由于根据上述步骤计算的商誉减值损失包括了应由少数股东权益承担的部分，应当将该损失在可归属于母公司和少数股东权益之间按比例进行分摊，以确认归属于母公司的商誉减值损失。下面举例予以说明。

【例7-14】 承［例7-12］。A企业于2007年12月31日对并购B公司所形成的商誉进行减值测试。因B公司单独生产甲新产品，能独立产生现金流量予以计量，故将其作为一个"资产组"看待。2007年12月31日，A企业确认的B公司可辨认资产账面价值39 000 000元（其中，存货账面价值16 000 000元、固定资产账面价值19 000 000元），可辨认负债账面价值16 500 000元，测定的可收回金额22 400 000元。A企业2007年12月31日进行如下计算和处理：

（1）2007年12月31日A企业确认的B公司可辨认净资产账面价值＝3900－1650＝2 250万元；

（2）A企业购买日（2007年1月1日）确认的全部股东的商誉：归属A公司股东权益的商誉45＋归属于少数股东权益的商誉7.94＝52.94万元；

（3）2007年12月31日B公司作为一个"资产组"归属A公司确认的可收回金额＝2 240万元；

（4）2007年12月31日A企业确认的B公司资产减值：2250＋52.94－2240＝62.94万元；

（5）2007年12月31日A企业计提资产减值准备＝62.94－52.94＝10万元；

其中：存货跌价准备＝10÷（1600＋1900）×1600＝4.57万元

固定资产减值准备＝10÷（1600＋1900）×1900＝5.43万元

（6）2007年12月31日A企业计提资产减值准备的会计分录如下（单位：元）：

　　借：资产减值损失　　　　　　　　　　　　　　550 000
　　　　贷：商誉　　　　　　　　　　　　　　　　　450 000
　　　　　　存货跌价准备　　　　　　　　　　　　　 45 700
　　　　　　固定资产减值准备　　　　　　　　　　　 54 300

四、期末商誉的报表列示

根据《（企业会计准则第30号——财务报表列报）应用指南》和《（企业会计准则第

33号——合并财务报表）应用指南》的规定，会计期末，商誉在资产负债表"资产"栏中单独设立"商誉"项目予以反映。

第三节 其他资产核算

其他资产是指除了流动资产、对外投资、固定资产、无形资产以外的其他资产。例如长期待摊费用，如开办费、租入固定资产改良支出、摊销期在一年以上的固定资产修理费及其他长期资产。

一、长期待摊费用的核算

（一）长期待摊费用核算的内容

开办费是指企业筹建期间发生的各种费用，包括筹建人员工资、办公费、培训费、印刷费、差旅费、注册登记费以及其他开办费。企业如取得各项资产所发生的资本性支出，筹集期间应计入固定资产建造工程成本的利息支出和其他建设费用，都不应列入开办费。

租入固定资产改良支出，是企业对以经营租赁方式租入的固定资产进行改良所发生的各项实际支出。由于租入的固定资产不属于企业所有，因此，企业按合同规定对租入资产进行的改良工程所发生的支出不能增加租入固定资产的价值而只能作为其他资产处理。

对于固定资产修理支出数额较大，摊销期限在一年以上的修理费用也列作其他资产。

为了核算建筑施工企业已经发生但应由本期和以后各期负担的分摊期限在1年以上的各项费用，如以经营租赁方式租入的固定资产发生的改良支出等，应设置"长期待摊费用"账户，进行核算。借方登记实际发生的各项长期待摊费用，贷方登记长期待摊费用的摊销数；本账户期末借方余额反映企业尚未摊销完毕的长期待摊费用。

本科目可按费用项目进行明细核算。

（二）长期待摊费用的核算

1. 开办费的核算

企业在筹建期间发生的各种费用，除计入有关财产物资价值的以外，应先在"长期待摊费用"账户中归集，待企业开始生产经营当月起一次计入开始生产经营当月损益。

【例7-15】 企业在筹建期间发生筹建人员工资8 000元，办公费用等16 000元。会计处理为：

（1）发生筹建费用时：

借：长期待摊费用——开办费　　　　　24 000
　　贷：应付职工薪酬　　　　　　　　　　　8 000
　　　　银行存款　　　　　　　　　　　　　16 000

（2）企业开始生产经营当月，将筹建期间内发生的费用计入当月损益：

借：管理费用——开办费　　　　　　　24 000
　　贷：长期待摊费用——开办费　　　　　　24 000

2. 租入固定资产改良支出的核算

租入固定资产发生改良支出，借记"长期待摊费用——固定资产改良支出"账户，贷记"银行存款"等账户；根据受益对象及服务时间，分期平均进行摊销时，借记"工程施工"、"管理费用"等账户，贷记"长期待摊费用——固定资产改良支出"账户。

【例 7-16】 企业经出租方同意，对一台经营租入的施工机械进行改良，耗用材料 7 200 元，人工费 4 800 元，租赁有效期为 2 年。会计处理为：

(1) 发生改良支出时：

借：长期待摊费用——固定资产改良支出	12 000
贷：原材料	7 200
应付职工薪酬	4 800

(2) 分月平均摊销（每月摊销：12 000÷2÷12＝500）：

借：工程施工	500
贷：长期待摊费用——固定资产改良支出	500

二、其他长期资产

其他长期资产一般包括特准储备物资、银行冻结存款、涉及诉讼中的财产等。这类资产一般不参加企业的正常生产经营活动，其价值也不需要进行摊销，而且并非所有企业都拥有，在企业的资产总额中处于次要地位。

如果企业发生这类经济业务，可增设"其他长期资产"账户，并按其他长期资产的具体内容分设明细账，进行核算。

【例 7-17】 某建筑公司因民事诉讼，被法院冻结银行存款 250 000 元，冻结库存钢材 100 000 元。

借：其他长期资产——冻结银行存款	250 000
其他长期资产——冻结物资	100 000
贷：银行存款	250 000
原材料	100 000

【例 7-18】 经法院判定，上述被冻结的存款、钢材被全部解冻。

借：银行存款	250 000
原材料	100 000
贷：其他长期资产——冻结存款	250 000
其他长期资产——冻结物资	100 000

复 习 思 考 题

1. 无形资产包括哪些内容？
2. 无形资产具有哪些特征？
3. 无形资产摊销期限确定的原则是什么？
4. 哪些情况无形资产可以计提减值准备？
5. 其他资产包括哪些内容？

习　题

[习题一] 无形资产的核算

一、目的

掌握无形资产核算的基本方法和技能。

二、资料

飞达建筑施工企业发生下列有关无形资产的经济业务：

(1) 企业收到联营单位A公司投资转入的土地使用权一项，双方确认的价值为300 000元。企业与A公司的联营期限为10年，企业按月摊销土地使用权的价值。

①接受投资转入的土地使用权时；

②按月摊销土地使用权的价值时。

(2) 企业购入一项商标权，以银行存款支付价款172 000元，该商标权尚存有效期为8年。

①购入商标权时；

②按月摊销商标权的价值时。

(3) 企业应收建设单位甲公司的工程款600 000元，因甲公司发生财务困难，短期内无法支付，经协商，双方达成债务重组协议，企业同意甲公司以其拥有的一项专利权抵偿该项债务。企业对该项应收工程款已计提坏账准备36 000元，以银行存款支付相关费用2 400元，该项专利权的预计使用年限为10年，已办妥有关手续。

①接受抵偿债务转入的专利权时；

②按月摊销专利权的价值时。

(4) 企业自行研究开发一项新建筑技术，在研究与开发过程中共发生各种费用60 000元，其中，领用材料40 000元，应付直接参与开发人员的工资为15 000元，以银行存款支付其他费用5 000元，该技术研制成功后，企业按法律程序申请获得专利权，以银行存款支付该项专利权的注册登记费10 000元、律师费2 000元，该项专利权的法定有效期限为10年。

①支付研究与开发过程中发生的各项费用时；

②申请获得专利权时；

③按月摊销专利权的价值时。

(5) 企业收到某单位捐赠的一项非专利技术，捐赠方提供的有关凭据标明其价值为60 000元，企业以银行存款支付相关费用2 400元，企业适用的所得税率为33%，该项非专利技术的预计使用年限为4年。

①收到捐赠的非专利技术时；

②按月摊销的非专利技术时。

(6) 企业将所拥有的一项非专利技术出售给其他单位，取得转让收入60 000元，已存入银行。该项非专利技术的账面余额为75 000元，已计提的减值准备为6 000元，出售无形资产应交营业税率为5%。

(7) 企业兼并C公司，经法定评估机构确认，C公司的资产净值为3 000 000元，企业实际支付的款项为3 600 000元，两者之间的差额作为商誉入账，并按10年的期限摊销。

①企业兼并C公司时；

②按月摊销商誉的价值时。

(8) 年末，企业对于无形资产进行检查时，发现有一项非专利技术确以丧失了使用价值，其账面余额为25 000元，已提的减值准备为15 000元，按规定予以转销。

(9) 企业于2005年1月1日购入专利权一项，以银行存款支付价款1 200 000元。该项专利权的法定有效年限为10年，已使用了1年，企业预计使用年限为6年。2006年12月31日，由于与该项专利权相关的经济因素发生不利变化，致使该项专利权发生减值，企业估计其可收回金额为250 000元。2008年12月31日，企业发现导致该项专利权在2005年发生减值准备的不利因素已全部消失，且此时该项专利权的可收回金额为400 000元。假定不考虑所得税及其他相关费用的影响。

①2005年1月1日购入专利权时；

②2005年摊销专利权的价值时；

③2006年摊销专利权的价值时；

④2006年12月31日计提减值准备时；

⑤2007年摊销专利权的价值时；
⑥2008年12月31日转回已计提的减值准备时。
三、要求
根据上述资料编制记账凭证。

[习题二] 商誉核算习题
一、目的
懂得商誉核算的基本方法和技能。
二、综合题资料及要求
(1) 大山建筑公司于2008年1月1日，用2850万元存款收购了东江公司80%的股权。购买日，东江公司可辨认资产账面价值5700万元，公允价值6000万元，可辨认负债账面价值2400万元，公允价值2550万元。要求如下：
①计算下列数据：
A 东江公司可辨认净资产的公允价值；
B 大山公司企业购买日确认的投资额；
C 大山建筑公司购买日确认的商誉。
②大山建筑公司购买日账务处理。
(2) 华通建筑公司以一台施工机械换取宝莱建筑公司70%的股权（二公司为非同一方控制）。换出设备的账面原始价值6 000 000元，已提折旧1 200 000元，该施工机械换出时的公允价值为4 350 000元。宝莱建筑公司在被华通公司合并时可辨认净资产公允价值为6 600 000元。华通建筑公司投资时的会计分录如下（单位：元）：要求作出：
①投资时的账务处理；
②计提减值时账务处理。

[习题三] 长期待摊费用核算
一、目的
掌握长期待摊费用核算的基本方法和技能。
二、资料
东方建筑施工企业发生下列有关长期待摊费用的经济业务：
(1) 企业在筹建期间以银行存款支付注册登记费2 000元，办公费18 000元，差旅费10 400元，职工培训费80 000元。
(2) 分配筹建期间的人员工资60 000元。
(3) 企业于2007年7月1日开始生产经营，按规定将筹建期间发生的该项开办费全部计入开始生产经营当月的损益。
(4) 企业以经营方式租入旧房屋一栋，合同规定的租赁期为4年，租入后进行内部装修，共发生装修费96 000元，其中：领用材料70 000元，应付工资16 000元，应付福利费2 240元，以银行存款支付的其他费用为7 760元。
①发生装修费用时；
②按月摊销装修费用时。
三、要求
(1) 根据上述经济业务编制记账凭证（或编制会计分录）。
(2) 根据记账凭证登记"长期待摊费用"总分类账及所属明细分类账，并结账。

第八章 流动负债核算

本章学习目标：要求理解负债的概念，了解流动负债的特征和分类，明确负债的计量要求，掌握各项流动负债的内容及掌握处理方法。

第一节 流动负债概述

一、负债的特征

（一）负债的确认条件

负债是指企业过去的交易或者事项形成的、预期会导致经济利益流出企业的现时义务。其中：现时义务是指企业在现行条件下已承担的义务。未来发生的交易或者事项形成的义务，不属于现时义务，不应当确认为负债。作为负债，还应同时满足以下条件时，才能确认为负债：

(1) 与该义务有关的经济利益很可能流出企业；
(2) 未来流出的经济利益的金额能够可靠地计量。

（二）负债的特征

作为负债一般具有以下特点：

(1) 负债是指已经发生的，并在未来一定时期内必须偿付的经济义务。这种偿付可以是用货币、物品、提供劳务等债权人能够接受的形式来实现。

(2) 负债是可以计量的，有确切的或可预计的金额。如从银行借入款项，有确切的借入金额，有些负债虽没有确切的金额，但却可以估计的，如预提固定资产大修理费用形成的负债。

(3) 负债一般有确切的债权人和到期日。

(4) 负债只有偿还或债权人放弃债权以后才能消失。

负债按偿还期限，可分为流动负债和长期负债。本章讲述流动负债的核算内容和方法。

二、流动负债的特点

流动负债是指将在一年或超过一年的一个营业周期内偿还的债务，包括短期借款、应付票据、应付账款、预收账款、其他应付款、应付职工薪酬、应交税费、应付股利、预提费用和一年内到期的长期借款。

（一）流动负债的分类

1. 按照流动负债金额是否肯定分类

负债按照金额是否肯定可以分为：可以肯定的负债、视经营情况而定的负债、金额应予估计的负债和或有负债。

(1) 金额可以肯定的负债是指根据契约或法律规定，到期日须予以偿还有肯定金额的债务，如预收账款、应付账款、应付票据等。

(2) 负债金额视经营情况而定的负债是指需视一定期间的经营情况，到期末才能决定金额为多少的负债，如应交税金、应付股利等。

(3) 金额应予估计的负债是指发生于过去已完成的经济业务中，但无确切的应付金额，有时其偿还日期和收款人也无法确定的负债，如预提费用、产品质量担保负债等。

(4) 或有负债是指由于将来可能出现的意外事故或损失，而要由企业负责偿还的负债，如应收票据贴现。企业收入的应收票据已向银行申请贴现，如果该票据到期时，付款方无力支付到期票据款，票据贴现的企业对银行负有偿还的责任，这就形成了企业的或有负债。

2. 按流动负债形成的原因划分

(1) 借贷形成的流动负债。如短期借款。

(2) 结算过程中形成的流动负债。如应付账款、应付票据、预收账款、其他应交款等。

(3) 经营过程中形成的流动负债。如应付职工薪酬、应交税费、预提费用等。

(4) 利润分配形成的流动负债。如应付股利或应付利润等。

(二) 流动负债的特点

流动负债除具有负债的一般特点外，还具有以下特点：

1. 偿还期限较短

需要在1年或超过1年的一个营业周期内偿还，这是短期负债十分显著的特点。

2. 负债金额较小

举借短期负债的目的是为了满足生产经营的临时周转需要，周转快。

三、流动负债的计价

根据流动负债的特点，遵循重要性及稳健性原则，对流动负债的计价均按实际发生额入账。

第二节 短 期 借 款 核 算

一、短期借款的概念

短期借款是指企业向银行或其他金额机构借入的期限在一年（含一年）或超过一年的一个营业周期内的各种借款。短期借款一般是企业为维护正常的生产经营所需要资金而借入或者为抵偿某种债务而借入的款项。施工企业的短期借款主要有季节性储备借款、小型技措借款等。

二、短期借款的核算

(一) 核算内容

短期借款核算内容包括：取得借款的核算；借款利息的核算；到期归还借款的核算。

短期借款是企业为了生产经营需要而借入的款项，所以，其利息支出应作为财务费用，计入当期损益。短期借款利息支出方式有按月支付、按季或按半年支付，或到期一次支付。如果是按季、按半年或到期一次支付利息，根据配比原则，正确计算各期损益，通常采用预提方式，按月预计发生的利息额。在实际支付时，可再予以调整当期财务费用。

我国企业短期借款的利息大都采用按季计算支付，按月预提方式。

(二) 设置会计账户

1. 设置"短期借款"账户

为了反映和监督短期企业向银行或其他金融机构等借入的期限在1年以下（含1年）的各种借款的借入和偿还情况，应设置"短期借款"账户，该账户贷方反映企业借入的各种短期借款，借方反映归还的短期借款；资产负债表日，应按计算确定的短期借款利息费用，计入当期损益。期末余额在贷方，反映企业尚未归还的短期借款。

本账户可按借款种类、贷款人币种设置明细账户，进行明细核算。

2. 设置"应付利息"账户

为了核算企业按照合同约定应支付的利息，包括吸收存款、分期付息到期还本的长期借款、企业债券等应支付的利息，需要设置"应付利息"账户，进行核算。该账户贷方记入按合同利率计算确定的应付未付的利息；借方记入实际支付的利息以及合同利率与实际利率差异较小的，也可以采用合同利率计算确定的利息费用。本账户期末贷方余额，反映企业应付未付的利息。

本账户可按存款人或债权人设置明细账，进行明细核算。

3. 现举例说明短期借款的核算方法如下。

【例8-1】 根据借款合同，企业于2007年6月1日从商业银行取得临时借款100 000元存入银行，月利率为5‰，为期为3个月，定于2007年8月31日一次性还本付息。

根据有关凭证，会计处理为：

(1) 2007年6月1日借入时：

借：银行存款　　　　　　　　　　　　　　　100 000
　　贷：短期借款——商业银行　　　　　　　　　　100 000

(2) 6月30日、7月31日计提短期借款利息时：

借：财务费用　　　　　　　　　　　　　　　500
　　贷：应付利息　　　　　　　　　　　　　　　500

(3) 2007年8月31日，还本付息时：

借：短期借款——商业银行　　　　　　　　　100 000
　　应付利息　　　　　　　　　　　　　　　1 000
　　财务费用　　　　　　　　　　　　　　　500
　　贷：银行存款　　　　　　　　　　　　　　　101 500

第三节　应付、预收款项核算

一、应付账款的核算

(一) 应付账款的确认

应付账款是因购买材料、商品、接受劳务等而应付供应单位的款项。这是买卖双方在购销活动中由于取得物资与支付货款在时间上不一致而产生的负债。

应付账款入账时间的确认，在理论上讲，应以所购物资的所有权转移，或接受劳务已发生为标志。在实际工作中一般作如下处理：①在货物和发票账单同时到达的情况下，应付账款一般待货物验收入库后，才按发票账单登记入账。这主要是为了确认所购入的物资是否在质量、数量和品种上与合同上订明的条件相符，以免因先入账而在验收入库时发现购入物资错、漏、破损等问题再进行调账。②在所购货物和发票账单不是同时到达的情况下，由于应付账款要根据发票账单登记入账，有时货物已到，发票账单要间隔较长时间才能到达，但由于这笔负债已经成立，应作为一项负债反映，为在资产负债表上客观反映企业所拥有的资产和承担的债务，应采用在月末将所购物资和应付的债务估计入账的方法。

应付账款的入账金额的确认，应付账款一般按应付金额入账。如果购货时可以得到商业折扣的，则应付账款应按扣除商业折扣以后的金额入账；如果购货时带有现金折扣的，应付账款的入账价值可采用总价法或净值法核算。所谓总价法是指应付账款按不扣除现金折扣的金额入账，企业如能按期偿还欠款，取得折扣优惠，应冲减"财务费用"。所谓净值法是指按应付账款扣除折扣后的净值入账，企业如未能按期偿还欠款，丧失的折扣，应列入"财务费用"。

在我国，对附设现金折扣的应付账款按总价法确认，即"企业在收到发票账单时，按发票账单等凭证上记载的应付账款金额入账"。

（二）应付账款的核算

1. 设置"应付账款"账户

为了反映和监督企业因购买材料、商品和接受劳务等经营活动应支付的款项发生与偿付情况，需要设置"应付账款"账户，进行核算。该账户属于负债类账户，贷方登记企业购入材料、商品等验收入库，但尚未支付的应付款项以及企业接受供应单位劳务而发生的未付款项；借方登记应付账款的减少数，主要包括三个方面的内容：一是支付的因购入材料、商品等或接受劳务而形成的应付未付款；二是企业开出、承兑商业汇票而抵付的应付账款；三是以债务重组方式而发生的应付账款减少。期末余额在贷方，反映企业尚未支付的应付账款余额。

本科目可按债权人设置明细账，进行明细核算，也可设置"应付购货款"和"应付工程款"两个明细账户，并按单位设置明细账，进行明细核算。

2. 举例说明核算方法

【例8-2】 企业向宏达公司购入钢材一批，买价500 000元，运杂费6 000元，货款尚未支付。一周后，材料运到企业并验收入库，计划成本520 000元；企业在次日支付货款。会计处理为：

（1）采购钢材时：

借：材料采购——钢材　　　　　　　　　　　506 000
　　贷：应付账款——应付购货款（宏达公司）　506 000

（2）材料验收入库时：

借：原材料——主要材料　　　　　　　　　　520 000
　　贷：材料采购——钢材　　　　　　　　　　520 000

（3）支付剩余款项时：

借：应付账款——应付购货款（宏达公司）　　506 000
　　贷：银行存款　　　　　　　　　　　　　　506 000

【例8-3】 企业向甲公司购入螺纹钢4t，价款共计10 000元，货物及发票账单均已到达。如果企业在10日内支付货款可以享受2%的现金折扣。有关会计处理为：

(1) 购入材料时：

借：材料采购－螺纹钢	10 000	
贷：应付账款——应付购货款（甲公司）		10 000

(2) 如在10日内付款，则：

借：应付账款——应付购货款（甲公司）	10 000	
贷：财务费用（10 000×2%）		200
银行存款		9 800

(3) 如10日后付款丧失折扣优惠，则：

借：应付账款——应付购货款（甲公司）	10 000	
贷：银行存款		10 000

二、应付票据的核算

(一) 应付票据的概念和内容

随着我国市场经济体制的确立，带来商业信用的发展，应付账款逐渐票据化。应付票据是指由出票人出票，委托付款人在指定日期无条件支付确定的金额给收款人或者持票人的票据。应付票据也是委托付款人允许在一定时间内支付一定数额的书面证明。应付票据与应付账款不同，虽然都是由于交易而引起的流动负债，但应付账款是尚未结清的债务，而应付票据是一种期票，是延期付款的证明，有承诺的票据作为凭据。

在采用商业承兑汇票结算方式下，承兑人应为付款人，承兑人对这项债务在一定时期内支付的承诺，自应作为企业的一项负债。在采用银行承兑汇票结算方式下，商业汇票应由在承兑银行开立存款账户的存款人签发，由银行承兑。由银行承兑的银行承兑汇票，只是为收款人按期收回债权提供了可靠的信用保证，对付款人来说，不会由于银行承兑而使这项负债消失。因此，银行承兑汇票对于付款人来说也是一项负债。在我国商业汇票的付款期限最长不超过6个月。因此，将应付票据归入流动负债进行管理和核算。

应付票据按是否带息可分为两种：带息票据与不带息票据。带息票据在票面上标明票面利率，它的到期值等于票面值加利息。票面到期时，除支付票面金额外，还支付利息。

(二) 应付票据的核算

1. 设置"应付票据"账户

为了核算企业购买材料、商品和接受劳务供应等开出、承兑的商业汇票，包括银行承兑汇票和商业承兑汇票，应设置"应付票据"账户。该账户贷方登记企业开出承兑商业汇票或以承兑商业汇票抵付货款、应付账款的款项等；借方登记票据到期支付的款项或票据到期无力支付而转为应付账款的款项等；期末余额在贷方，反映企业持有尚未到期的应付票据的本息。同时，企业应当设置"应付票据备查簿"，详细登记每一应付票据的种类、号数、签发日期、到期日、票面利率、票面金额、合同交易号、收款人姓名或单位名称以及付款日期和金额等资料。应付票据到期结算时，应在备查簿内逐笔注销。

企业因接受商品或劳务而签发商业汇票时，借记"物资采购"等账户，贷记"应付票据"账户。用商业汇票抵付债务时，借记"应付账款"账户，贷记"应付票据"账户。企业到期支付票款时，借记"应付票据"账户，贷记"银行存款"账户。带息票据的利息及支付签发银行承兑汇票的手续费均记入"财务费用"账户。如企业到期无款支付，对签发的商业承兑汇票要转为应付账款,借记"应付票据"账户,贷记"应付账款"账户,若由罚款支出,罚款计入"营业外支出"账户。

本账户可按债权人设置明细账,进行明细核算。

2. 现举例说明应付票据的核算方法

【例 8-4】 企业因购买某材料给甲公司签发一张价值为 30 000 元的无息商业承兑汇票,为期 5 个月,抵该项材料款。有关会计处理为:

(1) 开出商业承兑汇票时:

借:材料采购——某材料	30 000
贷:应付票据——甲公司	30 000

(2) 到期支付票据时:

借:应付票据——甲公司	30 000
贷:银行存款	30 000

若上述票据的票面利率为 2%,则一般到期支付时一次性列作财务费用,若数额大也可按月预提计入财务费用。

借:财务费用	600
应付票据——甲公司	30 000
贷:银行存款	30 600

(3) 若到期不能支付:

借:应付票据——甲公司	30 000
贷:应付账款——甲公司	30 000

(4) 若有罚款支出 2 000 元:

借:营业外支出——罚款	2 000
贷:银行存款	2 000

三、预收账款的核算

(一) 预收账款的概念和内容

预收款项是买卖双方协议商定,由购货方预先支付一部分货款给供应方而发生的一项负债,这项负债要用以后的商品、劳务等偿付。施工企业的预收账款主要包括预收备料款、预收工程款、预收购货款等。

(二) 预收账款的核算

1. 设置"预收账款"账户

为了反映企业按照合同规定预收的款项的发生及偿付情况,需要设置"预收账款"账户进行核算。该账户贷方登记向发包单位预收的工程款、备料款和向购货单位预收的货款;借方登记与发包单位结算已完工程价款时,从应收工程款中扣还的预收工程款和备料款以及销售实现时从应收账款中扣还的预收货款。本账户期末贷方余额,反映企业预收的款项;期末如为借方余额,反映企业尚未转销的款项。

企业按规定预收的工程款和备料款,以及收到发包单位拨入抵作备料款的材料时,借记"银行存款"、"原材料"等账户,贷记"预收账款"账户。企业与发包单位结算已完工程价款,从应收工程款扣还预收的工程款和备料款时,借记"预收账款"账户,贷记"应收账款"账户。

企业按合同规定预收的销货款，借记"银行存款"账户，贷记"预收账款"账户；结算销货款时，借记"预收账款"账户，贷记"应收账款"账户。

本账户可按购货单位进行明细核算，也可下设"预收工程款"、"预收备料款"和"预收购货款"明细账户，并按发包单位和购货单位进行明细核算。

2. 现举例说明预收账款的核算方法

【例 8-5】 企业收到发包单位 A 公司拨付抵作备料款的材料 100 000 元，计划成本为 110 000 元。会计处理为：

借：原材料　　　　　　　　　　　　　　　110 000
　　贷：预收账款——预收备料款（A 公司）　　100 000
　　　　材料成本差异　　　　　　　　　　　 10 000

【例 8-6】 月中，根据"工程价款预支账单"向发包单位 A 公司预收工程款 45 000 元。会计处理为：

借：银行存款　　　　　　　　　　　　　　 45 000
　　贷：预收账款——预收工程款（A 公司）　 45 000

【例 8-7】 月末，填制"工程价款结算账单"经与发包单位 A 公司签证，结算本期已完工程款为 75 000 元。会计处理为：

借：应收账款——A 公司　　　　　　　　　　75 000
　　贷：工程结算　　　　　　　　　　　　　75 000

【例 8-8】 本月已完工程价款中扣还预收备料款 10 000 元，月中预收的工程款 45 000 元，余款收到存入银行。会计处理为：

借：银行存款　　　　　　　　　　　　　　 20 000
　　预收账款——预收备料款（A 公司）　　　10 000
　　预收账款——预收工程款（A 公司）　　　45 000
　　贷：应收账款——A 公司　　　　　　　　75 000

第四节　应付职工薪酬的核算

一、应付职工薪酬的内容

（一）职工薪酬概念

职工薪酬是指企业为获得职工提供的服务而给予各种形式的报酬以及其他相关支出。职工薪酬不仅包括企业一定时期支付给全体职工的劳动报酬总额，也包括按照工资的一定比例计算并计入成本费用的其他相关支出。

（二）职工薪酬主要包括的内容：

(1) 工资、奖金、津贴和补贴。

工资、奖金、津贴和补贴构成企业的劳动报酬总额。

(2) 福利费（包括货币性福利和非货币性福利）。

例如企业无偿向职工提供住房等固定资产使用的；以及租赁住房等资产供职工无偿使用的等属于非货币性福利内容。

(3) "五险一金"。

"五险一金"是指企业为职工支付给有关部门的社会性保险费,由养老保险费、医疗保险费、失业保险费、工伤保险费和生育保险费五项组成以及为职工交纳的职工住房公积金。

(4) 工会经费和教育经费。

工会经费和教育经费是指有工会组织的企业按规定应提取的工会经费以及职工接受教育应由企业负担的各种培训费用。

(5) 补偿及相关支出。

(三) 劳动报酬总额的内容

职工薪酬中的职工工资、奖金、津贴和补贴是企业支付给职工的劳动报酬总额,也称为工资总额。这是企业根据职工的工作数量和质量计算应付给职工个人的劳动报酬,是企业生产费用的组成部分,也是职工薪酬核算的组成部分。具体构成的内容由计时工资、计件工资、奖金、津贴和补贴、加班加点工资、特殊情况下支付的工资组成。分别说明如下:

(1) 计时工资,指按计时工资标准(包括地区生活费补助)和工作时间支付给个人的劳动报酬。

(2) 计件工资,指对已做工作按计件单价支付的劳动报酬。

(3) 奖金,指支付给职工的超额报酬和增收节支的劳动报酬。

(4) 津贴和补贴,指为了补偿职工特殊或额外的劳动消耗和因其他特殊原因支付给职工的津贴,以及为了保证职工工资水平不受物价影响支付给职工的物价补贴。

(5) 加班加点工资,指按规定支付的加班工资和加点工资。

(6) 特殊情况下支付的工资,指根据国家法律、法规和政策规定,对因病、工伤、产假、计划生育假、婚丧假、探亲假、定期休假、停工学习、执行国家或社会义务等原因,按规定支付给职工的工资。

企业应根据劳动者提供劳动的数量和质量,正确计算每一个职工的劳动报酬,并及时进行结算,保证按劳分配原则的贯彻执行。要按照工资支出的用途和地点,正确地归集和分配工资支出,并合理地计入工程和产品成本。只有正确地计算各项工程和产品所花的工资,才能正确计算工程和产品的人工费。通过人工费的计算,促使企业改善劳动组织,提高劳动生产率,不断降低工程成本。

搞好劳动报酬的核算工作,必须对企业职工进行合理的分类,以便按照职工的类别,反映企业的工资支出总额,考核工资计划的执行,必须做好原始记录的填制和审核工作,以便按照劳动的数量和质量,正确结算每一职工的工资,办理与职工的结算,并进行工资的总分类和明细分类核算。

在施工企业,有关工资计划、人员动态、工时和工程数量等核算资料,是分别由劳动工资、人事、施工班组等部门提供的,为了保证工资核算工作及时正确的进行,会计部门应该加强与这些部门的联系,协同这些部门制订职工考核、工时和工程数量等原始记录制度,并监督各项制度的执行,以便为工资提供正确的原始资料。

二、职工薪酬——工资的核算

(一) 工资核算涉及的原始依据

施工企业职工薪酬计算的原始凭证主要有考勤记录、施工任务单、工资卡、扣款通知单、工资单、工资结算汇总表、工资分配表等。

（1）考勤记录。考勤记录是登记职工出勤情况的记录。它是分析、考核职工出勤等工作时间利用情况的原始记录，也是计算职工工资的主要依据。它是由考勤员根据职工出勤、缺勤等情况逐日登记，月末加以统计，作为财会部门计算工资的依据。

（2）工程任务单。施工任务单是施工企业安排工人执行施工任务并据以验收的书面凭证，用以登记施工生产耗用的工日及完成的实物数量，是计算计件工资和生产成本的依据。

（3）工资卡。工资卡是反映职工就职、离职、调动、工资级别调整和工资津贴变动等情况的卡片，是计算职工标准工资的原始凭证。该卡是每月计算职工工资的基本依据之一。

（4）扣款通知单。扣款通知单是财会部门据以从应付职工工资中代扣各种款项，计算职工实发工资的依据。每月计算和发放工资以前，各有关部门应将扣款通知单送交财会部门，作为代扣款项的依据。

（5）工资单。工资单也叫工资结算单，一般按工作班组和职能部门分别编制，每月一张。内容包括根据工资标准、"考勤表"、"工程任务单"等记录计算的每个职工的应付工资；根据有关扣款通知单填列的代扣款项和实发工资，以及领款人签章栏等内容。工资单既是工资结算的凭证，又是支付工资的收据。通常为一式三份，一份由劳动工资部门存查；一份按每个职工裁成"工资条"和工资一起发给职工；一份由职工签收后作为会计部门结算和支付工资的凭证。

（6）工资结算汇总表。工资结算汇总表是根据各个班组和部门"工资结算单"或各施工生产单位的"工资汇总表"编制的，用以汇总反映整个企业各单位、各部门的应付工资。主要是按照职工所在部门进行汇总，以满足总分类核算的要求。

（二）工资费用的分配

建筑施工企业应付的职工工资，是生产经营活动的耗费，不论是否已经支付，都应按不同人员类别和职工工资的用途，即企业应当根据职工提供服务的受益对象，将本月发生的职工薪酬分配记入有关成本、费用账户，具体分配如下：

（1）直接从事建筑安装工程施工的施工生产人员以及组织施工生产活动人员的工资分别记入"工程施工—人工费"、"工程施工—间接费用"账户；

（2）企业所属独立核算的工业生产人员的工资记入"工业生产"账户；

（3）施工机械作业人员的工资记入"机械作业"账户；

（4）辅助生产人员的工资记入"辅助生产"账户；

（5）材料供应部门人员的工资记入"采购保管费"账户；

（6）企业行政管理部门人员的工资记入"管理费用"账户；

（7）应由在建工程、研发支出负担的工资，记入"在建工程"、"研发支出"账户；

（8）因解除与职工的劳动关系给予的补偿，记入"管理费用"账户。

上述之外的其他工资，记入当期损益。

（三）工资结算的核算

1. 设置"应付职工薪酬"账户

为了核算企业根据有关规定应付给职工的各种薪酬，反映企业与职工有关工资的结算和分配情况，需要设置"应付职工薪酬"账户，企业当月发生的职工薪酬不论是否在当月支付，均应通过"应付职工薪酬"账户核算。本账户贷方登记本月发生的职工薪酬总额；借方登记向职工支付工资、奖金、津贴、福利费等、从应付职工薪酬中扣还的各种款项（代垫的家属药费、个人所得税等）等、支付工会经费和职工教育经费用于工会活动和职工培训的以及按照国家有关规定缴纳社会保险费和住房公积金，或企业以其自产产品发放给职工的作为职工薪酬的以及转出待领工资；本账户期末贷方余额，反映企业应付未付的职工薪酬。每月发放职工薪酬前，企业财会部门应根据人事、劳资等部门转来的职工录用、考勤、调动、工资级别、津贴变动等情况，按部门编制"工资单"，并在此基础上编制"工资结算汇总表"，出纳员根据"工资汇总表"中的实发金额总数开出现金支票，向银行提取现金。发放工资时，一方面，根据"工资单"上职工盖章签收的实付工资额支付现金；另一方面，根据"工资结算汇总表"中的代扣款项的内容和金额，结转代扣款项。月末，根据"工资结算汇总表"资料，进行本月工资费用的分配核算。

企业可按"工资"、"职工福利"、"社会保险费"、"住房公积金"、"工会经费"、"职工教育经费"、"非货币性福利"、"辞退福利"、"股份支付"等设置明细账，进行明细核算。

2. 举例说明核算方法

【例 8-9】 根据本月工资结算表编制的"工资结算汇总表"见表 8-1，有关工资结算的会计处理如下：

(1) 根据"工资结算汇总表"的实发金额，开出现金支票提取现金备发工资：

借：库存现金　　　　　　　　　　　　　　　89 900
　　贷：银行存款　　　　　　　　　　　　　　89 900

(2) 以现金支付职工工资：

借：应付职工薪酬-工资　　　　　　　　　　89 900
　　贷：库存现金　　　　　　　　　　　　　　89 900

(3) 将代扣房费予以转账：

借：应付职工薪酬　　　　　　　　　　　　　1 500
　　贷：其他应付款——代扣房租　　　　　　　1 500

(4) 若工资员交回在规定期限内未领取的工资 1 200 元：

借：库存现金　　　　　　　　　　　　　　　1 200
　　贷：其他应付款——应付工资（××）　　　1 200

(5) 月末分配工资费用：

借：工程施工　　　　　　　　　　　　　　　47 450
　　工业生产　　　　　　　　　　　　　　　19 500
　　机械作业　　　　　　　　　　　　　　　4 000
　　辅助生产　　　　　　　　　　　　　　　8 300
　　采购保管费　　　　　　　　　　　　　　2 800
　　管理费用　　　　　　　　　　　　　　　7 700
　　研发支出　　　　　　　　　　　　　　　1 650
　　贷：应付职工薪酬　　　　　　　　　　　　91 400

表 8-1

工资结算汇总表 单位：元

人员类别	计时工资	计件工资	加班工资	副食补贴	奖金	病假工资	工伤工资	应付工资	代扣款项 房租	代扣款项 合计	实发工资
工程施工人员	4 050	30 500	3 000	2 600	6 000	500	800	47 450	600	600	46 850
工业生产人员	1 200	16 000		800	1 500			19 500	200	200	19 300
机械作业人员	3 200			300	500			4 000	50	50	3 950
辅助生产人员		6 500		800	1 000			8 300	200	200	8 100
物资供应人员	2 400			200	200			2 800	150	150	2 650
行政管理人员	6 500			500	600	100		7 700	250	250	7 450
专利研发人员	1 400			150	100			1 650	50	50	1 600
合　计	18 750	53 000	3 000	5 350	9 900	600	800	91 400	1 500	1 500	89 900

三、职工薪酬——福利费的核算

（一）福利费内容

职工薪酬中的福利费包括货币性福利费和非货币性福利费。建筑施工企业职工除了按照自己的劳动数量、质量领取供个人支配使用的劳动报酬外，还可广泛享受企业和国家举办的各种集体福利事业的待遇。在企业用于职工福利事业的资金来源，主要是由受益对象承担的。货币性福利费主要用于职工生活困难补助以及按照国家规定在福利费中列支的其他职工福利支出。非货币性福利费用途，例如用于无偿向职工提供住房等固定资产使用的，租赁住房等资产供职工无偿使用的等，当发生时，作为企业的一项流动负债，应通过"应付职工薪酬"账户核算。

（二）职工福利费的账务处理

1. 核算账户的运用

为了反映和监督企业职工福利费的发生情况，是通过设置"应付职工薪酬"账户核算。由于福利费是由受益对象负担的，因此，发生的职工福利费应随同工资记入相应的成本费用中去。即发生福利费时，借记"工程施工"、"工业生产"、"辅助生产"、"机械作业"、"管理费用"、"研发支出"等账户。贷记"应付职工薪酬"账户。支付职工困难补助和其他福利费等，借记"应付职工薪酬"账户，贷记"现金"、"银行存款"等账户；无偿向职工提供住房等固定资产使用的，按应计提的折旧额，借记"管理费用"、"生产成本"、"工程施工"等账户，贷记"应付职工薪酬"；同时，借记"应付职工薪酬"，贷记"累计折旧"账户。

租赁住房等资产供职工无偿使用的，按每期应支付的租金，借记"管理费用"、"生产成本"、"工程施工"等账户，贷记"应付职工薪酬"账户。

2. 举例说明其核算方法

【例 8-10】 某企业支付下列职工福利费：

(1) 用现金支付职工生活困难补助费 2 500 元：

借：应付职工薪酬—职工福利费　　　　　2 500
　　贷：库存现金　　　　　　　　　　　　　　2 500

(2) 向本公司技术人员提供的租赁住房，本月应计提租金 2 000 元。

借：管理费用—固定资产使用费　　　　　2 000
　　贷：应付职工薪酬—非货币性福利　　　　　2 000

四、职工薪酬——"五险一金"的核算

(一) "五险一金"的内容

《中华人民共和国劳动法》第九章第七十三条规定"劳动者在下列情形下，依法享受社会保险待遇：①退休；②患病、负伤；③因工伤残或者患职业病；④失业；⑤生育"。因此，"五险"包括养老保险、医疗保险、工伤保险、失业保险和生育保险，其中养老保险、医疗保险和失业保险，这三种险是由用人单位和个人共同缴纳保费，工伤保险和生育保险完全是由用人单位承担的，个人不需要缴纳。"一金"指住房公积金。《国务院关于修改〈住房公积金管理条例〉的决定》第一条中将住房公积金定义为"国家机关、国有企业、城镇集体企业、外商投资企业、城镇私营企业及其他城镇企业、事业单位、民办非企业单位、社会团体及其在职职工缴存的长期住房储金"，住房公积金由用人单位和个人共同缴纳。

即"五险一金"是指由养老保险费、医疗保险费、失业保险费、工伤保险费和生育保险费五项组成以及为职工交纳的职工住房公积金。其中：

养老保险是指国家和社会根据一定的法律和法规，为解决劳动者在达到国家规定的解除劳动义务的劳动年龄界限，或因年老丧失劳动能力退出劳动岗位后的基本生活而建立的一种社会保险制度。我国的养老保险由三个部分组成：第一部分是基本养老保险，第二部分是企业补充养老保险，第三部分是个人储蓄性养老保险。

医疗保险是当人们生病或受到伤害后，由国家或社会给予的一种物质帮助，即提供医疗服务或经济补偿的一种社会保障制度。

失业保险是指国家通过立法强制实行的，由社会集中建立基金，对因失业而暂时中断生活来源的劳动者提供物质帮助的制度。它是社会保障体系的重要组成部分，是社会保险的主要项目之一。我国 1999 年发布的《失业保险条例》规定：失业保险基金由下列各项构成：①城镇企业事业单位、城镇企业事业单位职工缴纳的失业保险费；②失业保险基金的利息；③财政补贴；④依法纳入失业保险基金的其他资金。城镇企业事业单位按照本单位工资总额的 2% 缴纳失业保险费。

工伤保险是社会保险制度中的重要组成部分。是指国家和社会为在生产、工作中遭受事故伤害和患职业性疾病的劳动者及亲属提供医疗救治、生活保障、经济补偿、医疗和职业康复等物质帮助的一种社会保障制度。根据我国 2003 年颁布的《工伤保险条例》规定：用人单位应当按时缴纳工伤保险费。职工个人不缴纳工伤保险费。用人单位缴纳工伤保险费的数额为本单位职工工资总额乘以单位缴费费率之积。工伤保险费根据以支定收、收支平衡的原则，确定费率。国家根据不同行业的工伤风险程度确定行业的差别费率，并根据

工伤保险费使用、工伤发生率等情况在每个行业内确定若干费率档次。行业差别费率及行业内费率档次由国务院劳动保障行政部门会同国务院财政部门、卫生行政部门、安全生产监督管理部门制定，报国务院批准后公布施行。

生育保险是通过国家立法规定，在劳动者因生育子女而导致劳动力暂时中断时，由国家和社会及时给予物质帮助的一项社会保险制度。我国生育保险待遇主要包括两项：一是生育津贴，用于保障女职工产假期间的基本生活需要；二是生育医疗待遇，用于保障女职工怀孕、分娩期间以及职工实施节育手术时的基本医疗保健需要。劳动部在1995年颁布的《企业职工生育保险试行办法》中规定：生育保险根据"以支定收，收支基本平衡"的原则筹集资金，由企业按照其工资总额的一定比例向社会保险经办机构缴纳生育保险费，建立生育保险基金。生育保险费的提取比例由当地人民政府根据计划内生育人数和生育津贴、生育医疗费等项费用确定，并可根据费用支出情况适时调整，但最高不得超过工资总额的1%。职工个人不缴纳生育保险费。

住房公积金，是指国家机关、国有企业、城镇集体企业、外商投资企业、城镇私营企业及其他城镇企业、事业单位（以下简称单位）及其在职职工缴存的长期住房储金。1999年颁布的《住房公积金管理条例》规定：职工个人缴存的住房公积金和职工所在单位为职工缴存的住房公积金，属于职工个人所有。单位录用职工的，应当自录用之日起30日内到住房公积金管理中心办理缴存登记，并持住房公积金管理中心的审核文件，到受委托银行办理职工住房公积金账户的设立或者转移手续。职工住房公积金的月缴存额为职工本人上一年度月平均工资乘以职工住房公积金缴存比例。单位为职工缴存的住房公积金的月缴存额为职工本人上一年度月平均工资乘以单位住房公积金缴存比例。新参加工作的职工从参加工作的第二个月开始缴存住房公积金，月缴存额为职工本人当月工资乘以职工住房公积金缴存比例。单位新调入的职工从调入单位发放工资之日起缴存住房公积金，月缴存额为职工本人当月工资乘以职工住房公积金缴存比例。职工和单位住房公积金的缴存比例均不得低于职工上一年度月平均工资的5%；有条件的城市，可以适当提高缴存比例。具体缴存比例由住房委员会拟订，经本级人民政府审核后，报省、自治区、直辖市人民政府批准。职工个人缴存的住房公积金，由所在单位每月从其工资中代扣代缴。

上述"五险一金"的计提比例参照有关规定分别是：

养老保险：单位30%，个人8%。

医疗保险：单位7%，个人2%。

失业保险：单位2%，个人1%。

工伤保险：单位0.6%，个人不交。

生育保险：单位0.7%，个人不交。

住房公积金：职工和单位住房公积金的缴存比例不小于职工上一年度月平均工资的5%。

按地区不同，所交的比例、基数也不同，还有国家规定的最高和最低的标准等。

（二）"五险一金"的计提与核算

建筑施工企业应按照有关规定计提"五险一金"，并按要求进行核算。"五险一金"是构成企业职工薪酬的内容，需要通过"应付职工薪酬"账户核算。现举例说明其核算方法：

【例8-11】 北方工厂200×年某月份按照上年工资薪酬及规定缴存社会保险金。上年工资薪酬为100 000元，具体为：工程施工甲工程40 000元，现场管理人员10 000元，为试制专利产品人员20 000元，公司行政管理部门人员30 000元。

(1) 按规定应负担的职工社会保险金：

借：工程施工——甲工程　　　　　　　　　　　16 120
　　工程施工——间接费用　　　　　　　　　　 4 030
　　研发支出——专利权　　　　　　　　　　　 8 060
　　管理费用　　　　　　　　　　　　　　　　12 090
　　　贷：应付职工薪酬——社会保险金—养老保险　30 000
　　　　　应付职工薪酬——社会保险金—失业保险　 2 000
　　　　　应付职工薪酬——社会保险金—工伤保险　 600
　　　　　应付职工薪酬——社会保险金—生育保险　 700
　　　　　应付职工薪酬——社会保险金—医疗保险　 7 000

(2) 代扣职工个人社会保险金：

借：应付职工薪酬——工资　　　　　　　　　　11 000
　　　贷：其他应付款——个人社会保险金—养老保险　8 000
　　　　　其他应付款——个人社会保险金—失业保险　2 000
　　　　　其他应付款——个人社会保险金—医疗保险　1 000

(3) 企业通过银行转账缴存公司负担的社会保险金40 300元、代职工个人缴付的社会保险金11 000元：

借：应付职工薪酬——社会保险金　　　　　　　40 300
　　其他应付款——个人社会保险金　　　　　　11 000
　　　贷：银行存款　　　　　　　　　　　　　51 300

【例8-12】 接上例，北方工厂200×年某月份按照职工本人上一年度月平均工资10%的比例计提住房公积金，上年月平均工资100 000元。具体为：工程施工甲工程40 000元，现场管理人员10 000元，为试制专利产品人员20 000元，公司行政管理部门人员30 000元。

(1) 按规定应负担的住房公积金：

借：工程施工——甲工程　　　　　　　　　　　 4 000
　　工程施工——间接费用　　　　　　　　　　 1 000
　　研发支出——专利权　　　　　　　　　　　 2 000
　　管理费用　　　　　　　　　　　　　　　　 3 000
　　　贷：应付职工薪酬——住房公积金　　　　10 000

(2) 代扣职工个人住房公积金：

借：应付职工薪酬——工资　　　　　　　　　　10 000
　　　贷：其他应付款——住房公积金　　　　　10 000

(3) 企业通过银行转账缴存公司负担的住房公积金10 000元、代职工个人缴付的住房公积金10 000元：

借：应付职工薪酬——住房公积金　　　　　　　10 000

　　　　其他应付款——个人住房公积金　　　　　　10 000
　　　　贷：银行存款　　　　　　　　　　　　　　　　　　20 000

五、职工薪酬——工会经费和职工教育经费的核算

我国企业按规定应按工资总额的2%提取工会经费和按工资总额的1.5%提取职工教育经费。企业按国家规定提取的职工工会经费和职工教育经费应通过"应付职工薪酬"账户核算。在提取时，应借记"管理费用"账户，贷记"应付职工薪酬"账户。将提取的职工工会经费和职工教育经费交付有关部门使用时，应借记"应付职工薪酬"账户，贷记"银行存款"或"现金"账户。

现举例说明职工工会经费和职工教育经费的核算方法。

【例8-13】 根据[例8-11]的工资总额91 400元，按国家规定分别以2%、1.5%的比例计提职工工会经费和职工教育经费。同时，本月开展工会活动，发生活动经费1 500元由现金支付，又通过银行转账支付职工培训费3 000元。会计处理为：

（1）按规定提取经费：

　　借：管理费用　　　　　　　　　　　　　　　　　3 199
　　　　贷：应付职工薪酬——工会经费　　　　　　　　1 828
　　　　　　应付职工薪酬——职工教育经费　　　　　　1 371

（2）支付工会活动经费：

　　借：应付职工薪酬—工会经费　　　　　　　　　　1 500
　　　　应付职工薪酬—职工教育经费　　　　　　　　3 000
　　　　贷：库存现金　　　　　　　　　　　　　　　　1 500
　　　　　　银行存款　　　　　　　　　　　　　　　　3 000

第五节　其他流动负债的核算

一、应交税费内容

（一）建筑施工企业应交税金的内容

国家对各税种的税率和征收方法都有明确的法律规定，企业会计必须按照税法规定期限计交应交的各种税金。如果出现逾期未交税金或隐匿漏交税金，税务机关则对企业采取补交税款、交滞纳金或罚款的处理。

建筑施工企业按规定交纳的各种税费主要包括营业税、增值税、消费税、所得税、资源税、土地增值税、城市维护建设税、房产税、土地使用税、车船使用税、教育费附加、矿产资源补偿费等。其中，营业税是对企业从事交通运输、建筑安装、销售不动产和各种服务性业务所得的营业收入征收的一种商品流转税，它是施工企业从事工程施工生产经营业务应交纳的主要税种；城市维护建设税是为了加强城乡建设维护、扩大和稳定城乡建设资金来源而征收的一种地方税，按营业收入和规定的税率计算交纳；房产税、车船使用税和土地使用税，分别以房产评估值、车船数量货吨位、土地使用面积为计征依据计征的一种税；所得税是对企业从事生产经营所得和其他所得为计税依据征收的一种税；教育费附加是为了加快发展地方教育事业，扩大地方教育经费的来源而征收的一种费用，建筑施工企业按营业税的一定比例计算，并与营业税一起交纳；矿产资源补偿费是由采矿权人交纳

的，不涉及建筑施工企业。

（二）应交税费的核算

1. 设置"应交税费"账户

为总括反映企业应交税费的计算和交纳情况，企业应设置"应交税费"账户。本账户贷方记入按规定应交纳的各种税费以及企业代个人扣缴的个人所得税；借方记入已交纳的税费；本账户期末贷方余额，反映企业尚未交纳的税费；期末如为借方余额，反映企业多交或尚未抵扣的税费。

建筑施工企业可按应交的税费项目设置明细账户，进行明细核算。

企业应交税费的一般账务处理包括三步：

第一步：按税法规定计算应交税费。企业为了正确计算损益，月末根据当期实现的收入时需按税种、税率计算营业税、城市维护建设税以及教育费附加等各种应交纳的税金，然后，根据有关凭证，借记"营业税金及附加"账户，贷记"应交税费"账户；或计算的房产税、土地使用税以及车船使用税等，借记"管理费用"，贷记"应交税费"账户。

第二步：交纳税金。企业按税务机关规定程序办理纳税手续后，根据纳税缴款书，借记"应交税费"账户，贷记"银行存款"或"现金"账户。

第三步：税费的结算或清算。企业应按照税务机关规定的期限与税务机关结算或清算税金。清算后，少交的税款应补交入库，借记"应交税费"账户，贷记"银行存款"或"现金"账户；多交税金，经税务机关核实后可以办理退库手续，借记"银行存款"或"现金"账户，贷记"应交税费"账户。

2. 现举例说明建筑施工企业应交税费的核算方法

【例8-14】 某施工企业按工程合同收入的3%计算本月应交营业税30 000元，按营业税的7%计算城市维护建设税为2 100元，按营业税的3%缴纳教育费附加。会计处理为：

  借：主营业务税金及附加　　　　　　　　　　　　33 000
    贷：应交税金——应交营业税　　　　　　　　　30 000
      应交税金——应交城市维护建设税　　　　　2 100
      应交税金——教育费附加　　　　　　　　　900

【例8-15】 计算本月应交房产税1 500元，车船使用税600元，土地使用税1 000元。会计处理为：

  借：管理费用　　　　　　　　　　　　　　　　　3 100
    贷：应交税金——应交房产税　　　　　　　　　1 500
      应交税金——应交车船使用税　　　　　　　600
      应交税金——应交土地使用税　　　　　　　1 000

【例8-16】 按规定利润总额的33%计算并结转本月应交所得税33 000元。会计处理为：

  借：所得税费　　　　　　　　　　　　　　　　　33 000
    贷：应交税费——应交所得税　　　　　　　　　33 000

【例8-17】 以银行存款69 100元，上交本月各种税金。会计处理为：

  借：应交税费　　　　　　　　　　　　　　　　　69 100
    贷：银行存款　　　　　　　　　　　　　　　　69 100

二、应付股利的核算

企业作为独立核算的经营实体，对其实现的经营成果除了按照税法及有关法规规定交税、交费外，还必须对投资人投入的资金给予一定的回报，作为投资者应该分享所得税后的利润分配，取得投资收益。因此，企业分配给投资者的现金股利或利润，包括应付给投资者的现金股利、应付给国家以及其他单位和个人的利润等。在实际未支付给投资者之前，形成了一笔负债。

1. 设置"应付股利"账户

为了反映和监督企业分配的现金股利或利润的情况，需要设置"应付股利"账户进行核算。该账户贷方登记企业根据股东大会或类似机构审议批准的利润分配方案，应支付的现金股利或利润数额；借方登记已经发放的现金股利或利润数额；贷方余额反映企业应付而未付的现金股利或利润数额。

企业可按投资者设置明细账，进行明细核算。

企业应当根据通过的股利和利润分配方案，按应支付的现金股利或利润，借记"利润分配——应付股利"账户，贷记"应付股利"账户；企业分配的现金股利和利润，在实际支付时：借记"应付股利"账户，贷记"银行存款"、"库存现金"等账户。

2. 现举例说明应付股利的核算方法

【例 8-18】 经董事会决定，企业给股东发放现金 200 000 元，尚未支付。

借：利润分配——应付股利　　　　　　　　　200 000
　　贷：应付股利　　　　　　　　　　　　　　　　200 000
支付时：
借：应付股利　　　　　　　　　　　　　　　200 000
　　贷：银行存款　　　　　　　　　　　　　　　　200 000

三、其他应付款的核算

（一）其他应付款的内容

其他应付款是指企业除应付账款、应付票据、预收账款、应付职工薪酬、应付股利、内部往来和应付利息以外的其他各种应付、暂收单位或个人的款项。具体内容包括：

（1）应付经营租入固定资产和包装物租金；

（2）职工未按期领取的工资；

（3）存入保证金（如收入包装物押金等）；

（4）应付、暂收所属单位、个人的款项；

（5）其他应付、暂收款项：如应付统筹退休金、应付职工工会经费、应付职工教育经费等。

（二）其他应付款的核算

1. 设置"其他应付款"账户

为了核算企业除应付票据、应付账款、预收账款、应付职工薪酬、应付利息、应付股利、应交税费、长期应付款等以外的其他各项应付、暂收的款项，需要设置"其他应付款"账户进行核算。当企业发生各项其他应付、暂收款项时，借记"银行存款"、"管理费用"等账户，贷记本账户；支付时，借记本账户，贷记"银行存款"、"现金"等账户。本账户期末贷方余额，反映企业应付未付的其他应付款项。

企业可按其他应付款的项目和对方单位（或个人）设置明细账，进行明细核算。

2. 举例说明核算方法

【例 8-19】 企业按规定通过银行转账收取押金 6 000 元。会计处理为：

借：银行存款　　　　　　　　　　　　　　　6 000
　　贷：其他应付款——押金　　　　　　　　　　6 000

归还押金时：

借：其他应付款——押金　　　　　　　　　　6 000
　　贷：银行存款　　　　　　　　　　　　　　6 000

【例 8-20】 企业管理部门本月应付其他单位房屋租金 800 元。会计处理为：

借：管理费用　　　　　　　　　　　　　　　800
　　贷：其他应付款——××单位　　　　　　　　800

四、或有负债与预计负债的核算

《企业会计准则》规定，预计负债属于企业的负债，在资产负债表上应单独反映。与一般负债不同的是，预计负债导致经济利益流出企业的可能性尚未达到基本确定（可能性大于 95%，小于 100%）的程度，金额往往需要估计。

企业应当合理地预计或有事项可能产生的负债，对于很可能导致经济利益流出企业的事项，应当按照估计的金额确认预计负债，在会计上应单设"预计负债"账户进行核算。

1. 设置"预计负债"账户

它属于负债类账户，企业按规定确认的预计负债，记入贷方；实际偿付的负债，记入借方；期末余额在贷方，反映企业已预计、尚未支付的账务。

企业可按形成预计负债的交易或事项设置明细账，进行明细核算。

2. 现举例说明负债的核算方法

【例 8-21】 在应收票据贴现带追索权的前提下，企业将 A 公司承兑的商业汇票向银行申请贴现，贴现期 75 天，该汇票到期值为 120 000 元。6 月底，企业得知 A 公司财务困难，估计无法偿付即将到期的票款。

分析：本例中，企业因为贴现承担了一项现时义务，金额为 120 000 元，根据 6 月底的情况判断，该贴现的商业汇票到期时企业可能要履行连带清偿责任。在这种情况下，企业应于 6 月底将已贴现的商业承兑汇票确认为预计负债。会计上应作如下处理：

借：应收账款——A 公司　　　　　　　　　　120 000
　　贷：预计负债　　　　　　　　　　　　　　120 000

若到期，A 公司无法付款，企业将票款支付给贴现银行时：

借：预计负债　　　　　　　　　　　　　　　120 000
　　贷：银行存款　　　　　　　　　　　　　　120 000

复 习 思 考 题

1. 负债的特点是什么？负债是如何分类的？
2. 如何对负债进行计量？
3. 应付账款如何确定入账时间？
4. 工资总额包括哪些内容？

5. 职工薪酬主要包括哪些内容？
6. 建筑施工企业主要涉及哪些税费？

习 题

[习题一] 短期借款的核算

一、目的

掌握短期借款核算的基本方法和技能。

二、资料

前进建筑施工企业发生下列有关短期借款的经济业务：

（1）企业由于临时需要于2007年3月1日年向商业银行借入临时借款60 000元，为期3个月，月息为5‰，借款已存入银行。

①2007年3月1日借入款项时；

②2007年3月31日、4月30日按月计提利息时；

③2007年5月31日到期接到银行还本付息通知，归还借款本息时。

（2）企业根据借款合同于2007年1月1日从中国建设银行取得小型技措借款600 000元，年利率为6%，为期6个月，按季支付利息，本金一次性偿还。按下列经营业务顺序编制会计分录：

①1月1日，建设银行将批准的小型技措借款划入企业账号；

②1月31日、2月28日，计提当月应计利息；

③3月31日，支付本季度小型技措借款利息；

④6月30日，小型技措借款到期，通过开户银行结清本息。

三、要求

根据上述经济业务编制记账凭证。

[习题二] 应付、预收款项的核算

一、目的

掌握应付款项核算的基本方法和技能。

二、资料

前进建筑施工企业发生下列有关应付款项的经济业务：

（1）10月3日购入水泥一批，买价100 000元，运杂费4 000元，货款尚未支付，按要求支付20 000元定金。10月10日，采购的水泥到货，并已验收入库。10月12日，支付应付剩余货款。

①10月3日，购入水泥时；

②10月3日，支付定金时；

③10月10日，水泥验收入库时；

④10月12日，支付货款时。

（2）企业向新科公司购入木材一批，价款共计200 000元，货物及发票账单均已到达。如果该企业在7日内付款可以享受5%的现金折扣。分别采用总价法和净值法按以下要求作会计处理：

①购入木材时；

②如在7日内付款；

③如在7日后付款，丧失折扣优惠。

（3）企业于9月1日向B公司开出一张名额为300 000元，期限为4个月的商业承兑汇票，用以购买材料。该汇票当天交给了供货的B公司。

①企业对B公司开出商业承兑汇票交给时；

②票据到期，以银行存款支付时；

③若票据到期企业无力支付，按合同支付罚款5 000元。

(4) 10月31日收到分包单位开出的"工程价款结算账单",应付工程价款200 000元,可扣回的已预付分包单位工程款和备料款共计80 000元。

(5) 11月2日以银行存款支付剩余的工程价款。

(6) 11月15日按上半年实际工作进度,向发包单位预收工程款70 000元,款项已经存入银行。

(7) 11月30日,根据提出的"工程价款结算账单"结算应收工程款153 000元,其中应从应收工程款中扣还预收工程款70 000元。

(8) 12月5日,收到上述剩余的工程款。

(9) 根据工程需要,12月1日向当地机械设备租赁公司租入一台大型吊车,租赁期为一个月,租赁期为6 000元。现租赁期已满,租金尚未支付。

三、要求

根据上述经济业务编制记账凭证。

[习题三] 应付职工薪酬的核算

一、目的

掌握应付职工薪酬核算的基本方法和技能。

二、资料

前进建筑施工企业2007年6月"工资结算汇总表"资料如表8-2所列。

表8-2

工资结算汇总表　　　　　　　　　　　　　　　　　　　单位:元

人员类别	计时工资	计件工资	加班工资	副食补贴	奖金	病假工资	工伤工资	应付工资	代扣款项		实发工资
工程施工人员	5 000	40 000	5 000	1 200	2 000	400	400	54 000			
工业生产人员		15 000		500	1 000			16 500			
机械作业人员	12 000			400	800			13 200			
辅助生产人员		4 000	1000	150	250			5 400			
物资供应人员	6 500			180	420			7 100			
行政管理人员	13 600			400	1 000	500		15 500			
研发人员	1 800			80	200			2 080			
合 计	38 900	59 000	6 000	2 910	5 670	900	400	113 780			

(1) 根据"工资结算汇总表",计算代扣款栏的内容如下:

①职工个人缴纳的养老保险金费、医疗保险费以及失业保险费。

②职工个人缴纳的住房公积金。

(2) 结转职工个人缴纳的养老保险金费、医疗保险费以及失业保险费。

(3) 结转职工个人缴纳的住房公积金。

(4) 通过银行转账支付职工实发工资。

(5) 月末分配工资费用。
(6) 计提按照有关规定企业应交纳的"五险一金"。
(7) 收到工资发放员交回的在规定期限内未领取的工资 1 500 元。
(8) 开出转账支票，支付"五险一金"。
(9) 以现金支付职工困难补助费 3 600 元。
(10) 根据应付工资总额的 2％、1.5％ 计提工会经费、职工教育经费。

三、要求
(1) 根据上述资料编制记账凭证。
(2) 根据记账凭证登记"应付职工薪酬"总分类账及相应明细账。

[习题四] 其他流动负债的核算

一、目的
通过练习，掌握其他流动负债的核算方法。

二、资料
某建筑施工企业发生下列有关其他流动负债的经济业务：

(1) 2007 年 6 月完成一项承包工程，工程价款总收入为 500 000 元，期末按工程价款的 3％ 计提应交纳的营业税，分别按营业税的 7％ 和 3％ 计算城市建设维护税、教育费附加。

①计算应交金额时；
②7 月初，以银行存款向税务机关交纳以上款项时。

(2) 经计算，12 月份企业应交房产税 10 000 元，应交车船使用税 5 000 元，应交城市建设维护税 6 000 元。

(3) 经计算，12 月底企业实现的利润总额为 2 450 000 元，按 33％ 的税率计算应交所得税。

(4) 企业按合同应分配给投资者利润 210 000 元，尚未支付。

(5) 企业签发转账支票将上述应付利润支付给投资者。

(6) G 企业欠 M 公司货款 1 150 000 元，由于经营困难等原因，逾期 1 年税务偿付。为此，M 公司依法向当地人民法院起诉 G 企业，8 月初，法院一审判决 G 企业败诉。责成 G 企业向 M 公司偿还货款本金 1 150 000 元，另加利息 69 000 元；支付诉讼费用 50 000 元，罚款 5 000 元。因此，企业根据法院判决的结果，确认预计负债 1 274 000 元，因应付账款 1 150 000 元已在发生时登记入账，因此，企业需对另外的 124 000 元进行预计负债的账务处理。

三、要求
根据上述经济业务编制记账凭证。

第九章 长期负债核算

本章学习目标：理解长期负债的概念、特点及内容，掌握长期负债的核算理论与方法。

一、长期负债的内容

长期负债是指偿还期限在一年或超过一年的一个营业周期以上的债务。它是除了投资人投入的资金以外，企业向债权人筹集，可供企业长期使用的资金。建筑施工企业的长期负债一般可分为长期借款、应付债券和长期应付款三类。

二、长期负债的特点

长期负债与流动负债相比，长期负债具有数额较大、偿还期限较长的特点，对有盈利的施工企业来说，往往可为投资人带来更多的利润。但是，长期债款的利息，是企业根据合同必须承担的一种长期性的固定支出。如果企业经营不善，建筑市场不景气，工程任务不足，这笔固定利息支出就会成为企业财务上的沉重负担。因此，是否以借款形式筹集长期资金，企业必须计算各种借款的资金成本，估计这笔资金投入后的盈利水平，权衡筹资风险，认真决策。

第一节 长期借款的核算

一、长期借款概述

（一）长期借款的概念

长期借款是指企业向银行或其他金融机构借入的期限在一年以上（不含一年）的各项借款。主要包括基本建设投资借款、技措借款、流动资金借款。

（二）长期借款的主要用途

（1）企业借入长期借款可以弥补企业流动资金的不足，在某种程度上，还起着施工企业正常施工生产经营所需垫底资金的作用。

（2）企业为了扩大施工生产经营、搞多种经营，需要添置各种机械设备，建造厂房，这些都需要企业投入大量的长期占用的资金，而企业所拥有的经营资金，往往是无法满足这种需要的，如等待用企业内部形成的积累资金再去购建，则可能丧失企业发展的有利时机。

（3）举借长期借款，可以为投资人带来获利的机会。企业需要的长期资金来自两个方面：一是增加投资人投入的资金；二是举借长期借款。从投资人角度来看，举借长期借款往往更为有利。一方面有利于投资人保持原有控制企业的权力，不会因为企业筹集长期资金而影响投资者本身的利益；另一方面还可以为投资人带来获利的机会。因为长期借款利息，可以计入财务费用在税前利润列支，在企业盈利的情况下，就可少交一部分所得税，为投资人增加利润。

（三）长期借款费用的处理方法

企业由于借入长期借款而发生的借款费用，如长期借款利息、汇兑损益等的处理，可以采取两种方法：一是于发生时直接确认为当期费用；二是予以资本化。在我国的会计实务中，对长期借款费用采用了不同的处理方法。

1. 长期借款范围处理方式

（1）用于企业生产经营正常周转而借入的长期借款所发生的借款费用，直接计入当期的财务费用。

（2）筹建期间发生的长期借款费用（购建固定资产所借款项除外）计入长期待摊费用。

（3）在清算期间所发生的长期借款费用，计入清算损益。

（4）为购建固定资产而发生的长期借款费用，在该项固定资产达到预定可使用状态前，按规定予以资本化，计入所建造的固定资产价值；在固定资产达到预定可使用状态后，直接计入当期的财务费用。

2. 资本化的开始、暂停与停止

（1）资本化开始的条件。以下三个条件同时具备时，企业为购建固定资产的专门借款发生的借款费用（利息、辅助费用等）应当开始资本化：

①资产支出已经发生；

②借款费用已经发生；

③为使资产达到预定可使用状态必要的购建活动已经开始。

资产支出只包括为购建固定资产而以支付现金、转移非现金资产或者承担带息债务形式发生的支出。

（2）资本化的暂停。如果某项固定资产购建发生非正常中断，并且中断时间超过 3 个月（含 3 个月），应当暂停借款费用的资本化，其中断期间所发生的借款费用，不计入所后建的固定资产成本，将其直接计入当期财务费用，直至购建重新开始。再将其后至固定资产达到预定可使用状态前所发生的借款费用，计入所购建固定资产的成本。

如果中断是使购建固定资产达到预定可使用状态前所必要的程序，则中断期间所发生的借款费用仍应计入该项固定资产的成本。

（3）资本化的停止。当所购建固定资产达到预定可使用状态时，应当停止借款费用的资本化；以后发生的借款费用应当直接计入财务费用。

这里"达到预定可使用状态"，是指固定资产已达到购买方或建造方预定的可使用状态。当存在下列情况之一时，可认为所购建的固定资产已达到预定可使用状态：

①资产的实体建造（包括安装）工作已经全部完成或者实质上已经全部完成；

②已经过试生产或试运行，并且其结果表明资产能够正常运行或者能稳定地生产出合格产品时，或者试运行结果表明能够正常运转或营业时；

③该项建造的固定资产上的支出金额很少或者几乎不再发生；

④所购建的固定资产已经达到设计或者合同要求，或与设计或合同要求相符或基本相符，即使有个别地方与设计或合同要求不相符，也不足以影响其正常使用。

如果某些建造的固定资产的各部分分别完工（指每一项工程或单位工程），每部分在其他部分继续建造过程中可供使用，并且为使该部分达到预定可使用状态所必需的活动实质上已经完成,则这部分资产所发生的借款费用不再计入所建造的固定资产成本,直接计入当期财务费用;如果某些建造的固定资产的各部分分别完工,但必须等到整体完工后才可以使用,则应当在该资产整体完工时,其所发生的借款费用才不再计入所建造的固定资产成本,而直接计入当期财务费用。

（四）长期借款的归还

长期借款本金的归还分为到期归还和分期归还。长期借款利息的支付方式有到期一次付息和在借款期内分期付息;其利息计算方法有单利法和复利法两种。

二、长期借款的核算

1. 设置"长期借款"账户

为了核算和监督企业长期借款的取得、归还及结存情况,企业应当设置"长期借款"账户,以核算企业向银行和其他金融结构借入的期限在1年以上（不含1年）的各项借款。该账户贷方登记借入的长期借款本金和定期计提的利息,借方登记按期归还的借款本息,期末贷方余额表示企业尚未偿还的长期借款本息。

企业应按借款单位和借款种类设置明细账,进行明细核算。

2. 举例说明核算方法

【例9-1】 企业2007年1月1日向建设银行存款借入资金120万元,用于新建厂房,借款利率为6%,借款期限为3年,每年末付息一次,3年后期满一次还清本金。2007年度以银行存款支付工程款80万元,2008年度以银行存款支付工程款30万元,2008年底工程完工,交付使用并办理了竣工决算手续。根据上述资料,企业应作如下账务处理:

(1) 取得借款120万元时:

借:银行存款　　　　　　　　　　　　　　　　　1 200 000
　　贷:长期借款——建行（基本建设投资借款）　1 200 000

(2) 支付2007年工程价款时:

借:在建工程——建筑工程—厂房　　　　　　　　800 000
　　贷:银行存款　　　　　　　　　　　　　　　　800 000

(3) 2007年底计算利息72 000元时:

借:在建工程——建筑工程—厂房　　　　　　　　72 000
　　贷:长期借款——建行（基本建设投资借款）　72 000

(4) 偿还借款利息时:

借:长期借款——建行（基本建设投资借款）　　　72 000
　　贷:银行存款　　　　　　　　　　　　　　　　72 000

资产办理决算前每期计息、付息的会计处理同(3)、(4)。

(5) 支付2008年工程价款30万元时:

借:在建工程——建筑工程—厂房　　　　　　　　300 000
　　贷:银行存款　　　　　　　　　　　　　　　　300 000

(6) 2008年底厂房完工交付使用,结转实际成本1 244 000元时:

借:固定资产　　　　　　　　　　　　　　　　　1 244 000
　　贷:在建工程——建筑工程—厂房　　　　　　　1 244 000

(7) 资产办理竣工决算后,按月计提借款利息为$1\ 200\ 000 \times 6\% \div 12 = 6\ 000$元时:

借:财务费用　　　　　　　　　　　　　6 000
　　贷:长期借款——建行(基本建设投资借款)　6 000
以后至还款前各月按月预提利息的会计处理同(7)。
(8) 到期偿还本金及支付第三年利息共 1 272 000 元时:
借:长期借款——建行(基本建设投资借款)　1 272 000
　　贷:银行存款　　　　　　　　　　　　1 272 000

第二节　应付债券的核算

一、债券的概述

(一)债券的概念和种类

债券是指企业为筹集资金而依法律程序发行,并约定在一定期限内还本付息的有价债券。

企业债券种类繁多,可以按不同的标志分类。

(1) 按是否记名,分为记名债券和不记名债券。记名债券是在债券上注明债权人的姓名,同时在发行公司账簿上作同样登记的债券。无记名债券是指在券面上未注明债权人姓名,在公司账簿上也不登记其姓名的债券。

(2) 按偿还期限不同,分为短期债券、中期债券和长期债券、一般情况下,期限在一年以下的为短期债券;期限在一年以上,五年以下的为中期债券;五年以上的为长期债券。

(3) 按有无抵押担保,分为抵押担保债券和无抵押担保债券。抵押担保债券又分为不动产抵押债券、动产抵押债券和信托抵押债券。无抵押担保债券也称为信用债券。

除上述分类外,按偿还方式不同,还可分为一次归还债券、分次归还债券和通知归还债券;按是否转换为股票,分为可转换债券和不可转换债券等。

(二)债券发行价格的确定

企业会计制度规定,发行债券的企业,应当按照实际发行的价格总额,作负债处理。债券的发行价格与面值可能一致,也可能不一致,这是由于债券票票上所规定的票面利率与债券发行时的市场利率不一致而造成的。票面利率又称为名义利率,是债券票面上设定的利率,而市场利率则是债券发行者实际承担的利率,也称为实际利率。

债券的发行价格是债券到期时偿还的债券面值以发行时的市场利率计算的现值加上债券按名义利率计算的各期应付利息的年金现值之和。在分期付息的情况下,债券发行价格可用下列公式表示:

债券发行价格=债券面值按市场利率的折现值+各期定额债券利息按市场利率的折现值
$$= P \cdot (1+r)^{-n} + R \cdot A(n,r)$$

式中　P——债券面值;
　　　R——每期定额利息;
　　　n——计息期(债券本金的偿还期);
　　　r——同期市场实际利率。

其中: $A(n,r) = \dfrac{1-(1+r)^{-n}}{r}$ 为年金现值系数。

【例 9-2】 企业经批准在 2007 年 1 月 1 日发行定期为 5 年的公司债券 2 000 张，面值为 100 元，票面利率为 10%，每年付息一次。

(1) 假定公司债券在发行时的市场利率为 10%，债券的发行价格为：

【债券面值现值，查复利现值系数表 0.621；查债券利息现值，查年金现值系数表：$(P_5，10\%)=3.791$】

$200\ 000 \times (1+10\%)^{-5} + 200\ 000 \times 10\% \times (P_5，10\%)$
$= 200\ 000 \times 0.621 + 200\ 000 \times 10\% \times 3.791$
$= 124\ 200 + 75\ 820$
$= 200\ 020\ 元$

(2) 假定公司债券在发行时的市场利率为 8%，债券的发行价格为：

【债券面值现值，查复利现值系数表 0.681；查债券利息现值，查年金现值系数表：$(P_5，8\%)=3.993$】

$200\ 000 \times (1+8\%)^{-5} + 200\ 000 \times 10\% \times (P_5，8\%)$
$= 200\ 000 \times 0.681 + 200\ 000 \times 10\% \times 3.993$
$= 136\ 200 + 79\ 860$
$= 216\ 060\ 元$

债券溢价：$216\ 060 - 200\ 000 = 16\ 060\ 元$

(3) 假定公司债券在发行时的市场利率为 12%，债券的发行价格为：

【债券面值现值，查复利现值系数表 0.567；查债券利息现值：$(P_5，12\%)=3.605$】

$200\ 000 \times (1+10\%)^{-5} + 200\ 000 \times 10\% \times (P_5，12\%)$
$= 200\ 000 \times 0.567 + 200\ 000 \times 10\% \times 3.605$
$= 113\ 400 + 72\ 100$
$= 185\ 500\ 元$

债券折价：$200\ 000 - 185\ 500 = 14\ 500\ 元$

由上例可知，如果债券利率发行时的名义利率等于实际利率，那么债券就应该按面值发行即平价发行；如果债券利率发行时的名义利率高于实际利率，那么债券就应该溢价发行；反之，如果债券利率发行时的名义利率低于实际利率，那么债券就应该折价发行。债券溢价发行实际上就是因为名义利率高于实际利率而由债券购买者把将来可以多收的利息预先退还一部分给债券发行企业；债券折价发行实际上就是因为名义利率低于实际利率而由发行公司对债券购买者的额外利息的补贴。

（三）债券发行费用的处理

债券发行费用主要包括委托他人代销债券支付的手续费或佣金、债券印刷费，以及相关的律师费、注册会计师审计费用、广告费等。

按照企业会计制度规定，企业发行债券，如果发行费用大于发行期间冻结资金所产生的利息收入，按发行费用减去发行期间冻结资金所产生的利息收入的差额，根据重要性原则分别处理：

(1) 金额较小的，直接计入当期损益（即财务费用）；

(2) 金额较大的，根据发行债券筹集资金的用途，属于固定资产项目的，在所购建资产达到预定可使用状态前，应予以资本化，计入所购建固定资产的成本；属于其他用途或虽属于固定资产项目但不应予以资本化的部分，计入当期财务费用。

如果发行费用小于发行期间冻结资金所产生的利息收入，按发行期间冻结资金所产生的利息收入减去发行费用后的差额，视同发行债券溢价收入，在债券存续期间计提利息时摊销。

二、应付债券的核算

为了核算和监督债券的发行情况，企业应设置"应付债券"账户。本账户核算企业为筹集长期资金而实际发行的债券及应付的利息。该账户的贷方登记债券面值和溢价发行的溢价部分、应转销的折价金额及应计利息；借方登记债券折价发行的折价部分、溢价摊销、债券到期或转让及支付的债券本息；期末贷方余额，反映企业尚未偿还的债券本息。企业还应在本账户下设置"债券面值"、"债券溢价"、"债券折价"、"应计利息"四个明细账户，进行明细核算。

（一）债券发行的核算

1. 债券平价发行

债券按面值发行时，表明债券的名义利率和实际利率是相同的，这时的会计处理极为简单，即按债券面值计价入账，借记"现金"和"银行存款"账户，贷记"应付债券——债券面值"账户。

【例 9-3】 某公司批准发行面值为 200 万元的长期债券，发行费用共 65 000 元，企业发行期间冻结资金所产生的利息收入 24 000 元。会计处理为：

（1）收到发行债券款项时：

借：银行存款　　　　　　　　　　　　　　　2 000 000
　　贷：应付债券——债券面值　　　　　　　　　　2 000 000

（2）支付发行费用时：

65 000－24 000＝41 000

借：财务费用　　　　　　　　　　　　　　　41 000
　　贷：银行存款　　　　　　　　　　　　　　　　41 000

2. 债券溢价发行

债券溢价发行即发行价格高于债券面值。债券溢价是在债券整个期间内，对举债企业多付利息的一种补偿，也是对票面利息费用的一种调整。即债券溢价是债券发行企业预收债券投资者的一笔款项，将在以后各期付息期，通过债券溢价的摊销，陆续冲减举债企业的利息费用，直至本金偿还日止摊销完毕。债券溢价发行，仍按面值计价入账，实际收到的价款超过债券面值的差额，计入"应付债券——债券溢价"账户。

【例 9-4】 某企业发行面值为 200 万元、为期 3 年的债券，按 210 万元溢价发行。会计处理为：

借：银行存款　　　　　　　　　　　　　　　2 100 000
　　贷：应付债券——债券面值　　　　　　　　　　2 000 000
　　　　应付债券——债券溢价　　　　　　　　　　　100 000

3. 债券折价发行

债券折价发行即发行价格低于债券面值。债券折价是举债企业为弥补投资者少得到的利息的损失而给予的一种补偿。即债券折价是债券发行企业少收债券投资者的一笔款项，将在以后各付息期，通过债券折价摊销，陆续追加举债企业的利息费用，直至本金偿还期日止摊销完毕。债券折价发行，仍按面值计价入账，实际收到的价款低于票面价值的差额计入"应付债券——债券折价"账户。

【例 9-5】 某企业发行面值为 200 万元、为期 3 年的负债，按 190 万元溢价发行。会计处理为：

借：银行存款　　　　　　　　　　　　　　1 900 000
　　应付债券——债券折价　　　　　　　　　　100 000
　　贷：应付债券——债券面值　　　　　　　　　　2 000 000

（二）企业债券利息的计提和溢（折）价的摊销

企业发行债券需要支付利息。利息的支付有两种形式：一是分期支付，即在债券的存续期内分数期支付；二是债券到期时，与债券面值一并偿还。

企业会计制度规定，长期债券应当按债券面值，按照确定的利率按期计提利息，并按制度规定分别计入相关成本或费用。

债券利息的计提一般按年预提，但上市公司为了中期报告的编报要求，也可以按半年预提。在计提利息费用时，还应同时对债券溢价和折价进行摊销。

企业会计制度规定，债券溢价或折价的摊销，在债券存续期内按直线法或实际利率法于计提利息时摊销，并按借款费用的处理原则处理。

企业每期利息和溢价或折价摊销的金额，不得超过当期为购建固定资产的专门借款实际发生的利息和溢价或折价的摊销金额。

我国对债券溢价、折价的摊销方法有直线法和实际利率法两种。

1. 直线法

直线法即将债券的溢价或折价在债券的有效期内平均摊销于各期费用的一种方法。摊销公式如下：

$$本期溢价（或折价）摊销额 = \frac{溢价（或折价）总额}{计息期数}$$

$$各期利息费用 = 各期应付利息 + 折价摊销额$$

$$或 = 各期应付利息 - 溢价摊销额$$

根据前［例 9-2］中溢价发行和折价发行的实例，按直线法编制其债券溢价（折价）摊销表如表 9-1、表 9-2 所列。

债券溢价摊销表（直线法）　　　　　表 9-1

计算日期	应付利息	本期溢价摊销额	利息费用	未摊销溢价	账面价值
第一年 1 月 1 日				16 060	216 060
第一年 12 月 31 日	20 000	3 212	16 788	12 848	212 848
第二年 12 月 31 日	20 000	3 212	16 788	9 636	209 636
第三年 12 月 31 日	20 000	3 212	16 788	6 424	206 424
第四年 12 月 31 日	20 000	3 212	16 788	3 212	203 212
第五年 12 月 31 日	20 000	3 212	16 788	0	200 000
合　计	100 000	16 060	83 940		

各期应计利息＝200 000×10％＝20 000元

各期摊销溢价＝16 060÷5＝3 212元

各期利息费用＝20 000－3 212＝16 788元

据此，每期计提利息费用时会计处理为：

借：财务费用（或专项工程支出）　　　　　　16 788
　　　应付债券——债券溢价　　　　　　　　　3 212
　　贷：应付债券——应计利息　　　　　　　　　　　20 000

债券折价摊销表（直线法） 表 9-2

计算日期	应付利息	本期溢价摊销额	利息费用	未摊销溢价	账面价值
第一年1月1日				14 500	185 500
第一年12月31日	20 000	2 900	22 900	11 600	188 400
第二年12月31日	20 000	2 900	22 900	8 500	191 300
第三年12月31日	20 000	2 900	22 900	5 800	194 200
第四年12月31日	20 000	2 900	22 900	2 900	197 100
第五年12月31日	20 000	2 900	22 900	0	200 000
合　　计	100 000	14 500	114 500		

各期应计利息＝200 000×10％＝20 000元

各期摊销折价＝14 500÷5＝2 900元

各期利息费用＝20 000＋2 900＝22 900元

据此，每期计提利息费用时会计处理为：

借：财务费用（或在建工程）　　　　　　　　22 900
　　贷：应付债券——应计利息　　　　　　　　　　　20 000
　　　　应付债券——债券折价　　　　　　　　　　　2 900

2. 实际利率法

在实际利率法下，各期利息费用是以实际利率乘以本期期初应付债券的账面价值而得。由于债券的账面价值逐期不同，因而计算出来的利息费用也就逐期不同。在溢价发行的情况下，债券账面价值逐期减少，利息费用也就随之逐期减少。反之，在折价发行的情况下，债券价值逐期增加，利息费用也因而逐期增加。当期入账的利息费用与按名义利率支付的差额，即为该期应摊销的债券溢价或折价。

在实际利率法下，每期摊销额的计算公式如下：

$$应计利息＝应付债券面值×名义利率$$

$$实际利息＝应付债券账面价值×实际利率$$

$$摊销额＝应计利息－实际利息$$

仍以［例 9-2］中溢、折价发行的实例，按实际利率法编制债券溢价（折价）摊销表，见表 9-3、表 9-4 所列。

债券溢价摊销表（实际利率法） 表 9-3

计算日期	应付利息	本期实际负担利息	债券溢价摊销额	未摊销溢价	账面价值
第一年 1 月 1 日				16 060	216 060
第一年 12 月 31 日	20 000	17 284.80	2 715.20	13 344.80	213 344.80
第二年 12 月 31 日	20 000	17 067.58	2 932.42	10 412.39	210 412.38
第三年 12 月 31 日	20 000	16 832.99	3 167.01	7 245.39	207 245.37
第四年 12 月 31 日	20 000	16 579.66	3 420.34	3 825.05	203 825.03
第五年 12 月 31 日	20 000	16 174.97	3 825.03	0	200 000
合　计	100 000	83 940	16 060		

据此，第一期计提利息时，会计处理为：

借：财务费用（或在建工程）　　　　　　　　17 284.80
　　应付债券——债券溢价　　　　　　　　　2 715.20
　　贷：应付债券——应计利息　　　　　　　　　　20 000

第二期计提利息时，会计处理为：

借：财务费用（或在建工程）　　　　　　　　17 067.58
　　应付债券——债券溢价　　　　　　　　　2 932.42
　　贷：应付债券——应计利息　　　　　　　　　　20 000

其余各期类推。

债券折价摊销表（实际利率法） 表 9-4

计算日期	应付利息	本期实际负担利息	债券溢价摊销额	未摊销溢价	账面价值
第一年 1 月 1 日				14 500	185 500
第一年 12 月 31 日	20 000	22 260.00	2 260.00	12 240.00	187 760.00
第二年 12 月 31 日	20 000	22 531.20	2 531.20	9 708.80	190 291.20
第三年 12 月 31 日	20 000	22 834.94	2 834.94	6 873.86	193 126.14
第四年 12 月 31 日	20 000	23 175.14	3 175.14	3 698.72	196 301.28
第五年 12 月 31 日	20 000	23 698.72	3 698.72	0	200 000
合　计	100 000	114 500	14 500		

据此，第一期计提利息时，会计处理为：

借：财务费用（或在建工程）　　　　　　　　22 260
　　贷：应付债券——应计利息　　　　　　　　　　20 000
　　　　应付债券——债券折价　　　　　　　　　　2 260

第二期计提利息时，会计处理为：

借：财务费用（或在建工程）　　　　　　　　22 531.20
　　贷：应付债券——应计利息　　　　　　　　　　20 000
　　　　应付债券——债券折价　　　　　　　　　　2 531.20

其余各期类推。

（三）债券的偿还

债券的偿还期限及付款方式一般已在发行债券的募集方法或债券票面注明，债券到期，发行债券的公司应履行偿付责任，从而解除对债权人的义务。应付债券可能在到期日偿还、亦可在到期日之前或之后偿还。偿付方式不同，其账务处理也不同。

1. 到期偿还

不论债券当初以何种价格发行，到期时，其溢价或折价金额都已分摊完毕。

(1) 债券利息分期支付的，债券到期的账面价值等于面值，企业只需按面值偿付债券本金，则会计处理为：

借：应付债券——债券面值
　　贷：银行存款

(2) 债券利息同本金一起到期偿付的，债券到期企业偿付本息时，会计处理为：

借：应付债券——债券面值
　　应付债券——应计利息
　　　贷：银行存款

2. 提前偿还

提前偿还包括两种情况：一是在债券发行时就已确定发行企业有权提前收回债券；二是债券是上市交易的证券，而企业又拥有足够的资金可供调度，于是可以在债券到期前选择适当的有利时机（市场利率上升，债券市价下跌到一定程度时），在证券市场上陆续购回发行在外的债券，以减轻企业的利息负担。

企业提前偿付债券，会计处理上应注意以下问题：

第一，付清提前日止的应付债券利息；

第二，注销尚未分摊完成的债券溢价或折价金额；

第三，对提前收回债券所付金额与债券账面价值的差额，即提前收回债券损益，计入营业外收支。

【例 9-6】 A 公司于 2003 年 1 月 1 日发行一批 6 年期、一次性还本的债券，总面值为 100 000 万元，年利率为 12%，每半年付息，债券以 109 840 元溢价发行。2008 年 10 月 1 日公司将发行的债券提前 3 个月全部收回，共付款 104 000 元。该债券所付金额 104 000 元包括上次付息日起到收回债券日止 3 个月的应付利息 3 000 元（即 6 000/2）。

(1) 2003 年 1 月收到发行债券款时：

借：银行存款　　　　　　　　　　　　　　109 840
　　贷：应付债券——债券面值　　　　　　　　100 000
　　　　应付债券——债券溢价　　　　　　　　　9 840

(2) 各期计提利息和摊销溢价时：

各期应计利息＝100 000×12%÷2＝6 000 元

按直线法计算各期摊销债券溢价＝(109 840－100 000)÷12＝820 元

据此，每期计提利息费用时：

借：财务费用（或专项工程支出）　　　　　　5 180
　　应付债券——债券溢价　　　　　　　　　　　820
　　贷：应付债券——应计利息　　　　　　　　6 000

(3) 2008 年 10 月 1 日，对最后付息前 3 个月的应付利息、分摊的溢价款会计处理为：

借：财务费用（或专项工程支出）　　　　　　2 590

应付债券——债券溢价	410	
贷：应付债券——应计利息	3 000	

（4）提前兑付债券时：

分析提前收回债券的损益：

共付款：	104 000元
减：3个月的应付利息	3 000元
应付债券面值	100 000元
未摊销的债券溢价（820/2）	410元
提前收回债券损失	590元

据此，会计处理为：

借：应付债券——债券面值	100 000	
应付债券——债券溢价	410	
应付债券——应付利息	3 000	
营业外支出	590	
贷：银行存款	104 000	

3. 分期偿还

分期偿还是指企业发行债券时，在条款中就规定按期分批偿付，一般采用分批抽签的办法来确定分期偿还的债券。在分期偿还的情况下，企业除在各偿还期做还债券本金的账务处理外，还应计算偿还本金后应注销的溢价或折价，并予以入账。

【例 9-7】 D公司经批准于2005年6月1日发行为期3年的公司债券100 000元，票面利率为12%，实际利率为10%，每半年计息一次，发行价格确定为106 720元，若发行条款中规定于2007年6月1日以抽签方式偿还50%。

偿还公司债券50%的面值为 100 000×50%＝50 000元

偿还公司50%的未摊销溢价＝[(6 720×50%)÷6]×2＝1 120元

据此，会计处理为：

借：应付债券——债券面值	50 000	
应付债券——债券溢价	1 120	
贷：银行存款	50 000	
财务费用（或专项工程支出）	1 120	

（四）可转换为公司债券的核算

可转换公司债券是指企业依照法定程序发行、在一定期限内依据约定的条件可以转换成股票的公司债券。为了核算企业发行的可转换债券的发行、计息、转换和偿还情况，《企业会计制度》规定企业在"应付债券"账户下可设置"可转换公司债券"明细账户进行核算。企业会计制度规定：发行可转换公司债券的企业，可转换公司债券在发行以及转换为股份之前，应当按一般公司债券进行处理。当可转换公司债券持有人行使转换权利时，将其持有的债券转换为股份和资本时，应当按其账面价值结转；可转换公司债券账面价值与可转换股份面值的差额，减去收到的现金后的余额作为资本公积处理。

企业发行附有赎回选择权的可转换公司债券，其在赎回日可能支付的利息补偿金，即债券约定赎回期届满日应当支付的利息减去应付债券票面利息的差额，应当在债券发行日至债券约定赎回届满日期间计提应付利息,参照长期借款的借款费用处理原则处理。

【**例 9-8**】 B股份有限公司经批准于 2004 年 1 月 1 日发行 5 年期可转换公司债券 1 000万元,债券票面利率为 8%,按面值发行,按年计息。转换条件为:发行一年后可转换为公司股票,每 100 元转换普通股 5 股,股票面值为 1 元。假定发行时不考虑发行费用,一年后债券持有者全部行使转换权利。

(1) 发行时:

借:银行存款　　　　　　　　　　　　　　10 000 000
　　贷:应付债券——可转换公司债券(债券面值)
　　　　　　　　　　　　　　　　　　　　10 000 000

(2) 当 2004 年年末计提债券利息时:

债券应计利息＝10 000 000×8%＝800 000 元

借:财务费用　　　　　　　　　　　　　　800 000
　　贷:应付债券——可转换公司债券(应计利息)　800 000

(3) 转换为股份时:

转换股票数＝10 000 000÷100×5＝500 000 股

股本总额＝500 000×1＝500 000 元

借:应付债券——可转换公司债券(债券面值)　10 000 000
　　应付债券——可转换公司债券(应计利息)　800 000
　　贷:股本——普通股　　　　　　　　　　500 000
　　　　资本公积——股本溢价　　　　　　　10 300 000

第三节　其他长期应付款的核算

一、长期应付款的核算

(一) 长期应付款的内容

长期应付款是指企业除了长期借款和应付债券以外的长期负债,包括应付引进设备款、应付融资租入固定资产的租赁费等。

应付引进设备款,是根据公司与外商签订来料加工,来料装配和中小型补偿贸易合同而引进国外设备所发生的应付款项。该应付款项在设备安装完毕投产后,按合同规定的还款方式,用应收的加工装配收入和出口产品所得收入归还。

融资租入固定资产应付款是指企业采用融资租赁方式租入固定资产发生的租赁费。融资租入的固定资产,在租赁有效期限内,虽然资产的所有权尚未归入方所有,但租赁资产上的所有风险以及利益均已转移给了承租方,因此,租入方应将租入固定资产以及相应的融资作为一项资产和一项负债。

(二) 长期应付款的核算

为了核算企业的各种长期应付款的发生和归还情况,企业应设置"长期应付款"账户。该账户的贷方登记应付款项的发生数额,借方登记应付款项的归还数额,期末贷方余额,反映企业尚未支付的各种长期应付款。企业还应按长期应付款的种类设置明细账,进行明细核算。

1. 应付引进设备款的账务处理

企业按照补偿贸易方式引进设备时，应按设备、工具、零配件等的价款以及国外运杂费和规定的汇率折合为人民币记账，借记"在建工程"、"原材料"等账户，贷记"长期应付款——应付引进设备款"账户。

企业用人民币支付的进口关税、国内运杂费和安装费等，借记"在建工程"、"原材料"等账户，贷记"银行存款"等账户。

发生的应计利息和因外币折合率的变动发生的汇兑损益，比照长期借款的借款费用的处理原则处理，即在引进设备按照调试完毕交付之前发生的，计入设备成本，借记"在建工程"账户；若为借方使用之后发生的，应计入企业当期损益即财务费用，借记"财务费用"账户。

设备交付验收使用时，将其全部价值，借记"固定资产"账户，贷记"在建工程"账户。

归还引进设备款项时，借记"长期应付款——补偿贸易引进设备应付款"账户，贷记"银行存款"、"应收账款"等账户。

【例9-9】甲施工企业同外商签订一项补偿贸易合同，引进设备一台，外币金额为100 000美元，当时美元汇率为1∶8.6，偿还期限为2年，年利率为5%，以单利计算。另用人民币支付设备进口关税和国内运杂费15 000元，该项设备第二年初安装完毕，并交付使用，发生安装调试费用10 000元。第一年末归还本息时，其美元汇率为1∶8.7，该项经济业务的有关的账户处理为：

（1）结转引进设备价款时：

设备价款：$100 000×8.6=860 000$元

借：在建工程——安装工程——××设备　　　860 000
　　贷：长期应付款——应付引进设备款（×××公司）
　　　　　　　　　　　　　　　　　　　　　860 000

（2）支付进口关税和国内运杂费时：

借：在建工程——安装工程——××设备　　　15 000
　　贷：银行存款　　　　　　　　　　　　　15 000

（3）支付安装调试费时：

借：在建工程——安装工程——××设备　　　10 000
　　贷：银行存款　　　　　　　　　　　　　10 000

（4）结转第一年应计利息时：

第一年的利息：$100 000×5\%×8.7=43 500$元

借：在建工程——安装工程——××设备　　　43 500
　　贷：长期应付款——应付引进设备款（×××公司）43 500

（5）第一年末调整汇率时：

第一年末的汇率调整：$100 000×0.1=10 000$元

借：在建工程——安装工程——××设备　　　10 000
　　贷：长期应付款——应付引进设备款（×××公司）10 000

（6）第一年末归还本金为50 000美元（$50 000×8.7=435 000$元），利息为43 500

元,共计 478 500 元,则:

借:长期应付款——应付引进设备款(××公司)　478 500
　　贷:银行存款　　　　　　　　　　　　　　　478 500

(7) 设备交付使用时:

借:固定资产　　　　　　　　　　　　　　　　938 500
　　贷:在建工程——安装工程—××设备　　　　938 500

(8) 第二年末计提利息时,若汇率为 1:8.8,则:

第二年的利息:$50 000×5‰×8.8=22 000 元

借:财务费用　　　　　　　　　　　　　　　　22 000
　　贷:长期应付款——应付引进设备款(××公司)　22 000

(9) 第二年末归还本金 50 000 美元($50 000×8.8=440 000 元),利息为 22 000 元,共计 462 000 元,则:

借:长期应付款——应付引进设备款(××公司)　462 000
　　贷:银行存款　　　　　　　　　　　　　　　462 000

2. 应付融资租赁款的核算

融资租入的固定资产,应在租赁开始日,按租赁开始日租入资产的原账面价值与最低租赁付款额的现值两者中较低者作为入账价值,借记"固定资产"等账户,按最低租赁付款额,贷记"长期应付款——应付融资租赁款"账户,按其差额,借记"未确认融资费用"账户。

按期支付融资租赁费时,借记"长期应付款——应付融资租赁款"账户,贷记"银行存款"账户。

租赁期满,如合同规定将设备所有权转归承租企业,应当进行转账,将固定资产从"融资租入固定资产"明细科目转入有关明细账户。

具体内容可见本书第六章第二节。

二、专项应付款的核算内容

专项应付款是企业取得政府作为企业所有者投入的具有专项或特定用途的款项。如专项用于技术改造、技术研究等,以及从其他来源取得的款项。

该账户贷方记入企业收到或应收的资本性拨款;借方记入工程项目完工形成长期资产的部分、对未形成长期资产需要核销的部分、拨款结余需要返还的等内容;即拨款项目完成后,形成各项资产的部分,应按实际成本,贷记"固定资产"等项目,贷记有关账户;同时,借记"专项应付款"账户,贷记"资本公积——拨款转入"账户;未形成资产需要核销的部分,借记"专项应付款"账户,贷记有关账户;拨款项目完成后,如有拨款结余需上交的,借记"专项应付款"账户,贷记"银行存款"账户。本账户期末贷方余额,反映企业尚未转销的专项应付款。具体核算可参见第十章第三节。

企业可按资本性投资项目设置明细账,进行明细核算。

三、递延税款的核算

"递延税款"账户是核算采用纳税影响会计法进行所得税会计处理的企业,由于时间性差异产生的税前会计利润与纳税所得额之间的差异影响所得税的金额,以及以后各期转回的金额。企业接受捐赠(不包括外商投资企业)的非现金资产未来应交的所得税,也通过"递延税款"账户核算。对于我国一般的施工企业而言，在接受捐赠（不包括外商投资企业）的非现金资产时，核算未来应交的所得税应通过"递延税款"账户来进行。具体核算可参见第六章第二节。

第四节 债务重组

一、债务重组的概念和特点

根据《企业会计准则第 12 号—债务重组》，债务重组是指债务人发生财务困难的情况下，债权人按照其与债务人达成的协议或法院的裁决作出让步的事项。

这里讲的债务重组具有如下特点：

第一，债务重组是在债务人持续经营条件下进行的。对于债务人破产清算或企业改组等非持续经营条件下的债务重组有其他会计准则规范，这里不涉及。

第二，债务重组是在双方达成协议或法院的裁决下进行的。有可能债权人作出了让步，也可能债权人未作出让步，或是双方协商的结果，或是法院强制裁决的结果。

二、债务重组方式

根据《企业会计准则第 12 号—债务重组》规定，债务重组方式包括：

（1）以资产清偿债务；

（2）将债务转为资本；

（3）修改其他债务条件，如减少债务本金、减少债务利息等，不包括上述（一）和（二）两种方式；

（4）以上三种方式的组合等。

三、债务重组的核算

（一）以现金清偿债务的会计处理

以现金清偿债务的，债务人应当将重组债务的账面价值与实际支付现金之间的差额计入当期损益。

以低于应付债务账面价值的现金清查债务的，企业应按应付债务的账面金额，借记"应付账款"等账户，按实际支付的价款，贷记"银行存款"等账户，按其差额，贷记"营业外收入—债务重组利得"账户。

【例 9-10】 康力企业欠甲公司一笔 150 000 元的应付账款，经双方达成协议，甲公司同意免去该企业 20 000 元，余额由该企业用现金立即偿清。会计处理为：

借：应付账款——甲公司　　　　　　　　　150 000
　　贷：银行存款　　　　　　　　　　　　　130 000
　　　　营业外收入——债务重组利得　　　　 20 000

（二）以非现金资产清偿债务的会计处理

根据《企业会计准则第 12 号—债务重组》规定，以非现金资产清偿债务的会计处理，债务人应当将重组债务的账面价值与转让的非现金资产公允价值之间的差额，计入当期损益。

以非现金资产清查债务的核算，在有关资产章节已有介绍，这里就不再具体介绍，可参见有关资产章节。

（三）以债务转为资本的会计处理

以债务转为资本的债务重组是指债权人按照其与债务人达成的协议同意放弃该项债权，由债权人变为债务人的投资者，而债务人则将需偿还的债务变为吸收债权人投资的一种债务重组方式。该种债务重组完成后，债权人和债务人之间的关系发生了质的变化。债务人以债务转为资本方式进行债务重组时，必须严格遵照国家有关法律的规定。

根据《企业会计准则第12号-债务重组》规定：以债务转为资本的应当分别按下列要求处理：

（1）股份有限公司，应当按照债权人放弃债权而享有股份的面值总额作为股本，股份的公允价值总额与股本之间的差额确认为资本公积。

（2）其他企业，应当按照债权人放弃债权而享有股份的面值总额作为实收资本，股份的公允价值总额与转作实收资本金额的差额作为资本公积。

以债务转为资本，应按应付账款的账面余额，借记"应付账款"账户，按债权人因放弃债权而享有的股权的份额，贷记"实收资本"或"股本"账户，按其差额，贷记"资本公积——资本（股本）溢价"账户。

【例9-11】 2006年5月1日，甲公司销售一批材料给乙公司，同时收到乙公司签发并承诺的一张面值为100 000元，年利率为7%，6个月到期、到期还本付息的票据。11月1日，乙公司因财务困难，无法兑现票据，经双方协商达成一致协议，甲公司同意乙公司以其普通股抵偿该项票据。假设普通股的面值为1元，乙公司以10 000股抵偿该项债务，股票市价为每股9.6元，相关税费忽略，同时，假定11月12日乙公司办妥了相关增资手续。会计处理为：

$$乙公司重组债务账面价值 = 面值 + 应计利息$$
$$= 100\,000 + 3\,500$$
$$= 103\,500 元$$

借：应付票据——甲公司	103 500
贷：股本	10 000
资本公积——股本溢价	93 500

（四）以修改其他债务条件进行债务重组的会计处理

修改其他债务条件进行债务重组是债务重组常见的方式。在实际工作中，修改其他债务条件后，可能出现两种情况：一种情况是，修改后的债务条款中未涉及或有支出（或有收益），例如某债务重组协议规定：只延长偿还期限；另一种情况是，修改后的债务条款中涉及或有支出（或有收益），例如债务重组协议中除了延长债务偿还期限，还规定同意将利率降低，如由原来的10%降为6%，但若在债务重组第二年后企业有盈利，则利率恢复，如又由6%调回10%，若无盈利，仍维持6%，那么，债务人在将来应付的金额中，某些年可能要多支付4%的利息，这就是或有支出。面对债权人就可能多收到4%的利息，称为或有收益。

或有支出，指未来某种事项出现而发生的支出。或有收益，指未来某种事项出现而发生的收益。

《企业会计准则第12号—债务重组》从稳健原则出发，要求债务人确认或有支出，即把或有支出包含在将来应付的金额中；而债权人则对或有收益，不予确认，即不将或有收益包括在应收金额中，只有实际发生或有收益时，才计入当期收益。

修改其他债务条件后未来应付金额小于债务重组前应付债务账面价值的，应将其差额计入营业外收入，借记"长期借款"账户，贷记"营业外收入——债务重组利得"账户。如果修改后的债务条款涉及或有支出的，应将或有支出包括在将来应付金额中。或有支出实际发生时，应当冲减重组后债务的账面价值。如果在未来偿还债务期间内未满足债务重组协议所规定的或有支出的条件，即或有支出没有发生，其记录的或有支出分别按下列情况处理：若按债务重组协议规定，或有支出得到金额按期（按年、季）结算，应当在结算期满时，按已确认的属于本期未发生的或有支出金额，作为资本公积处理；若按债务重组协议规定，或有支出的金额待债务结清时一并计算的，应当在结清债务时，按未发生的或有支出金额作为当期损益处理。

修改其他债务条件后未来应付金额等于或大于债务重组前应付债务账面余额的，在债务重组时不作债务处理。对于债务条件后的应付债务，按一般应付债务进行会计处理。

【例9-12】 2003年1月1日，甲公司从某银行取得年利率为10%，三年到期的贷款1 000 000元，现因甲公司财务困难，于2004年12月31日进行债务重组，银行同意延长到期日至2007年12月31日，利率降至8%，免除积欠利息200 000万元，本金减至900 000元，但附有一条件：债务重组后，甲公司自第二年起有盈利，则利率回复至10%，若无盈利，则仍维持8%。假设其他相关问题忽略。

分析：

重组债务账面价值=1 000 000+1 000 000×10%×2=1 200 000元

将来应付金额=本金+应计利息+或有支出

=900 000+900 000×8%×3+900 000×2%×2

=1 152 000元

两者差额=1 200 000－1 152 000=48 000元

(1) 2003年12月31日，债务重组时：

借：长期借款　　　　　　　　　　　　　　　　　　　48 000

　　贷：营业外收入——债务重组利得　　　　　　　　　48 000

(2) 假若2004年起有盈利，则本年度应付利息900 000×10%×1=90 000元，假若年底支付利息，包含发生的或有支出900 000×2%×1=18 000元，对发生的或有支出应冲减重组后债务的账面价值。则：

借：长期借款　　　　　　　　　　　　　　　　　　　18 000

　　贷：银行存款　　　　　　　　　　　　　　　　　　18 000

假若2004年起没有盈利，或有支出没有发生，则应将本年度的或有支出18 000元确认为当期损益。则：

借：长期借款　　　　　　　　　　　　　　　　　　　18 000

　　贷：营业外收入——债务重组利得　　　　　　　　　18 000

（五）混合重组方式

混合重组方式是指前述债务重组方式中两者或两者以上的组合。从会计核算角度，混合重组方式可综合归纳为三种情况：

第一种，以现金、非现金资产方式的组合清偿某项债务；

第二种，以现金、非现金资产方式、债务转为资本方式的组合清偿某项债务；

第三种，以现金、非现金资产方式、债务转为资本方式的组合清偿某项债务的一部分，并对该项债务的另一部分以修改其他债务条件进行债务重组。

在各种混合重组方式的会计核算中，需要解决的共同问题是如何确定清偿顺序，组合的各部分应如何核算，一般情况下，无论哪种组合方式，其组合中某一部分的会计处理原则，应遵循前述的各种单独的债务重组方式的会计处理方法进行核算，对此《企业会计准则——债务重组》规定如下：

（1）以现金、非现金资产方式的组合清偿某项债务，债务人应先以支付的现金冲减重组债务的账面价值，再按非现金资产方式进行处理；

（2）以现金、非现金资产方式、债务转为资本方式的组合清偿某项债务，债务人应先以支付的现金、非现金资产的账面价值冲减重组债务的账面价值，再按债务转为资本方式进行处理；

（3）以现金、非现金资产方式、债务转为资本方式的组合清偿某项债务的一部分，并对该项债务的另一部分以修改其他债务条件进行债务重组，债务人应先以支付的现金、非现金资产的账面价值、债权人享有的股权的账面价值冲减重组债务的账面价值，再按修改其他债务条件方式进行处理。

【例 9-13】 甲公司持有乙公司的不带息的应收票据 100 000 元，票据到期，仍无法偿还，经法院裁定，重组协议如下：乙公司转让一台设备（该设备的原值为 50 000 元，累计折旧为 20 000 元，发生清理费用 1 000 元），将债务的一部分转为 5% 的股权（乙公司重新注册的资本为 1 000 000 元），另外一年后再支付 10 000 元清偿剩余债务。假设不考虑相关税费及减值准备。

分析：

重组前：债务账面价值：　　　　　　　　100 000 元

重组后：转让非现金资产价值＝50 000－20 000＋1 000

　　　　　　　　　　　　　　　　　　　31 000 元

　　　　转让股权价值＝1 000 000×5%　　50 000 元

　　　　将来应付现金　　　　　　　　　10 000 元

重组前后的差额为 100 000－（31 000＋50 000＋10 000）

　　　　　　　　　　　　　　　　　　　9 000 元

会计处理为：

（1）注销抵债转出固定资产的账面原值和累计折旧时：

借：固定资产清理　　　　　　　　　　　30 000
　　累计折旧　　　　　　　　　　　　　20 000
　　　贷：固定资产　　　　　　　　　　　　　50 000

（2）支付固定资产清理时：

借：固定资产清理　　　　　　　　　　　1 000
　　　贷：银行存款　　　　　　　　　　　　　1 000

（3）进行债务重组时：

借：应付票据　　　　　　　　　　　　　100 000

贷：固定资产清理	31 000
实收资本——甲公司	50 000
应付账款	10 000
营业外收入——债务重组利得	9 000

复习思考题

1. 长期借款的借款费用有哪些处理方法？
2. 债券是如何分类的？
3. 债券发行价格是如何确定的？什么情况下该平价发行？什么情况下该溢价发行？什么情况下该折价发行？
4. 债券的溢价和折价如何处理？
5. 其他长期应付款主要包括哪些内容？
6. 债务重组的特点？
7. 债务重组有哪些形式？

习　题

[习题一] 长期借款的核算

一、目的

掌握长期借款核算的基本方法和技能。

二、资料

南方建筑施工企业发生下列有关长期借款的经济业务：

企业于2006年1月1日向省建设银行借入技措借款500 000元，存入存款户，用于技术改造工程。借款期两年，年利率为5%，年末支付利息。该项工程一年完工并交付使用。

(1) 2006年1月1日借入款项时；
(2) 2006年末计算利息时；
(3) 2006年末支付利息时；
(4) 2007年末计算利息时；
(5) 借款到期，还本付息时。

三、要求

根据上述经济业务编制记账凭证。

[习题二] 应付债券的核算

一、目的

掌握应付债券核算的基本方法和技能。

二、资料

南方建筑施工企业发生下列有关应付债券的经济业务：

(1) 南方施工单位于2005年1月1日按面值发行年利率为5%，期限为5年的债券1 000 000元，所得款项已存入银行。该债券每年12月31日付息。

(2) 承[习题一]，假设债券发行价格为1 200 000元，要求作出债券发行、12月31日的分录。溢价按直线法摊销。

(3) 承[习题一]，假设债券发行价格为900 000元。要求作出债券发行、12月31日的分录。折价按直线法摊销。

(4) 承试题，作出到期还本付息的分录。

三、要求

根据上述经济业务编制记账凭证。

[习题三] 长期应付款的核算

一、目的

掌握长期应付款核算的基本方法和技能。

二、资料

南方建筑施工企业发生下列有关长期应付款的经济业务：

2004年12月1日，南方施工企业与通达租赁公司签订了一租赁合同，主要条款如下：

(1) 租赁标的物：混凝土搅拌机一台。

(2) 起租日：2005年1月1日。

(3) 从起租日算起三十六个月（即2005年1月1日至2007年12月31日）。

(4) 租金支付方式：自起租日开始每隔六个月末支付租金150 000元。

(5) 该设备的保险、维护等费用均由施工企业负担，估计每年约20 000元。

(6) 该设备2005年1月1日的账面价值为680 000元。

(7) 租赁合同规定的利率为6%（6个月利率）。

(8) 该设备的估计使用年限为9年，已使用5年，期满无残值。

(9) 租赁期届满时，施工企业享有租赁资产的优惠购买选择权，购买价为1 000元，估计该日租赁资产的公允价值为50 000元。

三、要求

根据上述经济业务编制记账凭证。

[习题四] 债务重组的核算

一、目的

掌握债务重组核算的基本方法和技能。

二、资料

南方施工企业发生下列有关债务重组的经济业务：

(1) 企业欠乙企业货款250 000元，由于企业财务发生困难，无法按合同规定支付货款，经双方协议，乙企业同意减免甲施工企业30 000元债务，余额用现金立即偿清。

(2) 企业向建材商店购买建筑材料一批，买价为60 000元，合同按规定半年内付款。但到期企业财务发生困难，无法按期偿还，经双方协商，建材商店同意企业用一辆货车抵偿。这辆货车的账面原值为80 000元，累计折旧20 000元，提取固定资产减值准备10 000元，转让货车时支付相关税费2 000元。

(3) 企业应付丙公司分包工程款400 000元，于2007月4月1日签发一张面值400 000元，年利率为6%、6个月到期还本付息的票据。2007年10月1日，企业发生财务困难，无法兑现到期票据，经双方协议，丙公司同意企业以普通股80 000股抵偿该票据。普通股股票面值为1元，每股市场价格为4.5元。

(4) 2001年1月10日，企业从某银行取得年利率为10%、3年到期的贷款100 000元。因财务发生困难，于2004年1月1日进行债务重组。银行同意延长到2007年1月1日，年利率降至6%，免除积欠利息，本金减至80 000元。但附加一条件：债务重组后，如企业自第二年（2005）有盈利，则年利率回复至10%，若无盈利，仍维持6%。

①2004年1月1日进行债务重组时；

②2005年1月1日支付利息时；

③如债务重组的第二年起有盈利，则2006年1月1日按10%支付利息；

④没有盈利的情况下，2007年1月1日支付本息；

⑤如债务重组的第二年没有盈利，则2006年1月1日按6%支付利息；

⑥在有盈利的情况下，2007年1月1日支付本息和将或有支出的原估金额确认为当期损益时。

(5) 企业因财务困难，无法兑现分包商的持有不带息的 3 600 000 元承兑票据，经法院裁定，进行债务重组。债务重组协议规定，企业以一设备清偿债务 2 000 000 元，该设备的原值为 3 000 000 元，累计折旧为 500 000 元，发生清理费用 5 000 元，将其余 1 600 000 元债务转为占企业 10% 的股权。企业重组后的注册资本为 14 000 000 元。

三、要求

根据上述经济业务编制记账凭证。

第十章 所有者权益

本章学习目标：熟悉所有者权益的构成，理解所有者权益与负债的区别，掌握实收资本核算，熟悉股本的核算，掌握资本公积、盈余公积的核算；理解未分配利润的形成。

第一节 所有者权益概述

一、所有者权益的涵义

会计中的权益概念在广义上是与资产相对应的，它表示企业全部资产的要求权，包括债权人权益和所有者权益两部分。债权人权益对企业来说是企业的全部负债；所有者权益是企业资产扣除负债后由所有者享有的剩余权益。即企业全部资产减去全部负债后的余额，包括投资人投入资本、直接计入所有者权益的利得和损失、留存收益等。

所有者权益中直接计入所有者权益的利得和损失，是指不应计入当期损益、会导致所有者权益发生增减变动的、与所有者投入资本或者向所有者分配利润无关的利得或者损失。

利得是指由企业非日常活动所形成的、会导致所有者权益增加的、与所有者投入资本无关的经济利益的流入。

损失是指由企业非日常活动所发生的、会导致所有者权益减少的、与向所有者分配利润无关的经济利益的流出。

二、所有者权益与负债的区别

所有者权益与负债共同构成企业的资金来源，但两者有着明显的区别，主要表现在以下几个方面：

（1）体现的权益关系不同。所有者权益是指企业投资人对企业净资产的所有权，即投资人对企业总资产抵消企业所欠一切债务后的剩余权益，因此，所有者权益的多少，要视企业的经营状况而定。负债是债权人对企业资产的索偿权，债权人与企业只是债权债务关系，债权人从企业获得受益的多少，一般是事先确定的，其与企业经营状况无关。

（2）偿还期限和责任不同。负债（无论长期负债还是短期负债）一般有规定的偿还期限，因此，负债必须按期如数归还，即使企业在倒闭清算时，也必须先偿还负债部分；而所有者权益则是一项长久性投资，所有者对企业的投资在企业整个经营期内无需归还，所有者除依法转让外，不得以任何方式抽回投资，只有在企业停止经营进行清算时，才有可能将投资收回。

（3）享有的权利不同。债权人与企业只存在债权债务关系，因此，债权人只享有到期收回本金和利息的权利，没有选举权和经营管理权；而权益所有者则按投资份额的大小享有选举权、经营管理权和获得剩余收益的权利。

三、所有者权益的构成

为了便于投资者和其他报表阅读者了解企业所有者权益的来源及其变动，会计上将企业的所有者权益分为实收资本（或者股本）、资本公积、盈余公积和未分配利润四部分。

(1) 实收资本。实收资本是指投资者按照权益章程或合同、协议的约定，实际投资企业的资本，包括投资者投入的现金资本和非现金资本。

(2) 资本公积。资本公积是指企业由投入资本本身所引起的各种增值，包括资本（或股本）溢价、拨款转入、接受捐赠资产和资本汇率折算差额等。

(3) 盈余公积。盈余公积是指企业按照国家规定，从税后利润中提取的各种积累，包括法定盈余公积、任意盈余公积。

(4) 未分配利润。未分配利润是指企业留待以后年度分配的利润。

第二节 实收资本的核算

一、资本金的构成与筹集

（一）资本金的概念

企业的创建和营运，需要一定的资本。根据中华人民共和国《公司法》规定，企业必须建立资本金制度，设立企业必须有法定的资本金。资本金是企业在工商行政管理部门登记的注册资金。法定资本金则是按制度规定，开办企业必须筹集的最低资本金额。我国新《公司法》第 26 条规定："有限责任公司注册资本的最低限额为人民币三万元"。第 81 条规定："股份有限公司注册资本的最低限额为人民币五百万元"。因此，企业在筹集资本金时，必须保证不低于法定资本金的数量限制。

资本金的确定主要有三种方法：

(1) 实收资本制。也叫法定资本制，指企业设立时，必须确定资本总额，投资者必须缴足资本，否则企业不能批准成立。

(2) 授权资本制。指企业设立时确定资本总额，但公司、企业是否成立，与资本总额是否足额认缴无关，只要投资者认缴，资本金可分期筹集，即允许实收资本与注册资本不一致。

(3) 折衷资本制。即企业设立时确认资本总额，投资者缴纳第一次资本后，即批准成立。此种方法较接近授权资本制，但对第一次出资有较严格的规定。

从我国先行的有关法律和实际做法看，主要采用实收资本制，即强调实收资本与注册资本一致。

（二）资本金的筹集

1. 筹集资本金的方式及计价

《公司法》规定："股东可以用货币出资，也可以用实物、知识产权、土地使用权等可以用货币估价并可以依法转让的非货币财产作价出资。"因此，建筑施工企业可以吸收货币资金、厂房、机器设备、材料物资、专利权、商标权和土地使用权等投资。

(1) 货币资金投资。货币资金投资指投资人以货币形式投入企业形成的资本金。投资人投入的资金中必须有一定数额的货币资金，才能满足生产经营开支的资金需要。《公司法》规定："货币出资金额不得低于有限责任公司注册资本的百分之三十。"货币资金投资包括人民币投资和外币投资两部分。国内投资者多以人民币投资，但也可以用外币投资；外国投资者则以外币投资。以人民币投资时，按实际收到或存入开户银行的金额作为投入的资本金；以外币投入时，以出资当日、当月1日的汇率折合成人民币，作为投入的资本额。

（2）实物投资。实物投资，指投资人以实物形式投入企业形成的资本金，包括固定资产、材料以及其他物资。以实物投资时应根据评估机构确认或合同、协议约定的价值作为投入的资本额。

（3）无形资产投资。无形资产投资，指投资人以无形资产投入企业形成的资本金，包括知识产权、土地使用权等投资。以无形资产投资时，应按评估机构确认或合同、协议约定的价值作为投入的资本额。企业引进的资本中，投资者投入的无形资产（不包括土地使用权）的价值不得超过企业注册资本的20%，特殊情况下需要超过20%的，应经有关部门审查，但最高不得超过注册资本的35%。

应当注意的是，企业吸收投资人投入资本时，不得吸收投资人已设立有担保物权及租赁资产的出资，因此，当投资人以实物、无形资产出资时，企业必须要求其出具拥有的资产所有权和处置权的证明。

2. 资本金筹集的限期

按规定，企业筹集资本金，可以一次筹集，也可分次筹集。一次筹集的，从营业执照签发之日起6个月内筹足；分期筹集的，最后一期应当在公司成立之日起2年内缴清，其中，第一次投资者出资不得低于公司注册资本的20%，并且在营业执照签发之日起3个月内缴清。

投入的资本表明投资人应当承担的责任和应分享的权利，投资者应分享企业利润并分担风险及投入资本亏损的责任。为了保障投资人权益，在企业经营期间，投资者除依法转让外，不得以任何方式抽走投资。企业筹集的资本金，应符合国家有关法律规定，在数额上不得低于法定的注册资本最低限额，货币资金、实物资金、无形资产的比例要合理，企业不得任意增加和减少资本金，需要增减注册资本金数额的必须办理变更登记，以确保资本金的安全完整。

3. 筹集资本金的验证和签发出资证明

投资人投入资本后，应在企业正式开业之前聘请中国注册会计师进行验资，即对投资各方提供的有关文件、资料、凭证和账目以及现金、实物和无形资产等进行审查验证，从而确定各方面投资额的有效性、真实性、合理性和合法性。中国注册会计师将验资结果向企业出具验资报告，企业据以向投资人签发出资证明书。若投资人未按合同、协议、章程的有关约定履行出资义务，企业或其他投资人可以依法追究其违约责任。

二、实收资本的核算

（一）一般企业实收资本的账务处理

为了总括地核算和监督企业实际收到投资人投入的资本情况，除股份有限公司对股东投入资金应设置"股本"账户外，其他企业均应设置"实收资本"账户。该账户，贷方登记：（1）投资人以现金、实物、知识产权、土地使用权等投资时按其在注册资本或股本中所占份额；（2）用资本公积金、盈余公积金转增资本时的价值；（3）可转换公司债券持有人行使转换权利，将其持有的债券转换为股票，按股票面值和转换的股数计算的股票面值总额；(4)企业将重组债务转为资本的，按债权人因放弃债权而享有本企业股份的面值总额；借方登记：在企业按法定程序减少注册资本或按法定程序解散清算时登记减少或冲销的注册资本数；月末贷方余额反映企业实收资本或股本总额。

本账户可按投资者设明细账进行明细核算。

1. 投资者以货币资金投资

企业收到投资人以货币资金投资时，应按实际收到或存入开户银行的金额和日期，作为记账依据，借记"银行存款"账户，贷记"实收资本"账户。人民币作为记账本位币的企业在收到投资人以外币资金出资时，应按合同、协议、章程约定的汇率折合为人民币记账。如果收到出资入账时折合汇率与登记实收资本账户采用的汇率不一致时，由于汇率折算产生的差异作为资本公积入账。

【例10-1】 企业筹建时收到国家拨入资本200 000元，收到甲单位投入资金150 000元，均已存入银行。根据有关凭证，会计处理为：

借：银行存款——人民币户	350 000
贷：实收资本——国家资本金	200 000
实收资本——法人资本金（甲单位）	150 000

【例10-2】 企业收到外商投入100 000美元，根据投资合同约定按当日汇率(1∶7.5)折合为人民币记账。根据有关凭证，会计处理为：

借：银行存款——美元户（$100 000×7.5）	750 000
贷：实收资本——外商资本金	750 000

2. 投资者以实物投资

根据规定，企业获得投资人实物投资时，应按投资各方确认的价值借记有关资产账户，贷记"实收资本"账户。

【例10-3】 乙公司向企业投资设备，经评估后，确认价值为110 000元。根据有关凭证，会计处理为：

借：固定资产	110 000
贷：实收资本——法人资本金（乙公司）	110 000

【例10-4】 丙公司向企业投入材料一批，经评估确认该批材料价值为150 000元，材料已验收入库。根据有关凭证，会计处理为：

借：原材料	150 000
贷：实收资本——法人资本金（丙公司）	150 000

3. 投资者以无形资产投资

按规定，企业收到投资人以无形资产作为投资时，应按评估确认的价值或合同、协议约定的价值，作为登记入账的依据，借记"无形资产"账户，贷记"实收资本"账户。

【例10-5】 甲公司以一项专有技术向企业投资，经评估作价150 000元，乙公司以土地使用权作为投资，经协商确认价值为100 000元。根据有关凭证，会计处理为：

借：无形资产——专有技术	150 000
无形资产——土地使用权	100 000
贷：实收资本——法人资本金（甲公司）	150 000
实收资本——法人资本金（乙公司）	100 000

(二) 股份有限公司投入股本的账务处理

股份公司应加强对股东投资股本的管理，要据实登记股份的种类、发行股数、每股面值、认缴、实缴股本数额，以及其他需要记录的事项。

公司应设置"股本"账户，以核算股东按照公司章程和投资协议的规定，缴入公司的股本。该账户贷方登记收到的股本数额，借方登记采用收购本企业股票方式减资的股本数额，期末贷方余额表示企业实有的股本数额。本账户应按普通股和优先股设置明细账，进行明细核算。

（1）股份有限公司按核定的股本总额及核定的股份总额的范围内发行股票时，按实际收到的金额，借记"库存现金"、"银行存款"等账户，按股票面值和核定的股份总额的乘积计算的金额，贷记"股本"账户，超面值发行取得的溢价收入扣除发行费用、承销费用后，贷记"资本公积——股本溢价"账户。发行收入不抵发行费用的，其差额记入"长期待摊费用——股票发行费用"账户。

【例 10-6】 企业委托证券公司代理发行普通股股票 1 000 万股，每股面值 1 元，按面值发行。根据双方的约定，企业按发行收入的 3% 向证券公司支付代理手续费，从发行收入中抵扣，发行股票冻结期间的利息收入为 20 万元，股票已成功发行，股款已划入企业的银行存款账户。根据有关凭证，会计处理为：

股票发行费用 = 1×1000×3% = 30 万元

实际收到股款 = 1×1000 −（30−20）= 990 万元

应记入"长期待摊费用"账户的金额 = 30−20 = 10 万元

借：银行存款	9 900 000
长期待摊费用——股票发行费用	100 000
贷：股本——普通股	10 000 000

（2）股东大会批准的利润分配方案中应分配的股票股利，应在办理增资手续后，借记"利润分配——转作股本的普通股股利"账户，贷记"股本"账户。

【例 10-7】 企业经股东大会批准，按普通股股本的 10% 分配股票股利 100 万元，已按规定办理增资手续。根据有关凭证，会计处理为：

借：利润分配——转作股本的普通股股利	1 000 000
贷：股本——普通股	1 000 000

（3）境外上市公司，以及在境内发行外资股的公司，收到股款时，按收到股款当日的汇率折合为人民币金额，借记"银行存款"等账户，按股票面值与核定的股份总额和乘积计算的金额，贷记"股本"账户，按收到股款当日的汇率折合的人民币金额与按人民币计算的股票面值的差额，贷记"资本公积——股本溢价"账户。

（4）企业发行的可转换公司债券按规定转为股本时，按该债券的面值，借记"应付债券——债券面值"账户，按未摊销的溢价或折价，借记或贷记"应付债券——债券溢价、债券折价"账户，按已计提利息，借记"应付债券——应计利息"账户，按股票面值和转换的股数计算的股票面值总额，贷记"股本"账户，按实际用现金支付的不可转换股票的部分，贷记"现金"等账户，按其差额，贷记"资本公积——股本溢价"账户。

【例 10-8】 企业经批准与 2000 年 1 月 1 日发行 5 年期、票面年利率为 6%、到期一次还本付息的可转换公司债券，债券面值为 1 000 万元，溢价发行，其发行价格为 1 200 万元（不考虑发行费），企业采用直线法摊销债券的溢价。债券发行一年后可转换为股份，每100元转普通股4股，股票的面值为每股1元，2001年1月1日，债券持有者全部将债券转换为股票。

公司债券溢价总额 1200－1000＝200万元
已摊销的债券溢价 200÷5＝40万元
尚未摊销的债券溢价 200－40＝160万元
公司债券的应计利息＝1000×6%×1＝60万元
转换的股份数额＝1000÷100×4＝40万股

借：应付债券——可转换公司债券（债券面值）　　　10 000 000
　　应付债券——可转换公司债券（债券溢价）　　　 1 600 000
　　应付债券——可转换公司债券（应计利息）　　　　 600 000
　　贷：股本——普通股　　　　　　　　　　　　　　　 400 000
　　　　资本公积——股本溢价　　　　　　　　　　　11 800 000

（5）企业按法定程序报经批准后，采用收购企业股票方式减资的，按注销股票的面值总额减少股本，购回股票支付的价款超过面值总额的部分，依次减少资本公积和留存收益，借记"股本"和"资本公积"、"盈余公积"、"利润分配——未分配利润"账户，贷记"银行存款"、"现金"等账户；购回股票支付的价款低于面值总额的，按股票面值，借记"股本"账户，按支付的价款，贷记"银行存款"、"现金"等账户，按其差额，贷记"资本公积"账户。

【例10-9】 企业按法定程序报经批准后，采用收购方式收购企业股票的方式减资，以每股7元的价格收回并注销其在外发行的普通股300股，以银行存款实际支付价款2 100万元。该股票的面值为每股1元，原发行价为每股4.5元，假设企业"资本公积——股本溢价"账户的余额为1 500万元，"盈余公积"账户的余额为200万元。

根据有关凭证，会计处理为：
借：股本——普通股　　　　　　　　　　　　　　　3 000 000
　　资本公积——股本溢价　　　　　　　　　　　 15 000 000
　　盈余公积　　　　　　　　　　　　　　　　　　2 000 000
　　利润分配——未分配利润　　　　　　　　　　　1 000 000
　　贷：银行存款　　　　　　　　　　　　　　　 21 000 000

三、企业所属内部独立核算单位施工生产经营资金的核算

施工企业如有内部独立核算单位，则其所属内部独立核算单位的生产经营资金，由企业根据生产需要拨付。企业拨给所属独立单位供其使用的生产资金，通过"拨付所属资金"账户核算，不从"实收资本"账户直接冲销；企业所属内部独立核算单位收到上级拨给的生产经营资金，通过"上级拨入资金"账户核算，不使用"实收资本"账户。

【例10-10】 某建筑施工企业拨给内部所属独立核算木构件加工单位货币资金300 000元，设备一批，原值500 000元，已提折旧100 000元。

（1）内部所属木构件加工单位根据有关凭证会计处理为：
借：银行存款——人民币户　　　　　　　　　　　　 300 000
　　固定资产　　　　　　　　　　　　　　　　　　 500 000

         贷：上级拨入资金   700 000
            累计折旧   100 000
（2）建筑施工企业会计处理为：
  借：拨付所属资金   700 000
      累计折旧   100 000
      贷：固定资产   500 000
         银行存款   300 000

第三节 资本公积的核算

一、资本公积的组成

资本公积是由投入资本本身所引起的各种增值。资本公积属于企业所有者权益的组成部分，由全部投资人享有，它可以依照法律程序转赠企业的实收资本，用于扩大企业生产。资本公积的项目主要包括：

1. 资本溢价

资本溢价是指投资人缴付的出资额大于注册资本而产生的差额。在股份有限公司，则指股本溢价，即企业采用溢价方式发行股票时，取得的溢价净收入。

2. 其他资本公积

（1）接受非现金资产捐赠准备。接受非现金资产捐赠准备是指企业因接受非现金捐赠而增加的资本公积。

（2）接受现金捐赠。接受现金捐赠是指企业因接受现金捐赠而增加的资本公积。

（3）股权投资准备。股权投资准备是指企业对被投资单位的长期股权投资采用权益法核算时，因被投资企业接受捐赠等原因而增加的资本公积，企业按其持股比例计算而增加的资本公积。

（4）拨款转入。拨款转入是指企业收到国家拨入的专门用于技术改造、技术研究等的拨款项目完成后，按规定转入资本公积的部分。

二、资本公积的核算

为了核算和监督资本公积的形成、转增资本以及节余等情况，应设置"资本公积"账户。该账户贷方登记企业取得的各种资本公积金，借方登记企业按照法律程序转增资本金的资本公积，因汇率变动应冲减资本公积时，也记入该账户的借方，期末余额在贷方，表示资本公积的实际结余额。该账户按资本公积形成类别进行明细核算。

（一）资本溢价的核算

企业收到投资人缴付资本时，按实际收到的金额或确定的价值，借记"银行存款"、"固定资产"等账户，按其在注册资本所占的份额，贷记"实收资本"账户，按其差额，贷记"资本公积——资本溢价、股本溢价"账户。

【例10-11】某施工企业由四个投资者出资50万元，设立时的资金为200万元。经过三年的有效经营，企业有较高的资本利润率和积累，现有新投资者D公司投资本企业，表示愿意出资70万元取得与原投资者相同比例的产权，即各占企业20%的产权，经协商同意其加入。根据有关凭证，会计处理为：

借:银行存款	700 000	
贷:实收资本——法人资本(D公司)		500 000
资本公积——资本溢价		200 000

(二)接受捐赠的核算

企业接受捐赠的现金,借记"银行存款"账户,贷记"资本公积——接受现金捐赠"账户。

企业接受捐赠的非现金资产,按确定的价值,借记有关账户,按确定价值计算的未交应交的所得税,借记"递延税款"账户;将接受的非现金资产扣除未来应交所得税的差额贷记"资本公积——接受捐赠非现金资产准备"账户;接受捐赠的非现金资产处置时,按转入资本公积的金额,借记"资本公积——接受捐赠非现金资产准备"账户,贷记"资本公积——其他资本公积"账户;按规定应交的所得税,借记"递延税款",贷记"应交税金——应交所得税"账户。

【例10-12】 1999年3月1日,企业接受新华公司捐赠的汽车一辆,公允价值为500 000元,企业适用的所得税率为33%。该设备已交付使用。2003年6月1日,企业对外出售该辆汽车,得到价款300 000元,该辆车辆已提折旧150 000元。有关会计处理为:

(1) 1999年3月1日,接受捐赠时:

借:固定资产	500 000	
贷:递延税款		165 000
资本公积——接受捐赠非现金资产准备		335 000

(2) 2003年6月1日出售该辆汽车,注销其账面价值和累计已提折旧时:

借:固定资产清理——汽车	350 000	
累计折旧	150 000	
贷:固定资产		500 000

(3) 收到出售固定资产的价款时:

借:银行存款	300 000	
贷:固定资产清理——汽车		300 000

(4) 结转出售固定资产的净损失时:

借:营业外支出——处置固定资产净损失	50 000	
贷:固定资产清理——汽车		50 000

(5) 结转"递延税款"账户的金额时:

借:递延税款	165 000	
贷:应交税金——应交所得税		165 000

(6) 结转原计入资本公积准备项目的金额时:

借:资本公积——接受捐赠非现金资产准备	335 000	
贷:资本公积——其他资本公积		335 000

【例10-13】 企业接受联风公司捐赠现金50 000元,现已存入银行。会计处理为:

借:银行存款	50 000	
贷:资本公积——接受现金捐赠		50 000

(三)企业收到国家拨入的专门用于技术改造、技术研究等的拨款项目完成后,形成

各项资产的部分,应按实际成本,借记"固定资产"等项目,贷记有关账户;同时,借记"专项应付款"账户,贷记"资本公积——拨款转入"账户。

【例10-14】企业用国家专项拨款进行的固定资产技术改造项目已完成,新增固定资产价值600 000元,固定资产已交付使用。

借:固定资产	600 000
贷:在建工程	600 000

同时:

借:专项应付款	600 000
贷:资本公积——拨款转入	600 000

(四)收到国家拨付流动资本

实行国家拨付流动资本的企业,应在"资本公积"账户下设"补充流动资本"明细账户进行核算。企业收到国家拨补的流动资本,借记"银行存款"账户,贷记"资本公积——补充流动资本"账户。

按规定无偿调入或调出固定资产的企业,应在"资本公积"账户下设置"无偿调入固定资产"、"无偿调出固定资产"明细账户进行核算。

【例10-15】企业收到国家拨补流动资本200 000元。会计处理为:

借:银行存款	200 000
贷:资本公积——补充流动资本	200 000

(五)外币折算差额的核算

按规定,企业收到投资人的出资额,如果需要折合为记账本位币的,有关资产账户应按当日汇率或当月1日的汇率折合;实收资本账户按合同、协议中约定的汇率折合,合同协议未作约定的,应按企业收到出资额时的市场汇率折合。由于有关资产账户与实收资本账户所采用的折合汇率不同,而产生的折合记账本位币差额,作为资本公积。企业实际收到外币投资时,按所选定的汇率将外币金额折合为人民币金额,借记"银行存款"账户,按合同或协议约定的汇率折合为人民币金额,贷记"实收资本"或"股本"账户,借贷的差额,借记或贷记"资本公积——外币折算差额"账户。

【例10-16】企业接受外商投资20万美元,合同约定的折合汇率为:$1=¥8.20,对实收资本进行折合,企业收到外商交付资本时的当日汇率为:$1=¥8.30;该企业采用人民币作为记账本位币。根据有关凭证,会计处理为:

借:银行存款($200 000×8.30)	1 660 000
贷:实收资本——外商资本($200 000×8.20)	1 640 000
资本公积——外币折算差额	20 000

若收到外商缴付资本时的汇率为:$1=¥8.15,则根据有关凭证,会计处理为:

借:银行存款($200 000×8.15)	1 630 000
资本公积——资本折算差额	10 000
贷:实收资本——外商资本($200 000×8.20)	1 640 000

(六)资本公积转增资本金的核算

企业可以按照《企业会计制度》的规定,按照法定程序,资本公积可以转增资本金。转增时,如为独资企业,直接结转即可;如为股份公司或有限公司,应按投资者所持有股份同比例增加各股东的股权。按其实际数额，借记"资本公积"账户，贷记"实收资本"或"股本"账户。

注意：资本公积中的各种准备项目明细账户，未实现前，即在未转入"其他资本公积"明细账户前，不得用于转增资本。待实现后由资本公积准备项目转入"其他资本公积"明细账户后才可按照规定程序转增资本。

【例 10-17】 企业经批准将其资本公积 200 000 元转增资本金。该企业有甲、乙、丙、丁四个投资人，各占企业 25% 的产权。根据有关凭证，会计处理为：

借：资本公积　　　　　　　　　　　　　　　　　　200 000
　　贷：实收资本——法人资本（甲公司）　　　　　　　50 000
　　　　实收资本——法人资本（乙公司）　　　　　　　50 000
　　　　实收资本——法人资本（丙公司）　　　　　　　50 000
　　　　实收资本——法人资本（丁公司）　　　　　　　50 000

第四节　留存收益的核算

建筑施工企业投资者投入企业的资本，不但要求保值，而且要求增值，每年都有盈利。企业利润扣除按照国家规定上交的税金，一般叫做税后利润或净利润。税后利润可以按照协议、合同、公司章程或有关规定，在企业所有者之间进行分配，作为企业所有者的投资回报；也可以为了增加企业财力等，将其中一部分税后利润留存企业，不作分配。这部分留存企业不作分配的税后利润，在会计上叫做留存收益。留存收益是公司经营所得，是净利润的积累。留存收益包括盈余公积和未分配利润，是所有者权益的重要组成部分。

一、税后利润分配

依据《企业会计准则》和《公司法》规定的税后利润分配顺序为：
(1) 被没收财务损失，违反税法规定支付的滞纳金和罚款；
(2) 弥补企业以前年度亏损；
(3) 提取 10% 的法定公积金；
(4) 向投资者分配利润。

若为股份制企业，税后利润分配的程序如下：
(1) 支付优先股股利；
(2) 提取任意盈余公积金；
(3) 支付普通股股利。

二、盈余公积

（一）盈余公积的内容和用途

盈余公积是企业按照规定，从税后利润中提取的各种积累资金。盈余公积分为两种：法定盈余公积和任意盈余公积。

法定盈余公积。根据有关制度的规定，公司制企业的法定盈余公积按照税后利润的 10% 提取，法定盈余公积累积达到注册资本的 50% 后可以不再提取。

任意盈余公积。任意盈余公积是股份有限公司按照股东大会的决议提取，提取比例由股东大会决定。

法定盈余公积和任意盈余公积其计提的依据是不同的。法定盈余公积是以法律或行政规章为依据提取，任意盈余公积是由企业自行决定提取，但两者的用途是一致的，主要有以下几个方面：

(1) 弥补亏损。施工企业发生亏损，应由企业自行弥补，来源主要有三个渠道：①由以后年度税前利润弥补，但弥补期限不得超过5年。②由税后利润弥补。超过了税法规定的税前利润弥补期限，未弥补的以前年度亏损，可以用缴纳所得税后的利润弥补。③盈余公积弥补。

(2) 转增资本。施工企业提取的盈余公积，除用以弥补亏损外，还可用以扩大企业施工生产经营规模，或者转为增加企业资本金。股份有限公司将盈余公积转为公司股本时，一要经股东大会决议；二要按股东原有股份比例结转；三是法定盈余公积金转增股本后不得少于注册资本的25%。

(3) 分配股利。股份公司如果没有利润，原则上不得分配股利，但为了维护企业股票信誉，经股东特别会议决议，也可用盈余公积分配股利。在用盈余公积分配股利时，应注意下列问题：①公司如有未弥补亏损的，应先用盈余公积弥补亏损；弥补亏损后，盈余公积仍有结余的，方可分配股利。②用盈余公积分配股利的股利率不得过高，一般不得超过股票面值的6%。③分配股利后，法定盈余公积不得低于注册资本的25%。又公司虽有利润，但可供分配的税后利润不足以按超过股票面值的6%的股利率支付股利的，也可以比照上述原则，用盈余公积分配股利。

(二) 盈余公积的核算

为了反映和监督盈余公积的形成和使用情况，企业应设置"盈余公积"账户。该账户贷方登记提取的盈余公积数额，借方登记用于弥补亏损、转增自资本或发放现金股利的数额，贷方期末余额表示盈余公积的结存额。该账户应按盈余公积的种类设置"法定盈余公积"、"任意盈余公积"（适用于股份有限公司）、"法定公益金"明细账户，若是外商投资企业，还要设置"储备基金"、"企业发展基金"明细账户，进行明细核算。

现举例说明盈余公积的主要账务处理方法如下：

(1) 企业按规定比例从税后利润中提取公积金时，应按提取的金额借记"利润分配"账户，贷记"盈余公积"账户。

【例10-18】 某施工企业本年税后利润200 000万元，根据规定，按10%比例提取法定盈余公积。根据有关凭证，会计处理为：

借：利润分配——提取盈余公积　　　　　　　　　200 000 000
　　贷：盈余公积——法定盈余公积　　　　　　　　　200 000 000

(2) 企业按规定，将提取的公积金，用以弥补企业亏损时，按亏损弥补额借记"盈余公积"账户，贷记"利润分配——其他转入"账户。

【例10-19】 企业用盈余公积金弥补以前年度亏损10 000元。根据有关凭证，会计处理为：

借：盈余公积——法定盈余公积　　　　　　　　　10 000
　　贷：利润分配——其他转入　　　　　　　　　　10 000

(3) 企业按规定，将盈余公积转增资本金时，按转增金额借记"盈余公积"账户，贷记"实收资本"账户。

【例 10-20】 某施工企业将盈余公积 10 000 万元转增资本金。根据有关账户，会计处理为：

借：盈余公积——法定盈余公积　　　　　　　　100 000 000
　　贷：实收资本　　　　　　　　　　　　　　　　100 000 000

（4）股份有限公司经股东大会决议，用盈余公积派送新股时，借记"盈余公积"账户，按股票面值和派送新股计算的金额，贷记"股本"账户，如有差额，贷记"资本公积——股本溢价"账户。

【例 10-21】 企业经股东大会批准，用法定盈余公积金 1 000 000 元派送新股转增普通股股本 1 000 000 元，已按规定办理增资手续。根据有关凭证，会计处理为：

借：盈余公积——法定盈余公积　　　　　　　　1 000 000
　　贷：股本——普通股　　　　　　　　　　　　　1 000 000

（5）企业经股东大会或类似机构决议，用盈余公积分配现金股利或利润时，借记"盈余公积"账户，贷记"应付股利"账户；用盈余公积分配股票股利或转增资本时，应当于实际分配股票股利或转增资本时，借记"盈余公积"账户，贷记"实收资本"或"股利"账户。

【例 10-22】 企业经股东大会批准，用任意公积金分配现金股利 400 000 元，用法定公积金分配股票股利 200 000 元。

借：盈余公积——任意盈余公积　　　　　　　　400 000
　　盈余公积——法定盈余公积　　　　　　　　200 000
　　贷：应付股利　　　　　　　　　　　　　　　　400 000
　　　　股本——普通股　　　　　　　　　　　　　200 000

三、未分配利润的核算

（一）未分配利润的含义

未分配利润是指企业未作分配的利润，是企业实现的利润与已分配利润的差额。实际上未分配利润反映的是企业累计未分配利润数或累计未弥补的亏损数。这部分未分配利润仍属于企业所有权权益的组成部分。

企业留有一部分未分配利润，有的是出于平衡各个会计年度的投资回报水平，以丰补欠，留有余地；有的是因为税后利润需要董事会审议，经股东会议批准后才能进行分配；有的是因为税后利润需要有关部门批准后才能进行分配。

（二）未分配利润的核算

为了核算和反映企业积累的未分配利润，应在"利润分配"总账账户下设置"未分配利润"明细账户。年度终了，企业将全年实现的税后利润，自"本年利润"账户转入"利润分配——未分配利润"账户：若企业盈利时，应借记"本年利润"账户，贷记"利润分配——未分配利润"账户；若企业亏损时，应作相反的分录，即借记"利润分配——未分配利润"账户，贷记"本年利润"账户。同时，年终应将"利润分配"账户下其他明细账户（如提取盈余公积、应付股利等）的余额转入"利润分配——未分配余额"明细账户。结转后，"利润分配——未分配利润"账户余额如果在借方表示累计未分配的亏损，余额如果在贷方表示历年积累的未分配利润。

下面举例说明未分配利润的核算方法：

【例 10-23】 某施工企业本年实现税后利润 30 万元,年度终了,"利润分配"账户余额下的明细账户"提取盈余公积"借方余额为 45 000 元,"应付股利"借方余额为 100 000元。有关会计处理为:

(1) 年度终了,结转企业实现税后利润:

借:本年利润　　　　　　　　　　　　　　　　300 000
　　贷:利润分配——未分配利润　　　　　　　　　　　300 000

(2) 将"利润分配"账户其他明细账户的余额转入"未分配利润"明细账户:

借:利润分配——未分配利润　　　　　　　　　　145 000
　　贷:利润分配——提取盈余公积　　　　　　　　　　45 000
　　　　利润分配——应付股利　　　　　　　　　　　　100 000

第五节　库藏股的核算

一、库藏股的功能

(一) 库藏股概念

库藏股是指股份公司因某种原因又重新收回并由公司自己持有的普通股票。库藏股票份数称为库藏股份,从已发行股份中扣除库藏股份才是当时实际由股东持有的股份,即流通股份。

(二) 库藏股功能

库藏股的回购往往作为对股东的回报,但比直接发放红利更省税。公司在分析认为自己股票价格偏低时也往往会进行库藏股回购,作为一种融资手段。库藏股还可用于刺激与提高自己公司股票的交易量与股价。库藏股也可以用于提供公司内部的股票期权等员工福利。由此,库藏股具有的功能如下:

1. 可以维持股票的流通性

所谓流通性,简单的说,就是有人买也有人卖,一买一卖之间就构成了流通;所以当公司可以买回自己的股票时,代表市场上的买方增加,相对的,如果有卖方产生,就会增加股票的流通性,同时对卖方而言,也会比较容易卖出股票。

2. 可以防止公司被恶意购并

股份有限公司的特性之一,就是用钞票换股票,买的股票愈多,代表拥有的投票权愈大,所以只要拥有的股票占公司全部股票的比例最大,就等于可以掌控公司的经营;故当有人采取从市场上大量购买该公司的股票来并购一家公司,而不经过合法的步骤去谈判沟通(称之为"恶意购并"),此时这家公司可以借由库藏股制度买回自己的股票,防止被他人恶意购并。

3. 可供公司做为股票选择权及其他权益证券的使用

当公司发行可转换特别股或可转换公司债券等可认购或可转换为普通股的股票时,公司可以利用库存股票来供投资人转换或认购,就不需要再另外发行新股,不但可节省时间,又可节省成本。

4. 不让有异议的股东阻挠公司重大决策

当公司作出重大决策时,(例如决议与其他公司合并时),面对有异议之股东,公司即可通过买回那些股东的股票来消除争执，使公司运作顺畅。

5. 公司可利用库存股制度进行资本结构的调整

所谓资本结构，就是公司资金来源的种类，有些公司只单纯地发行普通股，有些公司基于财务需要或其他市场因素的考虑，还会发行特别股，大部分的特别股具有比普通股较优惠的配股条件，所以当公司的财务状况比较好时，就可以买回当时发行的特别股，以节省股利的支付。

（三）库藏股的特点

库藏股具有以下四个特点：

(1) 该股票是本公司的股票；

(2) 它是已发行的股票；

(3) 它是收回后尚未注销的股票；

(4) 它是还可再次出售的股票。

因此，凡是公司未发行的、持有其他公司的及已收回并注销的股票都不能视为库藏股。此外，库藏股还具有以下特性：

(1) 库藏股不是公司的一项资产，而是股东权益的减项。这是因为：首先，股票是股东对公司净资产要求权的证明，而库藏股不能使公司成为自己的股东、享有公司股东的权利，否则会损害其他股东的权益；其次，资产不可注销，而库藏股可注销；最后，在公司清算时，资产可变现而后分给股东，但库藏股票却并无价值。正因为如此，西方各国都普遍规定：公司收购股份的成本，不得高于留存收益或留存收益与资本公积之和；同时把留存收益中相当于收购库藏股本的那部分，限制用来分配股利，以免侵蚀法定资本的完整。这种限制只有在再次发行或注销库藏股票时方可取消。

(2) 由于库藏股不是公司的一项资产，故而再次发行库藏股所产生的收入与取得时的账面价值之间的差额不会引起公司损益的变化，而是引起公司股东权益的增加或减少。

(3) 库藏股票既非资产又无股东，故而库藏股的权利会受到一定的限制，如：它不具有股利的分派权、表决权、优先认购权、分派剩余财产权等。

由此，库藏股不代表股东权益，不再是公司股利分配对象，不再具有表决权、优先认购权。库藏股与普通股相比有如下限制：

(1) 库藏股不分享红利。

(2) 库藏股在股东投票时不计入内。

(3) 库藏股总价值不能超过公司资本的5%。

二、我国对收购库藏股的规定

2006年1月1日开始实施的新《公司法》第143条规定，公司不得收购本公司股份。但是，有下列情形之一的除外：

(1) 减少公司注册资本；

(2) 与持有本公司股份的其他公司合并；

(3) 将股份奖励给本公司职工；

(4) 股东因对股东大会作出的公司合并、分立决议持异议，要求公司收购其股份的。

第75条规定，公司连续5年不向股东分配利润，而公司该5年连续盈利，并且符合《公司法》规定的分配利润条件的，对股东会的该项决议投反对票的股东可请求公司按照合理价格收购其股权。

三、库藏股的核算

(一) 设置"库藏股"账户

为了核算企业收购、转让或注销的本公司股份金额，需要设置"库藏股"账户，进行总分类核算。该账户借方记入企业为减少注册资本、为奖励本公司职工而收购本公司股份的实际支付的金额，以及股东因对股东大会作出的公司合并、分立决议持有异议而要求企业收购本公司股份的实际支付的金额；贷方记入将收购的股份奖励给本公司职工属于以权益结算的股份支付的奖励库存股的、转让库存股的、注销库存股的账面余额。本账户期末借方余额，反映企业持有尚未转让或注销的本公司股份金额。

(二) 库藏股核算方法

公司回购、转让本公司股份产生的差价不能作为公司的损益，应冲减或增加股东权益，这是股份回购相关会计核算的基本原则。可以采用成本法和面值法核算库藏股。

1. 成本法

成本法是指库藏股票的取得和重新发行均按收回成本入账的一种核算方法。

2. 面值法

面值法是指库藏股票的取得和重新发行均按股票面值入账的一种核算方法。

一般而言，将股份回购和再发行业务作为资金调度方法使用的公司倾向于成本法，为减少注册资本回购股份的公司则采用面值法。

面值法下收购并转让股份，库藏股账户的价值均以面值表示，收购价格超过面值的差额按照所收购股份在总股份中的比例依次冲减资本公积金、法定公积金、任意公积金和未分配利润；转让价格与面值的差额计入资本公积金。

成本法下收购股份时不考虑收购价和面值的关系，按照实际的收购价格借记"库藏股"；转让价高于（低于）库藏股期末价格的均反映为资本公积金账户的变动。

(三) 举例说明核算方法

1. 减少公司注册资本收购本公司股份的会计核算

公司减少注册资本的原因主要有两个方面：一是因资本过剩而减少注册资本；二是因严重亏损而减少注册资本。公司收购回库藏股的方法，可采用下列方式：一是向全体股东按照相同比例发出购回要约；二是通过公开交易方式购回，也可采取法律、行政法规规定和国务院证券主管部门批准的其他形式。

新《公司法》规定，减少公司注册资本收购本公司股份的，收购公司应当自收购之日起10日内注销所收购的股份。如公司仅为减少公司注册资本而收购本公司股份的，因收购注销的时间间隔非常短，可将收购注销合并处理，不需要通过库藏股账户。

若每股收购价低于面值，借记"股本"，贷记"银行存款"、"资本公积金"。若每股收购价高于面值，则借记"股本"，收购价格超过面值的差额按照所收购股份占全部股份的比例依次冲减（即借记）资本公积金、法定公积金、任意公积金和未分配利润；贷记"银行存款"。

【例10-24】某公司将发行在外的面值1元的普通股收回100 000股。该股票原发行价每股3.5元，现以每股4元收购，收回即注销。按面值法核算如下：

借：股本   100 000

资本公积	250 000
盈余公积	50 000
贷：银行存款	400 000

2. 公司合并及合并、分立决议持有异议收购股份的会计核算

在这两种情况下，股份公司应当在 6 个月内转让或者注销所收购的股份。无论公司收购回来的股份是转让还是注销，回购后由公司保管的股份都会在公司停留相当长一段时间。然而，这些股份既不是公司资产也不是负债，而是公司股东权益的减少。需要通过设立"库藏股"账户核算股份公司回购并在较长一段时间持有的股份。

【例 10-25】 某公司将发行在外的面值 10 元的普通股收回 200 000 股。该股票原发行价每股 10 元，现以每股 15 元收购。

借：库藏股	30 000 000
贷：银行存款	30 000 000

3. 奖励公司职工收购股份的会计核算

新《公司法》第 143 条规定，公司"将股份奖励给本公司职工而收购本公司股份的，其用于收购的资金应当从公司的税后利润中支出；所收购的股份应当在一年内转让给职工。"收购资金来源的限制，使这种转让业务有了变化。将奖励给职工的股份以是否向职工收取价款为标准分别处理，具体会计处理如下所示。

【例 10-26】 本盛公司 2006 年 1 月 1 日流通在外的普通股股数 20 000 万股，每股面值 1 元。2006 年 1 月 19 日，本盛公司在市场上回购 500 万股本公司股份用于职工奖励计划，回购价 8 元/股，共计 4 000 万元。按奖励计划，公司奖励给相关职工的这 500 万股股票不收取任何价款。

(1) 按面值法核算：

①2006 年 1 月 1 日收购时：

借：库藏股	5 000 000
资本公积	7 500 000
盈余公积—法定公积金	5 000 000
利润分配—未分配利润	22 500 000
贷：银行存款	40 000 000

②奖励给职工时：

借：利润分配——未分配利润	5 000 000
贷：库藏股	5 000 000

(2) 按成本法核算：

①2006 年 1 月 1 日收购时：

借：库藏股	40 000 000
贷：银行存款	40 000 000

②奖励给职工时：

借：利润分配—未分配利润	40 000 000
贷：库藏股	40 000 000

复习思考题

1. 所有者权益包括哪些内容？
2. 资本公积包括哪些主要来源？用于哪些方面？
3. 盈余公积包括哪些内容？主要用途是什么？
4. 什么是未分配利润？如何确定？
5. 什么是库藏股？有什么功能、特点？
6. 我国规定在什么情况下公司可以收购本公司股票？

习 题

[习题一] 实收资本的核算
一、目的
掌握一般企业实收资本核算的基本方法和技能。
二、资料
宏大建筑施工企业发生下列有关实收资本的经济业务：

（1）企业收到国家以货币资金投资的资本 600 000 元，已存入银行。

（2）企业收到基建部门用国家拨款购建完成的固定资产一批，已验收交付使用，基建部门"交付使用资产清册"中所确定的价值为 2 400 000 元。

（3）企业收到甲公司投资转入的施工机械 1 台，其账面原价为 200 000 元，累计已提折旧 50 000 元，双方确认其价值为 140 000 元，施工机械已交付使用。

（4）企业收到乙公司投资转入的木材一批，双方确认其价值为 150 000 元，企业按计划成本进行日常收发的核算，该批木材的计划成本是 160 000 元，木材现已验收入库。

（5）企业收到丙公司投资转入的施工生产用工具器具一批，双方确认其价值为 70 000 元，该批工具器具现已验收入库。

（6）企业收到甲公司投资转入的专利权一项，双方确认其价值为 160 000 元。

（7）企业收到内部职工个人的现金投资 100 000 元。

（8）企业收到外商 W 公司投资的外币资本 100 000 美元，已存入银行，企业按当日市场汇率 1：8.28 折合为人民币入账。

（9）宏大建筑股份有限公司委托万通证券公司代理发行普通股股票 2000 万股，每股面值为 1 元，按每股 4.5 元发行。根据双方的协议，企业应支付代理费 100 万元。发行股票冻结期间的利息收入为 90 万元，股票已成功发行，股款已划入企业银行存款账户。

（10）企业经股东大会批准，按普通股股本的 12% 分配股票股利 240 万元，已按规定办理增资手续。

（11）宏大建筑股份有限公司经批准于 2001 年 1 月 1 日发行 5 年期、票面利率为 8%、到期一次性还本付息的可转换公司债券，债券面值为 1 000 万元，折价发行，其发行价为 900 万元（不考虑发行费用），企业采用直线法摊销债券的折价。债券发行两年后可转换为股份，每 100 元转普通股 10 股，股票的面值为 1 元。2003 年 1 月 1 日债券持有者全部将债券转换为股票。

（12）某股份有限公司按发行程序报经批准，采用收购本企业股票方式减资，以每股 0.96 元的价格收回并注销其发行在外的普通股 200 万股，以银行存款实际支付价款 192 万元。该股票的面值为每股 1 元，发行价为每股 2 元。

三、要求
根据上述经济业务编制记账凭证。

[习题二] 资本公积的核算
一、目的

掌握资本公积核算的基本方法和技能。

二、资料

宏大建筑施工企业发生下列有关资本公积的经济业务：

(1) 企业原由 A、B 两公司各投资 200 万元人民币设立，设立时的实收资本为 400 万元。经过三年的经营，C 公司愿意出资 300 万元并占有全部资本的三分之一，A、B 公司已同意，企业向工商管理部门申请，将注册资本变更为 600 万元。企业收到 C 公司的出资，并已存入账户。

(2) 企业于 2001 年 1 月 1 日收到某建筑机械厂捐赠的全新蒸汽打桩机 1 台，按同类设备的市场价格估计其金额为 56 000 元，企业以银行存款支付运杂费 800 元，该设备已交付使用。2003 年 9 月 30 日，企业将该设备对外出售，获得价款 20 000 元，已存入银行。出售时，该设备累计折旧为 28 000 元，企业适用的所得税税率为 33%。

①2001 年 1 月 1 日接受捐赠时；
②2003 年 9 月 30 日出售固定资产，注销其账面价值和累计折旧时；
③收到出售固定资产的价款时；
④结转出售固定资产的净损失时；
⑤结转"递延税款"账户的金额时；
⑥结转原计入资本公积准备项目的金额时。

(3) 企业收到某陶瓷厂捐赠的瓷砖一批，捐赠发票所列金额为 60 000 元，企业以银行存款支付运杂费 2 000 元，企业适用的所得税税率为 33%，该批瓷砖已验收入库。企业已将该批瓷砖全部用于本企业承包的工程项目。

①接受捐赠的瓷砖时；
②承包工程领用该批瓷砖时；
③结转"递延税款"账户的金额时；
④结转原计入资本公积准备项目的金额时。

(4) 企业收到某单位的捐款 50 000 元，已存入开户银行。

(5) 企业对彩虹公司的长期股权投资（股票投资）采用权益法核算，其持股比例为 40%，2001 年 3 月彩虹公司收到某单位捐赠的现金 500 000 元。2002 年 12 月企业将持有的彩虹公司该批股票全部出售。

①2001 年 3 月企业按持股比例计算应享有的权益的增加额时；
②2002 年 12 月处置长期股权投资后，结转原计入资本公积准备项目的金额时。

(6) 企业用国家专项拨款进行的固定资产技术改造项目已完工，新增固定资产价值 800 000 元，固定资产已交付使用。

(7) 企业收到外商 M 公司投资的外币资本 50 000 美元，已存入开户银行。企业以人民币为记账本位币，合同约定的美元与人民币的汇率为 1：8.25，企业收到出资额当日的汇率为 1：8.28。

(8) 企业收到国家拨补的流动资本 100 万元，已存入开户银行。

(9) 企业结转经批准将资本公积金 500 000 元转增资本金，已按法定程序办妥转增资本手续。

三、要求

根据上述经济业务编制记账凭证。

[习题三] 留存收益的核算

一、目的

掌握留存收益核算的基本方法和技能。

二、资料

宏大建筑施工公司发生下列有关盈余公积和未分配利润的经济业务：

(1) 公司本年度实现净利润 4 000 000 元，分别按 10%、20% 的比例分别提取法定盈余公积金、任意盈余公积金。

（2）公司经股东大会批准，用法定公积金 50 000 元弥补以前年度亏损。

（3）公司经股东大会批准，将法定盈余公积金 100 000 元转增资本金，已按法定程序办妥转增资本手续。

（4）公司经股东大会批准，将任意盈余公积金 200 000 元转增资本金，已按法定程序办妥转增资本手续。

（5）公司经股东大会批准，用任意盈余公积金 200 000 元向投资者分配利润。

（6）经股东大会批准，用任意盈余公积分配现金股利 300 000 元，用法定盈余公积金分配股票股利 100 000 元。

（7）公司按规定计提法定盈余公积金 240 000 元。

（8）公司按规定应分配给普通股股东现金股利 500 000 元。

（9）年终，将"本年利润"账户的贷方余额 2 400 000 元予以结转。

（10）年终，结转"利润分配"账户各明细账户的余额。

三、要求

根据上述经济业务编制记账凭证。

[习题四] 库藏股的核算

一、目的

掌握库藏股核算的基本方法和技能。

二、资料

（1）某公司的普通股面值 15 元，原发行价 18 元。现以每股 23 元收购 200 000 股，待作处理。

（2）上述公司将收回的库藏股 60 000 股，奖励本公司职工。

（3）上述公司将库藏股 70 000 股办理了减资手续，予以注销。

三、要求

（1）采用成本法根据上述经济业务编制记账凭证。

（2）采用面值法，根据上述经济业务编制记账凭证。

第十一章 收入、期间费用与利润核算

本章学习目标：认识企业收入、期间费用、利润、所得税的内容、特点，懂得其核算的基本要求；掌握各种收入取得、期间费用归集、企业利润形成、所得税计缴以及利润分配等核算的基本方法。

第一节 收 入 核 算

一、企业收入的特点和确认原则

（一）收入的含义

企业收入的涵义有广义和狭义之分。广义的收入涵义是将企业所有活动流入的现金和现金等价物都作为收入，包括与企业经营活动有关的经营收入、与经营活动没有直接关系的非经营性收入和企业对外投资取得的收入三个方面。狭义的收入涵义仅指与生产经营活动有关的经营性收入，即营业收入。

《企业会计准则第14号—收入》中的收入涵义是指企业在日常活动中形成的、会导致所有者权益增加的、与所有者投入资本无关的经济利益的总流入。包括销售商品收入、提供劳务收入和让渡资产使用权收入。其中"日常活动"，是指企业为完成其经营目标所从事的经常性活动以及与之相关的活动。例如建筑施工企业的承包工程、机械作业、运输作业、销售产品和材料、出租固定资产等经济活动。由此产生的经济利益的总流入构成收入。

企业转让无形资产使用权、销售产品和不需用原材料、经营性租赁、技术咨询等，属于与经常性活动相关的活动，由此产生的经济利益的总流入也构成收入。

企业处置固定资产、无形资产等活动，不是企业为完成其经营目标所从事的经常性活动，也不属于与经常性活动相关的活动，由此产生的经济利益的总流入不构成收入，应当确认为营业外收入。企业代第三方收取的款项，应当作为负债处理，不应当确认为收入。

经济利益是指直接或间接地流入企业的现金或现金等价物。因此，只有通过企业的日常活动所形成的经济利益的流入，才是企业的收入，否则，便不作为企业的收入。

（二）企业收入的特点

（1）收入从企业的日常活动中产生，而不是从偶发的交易事项中产生。有些交易或事项也能为企业带来经济利益，但不属于企业的日常活动，其流入的经济利益是利得，而不是收入。例如，企业因使用而购入施工机械，当施工机械不能使用时便将之出售，该项活动则属于偶发事项，因此所获得的收益便不能作为收入。

（2）收入可能表现为企业资产的增加，如增加银行存款、应收账款等；也可能表现为企业负债的减少；或者二者兼而有之。但并非所有使资产增加或负债减少的事项都形成收入。例如，投资者对企业的投资，增加资产，同时也增加了资本；企业从银行取得借款，增加资产，同时也增加了企业的债务等。

（3）收入能使企业所有者权益增加。收入能增加资产或减少负债或二者兼而有之。因此，根据"资产—负债＝所有者权益"的公式，企业取得收入一定能够增加所有者权益。

（4）收入只包括本企业经济利益的流入，不包括为第三方或客户代收的款项。因为代收的款项是一方面增加资产，另一方面增加负债，并没有增加所有者权益，也不属于企业的经济利益，所以不能作为企业的收入。

（三）收入的分类

（1）按形成的原因划分：销售商品的收入、提供劳务收入和让渡资产使用权取得的收入。

（2）按企业经济业务的主次划分：

①主营业务收入。主营业务收入又称基本业务收入，是指企业在其主要的业务或主体性的经营活动中所取得的营业收入。不同行业的主营业务收入的内容是不同的，建筑施工企业的主营业务收入主要是建造合同收入。企业的主营业务收入在其营业收入中占有较大的比重，直接影响到企业的经济利益，是企业利润的主要来源，具有经常性、重要性和可预见性等特点。

②其他业务收入。其他业务收入又称副营业务收入，是指建筑施工企业除了主营业务以外的一些业务活动所取得的收入。建筑企业的其他业务收入主要包括产品、材料销售收入，提供机械作业和运输作业劳务，出租固定资产、无形资产等取得的收入。与主营业务比较，其他业务收入具有单项金额较小、发生时间不稳定、在收入总额中占有的比重较低等特点。不过，在目前许多企业开展多种经营的情况下，其他业务收入比重在逐渐增加。

（四）收入确认的原则

收入的确认包括入账时间的确认和入账金额的确认。入账时间的确认是要解决收入在什么时间入账的问题；即指企业在商品销售或提供劳务之前、之时还是之后承认收入的实现，并将之反映在会计记录和财务报表之中。入账金额的确定，是把收入反映在会计记录中时对其价值量的确认，或者称为对收入的计量。

正确确认建筑施工企业的收入，对于正确计算企业的经营成果，评价企业经营成绩具有十分重要的意义。收入确认的一般原则有：收入实现原则、配比原则和谨慎原则。其中：收入实现原则是指在企业已经提供了商品或劳务，同时收取价款或者取得索取价款的凭据时，确认收入的实现。企业应以商品或劳务的使用价值的所有权转移和具备收取价款的权利的时间及数额来确认企业收入的实现。

收入确认的具体标准，是根据不同的收入类别而定的。在下面内容中分别说明。

二、建筑施工企业的建造合同收入的核算

根据《企业会计准则14号—收入》准则规定，建筑施工企业的建造合同收入，应遵循《企业会计准则15号—建造合同》中关于建造合同内容的规定确认建筑施工企业建造合同的收入以及核算要求。

（一）建造合同的特征

1. 建造合同的涵义

在《企业会计准则 15 号—建造合同》中，建造合同是指为建造一项资产或者在设计、技术、功能、最终用途等方面密切相关的数项资产而订立的合同。其中，资产是指房屋、道路、桥梁、水坝等建筑物以及船舶、飞机、大型机械设备等。

2. 建造合同的特征

①先有买方（客户）后有标底（资产），建造资产的造价在签订合同时已经确定；

②资产的建设期长，一般都要跨越一个会计年度，有的甚至长达数年；

③所建造的资产体积庞大，造价高；

④建造合同一般为不可取消的合同。

（二）建造合同收入与建造合同成本

1. 建造合同收入的内容

建造合同收入的内容包括合同中规定的初始收入和因合同变更、索赔、奖励等形成的收入。

（1）合同中规定的初始收入。合同中规定的初始收入是指建造承包商与客户在双方签订的合同中最初商定的合同总金额，构成合同收入的基本内容。

（2）因合同变更、索赔、奖励等形成的收入。合同变更、索赔、奖励等形成的收入是指在执行合同过程中由于合同变更、索赔、奖励等原因而形成的追加收入。合同变更是指客户为改变合同规定的作业内容而提出的调整。索赔款是指因客户或第三方的原因造成的、由建造承包商向客户或第三方收取的、用于补偿不包括在合同造价中的成本的款项。奖励款是指工程达到或超过规定的标准时，客户同意支付给建造承包商的额外款项。

这部分收入并不构成合同双方在签订合同时已在合同中商定的合同总金额，建造承包商不能随意确认这部分收入，只有在符合规定条件时才能构成合同总收入。

2. 建造合同成本

（1）建造合同成本的内容。合同成本包括从合同签订开始至合同完成时所发生的、与执行合同有关的直接费用和间接费用。

①直接费用。是指为完成合同发生的、可以直接计入合同成本核算对象的各项费用支出。包括耗用的材料费、人工费、机械使用费和其他直接费用。直接费用在发生时直接计入合同成本。

②间接费用。是企业下属的施工单位（工区、施工队、项目经理部等）为组织和管理施工生产活动所发生的费用。间接费用在期末按照系统、合理的方法分摊计入合同成本。

（2）建造合同成本的其他事项。建造合同成本不包括的内容有：企业行政管理部门为组织与管理生产经营活动所发生的管理费用；企业因筹集生产经营所需资金而发生的财务费用。

（三）建造合同收入与建造合同费用的确认

1. 建造合同的结果能够可靠估计情况下的合同收入和合同费用的确认

在建造合同的结果能够可靠估计的情况下，企业可以采用完工百分比法（即完工进度）确认合同收入和合同费用。

（1）企业确定合同完工进度的具体方法有：

①根据累计实际发生的合同成本占合同预计总成本的比例确定。计算公式如下：

$$合同完工进度 = \frac{累计实际发生的合同成本}{合同预计总成本} \times 100\%$$

这种方法称作投入衡量法，常用于确定合同完工的进度。采用此方法在确定完工进度时，合同成本中不包括与合同未来活动相关的合同成本（如施工中尚未安装、使用和耗用的材料成本）以及在分包工作量未完成之前预付给分包单位的款项。

②根据已经完成的合同工作量占合同预计总工作量的比例确定。计算公式如下：

$$合同完工进度 = \frac{已经完成的合同工作量}{合同预计总工作量} \times 100\%$$

这种方法称作产出衡量法，适用于合同工作量容易确定的建造合同，如土石方工程、道路工程、砌筑工程等。

③已完合同工作的测量。在无法根据上述两种方法确定合同完工进度时，通过由专业人员进行现场科学测定所采用的一种特殊的技术测量方法。

（2）按完工百分比法确认合同收入和合同费用的步骤：

①确定合同完工进度。根据上述方法确定完工进度。

②计算合同收入和合同费用。

当期确认的合同收入＝合同总收入×完工进度－以前会计年度累计已确认的收入

当期确认的合同毛利＝合同总收入－合同预计总成本×完工进度－以前会计年度累计已确认的毛利

当期确认的合同费用＝当期确认的合同收入－当期确认的合同毛利－以前会计年度预计损失准备

说明：上述公式中的完工进度为累计完工进度。

2. 建造合同的结果不能够可靠估计情况下的合同收入和合同费用的确认

建造合同的结果不能够可靠地估计，企业则不能采用完工百分比法确认合同收入，应当区别情况处理：

（1）若合同成本能够收回的，合同收入根据能够收回的实际合同成本加以确认；

（2）若合同成本不可能收回的，不确认收入。

（四）建造合同核算应设置的会计账户

1. "工程施工"账户

该账户用于核算建造合同成本和合同毛利。实际发生的合同成本和确认的合同毛利计入本账户的借方，确认的合同亏损计入本账户的贷方，合同完成后，与"工程结算"账户对冲后结平。该账户期末借方余额，反映企业尚未完工的建造合同成本和合同毛利。

"工程施工"账户可按建造合同，分别"合同成本"、"间接费用"、"合同毛利"进行明细核算。

"工程施工"账户详细核算内容见第十三章。

2. "工程结算"账户

该账户用于核算根据合同完工进度已向客户开出工程价款结算账单办理结算的价款。它是"工程施工"的备抵账户,贷方记入已向客户开出工程价款结算账单办理结算的款项,合同完成后,与"工程施工"账户对冲后结平。该账户期末贷方余额,反映企业尚未完工建造合同已办理结算的累计金额。

"工程结算"账户可按建造合同进行明细核算。

3. "主营业务收入"账户

该账户核算当期确认的合同收入。贷方记入当期确认的合同收入,期末,将本账户的余额全部转入"本年利润"账户,结转后,月末无余额。

"主营业务收入"账户可按主营业务的种类进行明细核算。

4. "主营业务成本"账户

为了核算建筑施工企业当期确认的已完工程实际发生的合同成本,应设置"主营业务成本"账户。该账户的借方记录本月或本期应结转的已完工程的实际合同成本,贷方记录在月份终了或期末时,将本账户的余额全部结转到"本年利润"账户,结转后本账户应无余额。

"主营业务成本"账户既可按主营业务的种类进行明细核算也可根据需要按建设单位及成本核算对象设置明细账,进行明细核算。

5. "营业税金及附加"

为了核算建筑施工企业经营活动发生的营业税、消费税、城市维护建设税、资源税和教育费附加等相关税费,应设置"营业税金及附加"账户。该账户借方记入企业按规定计算确定的与经营活动相关的税费;期末,将本账户的余额全部转入"本年利润"账户,结转后期末无余额。

"营业税金及附加"账户可按税费的种类进行明细核算。

6. "合同预计损失"账户

该账户核算当期确认的合同预计损失。借方记入当期确认的合同预计损失,期末,将本账户的余额全部转入"本年利润"账户,结转后,月末无余额。

7. "预计损失准备"账户

该账户核算建造合同计提的损失准备。贷方记入在建合同计提的损失准备,在建造合同完工后,应将本账户的余额调整"主营业务成本"账户。

(五)建造合同收入的核算举例

【例11-1】 前进建筑公司签订了一项总金额为200万元的固定造价合同,合同规定工期为2年。最初预计成本为180万元;第一年实际发生126万元,年末,预计为完成合同尚需发生84万元。开出账单金额为84万元,实际收到63万元。按该合同的结果能够可靠地按估计的情况进行处理,该公司应在年末进行的会计处理如下:

第一年的账务处理如下:

(1) 反映实际发生的合同成本126万元:

借:工程施工	1 260 000
贷:原材料、应付职工薪酬等	1 260 000

(2) 开出账单结算工程价款84万元:

借:应收账款	840 000

贷：工程结算　　　　　　　　　　　　　　　　　　　840 000
(3) 收到工程价款63万元：
　借：银行存款　　　　　　　　　　　　　　　　　　　　630 000
　　　贷：应收账款　　　　　　　　　　　　　　　　　　　630 000
(4) 确认和计量当年的合同收入、合同费用：
第一年合同完工进度＝126/(126＋84)×100％＝60％
第一年合同收入＝200×60％＝120万元
第一年合同毛利＝[200－(126＋84)]×60％＝－6万元
第一年合同费用＝120－(－6)＝126万元
第一年预计合同损失＝(210－200)×(1－60％)＝4万元
作账务处理：
1/2 借：主营业务成本　　　　　　　　　　　　　　　　　1 260 000
　　　贷：主营业务收入　　　　　　　　　　　　　　　　1 200 000
　　　　　工程施工—亏损　　　　　　　　　　　　　　　　 60 000
2/2 同时，合同预计损失4万元
　借：合同预计损失　　　　　　　　　　　　　　　　　　 40 000
　　　贷：合同预计损失准备　　　　　　　　　　　　　　　 40 000
(5) 根据当年收入计算并应缴纳营业税、城市维护建设税和教育费附加：
计算：营业税＝1 200 000×3％＝36 000元
城市维护建设税＝36 000×7％＝2 520元
教育费附加＝36 000×3％＝1 080元
账务处理：
　借：营业税金及附加　　　　　　　　　　　　　　　　　 39 600
　　　贷：应交税费—营业税　　　　　　　　　　　　　　　 36 000
　　　　　应交税费—城市维护建设税　　　　　　　　　　　　2 520
　　　　　应交税费—教育费附加　　　　　　　　　　　　　　1 080
(6) 年末，结转损益类账户：
1/2 结转收入
　借：主营业务收入　　　　　　　　　　　　　　　　　　1 200 000
　　　贷：本年利润　　　　　　　　　　　　　　　　　　1 200 000
2/2 结转成本、税费
　借：本年利润　　　　　　　　　　　　　　　　　　　　1 299 600
　　　贷：主营业务成本　　　　　　　　　　　　　　　　1 260 000
　　　　　营业税金及附加　　　　　　　　　　　　　　　　39 600
第一年，该建造合同的有关信息在会计报表中的披露资料是：
(1) 在资产负债表中披露的信息是：
①应收账款：根据"应收账款"账户期末余额填列，金额为210 000元（840 000－630 000）。
②已完工尚未结算款项：根据"工程施工"账户余额减"工程结算"账户余额后的差

额360 000元（1 260 000－60 000－840 000）在流动资产类项目中填列。

（2）在利润表中披露的信息是：

①主营业务收入：根据"主营业务收入"账户的本年贷方发生额填列，金额为1 200 000元。

②主营业务成本：根据"主营业务成本"账户的本年借方发生额填列，金额为1 260 000元。

（3）在会计报表附注中披露的信息是：

①确定合同完工进度的方法：采用合同完工进度根据累计实际成本发生的合同成本占合同预计总成本的比例确定。

②在建工程累计已完工程成本：根据"工程施工"账户的余额填列，金额为1 260 000元。

③在建工程已结算款：反映在建合同累计已办理结算的工程价款，根据"工程结算"账户的余额填列，金额为840 000元。

④合同总金额：2 000 000元。

三、工程价款结算收入的核算

（一）工程价款结算的概念

工程价款结算是指建筑施工企业因承包建筑安装工程，按承包合同的规定，向发包单位交付已完工程、收取工程价款的一种结算行为。通过工程价款结算取得的收入，称为工程价款结算收入。

（二）工程价款结算的方式

建筑施工企业工程价款结算的方式，一般有以下几种：

1. 按月结算方式

按月结算是指工程价款实行旬末或月中预支，月终结算，竣工后清算的方式。跨年度施工的工程，在年终进行工程盘点，办理年度结算。

2. 分段结算

分段结算是指按工程形象进度划分的不同阶段（部位）结算工程价款的方式。当年开工，当年不能竣工的单项工程或单位工程，按工程形象进度，划分不同阶段进行结算。分段结算可以按月向发包单位预支工程进度款。

3. 竣工后一次结算

竣工后一次结算是指在单项工程或建设项目全部竣工后结算工程价款的方式。建设项目或单项工程全部建筑安装工程建设期在12个月以内，或工程承包合同价值在100万元以下的，可以实行竣工后一次结算。采用竣工后一次结算方式，在施工过程中不办理工程结算，但按月可以向发包单位预支工程进度款，竣工后一次结清。

4. 结算双方约定并经开户银行同意的其他结算方式

（三）工程价款结算的依据

1. 工程价款预支核算的依据

建筑施工企业预支工程款时，应根据工程进度填列"工程价款预支账单"，送交发包单位签证后，送交开户银行办理收款手续。预支的款项，应在月末或竣工结算时抵充应收的工程款。"工程价款预支账单"格式见表11-1所示。

工程价款预支账单 表 11-1

发包单位名称：　　　　　　　　　　年　月　日　　　　　　　　　　单位：元

单项工程项目名称	合同造价	本旬（或半月）完成数	本旬（或半月）预支工程款	本月预支工程款	应扣预收工程款	实支款项	说明
1	2	3	4	5	6	7	8

施工企业：　　　（签章）　　　　　　　　　　　财务负责人：　　　（签章）

2. 工程价款结算的依据

建筑施工企业于月终完成合同规定的内容或工程竣工办理工程价款结算时，需要根据统计部门提供的"已完工程月报表"中实际完成的工程量，依据中标标书或施工图预算所列工程单价和有关取费标准，计算已完工程的价款，填列"工程价款结算账单"，送交发包单位审查签证后，送交开户银行办理收款手续。"已完工程月报表"以及"工程价款结算账单"格式分别见表 11-2、表 11-3 所示。

已完工程月报表 表 11-2

发包单位名称：　　　　　　　　　　年　月　日　　　　　　　　　　单位：元

单项工程项目名称	合同造价	建筑面积（平方米）	开竣工日期		实际完成数		备注
			开工日期	竣工日期	至上月止已完工程累计	本月份已完工程	
1	2	3	4	5	6	7	8

施工企业：　　　（签章）　　　　　　　　　　　编制日期：　　年　月　日

工程价款结算账单 表 11-3

发包单位名称：　　　　　　　　　　年　月　日　　　　　　　　　　单位：元

单项工程项目名称	合同造价	本期应收工程款	应扣款项			本期实收工程款	备料款余额	本期止已收工程款累计	备注
			合计	预收工程款	预收备料款				
1	2	3	4	5	6	7	8	9	10

施工企业：　　　（签章）　　　　　　　　　　　财务负责人：　　　（签章）

建筑施工企业不论采用哪种工程价款结算方式，无论工期长短，其施工期间的工程价款总额一般不得超过工程承包合同价值的95%。结算双方可以在5%的范围内协商确认工程尾款比例，并在工程合同中订明。工程尾款待工程竣工之后再进行结算。如果建筑施工企业已向发包单位出具履约保函或其他保证的，可以不留工程尾款。

（四）工程价款结算的核算

举例说明工程价款结算方法。

【例 11-2】 前进建筑公司按工程合同规定，填列"工程价款预支账单"向发包单位希望公司收取上半月的工程进度款 200 000 元，已收妥入账。

借：银行存款　　　　　　　　　　　　　　　200 000
　　贷：预收账款——希望公司　　　　　　　　　　200 000

【例11-3】 月末,前进建筑公司根据"本月已完工程月报表",提出"工程价款结算账单"。与发包单位希望公司办理本月已完工程结算,应收取本月已完工程价款450 000元,按规定扣还本月预收的工程进度款200 000元。

借:应收账款—希望公司　　　　　　　　　　　　　250 000
　　预收账款—希望公司　　　　　　　　　　　　　200 000
　　　贷:工程结算　　　　　　　　　　　　　　　　　450 000

【例11-4】 收到银行转来希望公司支付工程价款250 000的收账通知单。

借:银行存款　　　　　　　　　　　　　　　　　　250 000
　　　贷:应收账款—希望公司　　　　　　　　　　　　250 000

【例11-5】 前进建筑公司通过银行向分包公司拨付本月工程进度款60 000元。

借:预付账款—预付分包公司工程进度款　　　　　　60 000
　　　贷:银行存款　　　　　　　　　　　　　　　　　 60 000

【例11-6】 公司与发包单位办妥预支工程进度款的手续,由发包单位向分包公司直接拨付钢材一批,价值40 000元,抵付工程进度款。

借:预付账款—分包公司工程进度款　　　　　　　　40 000
　　　贷:预收账款—希望公司　　　　　　　　　　　　 40 000

【例11-7】 月末,公司根据分包公司提出的"工程价款结算账单",经过审核后应付分包公司本月已完工程价款210 000元,同时应抵扣本月预收账款100 000元。

借:工程施工　　　　　　　　　　　　　　　　　　210 000
　　　贷:应付账款—分包公司工程款　　　　　　　　　110 000
　　　　　预付账款—分包公司进度款　　　　　　　　　100 000

【例11-8】 公司开出转账支票,向分包公司支付本月已完工程款110 000元。

借:应付账款—分包公司工程款　　　　　　　　　　110 000
　　　贷:银行存款　　　　　　　　　　　　　　　　　110 000

四、其他业务收入的核算

（一）其他业务收入的内容

建筑企业除了主要从事建筑安装工程的施工生产经营业务外,往往还从事产品、材料的销售,提供机械作业和运输作业等其他经营业务。为此,企业除了获取开展主营业务活动的收入（工程结算收入）,还可以获取因开展其他业务活动形成的收入。具体包括有:

(1) 产品销售收入;
(2) 材料销售收入;
(3) 机械、运输作业收入;
(4) 固定资产出租收入;
(5) 无形资产出租收入;
(6) 多种经营收入;
(7) 其他收入。

（二）其他业务收入的确认

企业取得的其他业务收入,应于收入实现时及时入账。其确认条件按其内容划分

1. 提供产品、材料时的收入确认的条件

(1) 企业已将产品所有权上的风险和报酬转移给对方。
(2) 企业既没有保留通常与所有权相联系的继续管理权,也没有对已售出的商品实施控制权。
(3) 与交易相关的经济利益能够流入企业。
(4) 相关的收入和成本能够可靠地计量。

2. 提供机械、运输劳务时的收入确认的条件
(1) 劳务合同收入与合同成本能够可靠地计量。
(2) 与交易相关的经济利益能够流入企业。
(3) 劳务的完成程度能够可靠地确定。

3. 让渡资产使用权产生的收入确认的条件
(1) 与交易相关的经济利益能够流入企业。
(2) 收入的金额能够可靠地计量。

(三) 其他业务收入的核算

1. 设置账户

(1) "其他业务收入"账户。该账户核算建筑企业除了主营业务收入以外的其他业务收入。贷方记入企业取得的各项其他业务的收入,期末,将本账户的余额全部转入"本年利润"账户,结转后,月末无余额。本账户应按其他业务收入的内容设置明细账户,进行明细分类核算。

(2) "其他业务成本"账户。本账户核算建筑施工企业确认的除主营业务活动以外的其他经营活动所发生的支出,包括销售材料的成本、出租固定资产的折旧额、出租无形资产的摊销额、出租包装物的成本或摊销额等。除主营业务活动以外的其他经营活动发生的相关税费,在"营业税金及附加"账户核算。该账户借方记入企业实际发生的各项其他业务的成本,期末,将本账户的余额全部转入"本年利润"账户,结转后期末无余额。

"其他业务成本"账户可按其他业务成本的种类进行明细核算。

2. 核算

【例 11-9】 企业的构件加工队出售一批预制空心板,开出的发票价为 26 000 元(内含 6% 的增值税),货物已发出,款项暂未收取。

借:应收账款　　　　　　　　　　　　　　　　　26 000
　　贷:其他业务收入—产品销售收入　　　　　　　24 528.30
　　　　应交税费—增值税　　　　　　　　　　　　1 471.70

【例 11-10】 企业将一台暂时不用的生产设备出租给外单位使用,根据租赁合同规定每月月末支付租金 1 500 元。

借:银行存款　　　　　　　　　　　　　　　　　1 500
　　贷:其他业务收入—固定资产出租收入　　　　　1 500

【例 11-11】 企业材料仓库发出一批积压的材料,出售给外单位,销售价款为 8 500 元,收到对方承兑的、为期 50 天商业承兑汇票一张。

借:应收票据—商业承兑汇票　　　　　　　　　　8 500
　　贷:其他业务收入—材料销售收入　　　　　　　8 018.87
　　　　应交税费—增值税　　　　　　　　　　　　481.13

【例 11-12】 月末，结转与本月实现的其他业务收入相关联的成本，其中：发出预制空心板的计划成本 22 000 元，材料成本差异为－2％；销售积压材料的计划成本为 7 100 元，材料成本差异 3％；租出设备每月计提的折旧为 820 元。

借：其他业务成本—销售产品成本　　　　　21 560
　　其他业务成本—销售材料成本　　　　　7 313
　　其他业务成本—出租固定资产折旧　　　820
　　贷：原材料—结构件　　　　　　　　　　　22 000
　　　　原材料—其他材料　　　　　　　　　　7100
　　　　累计折旧　　　　　　　　　　　　　　820
　　　　材料成本差异　　　　　　　　　　　　－227

【例 11-13】 月末，按规定计算并结转本月实现的其他业务收入应交纳的营业税（75元）、城市维护建设税（141.95 元）和教育费附加（60.83 元）。

借：营业税金及附加　　　　　　　　　　　277.78
　　贷：应交税金—营业税　　　　　　　　　　75
　　　　　—城市维护建设税　　　　　　　　141.95
　　　　　—教育费附加　　　　　　　　　　60.83

【例 11-14】 月末，结转"其他业务收入"、"其他业务成本"和"营业税金及附加"账户的余额。

1/2 结转"其他业务收入"：

借：其他业务收入　　　　　　　　　　　34 047.17
　　贷：本年利润　　　　　　　　　　　　34 047.17

2/2 结转"其他业务支出"：

借：本年利润　　　　　　　　　　　　　29 970.78
　　贷：其他业务成本　　　　　　　　　　29 693
　　　　营业税金及附加　　　　　　　　　277.78

第二节　期间费用的核算

一、期间费用的性质

期间费用是建筑施工企业当期发生的费用中的重要内容，是指本期发生的不能直接归属于某个产品成本（或工程成本）的各种费用。该类费用是建筑施工企业为了获取营业收入、维持企业的经营活动在某一时期能够顺利进行而发生的，与营业收入的实现没有直接的因果关系，直接计入当期的损益。

二、期间费用的内容

期间费用包括管理费用、财务费用和营业费用。建筑施工企业的期间费用包括管理费用和财务费用两部分内容。

（一）管理费用

管理费用是指企业行政管理部门为组织和管理施工生产经营活动而发生的各种费用。管理费用的受益对象是整个企业，与间接费用不同，后者是建筑施工企业所属的直接组织生产活动的施工管理机构（如施工队、工程处、项目部等）所发生的施工管理费，与工程施工有着密切的关系，是工程成本的一部分，而管理费用则计入当期损益。

管理费用包括的内容有：公司经费、工会经费、待业保险费、劳动保险费、董事会费（包括董事会成员津贴、会议费和差旅费等）、聘请中介机构费、咨询费（包括聘请经济技术顾问、法律顾问等支付的费用）、诉讼费、业务招待费、房产税、车船使用税、土地使用税、印花税、技术转让费、矿产资源补偿费、无形资产摊销、职工教育经费、研究与开发费、排污费、存货盘亏或盘盈（不包括应当计入营业外支出的存货损失）、提取的坏账准备和存货跌价准备等。

上述费用中：公司经费包括行政管理部门职工工资、职工福利费、修理费、物料消耗、低值易耗品摊销、办公费、差旅费及其他费用。

工会经费是按工资总额的一定比例计提拨给企业工会组织开展工会活动的经费。

职工教育经费是企业为了提高职工的文化水平，按企业职工的工资总额的一定比例提取交付有关部门掌握使用的经费。

劳动保险费是指退休职工的退休金、医药费、异地安家补助费、职工死亡丧葬补助费、抚恤费、按规定支付给离休干部的各项经费以及实行社会统筹办法的企业按规定提取的退休统筹基金。

研究与开发费是指企业开发新产品、新技术、新工艺所发生的新产品设计费、工艺规程制定费、设备调试费、原材料和半成品的试验费、技术图书资料费、未纳入国家计划的中间试验费、研究人员的工资、研究设备的折旧、与新产品试制、新技术研究有关的其他经费、委托其他单位进行的科研试制费以及试制失败损失等。

业务招待费是指企业为了经营的合理需要而支付的交际应酬费用。业务招待费开支标准与企业销售净额密切相关：全年销售营业收入在1 500万元以下的，不超过年营业收入5‰；全年营业收入超过1 500万元（含1 500万元）但不足5 000万元的，不超过全年营业收入的3‰；全年营业收入超过5 000万元（含5 000万元）但不足1亿元的，不超过该部分营业收入2‰；全年营业收入超过1亿元（含1亿元）的，不超过该部分营业收入1‰。

（二）财务费用

财务费用是指建筑施工企业为筹集施工生产经营资金而发生的费用。具体内容包括：

（1）利息净支出。是指建筑施工企业在施工生产经营期间发生的借款利息支出（不包括予以资本化的利息）减去利息收入后的余额。有短期借款利息、长期借款利息、应付票据利息、票据贴现利息、应付债券利息等。

（2）汇兑净损失。是指建筑施工企业发生的有关外币业务的汇兑损失减汇兑收益后的余额。不包括企业因购建固定资产所发生的应予以资本化的汇兑净损失。

（3）相关手续费。是指建筑施工企业在施工生产经营期间因筹集资金和办理各种结算业务等而支付给银行或其他金融机构的各种手续费。如企业发行债券所支付的手续费（不包括应予以资本化的手续费）、开出汇票的银行手续费。

（4）其他财务费用。如企业融资租入的固定资产，未确认融资费用在租赁期间摊销时，计入财务费用。

三、期间费用的核算

（一）期间费用的确认原则

（1）非资产化原则。期间费用不能计入产品、工程成本，不构成产品、工程成本的价值。

（2）直接计入当期损益原则。由于期间费用是为了维持企业正常经营活动的顺利进行而发生的，按照配比原则的要求，应从本期的营业收入中扣减。

（二）设置会计账户

为了总括地核算和监督建筑施工企业发生的管理费用、财务费用，需要设置"管理费用"和"财务费用"账户，这些账户属于损益类账户，其借方分别登记管理费用、财务费用的实际发生额，贷方登记应冲减的管理费用、财务费用和期末结转到"本年利润"账户的数额；期末结转后，"管理费用"、"财务费用"账户均无余额。

"管理费用"、"财务费用"账户应按费用明细项目设置多栏式明细账，进行明细分类核算。

（三）管理费用、财务费用的核算

1. 举例说明管理费用核算方法

【例11-15】 用现金支付公司本部的办公费300元、办公家具的修理费600元。

  借：管理费用——公司经费   900
    贷：库存现金   900

【例11-16】 本月应分摊财产保险费2 500元、固定资产折旧18 000元、办公和管理用具5 000元。

  借：管理费用——财产保险费   2 500
     管理费用——公司经费   23 000
    贷：待摊费用   2 500
      累计折旧   18 000
      低值易耗品——摊销   5 000

【例11-17】 现金付讫印花税120元。

  借：管理费用——印花税   120
    贷：库存现金   120

【例11-18】 通过银行转账支付离、退休人员生活费20 000元。

  借：管理费用——劳动保险费   20 000
    贷：银行存款   20 000

【例11-19】 领用库存材料计划成本20 000元、材料成本差异率2%，用于新工艺、新技术的试制。

  借：管理费用——研究与开发费   20 400
    贷：原材料   20 000
      材料成本差异   400

【例11-20】 本月计提坏账准备金8 000元、存货跌价损失2 500元、无形资产摊销5 000元。

  借：管理费用——坏账准备   8 000

管理费用—存货跌价准备　　　　　　　　　　　　　　　　2 500
管理费用—无形资产摊销　　　　　　　　　　　　　　　　5 000
　　贷：坏账准备　　　　　　　　　　　　　　　　　　　8 000
　　　　存货跌价准备　　　　　　　　　　　　　　　　　2 500
　　　　无形资产　　　　　　　　　　　　　　　　　　　5 000

【例 11-21】 应付公司管理人员工资 20 000 元、福利费 2 800 元。
　　借：管理费用—公司经费　　　　　　　　　　　　　　22 800
　　　　贷：应付职工薪酬　　　　　　　　　　　　　　　22 800

【例 11-22】 月末，结转本月发生的管理费用。
　　借：本年利润　　　　　　　　　　　　　　　　　　　105 220
　　　　贷：管理费用　　　　　　　　　　　　　　　　　105 220

根据本月发生的经济业务进行"管理费用"账户的明细核算，建筑施工企业应设置"管理费用"多栏式明细账，见表 11-4 所示。

管理费用多栏式明细账　　　　　　　　　　　　　表 11-4

| 2007年 | | 凭证 | | 摘要 | 成本项目 | | | | | | | |
月	日	种类	号数		公司经费	财产保险费	印花税	劳动保险费	研究与开发费	坏账准备	存货跌价准备	无形资产摊销
				11-15	900							
				11-16	23 000	2 500						
				11-17			120					
				11 18				20 000				
				11-19					20 400			
				11-20						8 000	2 500	5 000
				11-21	22 800							
				11-22 结转	-46 700	-2 500	-120	-20 000	-20 400	-8 000	-2 500	-5 000
	31			合计	—0—	—0—	—0—	—0—	—0—	—0—	—0—	—0—

2. 举例说明财务费用的核算方法

【例 11-23】 预提借款利息 1 500 元。
　　借：财务费用—利息支出　　　　　　　　　　　　　　1 500
　　　　贷：应付利息　　　　　　　　　　　　　　　　　1 500

【例 11-24】 本月应付固定资产交付使用后的长期借款利息 5 000 元。

借：财务费用—利息支出　　　　　　　　　　　　　　　　5 000
　　　贷：长期借款　　　　　　　　　　　　　　　　　　　　5 000

【例11-25】 接到开户银行通知已从企业存款户上扣除办理银行结算业务的手续费600元。

借：财务费用—手续费　　　　　　　　　　　　　　　　　600
　　　贷：银行存款　　　　　　　　　　　　　　　　　　　　600

【例11-26】 接银行收账通知，本月银行存款利息3 500元已收入账内。

借：银行存款　　　　　　　　　　　　　　　　　　　　3 500
　　　贷：财务费用　　　　　　　　　　　　　　　　　　　3 500

【例11-27】 本月长期外币借款发生汇兑损失1 800元。

借：财务费用—汇兑损失　　　　　　　　　　　　　　　1 800
　　　贷：长期借款　　　　　　　　　　　　　　　　　　　1 800

【例11-28】 月末，结转本月发生的财务费用。

借：本年利润　　　　　　　　　　　　　　　　　　　　5 400
　　　贷：财务费用　　　　　　　　　　　　　　　　　　　5 400

根据本月发生的经济业务进行"财务费用"账户的明细核算，建筑施工企业应设置"财务费用"多栏式明细账，见表11-5所示。

财务费用多栏式明细账　　　　　　　　　　　　　表11-5

2007年		凭证		摘要	成本项目				
月	日	种类	号数		利息支出	手续费	汇兑损失	其他财务费用	合计
			11—23		1 500				1 500
			11—24		5 000				5 000
			11—25			600			600
			11—26		−3 500				−3 500
			11—27				1 800		1 800
			11—28	结转	−3 000	−600	−1 800		−5 400
	31			合计	—0—	—0—	—0—		—0—

（四）资产减值损失的核算

1. 设置"资产减值损失"账户

建筑施工企业为了核算企业计提各项资产减值准备所形成的损失，需要设置"资产减值损失"账户，进行核算。该账户借方记入企业的应收款项、存货、长期股权投资、持有至到期投资、固定资产、无形资产、贷款等资产发生减值的金额；贷方记入企业计提坏账准备、存货跌价准备、持有至到期投资减值准备、贷款损失准备等，相关资产的价值又得以恢复的增加的金额；期末，本账户余额转入"本年利润"账户，结转后本账户无余额。

企业可按资产减值损失的项目进行明细核算。

2. 举例说明其核算方法

计提有关资产的减值准备业务。

【例 11-29】 某建筑施工企业本期有关资产发生减值损失的资料如表 11-6 所示，进行账务处理。

某建筑施工公司资产减值计提表　　　　　　　　　　　　表 11-6

某年　某月 31 日　　　　　　　　　　　　计量单位：元

序号	资产项目	账面价值	可变现净值	减值准备
1	应收账款	600 000	560 000	40 000
2	其他应收款	25 000	23 000	2 000
3	存　货	1 200 000	1 195 000	5 000
4	长期股权投资	200 000	189 000	11 000
5	持有至到期投资	180 000	172 000	8 000
6	固定资产	3 200 000	3 154 000	46 000
7	在建工程	60 000	580 000	20 000
8	工程物资	100 000	85 000	15 000
9	无形资产	450 000	430 000	20 000
	合　计	6 555 000	6 388 000	167 000

　　借：资产减值损失—坏账损失　　　　　　　　　　　　42 000
　　　　资产减值损失—存货跌价损失　　　　　　　　　　5 000
　　　　资产减值损失—长期股权投资减值损失　　　　　　11 000
　　　　资产减值损失—持有至到期投资减值损失　　　　　8 000
　　　　资产减值损失—固定资产减值损失　　　　　　　　46 000
　　　　资产减值损失—在建工程减值损失　　　　　　　　20 000
　　　　资产减值损失—工程物资减值损失　　　　　　　　15 000
　　　　资产减值损失—无形资产减值损失　　　　　　　　20 000
　　　贷：坏账准备　　　　　　　　　　　　　　　　　　42 000
　　　　　存货跌价准备　　　　　　　　　　　　　　　　5 000
　　　　　长期股权减值准备　　　　　　　　　　　　　　11 000
　　　　　持有至到期投资减值准备　　　　　　　　　　　8 000
　　　　　固定资产减值准备　　　　　　　　　　　　　　46 000
　　　　　在建工程减值准备　　　　　　　　　　　　　　20 000
　　　　　工程物资减值准备　　　　　　　　　　　　　　15 000
　　　　　无形资产减值准备　　　　　　　　　　　　　　20 000

关于具体资产减值损失的计算与核算方法，参见有关章节。

【例 11-30】 期末，有证据表明下列资产价值得以恢复：应收账款 600 000 元、存货 1 220 000 元、持有至到期投资 175 000 元。账务处理如下：

　　借：坏账准备　　　　　　　　　　　　　　　　　　　40 000
　　　　存货跌价准备　　　　　　　　　　　　　　　　　5 000
　　　　持有至到期投资减值准备　　　　　　　　　　　　3 000
　　　贷：资产减值损失　　　　　　　　　　　　　　　　48 000

【例 11-31】 期末，将"资产减值损失"余额转入"本年利润"账户。

```
借：本年利润——资产减值损失              119 000
    贷：资产减值损失                        119 000
```

（五）公允价值变动损益的核算

一项资产或负债的公允价值是指在自愿交易的双方之间进行现行交易，在交易中所达成的资产购买、销售或负债清偿的金额。这就是说，这项交易不是被迫的或清算的销售，交易的金额是公平的，双方一致同意的。在《企业会计准则——基本准则》中指出：在公允价值计量下，资产负债按照在公平交易中，熟悉情况的交易双方自愿进行资产交换或者债务清偿的金额计量。公允价值计量是企业对会计要素计量的方法之一。

公允价值变动是指公允价值与成本价之间的差异。《企业会计准则——基本准则》引入了公允价值计量方法，为反映公允价值变动损益的核算内容，要设置"公允价值变动损益"账户。

"公允价值变动损益"账户核算内容如下：

本账户核算企业指定为以公允价值计量且其变动计入当期损益的金融资产或金融负债公允价值变动形成的应计入当期损益的利得或损失。该账户贷方记入资产负债表日应按交易性金融资产的公允价值高于其账面余额的差额，如公允价值低于其账面余额的差额，做相反处理；该账户借方记入资产负债表日交易性金融负债的公允价值高于其账面余额的差额，借记本科目，公允价值低于其账面余额的差额做相反的会计分录；处置交易性金融负债，结转该金融负债的公允价值变动数额时，贷记或借记本科目。期末，本账户余额转入"本年利润"账户，结转后本账户无余额。

企业可按交易性金融资产、交易性金融负债、投资性房地产等进行明细核算。

公允价值变动损益的核算内容，参见有关章节，此略。

第三节 利润、所得税及利润分配核算

一、企业利润形成的核算

（一）企业利润的涵义

利润是建筑企业在一定会计期间的经营成果。它是企业在一定时期内实现的用货币表现的全部经营活动获得的最终成果，也称企业的财务成果。从宏观角度上，企业利润是国家财政收入的重要组成部分，是社会进行扩大再生产的物质基础；对企业而言，利润揭示着企业供产销工作的质量与经营管理工作的水平，反映了企业生产经营的经济效益。

（二）企业利润的构成

利润是指企业在一定会计期间的经营成果。利润包括收入减去费用后的净额、直接计入当期利润的利得和损失等。直接计入当期利润的利得和损失，是指应当计入当期损益、会导致所有者权益发生增减变动的、与所有者投入资本或者向所有者分配利润无关的利得或者损失。

建筑施工企业在一定会计期间从各个渠道实现的利润称为利润总额。根据我国企业会计制度的规定，企业的利润总额主要由营业利润、投资收益、营业外收入和营业外支出等组成。计算公式是：

利润总额＝营业利润＋投资净收益＋补贴收入＋营业外收入－营业外支出

1. 营业利润

营业利润是建筑企业在一定时期内从事施工生产经营活动所实现的利润。它在数量上等于主营业务利润加上其他业务利润减去期间费用后的净额。计算公式是：

营业利润＝主营业务利润＋其他业务利润－期间费用

其中：主营业务利润＝主营业务收入－主营业务支出－主营业务税金及附加

其他业务利润＝其他业务收入－其他业务支出

期间费用：包括管理费用、财务费用和营业费用

2. 投资净收益

投资净收益是指企业对外投资所取得的收益，减去发生的投资损失和计提的投资减值准备后的净额。

3. 补贴收入

补贴收入是指企业按规定实际收到退还的增值税，或按销量、工作量等依据国家规定的补助定额计算并按期给予的定额补贴，以及国家财政扶持的领域而给予的其他形式的补贴。

4. 营业外收入

营业外收入是指与企业生产经营活动没有直接关系但能够影响利润总额的各项收入。主要内容有固定资产盘盈、处置固定资产的净收益、处置无形资产净收益、罚款收入等。

5. 营业外支出

营业外支出是指与企业生产经营活动没有直接关系但能够影响利润总额的各项支出。主要内容有固定资产盘亏、处置固定资产的净损失、处置无形资产净损失、计提无形资产减值准备、计提固定资产减值准备、计提专项工程减值准备、罚款支出、捐赠支出、非常损失等。

（三）企业利润形成的核算账户

1. "营业外收入"账户。该账户用于核算企业发生的各项营业外收入，主要包括非流动资产处置利得、非货币性资产交换利得、债务重组利得、政府补助、盘盈利得、捐赠利得等。该账户贷方记入企业取得的各项营业外收入；借方记入期末结转到"本年利润"账户的营业外收入总额；期末结转后，本账户应无余额。本账户应按营业外收入项目设置明细账，进行明细分类核算。

【例11-32】 年底，公司批复结转账外施工机械的净值21 000元。

借：待处理财产损益—待处理固定资产损益　　　　　21 000

　　贷：营业外收入—固定资产盘盈　　　　　　　　　　21 000

【例11-33】 公司根据合同规定收到客户交来的由于其延期交货而支付的罚款500元，现金收讫。

借：库存现金　　　　　　　　　　　　　　　　　　500

　　贷：营业外收入　　　　　　　　　　　　　　　　　500

2. "营业外支出"账户。该账户用于核算企业发生的各项营业外支出，包括非流动资产处置损失、非货币性资产交换损失、债务重组损失、公益性捐赠支出、非常损失、盘亏损失等。该账户借方记入企业取得的各项营业外支出；贷方记入期末结转到"本年利润"账户的营业外支出总额；期末结转后，本账户应无余额。本账户应按营业外支出项目设置

明细账，进行明细分类核算。

【例11-34】 年底，公司批复转销库存材料的非常损失12 000元。

借：营业外支出——非常损失　　　　　　　　　　　　　12 000
　　贷：待处理财产损益——待处理流动资产损益　　　　　　　　12 000

【例11-35】 公司通过银行转账向贫困地区捐款80 000元。

借：营业外支出——捐赠支出　　　　　　　　　　　　　80 000
　　贷：银行存款　　　　　　　　　　　　　　　　　　　　　80 000

3．"补贴收入"账户。该账户核算企业按规定实际收到的各种补贴收入。企业按规定收到各种补贴收入时，记入该账户的贷方；期末，应将本账户的余额转入"本年利润"账户。本账户应按各种补贴收入的项目设置明细账，进行明细分类核算。

4．"本年利润"账户。该账户核算企业实现的净利润（或发生的净亏损）。它是将收入与费用进行对比的核心账户，是一个专用的汇总性账户。将企业本期实现的"主营业务收入"、"其他业务收入"、"补贴收入""投资收益"（若是投资损失则转入"本年利润"账户的借方）、"营业外收入"等账户的期末余额分别转入该账户的贷方，将企业本期发生的"主营业务成本"、"其他业务成本"、"主营业务税金及附加"、"营业外支出"、"管理费用"、"财务费用"、"营业费用"、"资产减值准备"以及"所得税"等账户的期末余额分别转入该账户的借方，借、贷方相抵后的余额反映企业本期的净利润或净亏损。年度终了，将本账户的余额转入"利润分配"账户，结转后，本账户应无余额。

（四）利润形成的核算方法

期末，需要计算企业本期实现的利润总额（或亏损总额），在实际工作中，通常有表结法和账结法两种。

1．表结法

表结法是指利用各月月末有关损益类账户的累计数据资料，将其直接列入损益表，并通过损益表计算年内累计利润及各月利润的方法。

（1）日常核算。在此方法下，每月结账时只需要结出各损益类账户的本年累计数，就可以逐项填列损益表，通过损益表计算出从年初到本月止的本年累计数，然后减去上月末的本年累计数，就能够求得本月份的利润（或亏损）。

（2）年末结算。年度结算时，将损益类账户的全年累计余额转入"本年利润"，集中反映本年利润及其构成情况。

采用此方法，平时（1～11月）的"本年利润"账户不发生记录，只在年终（12月末）将各损益类账户的余额转入时，才使用"本年利润"账户，并在年度终了时将其余额全部转入"利润分配"账户；这样，各损益类账户平时有余额，年末才结清。表结法的优点是：平时可以减少损益结转工作，可以从各损益类账户了解各种损益的本期发生额和自年初起的累计发生额。但由于"本年利润"账户平时无记录，不便于从该账户中直接掌握损益发生的情况。

2．账结法

账结法是指月末将各损益类账户的本月发生额结转到"本年利润"账户，通过"本年利润"账户结出本月利润（或亏损）总额以及本年累计损益的方法。其账务处理形式为：

结转本月"主营业务收入"、"其他业务收入"、"补贴收入""投资收益"（若是投资损失则转入"本年利润"账户的借方)、"营业外收入"等账户的发生额。

    借：主营业务收入
        其他业务收入
        补贴收入
        投资收益
        营业外收入
      贷：本年利润

结转本月"主营业务成本"、"其他业务成本"、"主营业务税金及附加"、"营业外支出"、"管理费用"、"财务费用"、"营业费用"、"公允价值变动损益"、"资产减值损失"等账户的发生额。

    借：本年利润
      贷：主营业务成本
          其他业务成本
          主营业务税金及附加
          管理费用
          财务费用
          营业费用
          营业外支出
          公允价值变动损益
          资产减值损失

（1）利润形成日常核算举例，资料见表 11-7。

蓝田建筑公司 2007 年 11 月月末损益类账户资料   表 11-7

账户名称	本月发生额		账户名称	本月发生额	
	借方发生额	贷方发生额		借方发生额	贷方发生额
主营业务收入		150 000	主营业务成本	1 250 000	
其他业务收入		100 000	主营业务税金及附加	49 500	
投资收益		50 000	其他业务成本	75 000	
营业外收入		20 000	管理费用	110 400	
			财务费用	5 600	
			营业外支出	2 050	
			公允价值变动损益	5 000	
			资产减值损失	10 000	
合　计		1 670 000	合　计	1 507 550	

【例 11-36】 根据表 11-7 的资料，结转本月"主营业务收入"、"其他业务收入"、"投资收益"、"营业外收入"等账户的发生额。

    借：主营业务收入   1 500 000
        其他业务收入   100 000
        投资收益   50 000
        营业外收入   20 000

    贷：本年利润   1 670 000

【例 11-37】 根据表 11-7 资料，结转本月"主营业务成本"、"其他业务成本"、"主营业务税金及附加"、"营业外支出"、"管理费用"、"财务费用"、"营业费用"、"资产减值损失"等账户的发生额。

    借：本年利润   1 507 550
        贷：主营业务成本   1 250 000
            其他业务成本   75 000
            主营业务税金及附加   49 500
            管理费用   110 400
            财务费用   5 600
            营业外支出   2 050
            公允价值变动损益   5 000
            资产减值损失   10 000

(2) 年末结转与表结法相同。采用此方法，各损益类账户在每月月末都应将发生额转入"本年利润"账户后便无余额，每月月末都要使用"本年利润"账户；在年度终了时，将"本年利润"账户余额转入"利润分配"账户后便无余额。账结法的优点是平时不单从损益表上得到本年及本月的损益情况，还可以通过"本年利润"账户了解年度内损益的总体情况。只是平时各损益类账户发生额的结转工作比较烦琐。

二、所得税费核算

（一）所得税的计算

1. 所得税的计税依据

所得税是企业应当计入当期损益的所得税费用。其计算公式如下：

应税利润＝利润总额±税法规定调整项目金额（或纳税调整增加额－纳税调整减少额）

式中

(1) 应税利润又称应纳税所得额，是企业按国家税法规定计算的应缴纳所得税的收益额。应税利润是要受国家税法所制约，根据经济合理、公平税负、促进竞争的原则，依据有关税收法规，确定一定时期纳税人应交纳税额的基数。

(2) 利润总额是企业按照企业会计准则所采用的会计程序和方法的要求计算形成的，通常亦称为税前会计利润（或税前利润）。

(3) 国家税法规定的调整项目。

纳税调整增加额主要包括规定允许扣除项目中，企业已计入当期费用但超过税法规定的扣除标准的金额，以及企业已计入当期费用但税法规定不允许扣除项目的金额；纳税调整减少额主要包括按税法规定允许弥补的亏损和准予免税的项目。

2. 应税利润与利润总额之间的差异

由于利润总额（或税前会计利润）是按照会计制度计算的，与按照税法计算的应税利润（应纳税所得额）之间的结果便不一定相同。二者之间的差异按其选择不同，分为永久性差异和时间性差异。

(1) 永久性差异。永久性差异是指某一会计期间，由于会计制度和税法在计算收益、费用或损益时的口径不同,所产生的税前会计利润与应税利润之间的差异。这种差异在本期发生后,不能在以后各期转回,具有不可逆转性。主要包括:

①会计制度规定核算时作为收益计入会计报表,在计算应税利润时不确认为收益。例如国库券的利息收入。

②按会计制度规定核算时不作为收益计入会计报表,在计算应税利润时确认为收益,需要交纳所得税。例如企业自产的产品用于工程项目,税法上规定按产品的售价和成本的差额计入应税利润,但会计制度按成本结转,不产生利润,不计入当期损益。

③按会计制度规定核算时确认为费用或损失计入会计报表,在计算应税利润时则不允许扣减。例如非公益救济性捐赠、摊派和赞助费等;税法允许扣减的项目限额与会计确认的费用额存在的差异,如超过计税工资标准的工资费用、超过金融机构同类同期贷款利率计算的向非金融机构借款的利息等。

④按会计制度规定核算时不确认为费用或损失,在计算应税利润时则允许扣减。

上述永久性差异的原因,其应税利润的公式为:

$$应税利润=利润总额-①+②+③-④$$

(2) 时间性差异。时间性差异是由于会计制度和税法在计算收益、费用或损益时的时间不同,所产生的税前会计利润与应税利润之间的差异。即企业某些收入与费用计入利润总额的时间迟于或早于计入应税利润的时间而形成的。这种差异产生于某一会计期间,但在以后一期或若干期能够转回,所以就某一纳税年度而言,税前会计利润与应税利润存在差异,但就整个经营期间来说,其利润总额与应税利润是相等的。主要包括:

①企业获得的某项收益,按照会计制度规定应当确认为当期收益,但按税法规定需待以后期间确认为应税利润,从而形成应纳税时间性差异,即未来应增加应税利润的时间性差异。

②企业获得的某项费用或损失,按照会计制度规定应当确认为当期费用或损失,但按税法规定需待以后期间可从应税利润中扣减,从而形成可抵减应纳税时间性差异,即未来可以从应税利润中扣除的时间性差异。

③企业获得的某项收益,按照会计制度规定应当于以后期间确认收益,但按税法规定需计入当期应税利润,从而形成可抵减应纳税时间性差异。

④企业获得的某项费用或损失,按照会计制度规定应当于以后期间确认为费用或损失,但按税法规定可以从当期应税利润中扣减,从而形成可抵减应纳税时间性差异。

上述时间性差异的原因,其应税利润的公式为:

$$应税利润=利润总额-①+②+③-④$$

虽然税前会计利润与应税利润之间存在差异,其计算有各自的要求和独立性,但二者之间又是密切相关的。税前会计利润是计算应税利润的重要依据之一,是计算应税利润的重要基础。

(二) 所得税核算

1. 设置"所得税费"账户

为了核算企业确认的应从当期利润总额中减去的所得税费用,需要设置"所得税费"账户,进行核算。该账户借方记入资产负债表日,企业按照税法规定计算确定的当期应交所得税以及递延所得税资产的应有余额小于"递延所得税资产"账户余额的差额;贷方记入资产负债表日,根据递延所得税资产的应有余额大于"递延所得税资产"账户余额的差额以及期末结转到"本年利润"账户的所得税费用;期末结转后,本账户应无余额。

企业可按"当期所得税费用"、"递延所得税费用"设置明细账,进行明细核算。

2. 举例说明核算方法

【例 11-38】 高天建筑公司 2007 年按照 25%所得税率,应交所得税 528 000 元。

1/2 计缴所得税:

借:所得税费—当期所得税费用	528 000
贷:应交税金—应交所得税	528 000

2/2 期末,结转所得税:

借:本年利润	528 000
贷:所得税费—当期所得税费用	528 000

三、企业税后利润分配的核算

(一)税后利润分配原则

税后利润分配是指对企业实现的净利润,按规定在企业、职工和投资者之间的分配。企业净利润的计算公式如下:

税后利润(净利润)=利润总额-所得税

企业税后利润的分配不仅关系到投资者投资目的的实现,也关系到企业的未来发展以及职工个人的切身利益。为此,企业应该按照国家有关法规、政策和制度的规定和投资者的决议对税后利润进行分配。企业税后利润分配应遵循的基本分配原则是:

1. 发展优先的原则

企业的税后利润分配应该有利于提高企业的发展能力,以增强企业的实力。因为只有企业不断地发展,各方面的利益才能得到实现。

2. 注重效率原则

市场经济存在优胜劣汰。效率的实质是最大限度地发挥企业的潜力,这就要求企业各项资源得到充分合理、有效的利用,进而增强企业在市场经济中的竞争能力,使企业在竞争中处于不败之地。

3. 制度约束原则

企业税后利润分配涉及到许多方面的经济利益,政策性很强。因此,应遵循相关的政策、制度,确定相应的分配方向、分配程序和分配金额,制定合法、合理和有效的分配政策。

4. 亏损弥补原则

根据税法规定,企业当年发生亏损,可以用下年度的税前会计利润弥补;如下一年度的税前会计利润不足以弥补的,可以在五年内逐年抵补。这是国家为了保障企业均衡发展,获得更大的经济效益而制定的一项重要措施。

(二)税后利润分配程序

建筑施工企业根据国家有关法规及相关原则,对企业实现的税后利润进行分配的程序是:

1. 弥补以前年度亏损(五年前)
2. 提取法定盈余公积金

按照税后利润扣除税后补亏后的余额的10%提取,当法定盈余公积金已达注册资本的50%时可以不再提取。

提取的法定盈余公积金=(税后利润－弥补以前年度亏损)×10%

3. 向投资者分配利润

企业向投资者分配利润,按照各方的出资比例进行分配。可供投资者分配的利润的计算公式:

可供投资者分配的利润=税后利润－提取的法定盈余公积金＋期初未分配利润

如果是股份制建筑企业,可供投资者分配的利润的分配顺序为:

(1) 应付优先股股利;
(2) 提取任意盈余公积金;
(3) 应付普通股股利;
(4) 转作资本(股本)的普通股股利。

4. 未分配利润

未分配利润是企业可留待以后年度进行分配的税后利润。其计算公式如下:

未分配利润=税后利润－弥补以前年度亏损－提取的法定盈余公积金－可供投资者分配的利润

(三) 税后利润分配的核算

1. 设置"利润分配"账户

该账户用于核算企业税后利润的分配(或亏损的弥补)及历年分配(亏损)后利润的结存数额。借方记入已分配的利润数额,贷方记入年末从"本年利润"账户转来的本年度实现的利润总额和弥补以前年度的亏损额。期末余额若在贷方,则表示企业的未分配利润;若在借方则表示企业未弥补亏损。

"利润分配"应按照有关明细项目设置明细分类账,进行明细分类核算。其明细项目有:

(1) 其他转入;
(2) 提取的法定盈余公积金;
(3) 提取的法定公益金;
(4) 提取储备基金;
(5) 提取企业发展基金;
(6) 提取职工奖励基金;
(7) 利润归还投资;
(8) 应付优先股股利;
(9) 提取任意盈余公积金;
(10) 应付普通股股利;
(11) 转作资本(股本)的普通股股利;
(12) 未分配利润。

2. 税后利润分配的核算

【例11-39】 大地建筑公司2007年年末的税后利润1 600 000元。应弥补上年亏损150 000元;按照国家有关政策计提相应基金,并按可供投资者分配的利润的80%向投资者分配。

(1) 弥补亏损的核算：

对企业发生的以前年度未弥补亏损，需要用税后利润弥补的，已记入"利润分配—未分配利润"账户的借方，不需要专门作弥补亏损的账务处理。

计算弥补亏损后的利润

1 600 000－150 000＝1 450 000 元

(2) 计提盈余公积金：

1 450 000×10％＝145 000 元

借：利润分配—提取的法定盈余公积金　　　　　145 000
　　贷：盈余公积金—公积金　　　　　　　　　　　　　145 000

(3) 向投资者分配利润：

(1 450 000－145 000)×80％＝1 044 000 元

借：利润分配—应付普通股股利　　　　　　　　1 044 000
　　贷：应付股利　　　　　　　　　　　　　　　　　　1 044 000

3. 税后利润的年终结转

(1) 结转"本年利润"账户余额：

借：本年利润　　　　　　　　　　　　　　　　1 600 000
　　贷：利润分配—未分配利润　　　　　　　　　　　　1 600 000

(2) 结转"利润分配"账户的各明细分类账：

借：利润分配—未分配利润　　　　　　　　　　1 189 000
　　贷：利润分配—提取法定盈余公积金　　　　　　　　145 000
　　　　利润分配—应付普通股股利　　　　　　　　　1 044 000

结转后，"利润分配—未分配利润"账户有贷方余额 261 000 元，是企业的 2007 年年末未分配利润，留待以后年度分配。

复 习 思 考 题

1. 收入的涵义及分类是什么？
2. 收入确认的条件是什么？
3. 建造合同的特点是什么？
4. 工程价款结算的方式有哪些？
5. 利润总额的涵义及组成内容是什么？
6. 营业外收支包括的内容是什么？
7. 什么是表结法和账结法？
8. 时间性差异和永久性差异定义是什么？
9. 税后利润分配的原则是什么？
10. 利润分配的程序如何？

习　题

[习题一] 收入的核算

一、工程价款结算核算的习题

（一）目的

掌握工程价款结算的核算方法和技能。

（二）资料

(1) 光大建筑公司按工程合同规定，填列"工程价款预支账单"向发包单位希望公司收取上半月的工程进度款 300 000 元，已收妥入账。

(2) 月末，光大建筑公司根据"本月已完工程月报表"，提出"工程价款结算账单"与发包单位希望公司办理本月已完工程结算，应收取本月已完工程价款 750 000 元，按规定扣还本月预收的工程进度款 300 000 元。

(3) 收到银行转来明珠公司支付工程价款 450 000 元的收账通知单。

(4) 光大建筑公司通过银行向分包公司拨付本月工程进度款 120 000 元。

(5) 公司与发包单位办妥预支工程进度款的手续，由发包单位向分包公司直接拨付水泥一批，价值 80 000 元，抵付工程进度款。

(6) 月末，公司根据分包公司提出的"工程价款结算账单"，经过审核后应付分包公司本月已完工程价款 410 000 元，同时应抵扣本月预收账款 200 000 元。

(7) 公司开出转账支票，向分包公司支付本月已完工程款 210 000 元。

（三）要求

根据上述经济业务编制记账凭证。

二、其他业务核算习题

（一）目的

掌握其他业务核算的基本方法和技能。

（二）资料

(1) 南方建筑公司的构件加工队出售一批预制空心板，开出的发票价为 52 000 元（内含 6% 的增值税），货物已发出，款项暂未收取。

(2) 企业将一台暂时不用的生产设备出租给外单位使用，根据租赁合同规定每月月末支付租金 3 000元。

(3) 企业材料仓库发出一批积压的材料，出售给外单位，销售价款为 20 000 元，收到对方承兑的、为期 60 天、票面利率为 6% 的商业承兑汇票一张。

(4) 月末，结转与本月实现的其他业务收入相关联的成本，其中：发出预制空心板的计划成本 44 000元，材料成本差异为 -2%；销售积压材料的计划成本为 14 200 元，材料成本差异 3%；租出设备每月计提的折旧为 1 640 元。

(5) 月末，按规定计算并结转本月实现的其他业务收入应交纳的营业税、城市维护建设税和教育费附加。

(6) 月末，结转"其他业务收入"、"其他业务支出"账户的余额。

（三）要求

(1) 根据上述经济业务编制记账凭证（登记会计分录）。

(2) 根据有关记账凭证登记"其他业务收入"、"其他业务成本"总分类账户及相关明细分类账，并结账。

［习题二］管理费用、财务费用核算

一、目的

掌握管理费用、财务费用核算的基本方法和技能。

二、资料

(1) 现金支付公司本部的办公费 100 元、办公家具的修理费 800 元。

(2) 本月工资分配中：公司管理部门人员工资 12 000 元，并按规定计提福利费。

(3) 本月全公司工资总额 125 000 元，分别按 2%、1.5% 的比率计提工会经费与职工教育经费。

(4) 现金付讫绿化费 500 元、诉讼费 250 元、审计费 300 元、咨询费 320 元以及聘请经济顾问费用 3 000 元。

(5) 应缴房产税 1 800 元、土地使用税 850 元、车船使用税 1 000 元。

(6) 通过银行转账支付离、退休人员生活费 22 000 元。

(7) 领用库存材料计划成本 5 000 元、材料成本差异率 2%，用于新工艺、新技术的试制。

(8) 银行转账支付董事会经费 4 000 元。

(9) 接待国外考察团，发生业务招待费 3 000 元，企业存款付讫。

(10) 本月计提坏账准备金 10 000 元、计提存货跌价损失 1 500 元。

(11) 无形资产摊销费 400 元、公司固定资产折旧费 800 元、开办费摊销 1 000 元。

(12) 预提短期借款利息 150 元、长期借款利息 5 000 元。

(13) 结转外币存款发生的汇兑损失 1 000 元。

(14) 通过银行支付办理银行结算业务的手续费 600 元。

(15) 公司经理报销差旅费 2 100 元，退回余款 400 元。

(16) 月末，将"管理费用"、"财务费用"账户发生额转入"本年利润"账户，各期间费用账户无余额。

三、要求

(1) 分别设置"管理费用"、"财务费用"账户多栏式明细账。

(2) 根据上述经济业务编制记账凭证（或会计分录）。

(3) 根据记账凭证登记"管理费用"、"财务费用"明细账，并结账。

[习题三] 营业外收支的核算

一、目的

掌握企业的营业外收入、营业外支出核算的基本方法和技能。

二、资料

(1) 新兴建筑公司批复结转账外塔吊的净值 35 000 元。

(2) 新兴建筑公司根据合同规定收到客户交来的由于其延期交货而支付的罚款 5 200 元，现金收讫。

(3) 新兴建筑公司批复转销库存钢材的非常损失 20 000 元。

(4) 新兴建筑公司通过银行转账向贫困地区捐款 100 000 元。

(5) 结转报废加工机械的净损失 5 000 元。

(6) 结转公司出售的不需用生产设备的净收益 12 000 元。

(7) 结转公司出售无形资产的净收益 22 000 元。

(8) 年末，公司计提固定资产减值准备 40 000 元、无形资产减值准备 22 000 元、专项工程减值准备 10 000 元。

(9) 年末，将"营业外收入"账户的发生额转入"本年利润"账户。

(10) 年末，将"营业外支出"账户的发生额转入"本年利润"账户。

三、要求

1. 根据上述经济业务编制记账凭证（登记会计分录）。

2. 根据有关记账凭证登记"营业外收入"、"营业外支出"总分类账户及相关明细分类账，并结账。

[习题四] 利润总额形成、所得税及利润分配的核算

一、目的

掌握企业利润形成、所得税及利润分配核算的基本方法和技能。

二、资料

1. 基本资料

东方建筑公司1~11月、12月的有关损益类账户资料如表11-8所示。

损益类账户发生额资料表　　　　　　　　　　　　　表11-8

单位：元

账户名称	1~11月发生额		12月发生额	
	借方金额	贷方金额	借方金额	贷方金额
主营业务收入		20 000 000		1 500 000
其他业务收入		500 000		50 000
投资收益		100 000		20 000
营业外收入		35 000		21 500
主营业务成本	16 500 000		1 250 000	
营业税金及附加	(　　)		(　　)	
其他业务成本	400 000		45 000	
管理费用	800 600		120 400	
财务费用	60 400		5 600	
营业外支出	31 000		2 050	
资产减值损失	15 000		20 000	
公允价值变动损益	13 000		4 000	
所得税费	(　　)		(　　)	
利润分配	年初贷方余额：200 000元			

2. 纳税调整说明

(1) 1~11月的投资收益中有30 000元为对方已按15%交纳了所得税后的收益。

(2) 12月份的计税工资为220 000元，实际工资为260 000元。

(3) 东方建筑公司所得税税率为25%。

3. 本年利润分配方案

(1) 按净利润的10%提取法定盈余公积金；

(2) 留400 000元作为公司本年度未分配利润，留待以后使用。

(3) 其余用作投资者的现金股利的分配。

三、要求

(一) 计算表11-8的括弧内数据

(二) 完成1~11月份利润总额形成、所得税费的核算

(1) 开设"本年利润"、"所得税费"账户。

(2) 结转1~11月各损益类账户发生额。

(3) 计算1~11月份的应交纳的所得税，并进行所得税账务处理。

(4) 根据有关记账凭证登记"本年利润"、"所得税费"总分类账户。

(三) 完成12月份利润形成、所得税的核算

(1) 结转12月份各损益类账户发生额。

(2) 计算12月份应交纳的所得税，并进行所得税账务处理。

(3) 根据有关记账凭证登记上述开设的"本年利润"账户；同时登记"所得税费"总分类账户并结账。

(四) 完成全年的利润分配核算

(1) 开设"利润分配"总分类账以及明细分类账，并登记年初余额。

(2) 利润分配的核算。

（3）结转"本年利润"账户余额。

（4）根据上述有关记账凭证登记"本年利润"并结账；同时，登记"利润分配"总分类账以及明细分类账。

（5）结转"利润分配"账户的明细账，并结账。

（五）采用方法（选用）

（1）表结法

（2）账结法

第二篇 成 本 会 计

第十二章 机械作业成本、辅助生产成本核算

本章学习目的：认识建筑施工企业的预提和待摊费用、辅助生产成本、机械作业成本的核算内容，掌握预提和待摊费用、机械作业成本的核算方法。

第一节 预提与待摊费用的核算

一、预提费用核算

（一）预提费用核算内容

企业在日常经营活动中会发生大量的费用，有些费用在本期发生，却在本期以后才付款，根据权责发生制原则，会计上将这些应由本期负担、但尚未支付的费用计提入账，这种费用称作"预提费用"。如有：预提固定资产大修理费用，预提收尾工程费用，预提租金，预提借款利息等。

（二）预提费用的核算

1. 增设"预提费用"账户

为了核算企业按照规定从成本费用中预先提取但尚未支付的费用，应增设"预提费用"账户进行核算。该账户的贷方记录按照规定预先计入成本费用的各项支出，借方记录预提费用的实际支付，如果实际发生的支出大于已经预提的数额，则将超过部分视同待摊费用将之分摊计入成本费用。该账户期末贷方余额反映企业已预提但尚未支付的各项费用；期末如为借方余额，反映期实际支出大于预提数的差额，即尚未摊销的费用。

"预提费用"账户按照费用种类设置明细账，进行明细核算。明细分类账的格式可以是三栏式，也可以是多栏式。"预提费用"明细分类账的多栏式格式见表12-1所示。

预提费用明细账　　　　　　表12-1

年		凭证编号	摘要	借方	贷方	余额	费用项目			
月	日						预提租金	预提借款利息	预提固定资产大修理费	预提收尾工程款

2. 举例说明核算方法

（1）预提收尾工程费用的核算

预提收尾工程费用是指工程已经完全具备了使用和投产条件，但由于材料或设备短期

内不能解决等客观原因，影响收尾工程的进行，而预提计入工程成本的收尾工程费用。为了严格掌握并正确组织该项业务核算，预提时需要具备以下四个条件：

①经建设单位同意并已办理竣工结算。

②由施工企业提出收尾工程清单，列明项目名称，并附计算依据。

③预提的数额不得超过收尾工程的预算成本。

④经主管部门审查和财政部门批准。

【例 12-1】 承包的 B 号工程已基本完成，具备了投入使用的条件。但有一些设备未到，影响收尾工程进行，经建设单位同意，有关部门批准按 65 000 元预提收尾工程款。两个月后，设备到货进行安装，发生人工费 24 000 元，材料费 32 000 元，用现金支付其余款项 9 000 元。

1/2 预提收尾工程费用时：

借：工程施工—B 号工程	65 000
贷：预提费用—预提收尾工程费用	65 000

2/2 实际发生费用时：

借：预提费用—收尾工程费用	65 000
贷：应付职工薪酬	24 000
原材料	32 000
库存现金	9 000

如果尾款有多，则：

借：预提费用—收尾工程费用	
贷：工程施工—B 号工程	

如果尾款不足，则：

借：工程施工—B 号工程	
贷：有关费用账户	

（2）预提固定资产大修理费用的核算

【例 12-2】 企业计划今年年底对公司行政管理部门的固定资产进行大修理，从 1 月份起每月应预提固定资产大修理费 4 000 元。年底，发生大修理费 48 500 元（人工费 16 000 元、材料费计划成本为 25 000 元，成本差异率 -2%，其他由现金支付的费用 8 000 元）。

1/4 每月预提大修理费用时：

借：管理费用	4 000
贷：预提费用—预提固定资产大修理费	4 000

2/4 实际发生大修理费用时：

借：在建工程—固定资产大修理工程	48 500
贷：原材料	25 000
材料成本差异	-500
应付职工薪酬	16 000
库存现金	8 000

3/4 结转完工成本时：

借：预提费用	48 000

         贷：在建工程—固定资产大修理工程　　　　　　48 000
4/4 结转超额费用时：
　　借：管理费用　　　　　　　　　　　　　　　　　500
　　　　贷：在建工程—固定资产大修理工程　　　　　　　500
(3) 其他预提费用的核算

【例 12-3】 A 号工程施工需要，租用了市机械设备租赁公司的施工机械，根据租用合同及施工记录，本月工程应预提租金 500 元。
　　借：工程施工—A 号工程　　　　　　　　　　　　500
　　　　贷：预提费用—预提租金　　　　　　　　　　　　500

【例 12-4】 通过银行转账支付租金 5 000 元时
　　借：预提费用—预提租金　　　　　　　　　　　　5 000
　　　　贷：银行存款　　　　　　　　　　　　　　　　　5 000

二、待摊费用核算

(一) 待摊费用核算内容

待摊费用是指企业已经支付，但应由本期和以后各期分摊的，摊销期在一年以内的各项费用。由于这些费用的受益期比较长，所以不能一次全部计入当期的成本、费用，而应按照费用的受益期限分期进行摊销计入各期的成本、费用中。

待摊费用的摊销期限最长为一年。摊销期限需要超过一年的费用，应该作为长期待摊费用核算。受益期限虽然超过一个月，如果费用不大，例如预付零星报刊订阅费，为了简化核算工作，也可以不作为待摊费用处理，而直接计入支付月份的成本、费用。具体内容有：

(1) 一次发生数额较大，受益期较长的大型施工机械的安装、拆卸及辅助设施费。
(2) 一次发生数额较大，受益期较长的施工机械的进出场费。
(3) 一次发生数额较大，受益期较长的矿石开采剥土费。
(4) 一次发生数额较大的劳动力招募费、职工探亲路费、探亲期间的工资。
(5) 一次发生数额较大的财产保险费、排污费、技术转让费。
(6) 一次领用大量低值易耗品的摊销。
(7) 在施工生产经营活动中，支付数额较大的契约、合同、公证费、签证费、科学技术和科学经营管理咨询费。
(8) 预付报刊订阅费。
(9) 其他费用。

(二) 待摊费用的核算

1. 增设"待摊费用"账户

为了核算企业待摊费用的发生情况，应增设"待摊费用"账户进行核算。该账户的借方记录各项费用的支付，贷方记录按受益期限平均分摊到各受益对象的费用；该账户期末借方余额反映企业已支出但尚未摊销的费用。

"待摊费用"账户按照费用种类设置明细账，进行明细核算。明细分类账的格式可以是三栏式，也可以是多栏式。"待摊费用"明细分类账的多栏式格式见表 12-2 所示。

待摊费用明细账　　　　　　　　　　　　　　　　　　　表 12-2

年		凭证编号	摘要	借方	贷方	余额	费用项目			
月	日									

2. 举例说明核算方法

【例 12-5】 公司通过银行预付第四季度的财产保险费 12 000 元（其中：施工现场的财产保险费 57 000 元、行政管理部门财产保险费 63 000 元）。

　　借：待摊费用—财产保险费　　　　　　　　　　　　12 000
　　　　贷：银行存款　　　　　　　　　　　　　　　　　　12 000

【例 12-6】 分月摊销上述财产保险费
　　借：工程施工—间接费用　　　　　　　　　　　　　1 900
　　　　管理费用—财产保险费　　　　　　　　　　　　2 100
　　　　贷：待摊费用—财产保险费　　　　　　　　　　　　4 000

第二节　辅助生产成本核算

一、辅助生产成本的核算内容

（一）辅助生产成本的概念

建筑施工企业的辅助生产是指为基本生产服务而进行的产品生产和劳务供应的非独立核算的生产部门。其中，有的只生产一种产品或提供一种劳务，如供水、运输；有的则有多项服务内容，如设备维修、铁件加工、模具制作等。

建筑施工企业的辅助生产部门是指为工程施工、产品生产、机械作业、专项工程等生产材料提供劳务等直接或间接服务的企业的非独立核算的生产单位，如：从事工程所需的材料、构件的现场制作的砖瓦厂、石灰窑、混凝土构件加工队、铁木件的加工和设备维修车间等部门，提供水电汽供应的供水站、供电站、蒸汽站等部门，提供运输作业的运输队，进行施工机械的安装、拆卸和辅助实施的搭建工程等部门。辅助生产成本是指企业的非独立核算的生产单位在为工程施工、产品生产、机械作业、专项工程等提供服务时所发生的各项费用。

如果上述生产单位是实现内部独立核算的，则不属于建筑施工企业的辅助生产，应该属于建筑施工企业的附属企业，其发生的生产费用分别是构成企业的机械作业成本、工业生产成本。

（二）辅助生产成本的核算对象和成本项目

辅助生产成本的核算对象，一般可以按生产的材料、提供劳务的类别来确定。辅助生产成本核算的成本项目一般分为：人工费、材料费、机械使用费、其他直接费和间接费用。

1. 人工费

指直接从事生产材料、构件和提供劳务服务的生产工人的工资和福利费。

2. 材料费

指生产材料、构件和提供劳务服务过程中实际耗用的原材料、辅助材料等。

3. 机械使用费

指企业辅助生产部门的固定资产的折旧费、大小修理费，以及外购燃料和动力费。

4. 其他直接费

企业辅助生产单位的低值易耗品摊销费、废品损失费、次品修复费等。

5. 间接费用

指辅助生产单位直接为组织和管理生产而发生的所有支出。

上述成本项目中，人工费、材料费、机械使用费以及其他直接费等四项内容构成辅助生产成本的直接成本，间接费用构成辅助生产成本的间接成本。

企业的辅助生产只承担为组织和管理辅助生产发生的间接费用，对于施工单位发生的间接费用，一般可不分配，全部由工程成本负担，以简化核算手续。如果当企业的辅助生产对外销售及对专项工程、内部独立核算单位提供服务时，则应该分摊施工单位的间接费用，以全面考核辅助生产成本。

二、辅助生产成本的核算

（一）设置"辅助生产"账户

为了建筑施工企业非独立核算辅助生产单位为工程施工、产品生产、机械作业、专项工程等生产材料、提供劳务服务所发生的各项费用，应设置"辅助生产"账户。该账户的借方记录发生的各项辅助生产费用，贷方记录月终按受益对象分配的辅助生产费用，期末借方余额反映辅助生产单位的产品实际成本。

"辅助生产"账户应按车间、部门和成本核算对象设置明细账，明细账中按成本项目设立专栏，进行明细核算。

"辅助生产明细账"格式如表 12-3 所示。

辅助生产明细账　　　　　　　　　　　　　　　表 12-3

单位：　　　　　　　　　　　　　　　　　产品或劳务数量：
成本核算对象：　　　　　　　　　　　　　　计量单位：

年		凭证号数	摘要	成本项目					合计
月	日			人工费	材料费	机械使用费	其他直接费	间接费用	

（二）辅助生产费用的核算

1. 归集发生的辅助生产费用

辅助生产单位发生的各项费用，能够分清成本核算对象和成本项目的则直接计入辅助生产的相关明细账和成本项目，不能分清成本核算对象和成本项目的，则按一定的分配方法，分配计入辅助生产相关的明细账及成本项目。

【例 12-7】 本月辅助生产部门的混凝土加工队发生的生产费用及提供的产品情况见表 12-4 所示。

辅助生产明细账 表12-4

单位：混凝土加工队 产品或劳务数量：100
成本核算对象：120mm厚预制空心板 计量单位：m³

2002年		凭证号数	摘要	成本项目					合计
月	日			人工费	材料费	机械使用费	其他直接费	间接费用	
11	5		领用材料		34 500				34 500
	15		工资及福利费	5 000					5 000
	20		周转材料租赁		550				550
	25		燃料、动力费			2 250			2 250
	28		工具摊销费等				550		550
	29		材料成本差异		−550				−550
	30		折旧			2 750			2 750
	30		分配间接费用					1 850	1 850
	30		本月合计	5 000	34 500	5 000	550	1 850	46 900
	30		结转本月成本						

2. 辅助生产成本的分配方法

对于辅助生产单位归集的生产费用，月末按受益对象进行分配的方法有：

（1）直接分配法。直接分配法是在不考虑各个辅助生产之间相互提供产品或劳务的前提下，将实际发生的辅助生产费用，直接在辅助生产单位之外的各个受益对象进行分配的方法。其分配顺序是：

①按实际发生的辅助生产费用和生产的产量或劳务，计算实际单位成本；然后按受益对象耗用量进行分配。计算公式如下：

$$辅助生产产品或劳务的单位成本 = \frac{该辅助生产实际费用}{提供产品或劳务量合计 - 其他辅助生产单位耗用量}$$

某受益对象分配费用＝该受益对象耗用量×辅助生产产品或劳务的单位成本

②根据例题资料：如果本月产品全部完工，计划成本50000元，其中：45m³用于工程施工，其余已经验收入库。

计算：实际单位成本＝46 900/100＝469元/m³

③账务处理如下：

1/3 工程领用：

借：工程施工—材料费　　　　　　　　　　　　　22 500
　　贷：辅助生产—混凝土加工队—预制空心板　　　21 105
　　　　材料成本差异　　　　　　　　　　　　　　1 395

2/3 验收入库：

借：原材料—结构件　　　　　　　　　　　　　　27 500
　　贷：辅助生产—混凝土加工队—预制空心板　　　25 795
　　　　材料成本差异　　　　　　　　　　　　　　1 705

3/3 月末工程领用构件分配成本差异，成本差异率为−2.5%：

借：工程施工—材料费　　　　　　　　　　　　　　－562.50
　　贷：材料成本差异　　　　　　　　　　　　　　　－562.50

直接分配方法简单。然而由于未在辅助生产各受益对象之间进行费用的分配，使得计算产品或劳务量的实际单位成本不够准确，进而影响到各受益对象分配费用的合理性。直接分配法，一般适用于各辅助生产单位之间互相提供劳务、产品不多，相互分配费用悬殊不大的企业。

（2）交互分配法。交互分配法是在分配辅助生产费用时，考虑在辅助生产单位之间相互提供产品、劳务，而将其费用先在各辅助生产单位内部进行交叉分配，然后再将费用分配到辅助生产单位以外的各受益对象中去的一种分配方法。计算步骤是：

①各辅助生产单位之间分配相互提供服务的费用。

【例 12-8】 供水车间本月直接发生的费用 61 200 元，供电车间本月直接发生的费用为 7 200 元；供水车间提供供水 100 000m^3，其中供给供电车间 20 000m^3；供电车间本月提供供电量 40 000kWh，其中提供给供水车间 8 000kWh；其余的水电都是供给施工生产部门和企业管理部门的。

计算：

供水车间每立方米水的成本 $=\dfrac{61\ 200}{100\ 000}=0.612$ 元/m^3

供电车间应分配的水费 $=20\ 000\times 0.612=12\ 240$ 元

供电车间每度电的成本 $=7\ 200/40\ 000=0.18$ 元

供水车间应分配的电费 $=8\ 000\times 0.18=1\ 440$ 元

②需要分配给辅助生产单位以外的各受益对象的费用计算如下：

供水车间的费用 $=61\ 200-12\ 240+1\ 440=50\ 400$ 元

供电车间的费用 $=7\ 200+12\ 240-1\ 440=18\ 000$ 元

（3）代数分配法。代数分配法是在各辅助生产单位之间相互提供产品、劳务的情况下，利用代数联立方程式将辅助生产费用分配给各受益对象的一种方法。

【例 12-9】 就［例 12-8］资料说明代数分配法计算方法如下：

设 x 为每立方米水的成本，y 为每度电的成本。

则：$100\ 000x=61\ 200+8\ 000y$

　　$40\ 000y=7\ 200+20\ 000x$

解联立方程式得出：

$x\approx 0.65$ 元/m^3，$y\approx 0.51$ 元/kWh。

那么：

①供水车间分配后的生产费用。

供水车间本月应负担的费用 $=61\ 200+8\ 000\times 0.51-20\ 000\times 0.65=52\ 280$ 元

②供电车间分配后的生产费用。

供电车间本月应负担的费用 $=7\ 200+20\ 000\times 0.65-8\ 000\times 0.51=16\ 120$ 元

③月末，结转辅助生产成本。

【例 12-10】 就［例 12-9］资料，账务处理如下所示：

（1）辅助生产内部成本结转。

①分配水费。
借：辅助生产—供电车间—其他直接费　　　　　　　　　13 000
　　贷：辅助生产—供水车间　　　　　　　　　　　　　　　　　13 000
②分配电费。
借：辅助生产—供水车间—机械使用费　　　　　　　　　 4 080
　　贷：辅助生产—供电车间　　　　　　　　　　　　　　　　　 4 080
（2）辅助生产外部成本的结转。
辅助生产部门向工程施工、管理部门等方面提供服务，其成本结转的账务处理形式为：
借：工程施工（管理费用、在建工程等）　　　　　　　　68 400
　　贷：辅助生产—供水车间　　　　　　　　　　　　　　　　　52 280
　　　　辅助生产—供电车间　　　　　　　　　　　　　　　　　16 120

第三节　机械作业成本核算

一、机械作业成本的核算内容

（一）机械作业成本的概念

建筑施工企业的机械作业是指企业及内部独立核算的施工单位、机械站和运输队，使用自有施工机械和运输设备进行的机械施工和运输作业。机械作业成本是企业及其内部独立核算的施工单位、机械站和运输队，使用自有施工机械和运输设备进行机械作业所发生的各项耗费。

（二）机械作业成本的核算对象和成本项目

企业内部独立核算的施工单位、机械站和运输队，使用自有施工机械或运输设备进行的机械作业所发生的各项耗费，应按照成本核算对象和成本项目归集。

1. 机械作业成本的核算对象

机械作业成本对象一般应以施工机械或运输设备的种类确定，如：大型机械设备以单机或机组；小型机械设备可以类别。

2. 机械作业成本的成本项目

机械施工和运输作业的成本项目一般分为：人工费、燃料及动力费、折旧及修理费、其他直接费、间接费用。

（1）人工费。指机上操作人员的工资及职工福利费。

（2）燃料及动力费。指施工机械或运输设备耗用的燃料、动力所发生的费用。

（3）折旧及修理费。指施工机械或运输设备计提的折旧费、大修理费用摊销和发生的经常性修理费，以及机械、设备上使用的部件、备件的更换摊销费与修理费等，如：传动皮带、轮胎、变压器、电缆等。

（4）其他直接费。包括施工机械、运输设备耗用的润滑材料、擦拭材料的费用、运输装卸费（机械运到施工现场、远离施工现场和在施工现场范围内转移的运输、安装、拆卸及试车等费用）、辅助实施费（为使用机械、设备而建造、铺设的基础、底座、工作台、行走轨道等费用）、养路费、牌照税等。

如果有些费用一次性发生数额较大，可以先列作待摊费用，以后逐月摊销。

（5）间接费用。指机械作业单位为组织机械施工、运输作业和管理机械设备所发生的各项费用（如养路费、修理期间的停工费、停机棚的折旧维修费、事故净损失、运输人员途中住宿等费用）。

上述成本项目中，人工费、燃料及动力费、折旧与修理费以及其他直接费等四项内容构成机械作业成本的直接成本，间接费用构成机械作业成本的间接成本。如果上述机械设备直接归土建单位使用并负责管理，承担承包工程中的机械作业任务，在进行机械作业成本核算时，一般只核算组织和管理机械作业所发生的间接费用，为简化核算手续，对施工单位发生的间接费用可不作分配。如果是通过租赁的方式承担的机械作业任务，则应该分配部分施工单位发生的间接费用，以全面考核机械作业成本。

企业及其内部独立核算的施工单位，从外单位或本企业其他内部独立核算的机械站租入的施工机械，按照规定所支付的机械租赁费，应直接计入有关受益对象的"机械使用费"成本项目中。

二、机械作业成本的核算

（一）设置会计账户

1. 设置"机械作业"账户

为了核算企业及其内部独立核算的施工单位、机械站和运输队，使用自有施工机械和运输设备进行机械作业所发生的各项耗费，应设置"机械作业"账户，以归集和计算机械作业中所发生的各项耗费和成本。该账户的借方记录发生的各项机械作业的费用，贷方反映将发生的机械作业成本按照受益对象进行的结转，本账户月末无余额。

"机械作业"账户，分设"机械作业—承包工程"、"机械作业—机械出租"和"机械作业—间接费用"三个明细账，明细账中按成本项目或费用设立专栏，进行明细核算。

其中：

①"机械作业—承包工程"明细账，核算企业及其内部独立核算的施工单位、机械站和运输队，为本单位承包工程进行的机械作业的成本，在月末将发生的成本应分配转入"工程施工"账户。

②"机械作业—机械出租"明细账，核算通过租赁方式承担的机械作业成本以及为企业承担专项工程的机械作业成本，在月末将发生的成本应分配转入"劳务成本"、"在建工程"账户。

③发生的各项作业间接费用，发生时可先在"机械作业—间接费用"账户及相关费用项目反映，月末再按一定方法分配计入各成本受益对象的"间接费用"项目。

机械作业明细账登记方法见表12-5所示。

2. 设置"劳务成本"账户

为了核算建筑施工企业对外提供劳务发生的成本，需要设置"劳务成本"账户，进行核算。该账户借方记入企业对外单位、专项工程等提供机械作业（包括运输设备）的各项劳务成本；贷方记入结转劳务的成本；本账户期末借方余额，反映企业尚未完成或尚未结转的劳务成本。

机械作业明细账　　　　　　　　　　　　　　　表 12-5

明细账户：机械出租　　　　　　　　　　　　　　　　　　　　　　　　核算对象：挖土机

2002年		凭证号数	摘要	成本项目					合计
月	日			人工费	燃料及动力费	折旧及修理费	其他直接费	间接费用	
11	5		领用燃料		1 200				1 200
	10		领擦拭材料				1 000		1 000
	15		维修用料					300	300
	20		应付工资	5 130				2 964	8 094
	29		计提折旧			2 800		1 300	4 100
	29		分配待摊费用				500		500
	29		应付动力费		1 050				1 050
	29		成本差异		−18		−15	−4.50	−37.50
	30		本月合计	5 130	2 232	2 800	1 485	4 559.50	16 206.50
	30		本月结转	−5 130	−2 232	−2 800	−1 485	−4 559.50	−16 206.50

注：本例题中，机械作业只有单一的一项机械租赁业务，因此，只设一个成本核算对象，间接费用便直接在该明细账中反映。

企业可按提供劳务种类设置明细账，进行明细核算。

（二）机械作业成本的核算

1. 归集发生的机械作业费用

机械作业发生的各项费用，能够分清成本核算对象和成本项目的则直接计入机械作业账户及相关明细账，不能分清成本核算对象和成本项目的，则按一定的分配方法，分配计入机械作业账户及相关明细账。

【例 12-11】 力量建筑公司的机械站根据租赁合同承担了一项机械施工的任务，本月为此发生以下费用：

（1）应付机上操作人员的工资 4 500 元及福利费 630 元，机械设备管理人员的工资 2 600 元及福利费 364 元；

（2）机上领用燃料计划成本 1 200 元，擦拭材料计划成本 1 000 元，停机棚修理用料计划成本 300 元，本月材料成本差异率为 −1.5%；

（3）应分配大型机械待摊费用 500 元；

（4）机械折旧费 2 800 元和停机棚的折旧与修理费 1 300 元；

（5）应付动力费 1 050 元。

账务处理如下：

借：机械作业—人工费　　　　　　　　　　　　　　5 130
　　机械作业—燃料及动力费　　　　　　　　　　　2 232
　　机械作业—折旧与修理费　　　　　　　　　　　2 800
　　机械作业—其他直接费　　　　　　　　　　　　1 485
　　机械作业—间接费用　　　　　　　　　　　　　4 559.50
　　贷：应付职工薪酬　　　　　　　　　　　　　　8 094
　　　　原材料　　　　　　　　　　　　　　　　　2 500

累计折旧	4 100
待摊费用	500
应付账款	1 050
材料成本差异	−37.50

2. 月末，机械作业成本的结转

【例 12-12】 月末，结转本月发生的各项费用。

1/2 借：劳务成本—机械出租　　　　　　　　　　16 206.50
　　　贷：机械作业—机械出租　　　　　　　　　　16 206.50

2/2 结转本月发生的劳务成本：
　　借：其他业务成本　　　　　　　　　　　　　　16 206.50
　　　贷：劳务成本—机械出租　　　　　　　　　　16 206.50

（三）机械作业成本的分配方法

在机械作业过程中发生的各项成本费用，期末应转入受益对象，以便能够正确反映和考核受益对象的成本。如果有两个以上的受益对象，则要按照一定的方法进行费用的分配。机械作业成本的分配方法一般有使用台班分配法、完成产量分配法和工料成本分配法。

1. 使用台班分配法

使用台班分配法是根据某种机械、设备每台班实际成本与各受益对象使用该种机械的台班数量，计算该种机械应负担的费用的一种机械作业成本的分配方法。公式如下：

某种机械台班实际成本＝该种机械作业成本合计/该种机械作业台班数

某受益对象应分配某种机械作业成本＝该受益对象使用该种机械作业台班数×该种机械实际台班成本

利用［例 12-11］和［例 12-12］的资料：如果挖土机本月使用的台班总数为 20，其中，A 号工程 12 个台班，B 号工程 8 个台班。则：

挖土机台班实际成本＝16 206.50/20＝810.33 元

A 号工程应分配挖土机作业成本＝12×810.33＝9 723.90 元

B 号工程＝16 206.50−9 723.90＝6 482.60 元

这种分配方法适用于单机或机组为成本核算对象。

2. 完成产量分配法

使用完成产量分配法是根据某种机械、设备单位产量实际成本与各受益对象使用该种机械完成的产量，计算该种机械应负担的费用的一种机械作业成本的分配方法。公式如下：

某种机械单位产量实际成本＝该种机械作业成本合计/该种机械实际完成产量

某受益对象应分配某种机械作业成本＝该受益对象使用该种机械完成的产量×该种机械单位产量实际成本

如果挖土机本月完成挖土方 4 000m³，其中，A 号工程 2 400m³，B 号工程 1 600m³。则：

挖土机单位产量实际成本＝16 206.50/4 000＝4.05 元

A 号工程应分配挖土机作业成本＝2 400×4.05＝9 720 元

B 号工程＝16 206.50−9 720＝6 486.50 元

这种方法适用于单机或机组为成本核算对象的成本分配,如:大型挖土机、搅拌机等。

3. 工料成本分配法

使用工料成本分配法是以使用机械、设备的受益对象的人工费、材料费为分配标准,计算和分配该受益对象应负担的该种机械的费用的一种机械作业成本的分配方法。公式如下:

$$某类机械作业成本分配率 = \frac{该种机械作业成本合计}{使用该类机械的各受益对象的工料成本之和}$$

某受益对象应分配某种机械作业成本 = 该受益对象工料成本 × 该类机械作业成本分配率

这种方法适用于以机械类别为成本核算对象的成本分配,使用比较频繁,如:打夯机、机动翻斗车等。

复 习 思 考 题

1. 预提和待摊费用的特点及核算内容是什么?
2. 建筑施工企业辅助生产的作用及成本构成内容是什么?
3. 建筑施工企业机械作业的内容及成本项目的构成有哪些?
4. 预提和待摊费用、辅助生产及机械作业成本的核算方法有哪些?

习 题

[习题一] 预提和待摊费用的核算

一、目的

熟悉和掌握预提及待摊费用核算的基本方法和技能。

二、资料

(1) 岭南施工单位承包的1号工程已基本完成,具备了投入使用的条件。但有一些设备未到,影响收尾工程进行,经建设单位同意,有关部门批准按85 000元预提收尾工程尾款。一个月后,设备到货进行安装,发生人工费32 000元,材料费48 000元,用现金支付其余款项6 000元。

(2) 公司计划今年年底对施工现场管理部门的固定资产进行大修理,从5月份起每月应预提固定资产大修理费4 000元。年底,发生大修理费31 140元(人工费12 000元、材料费计划成本为18 000元,成本差异率-2%,其他由现金支付的费用1 500元)。

(3) 2号工程施工需要,租用了市机械设备租赁公司的施工机械,根据租用合同及施工记录,本月工程应预提租金1 000元。

(4) 预提本月应负担的银行借款利息1 650元。本季末,通过银行转账支付银行借款利息。

(5) 本月公司通过银行预付下年度的财产保险费36 000元。

(6) 本月分摊财产保险费3 000元,其中:施工现场1 350元,公司管理部门1 650元。

(7) 本月通过银行支付订阅下年度报刊杂志9 600元。

(8) 根据技术转让合同的规定,本月公司通过银行转账支付一项技术转让费56 000元,分10个月摊销。

三、要求

(1) 根据上述经济业务编制记账凭证(或登记会计分录表)。

(2) 根据有关记账凭证登记"预提费用"、"待摊费用"总分类账户及相关明细分类账,并结账。

[习题二] 辅助生产成本核算

一、目的

熟悉和掌握辅助生产成本核算的基本方法和技能。

二、资料

施工现场的构件队与运输队为施工现场提供构件制作和材料物资的运输服务。本月发生以下相关费用：

（1）应付辅助生产工人的工资 8 000 元并按 14% 的福利费，其中：构件队占 65%，运输队占 35% 的比例。

（2）辅助生产管理人员的工资 2 000 元及福利费 280 元。

（3）领用燃料计划成本 55 200 元，擦拭材料计划成本 3 200 元，其中：构件队占 75%，运输队占 25%；停机棚修理用料计划成本 780 元；本月材料成本差异率为 −1.5%。

（4）构件队使用的周转材料的摊销费 800 元。

（5）本月应负担的领用工具的待摊费用 1 600 元，其中：构件队 850 元，运输队 750 元。

（6）本月计提生产及运输设备折旧费 6 450 元，其中：构件队占 55%，运输队占 45%；停机棚计提折旧费 3 000 元。

（7）本月用银行存款支付生产设备修理费 1 200 元、停机棚修理费 1 160 元。

（8）应付燃料及动力费 3 520 元，其中：构件队 35%，运输队 65%。

（9）办公费 100 元、差旅费 150 元、咨询费 60 元，均由现金支付。

（10）月末，间接费用按实际直接成本为分配标准，分配计入构件队和运输队成本中。

（11）月末，按施工记录统计运输队工作 24 个台班，其中：工程施工用 20 台班，构件队 4 个台班，用交互分配法分配运输队的运输成本。

（12）构件队本月预制构件 400 m³，全部完工，单位计划成本 150 元/m³。其中：300 m³ 由工程直接使用，100 m³ 已验收入库，结转本月构件队完工产品成本。

三、要求

（1）根据上述经济业务编制记账凭证（或登记会计分录表）。

（2）根据有关记账凭证登记"辅助生产"总分类账户及相关明细分类账，并结账。

[习题三] 机械作业成本核算

一、目的

熟悉和掌握机械作业成本核算的基本方法和技能。

二、资料

公司机械站根据与内部独立核算单位签定的机械租赁合同，将一施工机械出租给使用单位并按月收取租金。同时，本月发生以下相关费用：

（1）应付机上操作人员的工资 9 000 元及福利费 1 260 元，机械设备管理人员的工资 5 200 元及福利费 728 元。

（2）机上领用燃料计划成本 2 400 元，擦拭材料计划成本 2 000 元，停机棚修理用料计划成本 600 元，本月材料成本差异率为 −1.5%。

（3）应分配大型机械待摊费用 1 000 元。

（4）计提本月折旧费：机械设备 5 600 元，停机棚 1 500 元；预提停机棚修理费 1 100 元。

（5）应付本月动力费 2 200 元。

（6）月末，按施工记录统计发生 25 个工作台班，计算台班的实际单位成本，结转本月发生的各项费用。

（7）结转本月发生的机械出租劳务成本。

三、要求

（1）根据上述经济业务编制记账凭证（或登记会计分录表）。

（2）根据有关记账凭证登记"机械作业"总分类账户及相关明细分类账，并结账。

第十三章 工程成本核算

本章学习目标：认识工程成本核算的概念、内容和作用，懂得工程成本核算的程序、要求，掌握工程成本核算的基本方法。

第一节 工程成本核算概述

一、工程成本核算意义

（一）费用的概念及分类

1. 费用的概念

费用是指企业为销售商品、提供劳务等日常活动所发生的经济利益的流出。企业要从事生产经营活动，要取得收入，就必然会发生各种耗费、支出，即：企业的经济利益的流出。按照经济核算制的要求，企业的这些流出的经济利益是要通过一定期间的收入得到补偿的。企业的费用与收入相配比，即为企业经营活动中取得的盈利。

费用按照其与收入的关系，分为营业成本与期间费用两部分。营业成本按照与其主营业务收入和其他业务收入分为主营业务成本和其他业务成本。

2. 费用的分类

为了正确计算企业发生的各种费用，客观地考核和分析生产经营管理过程中各种耗费的情况，建筑施工企业的费用一般有以下的分类标准。

（1）按照费用的经济内容（费用要素）分类：

①外购材料。指企业为进行施工生产经营活动而耗用的一切从外部购入的原材料及主要材料、半成品、辅助材料、包装物、修理用备件和低值易耗品等。

②外购燃料。指企业为进行施工生产经营活动而耗用的一切由外部购入的各种燃料。

③外购动力。指企业为进行施工生产经营活动而耗用的一切由外部购入的各种动力。

④工资。指企业为进行施工生产经营活动而发生的职工工资。

⑤提取的福利费。指企业根据规定按照工资总额一定比例计提的应付福利费。

⑥折旧费。指企业按照规定方法计提的固定资产折旧费。

⑦修理费。指企业为修理固定资产而发生的修理费用。

⑧利息支出。指企业为借入施工生产经营资金而发生的利息支出（扣除利息收入）。

⑨税金。指企业发生的各种费用性税金，如房产税等。

⑩其他支出。指不属于以上各要素的费用支出，如邮电费、差旅费、租赁费、外部加工费、保险费等。

费用按经济内容分类，便于考核各种耗费中活劳动和物化劳动的情况，揭示企业发生了哪些费用开支，数额是多少，从而为企业计算分析增加值指标提供重要依据。缺点是不能反映各种耗费的用途和发生地点，不能确定费用的支出与形成产品之间的关系，不便于分析成本节超原因。

(2) 费用按经济用途的分类。费用按照经济用途分类，可以分为生产费用和期间费用。生产费用又可以分为人工费、材料费、机械使用费、其他直接费和间接费用等内容。将生产费用按经济内容进行的分类，称为成本项目。具体内容是：

①人工费。指企业从事建筑安装工程施工的人员工资、奖金、职工福利费、工资性津贴、劳动保护费等。

②材料费。指施工过程中耗用的工程实体的原材料、辅助材料、机械配件、零配件、半成品的费用和周转材料的摊销以及租赁费用，包括水费（预算定额中列入材料费的）。

③机械使用费。指施工过程中使用自有机械设备所发生的机械使用费和租用外单位机械设备的租赁费，以及施工机械安装、拆卸和进出场费。

④其他直接费。指施工过程中发生的材料二次搬运费、临时设施摊销费、生产工具用具使用费、检验实验费、工程定位复测费、工程点交费、场地清理费等。

⑤间接费用（现场经费）。指企业内部现场作业层为组织和管理工程施工所发生的全部支出。包括现场管理人员工资、奖金、职工福利费、行政管理用固定资产折旧费与修理费、物料消耗、低值易耗品摊销、取暖费、水电费、办公费、差旅交通费、财产保险费、检验实验费、季节性停工费或窝工损失等。

期间费用是企业行政管理部门为组织和管理生产经营活动而发生的管理费用、财务费用和营业费用（前已详述）。

费用按经济用途分类，可以划清生产费用和期间费用的界限，反映成本构成情况，便于考核成本节超。费用的经济内容按用途分类归集，是会计核算配比原则的要求，即当期的收入与当期为之发生的费用比较，反映了当期的经营损益。该种产品的收入与为生产该种产品发生的耗费比较，反映了该种产品的销售损益。

(3) 费用的其他分类方法：

①费用按照计入产品成本的方法分类。分为直接费用和间接费用。

②费用按照与产品产量的关系分类。分为变动费用和固定费用。

(二) 成本与工程成本概念

成本是指企业为生产产品、提供劳务而发生的各种耗费。这些耗费是在产品生产、提供劳务过程中发生的部分活劳动和物化劳动的货币表现，即按照马克思的成本价格理论，产品成本的经济内容由"C+V"组成的。

成本是相对于"主体"而言的，它必须明确是属于谁的耗费，因此，成本是对象化的费用或取得资源的代价。

建筑施工企业在施工生产过程中为进行工程施工所归集的各种耗费称为工程成本。

(三) 工程成本核算的作用

建筑施工企业的工程成本核算是企业成本管理的一个重要环节。作好成本核算工作，对于强化成本管理，降低成本和消耗，提高企业经济效益，提升企业竞争实力具有重要的意义。其作用有：

1. 成本是企业补偿生产耗费的尺度

企业在生产过程中的耗费，只有控制在社会平均成本中，才能得到补偿，才能有资金进行新的资金循环。

2. 成本可以综合反映企业的工作质量

成本是一项综合指标，是企业生产经营中各个环节的工作质量和效果的体现。如劳动生产效率低，则反映成本中人工费增加；原材料的价格与用量的控制效果则反映在成本中材料费的高低；固定资产的利用程度、工程质量的高低乃至施工现场的组织管理水平等，都与成本的节超有着千丝万缕的关系。

3. 成本是企业竞争的主要手段

企业的竞争主要是价格与质量的竞争，而价格的竞争主要是成本的竞争。只有低成本才能有低售价，有低售价才能在市场竞争中获得竞争优势，也才能使企业获得收益。

4. 成本能为企业经营决策提供重要依据

在现代企业管理中，成本越来越多的成为企业管理者进行投资决策、技术决策和经营决策的重要数据。

二、工程成本核算的一般程序

为了正确及时地组织建筑施工企业的成本核算工作，保证工程成本核算的客观性、合理性，充分发挥成本核算的作用，建筑施工企业应该遵循成本核算的一般程序组织工程成本的核算。

（一）正确确定成本核算对象

企业应当根据自身生产经营特点和管理需求，确定适合本企业的成本核算对象、成本项目和成本计算方法。

成本核算对象是依照一定的时间和空间而存在的成本核算实体，是生产费用归集和分配的对象，是生产费用的承担者。即是什么产品（成本核算实体）在什么方面（成本核算空间）、什么时间（成本核算期）发生的耗费。

建筑施工企业应该根据施工工程项目的特点、用途、结构、施工组织、工程价款结算办法等因素，确定成本核算对象。由于建筑施工企业或建筑承包商承接每一建设施工项目都必须签订建造合同（或施工合同），建造合同甲方——建设单位通常总是事先按合同编制工程预算，建造合同乙方——施工单位（或建筑承包商）也总是按合同规定的工程价款、结算方式、进度与甲方结算工程价款的，因此建造合同与工程成本核算对象有着密切的关系。根据企业会计制度的规定，工程成本核算对象确定的一般原则如下：

（1）以单项建造合同为施工成本计算对象。通常情况下，建筑施工企业应以所签订的单项建造合同为施工工程成本核算对象，即以每一独立编制的设计概（预）算或每一独立的施工图所列单项工程为成本核算对象。这样，既有利于分析工程概（预）算和施工合同的完成情况，也有利于准确核算施工合同的成本与损益。

（2）对合同分立确定施工成本核算对象。如果一项建造合同包括建造数项资产，并同时具备下列条件，可以将该项合同分解，每项资产应分立为单项建造合同处理：

①每项资产均有独立的建造计划，包括独立的施工图预算；

②建筑施工企业或建筑承包商与客户就每项资产单独进行谈判，双方能够接受或拒绝与每项资产有关的合同条款；

③建造每项资产的收入与成本能够单独辨认，例如每项资产均有单独的造价和预算成本。

对该项资产作分立合同处理，就是将每项资产作为一个成本核算对象，单独核算其成本与收入,有利于准确计算建造每项资产的损益。

(3) 对合同合并确定工程成本核算对象。如果一组建造合同同时具备下列条件,可以将该组合同合并作为一个成本核算对象:

①该组合同按一篮子交易签订;

②该组合同同时或依次履行;

③该组合同中各项合同密切相关,每项合同实际上已构成一项综合利润率工程的组成部分。

由于在统一地点同时施工或依次施工,施工企业对工程施工队伍、工程用料、施工质量与进度实现统一管理。将符合上述条件的一组合同合并为一个工程成本核算对象处理,有利于工程管理和简化核算。

(二) 确定成本项目

成本项目是生产费用按经济内容进行的分类,包括人工费、材料费、机械使用费、其他直接费和间接费用等五个成本项目,前四项构成工程成本的直接成本(或直接费用),间接费用属于工程成本的间接成本。各成本项目反映的具体内容前已叙述。

(三) 确定成本计算期

成本计算期是指每计算一次成本的间隔时间。一般情况下,与会计期间一致,即按月计算,如果不一致,可以按生产周期计算,以便收入与费用合理配比。

(四) 设置核算工程成本的明细账

根据工程成本核算对象和成本项目开设"工程施工"明细账,进行工程成本核算。工程施工明细账一般采用多栏式账页,发生实际费用时逐项登记入内。工程施工明细账格式见表13-1、表13-2、表13-3、表13-4所示。

工程施工明细账　　　　　　　　　　　　　　　表13-1

科目名称:

年		凭证编号	摘要	合同成本					合同毛利
月	日			人工费	材料费	机械使用费	其他直接费	间接费用	

工程施工分类账　　　　　　　　　　　　　　　表13-2

建设项目名称:

年		凭证		摘要	合同成本					合同毛利
月	日	种类	号数		人工费	材料费	机械使用费	其他直接费	间接费用	

工程施工明细账是按成本项目开设的汇总反映本单位所有工程实际成本的账簿,其账面的"余额合计"应与总账"工程施工"余额对应相等。一般为了简化核算程序,可以不设此类"工程施工明细账"。

项目工程施工分类账是按建设项目开设的成本分类账。在一个施工单位承建几个建设项目时,该分类账可以起到汇总登记各建设项目的实际成本的作用。

工程施工明细账　　　　　　　　　　　　　　　　　　表 13-3

建设单位＿＿＿＿＿＿＿＿
工程编号及名称＿＿＿＿＿＿
工程结构＿＿＿＿＿＿＿　　　　　　　开工日期＿＿＿＿年＿＿＿月＿＿＿日
建筑面积＿＿＿＿＿＿＿　　　　　　　竣工日期＿＿＿＿年＿＿＿月＿＿＿日

年		凭证		摘要	合同成本（实际成本发生额）					合同毛利	贷方	余额（未完施工合同成本及合同毛利）	补充资料		
月	日	种类	号数		材料费	人工费	机械使用费	其他直接费	间接费用				已完工程	预算成本	降低额

工程施工明细分类账(即工程施工成本卡)是按照具体的成本核算对象开设的,可以汇总反映一个工程成本核算对象的总成本并能够计算其单位成本。工程施工明细分类账是建筑施工企业进行工程成本核算所常用的明细账。

工程施工—间接费用明细账　　　　　　　　　　　　表 13-4

科目名称：　　　　　　　　　　　　　　　　　　　　建设项目：

年		凭证编号	摘要	费用项目									合计
月	日			工资	职工福利费	办公费	差旅交通费	固定资产使用费	物料消耗	低值易耗品摊销	财产保险费	水电费	检验实验费	

工程施工—间接费用明细账是按照间接费用项目开设的,用于汇总登记发生的各项间接费用的具体情况,以便考核费用的节超情况。

(五)汇集直接费用

本期工程施工发生或支付的各项直接费用,应按照费用的用途和地点汇集到有关受益对象账户中，汇集的方法有：

1. 直接汇集

凡发生的属于工程成本的直接费用，能够分清受益对象的，必须在其相关的原始凭证上注明其受益对象，据此直接计入该受益对象的成本明细账的成本项目中。

2. 分配计入

凡发生的属于工程成本的直接费用如大堆材料、集中配料周转材料摊销等费用，不能够分清具体受益对象，但能够确知是哪几个工程成本核算对象所共同受益的，可以根据原始记录采用一定的方法和标准先进行费用分配，确定各受益对象应负担的费用数额，然后据此分配计入相关受益对象的成本明细账的成本项目中。

（六）归集、分配间接费用

建筑施工企业在施工生产中发生的间接费用是为完成各项工程施工任务而发生的具有管理性质的费用，费用发生时集中归集于间接费用明细账中；期末，按照一定的方法分配计入各工程受益对象的"间接费用"成本项目。

（七）确定未完工程成本

（八）结转竣工工程成本（或本月已完工程成本）

将本期已完工程的实际成本，转到"工程结算"账户中。

三、工程成本核算的要求

建筑施工企业需要按照下列要求，划清各项费用开支界限，严格遵守成本开支范围，正确组织工程成本的核算。

在企业的生产经营过程中，发生各种各样的费用，但这些费用都有不同的受益对象、受益期间，是不同的内容并形成各种不同的用途。因此，既不能将发生的各种各样的费用笼统地汇总计入在某一成本费用项目中，也不能将费用记录发生错位、串项，把不属于该期间、该对象的费用计入进去；同时，不能将不属于工程成本的费用计入到工程成本中，也不能将属于工程成本的费用漏记等，所有这些现象，都会导致企业整个会计核算资料不真实、不正确、不准确，进而不能正确考核和评价企业的生产经营情况，误导企业的经营决策，严重影响企业的发展甚至走向破产。为此，国家根据成本的客观经济内容以及企业实行经济核算制和加强成本管理的客观要求，对哪些费用应列入成本开支，哪些费用不能列入成本开支，都作了统一的规定，即所谓成本开支范围的含义。

严格遵守成本开支范围，是一项重要的财经纪律，是正确核算工程成本的最起码的要求，也是加强成本管理，降低工程成本的重要一环。企业按照统一规定的成本开支范围进行成本核算，能够记录和计算企业发生生产耗费的规模，尤其是通过工程成本的计算和对比分析，找出存在的问题，挖掘降低成本的潜力，以提高工程成本核算的质量；同时，以国家统一规定的成本开支范围为成本计算依据，能使不同企业的工程成本内容、同一企业不同期间的工程成本内容具有比较的可能，为企业的生存和发展提供有用的依据。

为此，建筑施工企业在计算工程成本时，需要正确划分费用的内容有：

1. 工程成本开支与期间费用的界限

建筑施工企业在施工生产过程中发生的直接费用和间接费用构成工程成本的内容，应计入工程成本。建筑施工企业发生的管理费用、财务费用等属于期间费用，计入当期损益。
2. 本期费用与下期费用的界限
3. 各成本核算对象之间的费用界限
4. 工程成本开支与专项工程支出的界限
5. 工程成本开支与营业外支出的界限
6. 各个成本项目之间的费用界限

第二节 工程成本核算

一、工程成本核算的账户设置

(一)"工程施工"账户

为了核算建筑施工企业(建造承包商)实际发生的合同成本和合同毛利,应设置"工程施工"账户,进行工程成本核算。合同成本包括从合同签订开始至合同完成时所发生的、与执行合同有关的直接费用和间接费用,即:人工费、材料费、机械使用费、其他直接费和间接费用。项目合同收入减去项目合同成本后的余额,正数为合同毛利,负数为合同亏损。

"工程施工"账户核算的范围包括房屋、建筑物、设备基础等的建筑工程,管道、输电线路、通信导线等的敷设工程,给水排水工程,道路工程、铁路工程、桥梁工程、隧道工程,水利工程,矿井开凿、钻井工程,各种特殊炉的砌筑工程等,以及生产、动力、起重、运输、传动、医疗、实验等各种需要安装设备的装配、装置工程等的施工费用。其中,房屋等建筑物工程施工费用,除了包括其本身的施工费用外,还包括列于房屋工程预算内的供暖、卫生、通风、照明、煤气等设备的价值,设备安装工程的施工费用以及为检测安装工程质量对单个设备进行的试车费用,一般不包括被安装设备本身的价值。

"工程施工"账户的借方反映建筑施工企业在施工生产过程中实际发生的各项生产费用以及确认的合同毛利,贷方反映合同完工时,与"工程结算"科目对冲已向业主办理结算的工程价款累计金额以及确认的合同亏损,期末借方余额为尚未完工的建造合同成本和合同毛利。

"工程施工"账户可按建造合同,分为"合同成本"、"间接费用"、"合同毛利"进行明细核算。工程成本核算对象可以根据本企业施工组织的特点,所承包工程的实际情况和工程价款结算办法而确定;汇集的施工生产费用应按照成本核算对象和成本项目进行归集。其明细账格式见表 13-1~表 13-4 所示。

(二)"工程结算"账户

为了核算建筑施工企业(建造承包商)根据建造合同约定向业主办理结算的累计金额,应设置"工程结算"账户。建筑施工企业向业主办理工程价款结算,按应结算的金额记入该账户贷方,本账户借方反映合同完工时,本账户余额与相关工程施工合同的"工程施工"账户的对冲数额。期末贷方余额,反映建筑施工企业尚未竣工的建造合同已办理结算的累计金额。

"工程结算"账户可按建造合同设置明细账,进行明细核算。

二、施工生产费用的归集

（一）材料费的归集

1. 工程成本中"材料费"成本项目的内容

工程成本中的材料费指施工过程中耗用的构成工程实体的原材料、结构件、辅助材料、机械配件、零件、半成品的费用和周转材料的摊销以及租赁费用，包括水费（预算定额中列入材料费的）。

2. 归集材料费的依据

工程成本"材料费"项目的归集是根据"领料单"、"定额领料单"、"大堆材料耗用单"、"退料单"、"已领未用材料清单"等依据，分材料类别按照成本核算对象登记入账，或通过编制发出材料汇总表，反映各工程成本核算对象领用的材料的实际成本（计划成本与成本差异），据此根据入账。

3. 归集的方法

对于能够分清受益对象的材料费，直接计入各受益对象成本中；如果是几个受益对象共同使用的则按照一定的方法编制用料分配表，分配计入到有关受益对象的成本中。例如，对于大堆材料，采用集中配料的油漆材料等。分配方法有：

（1）有计量数据材料即已知各成本核算对象耗用材料数量。计算公式如下：

① $某种材料费分配率 = \dfrac{当期发生该种材料费数额}{各受益对象计量数据之和}$

② 某成本核算对象应分配材料费 = 该成本核算对象耗用量 × 该种材料费用分配率

（2）对于不能逐一计量各受益对象的具体耗用量（如大堆材料），通过期末盘点后可以得到其实际耗用总量的材料，一般采用"定额耗用量"法进行材料费的分配。计算公式如下：

① $某种材料费定额耗用量分配率 = \dfrac{当期该种材料实际耗用量}{各受益对象该种材料定额耗用量之和}$

② 某受益对象应分配的某种材料费 = 该受益对象该种材料定额耗用量 × 该种材料定额耗用量分配率 × 该种材料单价

③ 各受益对象某种材料定额耗用量 = 各受益对象该种材料消耗定额 × 各受益对象实际产量

4. 工程成本材料费核算

工程成本材料费的具体核算方法见本教材第四章存货核算第三节，此略。

（二）人工费的归集

1. 工程成本中"人工费"成本项目的内容

工程成本中的人工费是指从事建筑安装工程施工人员的工资、奖金、职工福利费、工资性津贴、"五险一金"以及劳动保护费等。

2. 归集依据和方法

工程成本中"人工费"的归集，需要根据企业具体实行的工资制度来确定。建筑施工企业的工资形式一般有计件工资和计时工资。

计件工资是根据工人所完成的合格工程、产品的数量和计件单价计算的工资，在建筑施工企业，常用"施工任务书"（工程任务单）来记录工人完成的工程数量。施工任务书格式见表13-5所示。

施 工 任 务 书　　　　　　表 13-5

工程名称：_____

班长姓名_____　签发日期_____　编号_____

施工期限	计 划	实 际
开 工	月 日	月 日
完 工	月 日	月 日

序号	分部分项工程名称	单位	工程量	单 价						合计金额（元）	
				合计	其 中						第一联 财务科存
					基价	质量	安全	进度	材料		
总计金额（大写）											
分部分项工程质量鉴定											
审核	质检签字		验收		项目经理		项目工长		材料员	劳资员	领款人

计时工资是按照计时工资标准和工作时间来计算工人的工资，一般通过考勤记录表来记录工人出勤情况，考勤表格式见表 13-6 所示。

考 勤 表　　　　　　表 13-6

工人班组：　　　　　　　年　月　日

姓名	工时别	考 勤 记 录						工 时 合 计						
		1	2	3	4	5	…	作业工时	其中：加班工时	公假	病假	事假	工伤假	雨休
王一	作业工时	8	8	8	8	8								
	非作业工时/原因													
张齐	作业工时													
	非作业工时/原因													
赵思	作业工时													
	非作业工时/原因													
⋮														
合 计														
作业工时合计	工程编号													
	名称													

班组长：　　　　　　考勤员：

无论是计件工资还是计时工资,当其受益对象比较明确时,便直接计入各受益对象成本中;如果不能直接计入各受益对象时,需要通过分配的方法将人工费分配计入。一般分配方法有:①工日法,即按实际工作天数计算;②工时法,即按照实际工作小时计算。两者计算的方法是相同的。计算公式如下:

$$\text{每工日(时)实际工资} = \frac{\text{当期发生的实际工资总额}}{\text{各受益对象当期实际耗用工日(时)数之和}}$$

某受益对象应负担工资费用 = 当期该受益对象实际耗用工日(时)数 × 每工日(时)实际工资

由于施工过程中因停工待料、待图纸、气候影响、停电等原因而发生停工又无法及时安排其他工作时,应由班组长在当天下班前填写"停工单",经施工员签字后,交考勤员保管,以便核算停工期间的工资。"停工单"格式见表13-7所示。

停 工 单 　　　　　　　　　　　　　　　表13-7
年　月　日

工人班组:　　　　　　　　　　　　　　工程编号名称:
有关任务单编号:

停 工 原 因	停 工 时 间		
	开始时间	结束时间	持续时间
暴雨停工责任负责人:	8:30	16:30	7

施工员:　　　　　　　　　　　班组长:

姓　名	工资等级	持续停工时间	每小时工资(80%)	工资额
合　计				
				考勤员:

3. 工程成本人工费核算

工程成本人工费的具体核算方法见本教材第八章第四节,此略。

(三)机械使用费的归集

1. 工程成本中"机械使用费"成本项目的内容

工程成本中"机械使用费"是指施工过程中使用自有的机械设备所发生的机械使用费和租用外单位机械使用费的租赁费以及施工机械安装、拆卸和进出场费。

2. 归集的方法

(1) 使用自有机械设备发生的机械使用费先在"机械作业"账户归集,到月末时再在各受益对象之间按一定的方法进行分配;其账务处理为:

借:工程施工-××工程合同成本-机械使用费　　××××
　　贷:机械作业　　　　　　　　　　　　　　　　××××

(2) 外租设备租赁费一般通过银行存款支付,发生时直接计入各受益对象的机械使用费中,如果由几个成本计算对象共同负担,同样需要按一定的方法分配。会计分录是:

借:工程施工-××工程合同成本-机械使用费　　×××××
　　贷:银行存款　　　　　　　　　　　　　　　　××××

3. 分配的方法

使用费在各受益对象之间进行分配时,其费用分配有:台班分配法、作业产量分配法、工料成本分配法和预算分配法。台班分配法、作业产量分配法和工料分配法在第十一章已经叙述,现将预算分配法作一说明。

在已经发生了机械使用费的数额,但由于机械设备种类很多,各成本核算对象之间交叉使用十分频繁,同时又没有进行多种机械设备作业数量记录的情况下,可以采用预算成本分配法分配各受益对象应负担的机械使用费。预算成本分配法的计算公式如下:

$$当期机械使用费分配率 = \frac{当期发生的机械使用费总额}{当期各受益对象已完工程预算机械使用费之和}$$

某受益对象当期应负担的机械使用费 = 某受益对象当期已完工程预算机械使用费 × 当期机械使用费分配率

4. 机械使用费的核算

【例 13-1】 11 月份共发生机械使用费 153 000 元,为 A 号、B 号工程所用,其中,A 号工程预算机械使用费为 105 000 元,B 号工程 75 000 元,则:

① 当期机械使用费分配率 = 153 000/180 000 = 0.85

② 当期机械使用费的分配:

A 号工程应负担机械使用费 = 105 000×0.85 = 89 250 元

B 号工程应负担机械使用费 = 75 000×0.85 = 63 750 元

③ 账务处理:

借:工程施工－A 号工程合同成本－机械使用费　　　　89 250
　　工程施工－B 号工程合同成本－机械使用费　　　　63 750
　　贷:机械作业(银行存款)　　　　　　　　　　　　153 000

(四)其他直接费的归集

1. 工程成本中"其他直接费"成本项目的内容

工程成本中"其他直接费"是指施工过程中发生的材料二次搬运费、临时设施摊销费、生产工具使用费、检验实验费、工程定位复测费、工程点交费、场地清理费等。

2. 其他直接费分配的方法

工程施工中发生的其他直接费,凡明确了受益对象的便直接计入各受益对象的"其他直接费"成本项目;凡不能明确受益对象,需要在几个受益对象之间分配的,可以采用生产工时(工日)法,工、料、机费用比例法和预算成本法等进行费用的分配。

(1)生产工时(工日)法。生产工时(工日)法是以生产工时(工日)为基础分配其他直接费的方法。计算公式如下:

$$其他直接费分配率 = \frac{发生的其他直接费总额}{各受益对象的生产工时(工日)数合计}$$

某受益对象应负担的其他直接费 = 某受益对象实耗工时(工日)数 × 其他直接费分配率

这种方法一般适用于费用发生的大小与生产工时的多少成正比例的情况。例如生产工具的摊销费、现场材料的二次搬运费等。

(2)工、料、机费用比例法。工、料、机费用比例法是以各成本核算对象实际发生的人工费、材料费和机械使用费三项之和为基础分配其他直接费的方法。计算公式如下：

$$其他直接费分配率 = \frac{某项其他直接费实际发生数}{各受益对象的工、料、机实际费用之和}$$

某受益对象应负担的其他直接费 ＝ 某受益对象实耗工时（工日）数×其他直接费分配率

（3）预算成本法。该方法的使用与上述机械使用费分配方法的预算成本法相同。

3. 其他直接费的核算

【例13-2】 本月辅助生产部门分配工程施工 A、B 工程的水电费分别为 13 000 元、9 800元。

借：工程施工－A 工程合同成本－其他直接费　　　13 000
　　工程施工－B 工程合同成本－其他直接费　　　 9 800
　贷：辅助生产　　　　　　　　　　　　　　　　22 800

【例13-3】 应付现场二次搬运费 5 000 元，其中：A 工程 3 000 元，B 工程 2 000 元。

借：工程施工－A 工程合同成本－其他直接费　　　 3 000
　　工程施工－B 工程合同成本－其他直接费　　　 2 000
　贷：应付账款　　　　　　　　　　　　　　　　 5 000

【例13-4】 本月生产工具摊销 12 000 元，其中：A 工程 6 200 元，B 工程 5 800 元。

借：工程施工－A 工程合同成本－其他直接费　　　 6 200
　　工程施工－B 工程合同成本－其他直接费　　　 5 800
　贷：低值易耗品－生产工具摊销　　　　　　　　12 000

【例13-5】 用银行存款支付 A 工程现场点交费 600 元、检验实验费 800 元。

借：工程施工 A 工程合同成本－其他直接费　　　　 1 400
　贷：银行存款　　　　　　　　　　　　　　　　 1 400

【例13-6】 用现金支付 B 工程场地清理费 300 元。

借：工程施工－B 工程合同成本－其他直接费　　　　 300
　贷：现金　　　　　　　　　　　　　　　　　　　 300

（五）间接费用的归集与分配

1. 间接费用的内容

工程成本中的间接费用是指建筑施工企业所属的直接组织生产活动的施工管理机构（如施工队、工程处、项目部等）所发生的施工管理费。

间接费用的内容包括：施工管理部门的工作人员工资及奖金、职工福利费、劳动保护费；行政管理用固定资产折旧费及修理费；物料消耗、低值易耗品的摊销；取暖费、水电费、办公费、差旅费、财产保险费、检验实验费、工程保修费、排污费等。

2. 间接费用的归集

由于间接费用时常是由若干个工程共同发生的费用，一般难以分清具体的受益对象，所以，当费用发生时，先设置"工程施工－间接费用"明细账，登记本期发生的各项间接费用。

3. 间接费用的分配

间接费用分配的原则，以本期各受益对象为费用承担者，按照一定的标准进行分配。

其分配的具体标准是：按相关工程的人工费或直接费用的比例进行分配。具体计算公式如下：

（1）以人工费为标准进行分配的计算公式：

$$间接费用分配率 = \frac{本月发生的间接费用}{本月各受益对象（各工程）人工费之和}$$

某项受益对象（某项工程）应负担的间接费用＝间接费用分配率×该受益对象（该项工程）本月实际发生的人工费

（2）以直接费用为标准进行分配的计算公式：

$$间接费用分配率 = \frac{本月发生的间接费用}{本月各受益对象（各工程）直接费用之和}$$

某项受益对象（某项工程）应负担的间接费用＝间接费用分配率×该受益对象（该项工程）本月实际发生的直接费用

4. 间接费用的核算

开设"工程施工—间接费用"明细账（一般为多栏式账页格式），进行间接费用的归集与分配的核算。核算举例如下：

【例13-7】 应付施工管理部门人员的工资16 000元、应计提职工福利费2 240元。

借：工程施工—间接费用—工资　　　　　　　　　　　　　　16 000
　　工程施工—间接费用—职工福利费　　　　　　　　　　　　2 240
　　贷：应付职工薪酬　　　　　　　　　　　　　　　　　　　18 240

【例13-8】 本月计提固定资产折旧1 500元，用现金支付固定资产修理费200元。

借：工程施工—间接费用—折旧费　　　　　　　　　　　　　1 500
　　工程施工—间接费用—修理费　　　　　　　　　　　　　　200
　　贷：累计折旧　　　　　　　　　　　　　　　　　　　　　1 500
　　　　库存现金　　　　　　　　　　　　　　　　　　　　　200

【例13-9】 本月低值易耗品摊销500元、预提工程保修费300元、摊销财产保险费600元。

借：工程施工—间接费用—低值易耗品摊销费　　　　　　　　500
　　工程施工—间接费用—工程保修费　　　　　　　　　　　　300
　　工程施工—间接费用—财产保险费　　　　　　　　　　　　600
　　贷：低值易耗品—摊销　　　　　　　　　　　　　　　　　500
　　　　预提费用　　　　　　　　　　　　　　　　　　　　　300
　　　　待摊费用　　　　　　　　　　　　　　　　　　　　　600

【例13-10】 用银行存款支付排污费1 200元、检验实验费900元、水电费1 000元。

借：工程施工—间接费用—排污费　　　　　　　　　　　　　1 200
　　工程施工—间接费用—检验实验费　　　　　　　　　　　　900
　　工程施工—间接费用—水电费　　　　　　　　　　　　　　1 000
　　贷：银行存款　　　　　　　　　　　　　　　　　　　　　3 100

【例13-11】 用现金支付办公费1 750元、差旅费2 200元。

借：工程施工—间接费用—办公费　　　　　　　　　　　　　1 750

| 工程施工－间接费用－差旅费 | 2 200 |
| 贷：库存现金 | 3 950 |

【例 13-12】 月末分配间接费用。本月 A、B 建筑工程分别发生直接费用 151 500 元、132 400 元，按直接费用进行分配。

(1) 计算各工程应负担的间接费用：

$$间接费用分配率=\frac{18\ 240+1\ 700+1\ 400+3\ 100+3\ 950}{151\ 500+132\ 400}=\frac{28\ 390}{283\ 900}=0.1$$

A 工程应负担间接费用＝0.1×151 500＝15 150 元
B 工程应负担间接费用＝0.1×132 400＝13 240 元

(2) 账务处理：

借：工程施工－A 工程合同成本－间接费用	15 150
工程施工－B 工程合同成本－间接费用	13 240
贷：工程施工－间接费用	28 390

5．"工程施工－间接费用"明细账的登记见表 13-8。

工程施工－间接费用   表 13-8
年 月 日

2003年		凭证		摘要	工资	职工福利费	折旧费	修理费	摊销费	工程保修费	财产保险费	排污费	检验实验费	水电费	办公费	差旅费
月	日	种类	号数													
			13-7		16 000	2 240										
			13-8				1 500	200								
			13-9						500	300	600					
			13-10									1 200	900	1 000		
			13-11												1 750	2 200
			13-12	结转	−16 000	−2 240	−1 500	−200	−500	−300	−600	−1 200	−900	−1 000	−1 750	−2 200
				合计	—0—	—0—	—0—	—0—	—0—	—0—	—0—	—0—	—0—	—0—	—0—	—0—

三、已完工程实际成本的确定

1．实行竣工后一次结算工程价款办法的已完工程实际成本的计算

根据该工程在"工程施工"账户中从开工起至竣工止累计归集的实际发生额，便是该竣工工程的实际成本。其计算公式如下：

竣工工程的实际成本＝月初未完工程成本＋本月施工生产费用

【例 13-13】 A 工程实行竣工后一次结算工程价款的办法，已于本月底竣工。其合同收入 1 000 000 元，确认其合同毛利并结转。

A 工程成本明细账发生额见表 13-9 所示。

工程施工明细账　　　　　　　　表13-9

工程名称：A工程

2003年		凭证		摘要	合同成本					合同毛利
月	日	种类	号数		材料费	人工费	机械使用费	其他直接费	间接费用	
12				月初余额	420 000	65 000	60 000	20 000	35 000	
				本月耗用材料	130 000					
				工资、福利费		20 000				
				本月机械费			25 000			
				本月现场费用				9 850		
				分配间接费用					15 150	
				确认合同毛利						200 000
				竣工对冲	−550 000	−85 000	−85 000	−29 850	−50 150	−200 000
				本月合计	—0—	—0—	—0—	—0—	—0—	—0—

借：工程施工－A工程合同毛利　　　　　　200 000
　　主营业务成本－A工程合同成本　　　　800 000
　　　贷：主营业务收入　　　　　　　　　1 000 000

2. 采用中间结算工程价款办法的已完工程合同成本的计算

采用按月、分段等中间结算工程价款结算办法的工程，计算并结转本期已完工程合同成本，一般先采用一定的方法计算出本期的未完工程合同成本，然后计算本期已完工程合同成本。其计算公式如下所示：

本期完工合同成本＝期初未完工程合同成本＋本期发生生产费用＋期末未完工程合同成本

（1）期末未完工程合同成本的计算方法。计算期末未完工程合同成本的方法，一般有估量法（约当产量法）、估价法。

①估量法。估量法是根据在施工现场盘点后确定的未完工程实物量，经过估算，将它折合成相当于已完工程实物量，然后根据已完工程的预算单价计算得出该项未完工程的合同成本。计算公式：

月末未完工程的预算成本＝月末未完工程折合成已完工程实物量×该分部分项工程预算单价

举例说明：

【例13-14】 B工程本月月末经过盘点确定有8 000 m^2 砖墙水泥砂浆工程未完，估计其已完工序和工程内容相当于已完分部分项工程实物量的70%，该分部分项工程的预算单价为12元/m^2。

计算该项未完工程合同成本＝8 000×70%×12＝67 200元

②估价法。估价法先确定分部分项工程内各个工序耗用的直接费用占整个预算单价的比例，用以计算出每个工序的单价，然后乘以未完施工各工序的完成量，进而确定未完工程成本。计算公式如下：

某工序单价＝分部分项工程预算单价×该工序耗用直接费用占预算单价的百分比

期末未完工程预算成本＝Σ（未完工程中某工序完成量×该工序单价）

举例说明如下：

【例 13-15】 甲工程分部分项工程的分项单价是 6 元/m²，分三道工序完成，工序价值比重为 20％、30％、50％，已完第一道工序为 600m²，第二道工序为 340m²，该项未完工程的预算成本计算为：

第一道工序单价＝6 元/m²×20％＝1.2 元/m²

第二道工序单价＝6 元/m²×30％＝1.8 元/m²

第三道工序单价＝6 元/m²×50％＝3 元/m²

甲工程未完工程预算合同成本＝1.2 元/m²×600 m²＋1.8 元/m²×340 m²＝1 332 元

按上述两种方法计算的都是未完工程预算成本，如果当期未完工程占全部工程量的比重不大，而且各期未完工程数量比较均衡，建筑施工企业可以按上述方法计算的未完工程预算成本作为本期未完工程的实际成本；如果当期未完工程占全部工程量的比重较大，而且各期未完工程数量悬殊时，为了不影响本期工程成本的水平，应该将预算成本调整为实际成本。调整计算公式如下：

$$
\text{某工程本期未完的工程合同成本} = \frac{\text{该工程本期期初未完工程的合同成本} + \text{该工程本期发生的施工费用}}{\text{该工程本期已完工程的预算合同成本} + \text{该工程期末未完工程的预算合同成本}} \times \text{该工程期末未完工程的预算合同成本}
$$

举例说明如下：

【例 13-16】 甲工程本期期初未完工程实际成本为 30 000 元，该工程本期发生的施工费用 180 000 元，本期完工工程的预算成本为 216 000 元，本期未完工程的预算成本为 24 000 元。

则本期未完工程实际成本＝（30 000＋180 000）/（216 000＋24 000）× 24 000
　　　　　　　　　　＝21 000 元

（2）已完工程合同成本结转的核算。确定某一工程成本核算对象的完工合同成本和未完工程合同成本，应依据每一工程成本卡所记录的资料。

对于尚未竣工的工程，其合同成本、合同毛利计算完成后，不予结转，应仍然留在"工程施工"账户内，以便可以反映整个工程开工至此累计发生的合同成本及合同毛利；待工程竣工后，再予以结转。对于竣工工程，应将其竣工合同成本、合同毛利从"工程施工"账户转入到"工程结算"账户，予以对冲。

【例 13-17】 接［例 13-13］，竣工对冲

借：工程结算－A 工程　　　　　　　　　　1 000 000

　　贷：工程施工－A 工程合同成本　　　　　　800 000

　　　　工程施工－A 工程合同毛利　　　　　　200 000

第三节　竣工成本决算

为了全面反映和监督竣工工程实际成本的节超情况，考核工程预算的完成情况，对于已竣工的工程，需要编制"竣工成本决算"。

一、竣工成本决算的内容

(1) 竣工工程按成本项目分别反映的预算成本、实际成本及成本降低额和降低率。

(2) 竣工工程耗用人工、材料、机械的预算用量、实际用量及节超率。

(3) 竣工工程的简要分析与说明。

二、竣工成本决算的编制程序

在编制"竣工成本决算"之前,应该做好以下工作:

(1) 工程竣工后,及时编制"竣工决算书",确定该项工程的全部预算成本、工程造价,以便与发包单位进行工程价款的最终结算。

(2) 对工程剩余材料进行盘点,分别填制"退料单"等,办理退料手续,以抵减工程成本。

(3) 检查各项目是否全部计入竣工工程的"工程成本明细账",以防止多记、重记或错记,避免少记、漏记或转移,保证竣工工程实际成本准确无误。

完成上述工作之后,进入编制"竣工成本决算"工作。

三、竣工成本决算的格式

(1) 竣工成本决算表的格式见表 13-10 所示。

竣 工 成 本 决 算　　　　　　　　　　表 13-10

发包单位:　　　　　　　　　　　　　　　　　开工日期:　　年　月　日
工程名称:　　　　　　　　　　　　　　　　　竣工日期:　　年　月　日
建筑面积:　　　　　　　　年　月　日　　　　金额单位:元

成本项目	预算成本	实际成本	降低额	降低率	简要分析及说明
人工费					
材料费					
机械使用费					
其他直接费					
间接费用					
工程成本总计					

(2) 竣工工程用量分析表格式见表 13-11 所示。

竣工工程用量分析　　　　　　　　　　　　表 13-11

项　　目	计量单位	预算用量	实际用量	节约或超支量	节约或超支率(%)
一、人工	工日				
二、材料					
1. 钢材	t				
2. 木材	m³				
3. 水泥	t				
4. 标准砖	千块				
5. 黄砂	t				
6. 砾石	t				
…					
三、机械					
1. 大型	台班				
2. 中、小型	台班				

复习思考题

1. 费用的概念、分类有哪些?
2. 成本、工程成本的概念是什么?
3. 工程成本核算的要求有哪些?
4. 工程成本核算的程序有哪些?
5. 施工生产费用归集的方法有哪些?
6. 工程成本项目包括的具体内容是什么?
7. 间接费用的分配方法是什么?
8. 未完工程成本的计算方法是什么?
9. 试叙述完工成本的结转。
10. 试叙述竣工成本的决算内容、程序与方法。

习 题

[习题一] 施工生产费用的核算

一、目的

掌握施工生产费用核算的基本方法和技能。

二、资料

(一)"工程施工"本月月初余额

表 13-12

项 目	人工费	材料费	机械使用费	其他直接费	间接费用	合同毛利	余额合计
月初未完工程成本	180 000	920 000	26 000	22 000	52 000	300 000	1 500 000
其中:甲工程	172 000	870 000	20 000	18 000	40 000	280 000	1 400 000
乙工程	8 000	50 000	6 000	4 000	12 000	20 000	100 000

(二)本月经济业务

(1) 本月公司材料仓库发出库存材料共计计划成本 800 000 元,其中用于:甲号工程 350 000 元、乙号工程 440 000 元、现场管理部门维修 10 000 元;材料成本差异率 1%。

(2) 本月应付机械租赁公司的机械租赁费 75 000 元,其中用于:甲号工程 33 000 元、乙号工程 42 000元。

(3) 本月应付职工薪酬 88 000 元,其中:甲号工程 30 000 元、乙号工程 40 000 元、现场管理部门 18 000元;按规定计提职工福利费。

(4) 用现金支付现场材料及物品的多次搬运费 5 000 元,其中:甲号工程 2 200 元、乙号工程 2 800元。

(5) 现场管理部门的差旅费 1 000 元、办公费 1 500 元、科技资料费 2 000 元及有关法律规范方面的咨询费 800 元,除由现金付出 1 000 元外,其余均由银行存款支付。

(6) 本月应付的水费、电费共计 6 000 元,其中:甲号工程 2 600 元、乙号工程 2 400 元、现场管理部门 1 000元。

(7) 本月材料摊销费 7 000 元,其中用于:甲号工程 3 600 元、乙号工程 3 400 元;材料成本差异率 1.5%。

(8) 工地手推车等小型生产工具摊销 3 000 元,其中:甲号工程 1 800 元、乙号工程 1 200 元;材料成本差异率 1.5%。

(9) 本月现场管理部门的固定资产折旧费 5 200 元。

(10) 本月辅助生产运输队为工程运输材料发生 24 个台班，其中：甲号工程施工用 14 台班，乙号工程用 10 台班，本月运输成本为 2 400 元。

(11) 甲号工程已基本完成，具备了投入使用的条件。但有一些设备未到，影响收尾工程进行，经建设单位同意，有关部门批准按 85 000 元预提收尾工程尾款。

(12) 本月份共发生机械使用费 180 000 元，其中，甲号工程预算机械使用费为 105 000 元，乙号工程预算机械使用费 75 000 元。

(13) 本月发出结构件计划成本 36 000 元，其中：甲号工程为 20 000 元、乙号工程的水电费 16 000 元，材料成本差异率为 1%。

(14) 本月现场管理工具摊销 16 000 元，材料成本差异率 1.5%。

(15) 用银行存款支付甲号工程现场点交费 1 200 元、检验实验费 1 000 元。

(16) 用现金支付甲号工程场地清理费 300 元。

(17) 用银行存款支付现场施工管理部门的财产保险费 1 200 元。

(18) 月末，以本月发生的甲号、乙号工程的实际直接成本为标准，计算分配甲号、乙号工程本月应负担的间接费用，并结转本月发生的间接费用。

三、要求

(1) 根据月初余额设置"工程施工"总分类账户、按成本核算对象、成本项目设置明细分类账；并设置"工程施工—间接费用"多栏式明细账。

(2) 根据上述经济业务编制记账凭证（或编制会计分录）。

(3) 根据记账凭证登记"工程施工"总分类账户、明细分类账。

(4) 根据记账凭证登记"工程施工—间接费用"多栏式明细账，并结账。

[习题二] 未完工程成本的计算及完工成本的结转

一、目的

掌握未完工程成本的计算以及已完工程成本结算的核算方法和技能。

二、资料

(1) 月末，甲号工程竣工并已办理工程结算，其合同收入是竣工成本的 125%，确认其合同毛利、合同成本及合同收入，并结转。

(2) 月末，乙号工程经过盘点确定有 24 000 m^2 砖墙水泥砂浆工程未完，估计其已完工序和工程内容相当于已完分部分项工程实物量的 65%，该分部分项工程的预算单价为 14 元/m^2。

三、要求

(1) 按估量法计算乙号工程未完工程成本，并确定乙号工程的完工实际成本。

(2) 编制记账凭证（或编制会计分录），结转甲号工程的竣工成本。

(3) 根据有关记账凭证登记"工程施工"总分类账户及明细分类账，并结账。

第三篇 财务会计报告

第十四章 企业财务会计报告

本章学习目标：认识财务会计报告的概念、内容及编制要求，掌握会计报表的编制方法；会撰写财务情况说明书。

第一节 财务会计报告概述

一、财务会计报告的构成

企业财务会计报告是指企业对外提供的反映企业某一特定日期财务状况和某一会计期间经营成果、现金流量的文件，由会计报表、会计报表附注和财务情况说明书构成。

会计报表是财务会计报告的主体和核心，包括资产负债表、利润表、所有者权益变动表、现金流量表及相关附表。

会计报表附注是为了帮助报表使用者理解会计报表的内容而对报表的有关项目所作的解释，包括不符合会计核算基本前提的说明，重要会计政策和会计估计的说明，重要会计政策和会计估计变更的说明，或有事项和资产负债表日后事项的说明，关联方关系及其交易的披露、重要资产转让及其出售的说明，企业合并、分立的说明，会计报表中重要项目的明细资料以及有助于理解和分析会计报表需要说明的其他事项。企业编制会计报表附注可以提高会计信息的可比性，增强会计信息的可理解性，促使会计信息充分披露，从而提高会计信息的质量，使报表的使用者对企业的财务状况、经营成果和现金流动情况获得更充分的了解，有利于报表使用者正确决策。

财务情况说明书至少应当说明企业生产经营的基本情况、利润实现情况、资金增减和周转情况以及对企业财务情况、经营成果和现金流量有重大影响的其他事项。

二、会计报表的分类

会计报表可从不同角度分类。

1. 按反映的经济内容分类

会计报表按其反映内容的不同，可以分为反映财务状况、经营成果和现金流量的财务报表。

（1）反映一定日期财务状况的财务报表，如资产负债表；

（2）反映一定时期内经营成果的财务报表，如利润表；

（3）反映一定时期内现金流入流出情况的财务报表，如现金流量表。

2. 按编报和报送时间分类

会计报表按编报时间的不同，可以分为月报、季报、半年报和年报。其中月报要求简明扼要；年报要求揭示完整，反映全面；而季报在会计信息的详细程度方面，则介于二者之间。广义的中期财务报告包括月报、季报和半年报，而狭义的中期财务报告仅指半年报。

3. 按编制单位分类

会计报表按编制单位的不同，可以分为基层报表、汇总报表和合并会计报表。

基层报表是指由企业在会计核算基础上对账簿记录进行加工而编制的会计报表，它主要用以反映企业自身状况、经营成果和现金流动情况；汇总报表是指根据所属单位报送的会计报表，连同本单位报表汇总编制的综合性会计报表；合并会计报表是以整个企业集团作为一个会计主体，以组成企业集团的母公司和子公司的个别会计报表为基础，抵消内部会计事项对合并报表的影响后，由母公司编制，以综合反映企业集团整体经营成果的会计报表。

4. 按服务对象分类

会计报表按照服务对象的不同，可以分为内部报表和外部报表。内部报表是指为企业内部经营管理需要而编制的不对外公布的会计报表，它一般不需要规定统一的格式；外部报表则是指企业向外提供的会计报表，主要供投资者、债权人、政府部门和社会公众等有关方面使用，它通常有统一的格式和规定的指标体系。

5. 按照反映的资金运动状态进行分类

按照反映的资金运动状态进行分类，财务会计报表可分为静态报表和动态报表。静态报表如资产负债表，动态报表如利润表、现金流量表。

三、财务会计报告报送的要求

财务会计报告的报送应符合以下要求：

（1）反映的会计信息应真实可信，这是对财务会计报告的基本要求；

（2）报送时间应及时。企业应当依照法律、行政法规和国家统一的会计制度有关财务会计报告提供期限的规定，及时对外提供财务会计报告。月度中期财务会计报告应当于月度终了后 6 天内（节假日顺延，下同）对外提供；季度中期财务会计报告应当于季度终了后 15 天内对外提供；半年度中期财务会计报告应当于年度中期结束后 60 天内（相当于两个连续的月度）对外提供；年度财务会计报告应当于年度终了后 4 个月内对外提供；

（3）格式应规范。企业对外提供的财务会计报告应当依次编定页码，加具封面，装订成册，加盖公章。封面上应当注明企业名称、企业统一代码、组织形式、地址、报表所属年度或者月份、报出日期，并由企业负责人和主管会计工作的负责人、会计机构负责人（会计主管人员）签名并盖章。设置总会计师的企业，还应当由总会计师签名并盖章。此外，会计报表的填列，以人民币"元"为金额单位，"元"以下填至"分"；

（4）内容应完整。一份完整的企业财务会计报告应包括会计报表、会计报表附注和财务情况说明书。年度和半年度中期财务会计报告，至少应当反映两个年度或者相关两个期间数据；

（5）报送对象应符合规定。企业应当依照企业章程的规定，向投资者提供财务会计报告。对于国务院或省、自治区、直辖市人民政府派出监事会的企业，还应依法定期向监事会提供财务会计报告。此外，当有关部门或者机构依照法律、行政法规或者国务院的规定，要求企业提供部分或者全部财务报告时，尚应按要求提供。

第二节 资产负债表

一、资产负债表的定义和作用

（一）资产负债表的定义

资产负债表是反映企业某一特定日期财务状况的会计报表，它是根据资产、负债和所有者权益（或股东权益）之间的相互关系，按照一定的分类标准和一定的顺序，把企业一定日期的资产、负债和所有者权益各项目予以适当排列，并对日常工作中形成的大量数据进行高度浓缩整理后编制而成的。它表明企业在某一特定日期所拥有或控制的经济资源、所承担的现有义务和所有者对净资产的要求权。

（二）资产负债表的作用

（1）通过资产负债表，可以提供某一日期资产的总额及其结构，表明企业拥有或控制的经济资源及其分布情况；

（2）通过资产负债表，可以反映某一日期的负债总额以及结构，表明企业未来需要用多少资产或劳务清偿债务；

（3）通过资产负债表，可以反映所有者权益的情况，表明投资者在企业资产中所占的份额，了解所有者权益的构成情况；

（4）资产负债表还能够提供进行财务分析的基本资料，如通过资产负债表可以计算流动比率、速动比率等，以了解企业的短期偿债能力。

二、资产负债表的结构

我国资产负债表按账户式反映，即资产负债表分为左方和右方，左方列示资产各项目，右方列示负债和所有者权益各项目，资产各项目的合计等于负债和所有者权益各项目的合计。通过账户式资产负债表，反映资产、负债和所有者权益之间的内在关系，并达到资产负债表左方和右方平衡。

资产负债表格式如表 14-1 所示。

资 产 负 债 表　　　　　　　　　　　　　表 14-1

会企 01 表

编制单位：_____　　　_____年_____月_____日　　　　单位：元

资　产	行次	年初数	期末数	负债和所有者权益	行次	年初数	期末数
流动资产：	1			流动负债	1		
货币资金	2			短期借款	2		
交易性金融资产	3			应付票据	3		
应收票据	4			应付账款	4		
应收账款	5			预收账款	5		
预付账款	6			应付职工薪酬	6		
应收利息	7			应付股利	7		
应收股利	8			应交税费	8		

续表

资产	行次	年初数	期末数	负债和所有者权益	行次	年初数	期末数
其他应收款	9			其他应付款	9		
存货	10			应付利息			
待摊费用	11			1年内到期的非流动负债			
1年内到期的非流动资产				流动负债合计			
流动资产合计				长期借款	10		
非流动资产：				应付债券	11		
长期股权投资	12			递延所得税负债	12		
投资性房地产	13			非流动负债合计	13		
固定资产	14			负债合计	14		
在建工程	15				15		
工程物资	16			所有者权益：	16		
固定资产清理	17			实收资本（或股本）	17		
生产性生物资产	18			资本公积	18		
无形资产	19			盈余公积	19		
开发支出	20			未分配利润	20		
商誉	21				21		
长期待摊费用	22			所有者权益合计	22		
递延所得税资产	23				23		
非流动资产合计	24				24		
	25				25		
	26				26		
	27				27		
	28				28		
	29				29		
	30				30		
	31			负债及所有者权益合计	40		
	32						
资产总计	33						

三、资产负债表填列方法和各项目的内容

（一）年初数的填列方法

表中年初数栏内各项目数字，应根据上年末资产负债表期末栏内所列的数字填列。如果本年度资产负债表规定的各个项目的名称同上年度不相一致，应对上年年末资产负债表各项目的名称和数字按本年度的规定进行调整，按调整后的数字填入本表年初栏内。

（二）期末数的填列方法

直接根据总账科目的余额填列，但为了更充分满足报表使用者的要求，其项目数据还

需要进一步加工，因此，期末数据是根据总账、明细账的余额分析计算填列。

（三）各项目的内容

（1）"货币资金"项目，反映企业库存现金、银行结算户存款、外埠存款、银行汇票存款、银行本票存款、信用卡存款、信用证保证金存款等的合计数。本项目应根据"库存现金"、"银行存款"、"其他货币资金"科目的期末余额合计填列。

（2）"交易性金融资产"项目，反映企业购入的各种能随时变现、并准备随时变现的、持有时间不超过一年（含一年）的股票、债券和基金，以及不超过一年（含一年）的其他投资。本项目的期末余额应根据"交易性金融资产"总账期末余额填列。

（3）"应收票据"项目，反映企业收到的未到期收款也未向银行贴现的应收票据，包括商业承兑汇票和银行承兑汇票。本项目应根据"应收票据"科目的期末余额填列。已向银行贴现和已背书转让的应收票据不包括在本项目内，其中已贴现的商业承兑汇票应在会计报表附注中单独披露。

（4）"应收股利"项目，反映企业因股权投资而应收取的现金股利，企业应收其他单位的利润，也包括在本项目内。本项目应根据"应收股利"科目的期末余额填列。

（5）"应收利息"项目，反映企业因债权投资而应收取的利息。企业购入到期还本付息债券应收的利息，不包括在本项目内。本项目应根据"应收利息"科目的期末余额填列。

（6）"应收账款"项目，反映企业因销售商品、产品和提供劳务等而应向购买单位收取的各种款项，减去已计提的坏账准备后的净额。本项目应根据"应收账款"科目所属和明细科目的期末借方余额合计，减去"坏账准备"科目中有关应收账款计提的坏账准备期末余额后的金额填列。如"应收账款"科目所属明细科目期末有贷方余额，应在本表"预收账款"项目内填列。

（7）"其他应收款"项目，反映企业对其他单位和个人的应收和暂付的款项，减去已计提的坏账准备后的净额。本项目应根据"其他应收款"科目的期末余额，减去"坏账准备"科目中有关其他应收款计提的坏账准备期末余额后的金额填列。

（8）"预付账款"项目，反映企业预付给供应单位的款项。本项目应根据"预付账款"科目所属各明细科目的期末借方余额合计填列。如"预付账款"科目所属有关明细科目期末有贷方余额的，应在本表"应付账款"项目内填列。如"应付账款"科目所属明细科目有借方余额的，也应包括在本项目内。

（9）"应收补贴款"项目，反映企业按规定应收的各种补贴款。本项目应根据"应收补贴款"科目的期末余额填列。

（10）"存货"项目，反映企业期末在库、在途和在加工中的各项存货的可变现净值，包括各种材料、商品、在产品、半成品、包装物、低值易耗品、分期收款发出商品、委托代销商品等。本项目应根据"在途物资"、"原材料"、"低值易耗品"、"库存商品"、"包装物"、"生产成本"等科目的期末余额合计，减去"存货跌价准备"科目期末余额后的金额填列。

（11）"其他流动资产"项目，反映企业除以上流动资产项目外的其他流动资产，本项目应根据有关科目的期末余额填列。如其他流动资产价值较大的，应在会计报表附注中披露其内容和金额。

(12)"长期股权投资"项目,反映企业不准备在一年内(含一年)变现的各种股权性质的投资的可收回金额。本项目应根据"长期股权投资"科目的期末余额,扣除1年内到期的长期股权投资后的数额,再减去"长期投资减值准备"总账所属明细账期末余额填列。

(13)"持有至到期投资"项目,反映企业不准备在一年内(含一年)变现的各种债权性质的投资的可收回金额。"持有至到期投资"中将于一年内到期的长期债权投资,应在流动资产类下"一年内到期的长期债权投资"项目单独反映。本项目应根据"长期债权投资"科目的期末余额,扣除1年内到期的长期债权投资,减去"长期投资减值准备"总账所属明细账余额后的净额填列。

(14)"固定资产"项目,反映企业的各种固定资产账面价值。应根据"固定资产"及"累计折旧"、"固定资产减值准备"账户期末余额相减后的净额填列。

(15)"工程物资"项目,反映企业各项工程尚未使用的工程物资的实际成本。本项目应根据"工程物资"科目的期末余额填列。

(16)"在建工程"项目,反映企业期末各项未完工程的实际支出,包括交付安装的设备价值,未完建筑安装工程已经耗用的材料、工资和费用支出、预付出包工程的价款、已经建筑安装完毕但尚未交付使用的工程等的可收回金额。本项目应根据"在建工程"科目的期末余额,减去"在建工程减值准备"科目期末余额后的金额填列。

(17)"固定资产清理"项目,反映企业因出售、毁损、报废等原因转入清理但尚未清理完毕的固定资产的账面价值,以及固定资产清理过程中所发生的清理费用和变价收入等各项金额的差额。本项目应根据"固定资产清理"科目的期末借方余额填列;如"固定资产清理"科目期末为贷方余额,以"一"号填列。

(18)"无形资产"项目,反映企业各项无形资产的期末可收回金额。本项目应根据"无形资产"科目的期末余额,减去"无形资产减值准备"科目期末余额后的金额填列。

(19)"长期待摊费用"项目,反映企业尚未摊销的期限在一年以上(不含一年)的各种费用,如租入固定资产改良支出、大修理支出以及摊销期限在一年以上(不含一年)的其他待摊费用。

(20)"其他长期资产"项目,反映企业除以上资产以外的其他长期资产。本项目应根据有关科目的期末余额填列。如其他长期资产价值较大的,应在会计报表附注中披露其内容和金额。

(21)"递延所得税资产"项目,反映企业期末确认的递延所得税资产。本项目应根据"递延所得税资产"科目的期末借方余额填列。

(22)"短期借款"项目,反映企业借入尚未归还的一年期以下(含一年)的借款。本项目应根据"短期借款"科目的期末余额填列。

(23)"应付票据"项目,反映企业为了抵付货款等而开出、承兑的尚未到期付款的应付票据,包括银行承兑汇票和商业承兑汇票。本项目应根据"应付票据"科目的期末余额填列。

(24)"应付账款"项目,反映企业购买原材料、商品和接受劳务供应等而应付给供应单位的款项。本项目应根据"应付账款"科目所属各明细科目的期末贷方余额合计填列;如"应付账款"科目所属各明细科目期末有借方余额,应在本表"预付账款"项目内填列。

(25)"预收账款"项目，反映企业预收购买单位的账款。本项目应根据"预收账款"科目所属各有关明细科目的期末贷方余额合计填列。如"预收账款"科目所属有关明细科目有借方余额的，应在本表"应收账款"项目内填列；如"应收账款"科目所属明细科目有贷方余额的，也应包括在本项目内。

(26)"应付职工薪酬"项目，反映企业应付未付的职工全部薪酬。本项目应根据"应付职工薪酬"总账的期末余额填列。

(27)"应付利息"项目，反映企业尚未支付的利息。本项目应根据"应付利息"总账的期末余额填列。

(28)"应付股利"项目，反映企业尚未支付的现金股利。本项目应根据"应付股利"科目的期末余额填列。

(29)"应交税费"项目，反映公司期末未交、多交或未抵扣的各种税金。本项目应根据"应交税费"科目的期末贷方余额填列。如"应交税费"科目期末为借方余额，以"—"号填列。

(30)"其他应付款"项目，反映企业所有应付和暂收其他单位和个人的款项。本项目应根据"其他应付款"科目的期末余额填列。

(31)"其他流动负债"项目，反映企业除以上流动负债以外的其他流动负债。本项目应根据有关科目的期末余额填列，如其他流动负债价值较大的，应在会计报表附注中披露其内容及金额。

(32)"长期借款"项目，反映企业借入尚未归还的一年期以上（不含一年）的借款本息。本项目应根据"长期借款"科目的期末余额填列。

(33)"应付债券"项目，反映企业发行的尚未偿还的各种长期债券的本息。本项目应根据"应付债券"科目的期末余额填列。

(34)"长期应付款"项目，反映企业除长期借款和应付债券以外的其他各种长期应付款。本项目应根据"长期应付款"科目的期末余额，减去"未实现融资费用"科目期末余额后的金额填列。

(35)"其他长期负债"项目，反映企业除以上长期负债项目以外的其他长期负债。本项目应根据有关科目的期末余额填列。如其他长期负债价值较大的，应在会计报表附注中披露其内容和金额。

上述长期负债项目中将于一年内（含一年）到期的长期负债，应在"一年内到期的长期负债"项目内单独反映。上述长期负债各项目均应根据有关科目期末余额扣除将于一年内（含一年）到期偿还数后的余额填列。

(36)"递延所得税负债"项目，反映企业期末确认的应纳税暂时性差异产生的所得税负债，本项目应根据"递延所得税负债"科目的期末贷方余额填列。

(37)"实收资本（股本）"项目，反映企业各股东实际投入的股本总额。本项目应根据"实收资本（股本）"科目的期末余额填列。

(38)"资本公积"项目，反映企业资本公积的期末余额。本项目应根据"资本公积"科目的期末余额填列。

(39)"盈余公积"项目，反映企业盈余公积的期末余额。本项目应根据"盈余公积"

科目的期末余额填列。其中，法定公益金期末金额，应根据"盈余公积"科目所属的"法定公益金"明细科目的期末余额填列。

（40）"未分配利润"项目，反映企业尚未分配的利润。本项目应根据"本年利润"科目和"利润分配"科目的余额计算填列。弥补的亏损，在本项目内以"—"号反映。

四、资产负债表的编制实例

【例 14-1】 某建筑施工企业某年 12 月 31 日资产负债账户余额如表 14-2，则根据其编制相应的资产负债表如表 14-3。

某企业某年 12 月 31 日资产负债账户余额表　　　　　表 14-2

账户名称	借方余额	账户名称	贷方余额
库存现金	60 500	短期借款	2 682 000
银行存款	760 000	应付票据	509 000
其他货币资金	460 500	预收账款	1 250
交易性金融资产	656 750	应付账款	520 250
应收票据	1 062 500	应付职工薪酬	104 400
预付账款	700	应付股利	100 000
应收账款	1 562 500	应交税费	584 000
其他应收款	20 750	应付利息	10 000
坏账准备	-1 250	应付债券	5 106 100
在途材料	604 000	长期借款	609 400
原材料	5 200 000	其中：一年内到期部分	9 400
包装物	10 500	实收资本	25 250 000
低值易耗品	208 000	盈余公积	850 000
		资本公积	705 500
库存商品	610 250	利润分配	550 000
存货跌价准备	10 500	工程施工	-625 000
待摊费用	25 600		
长期待摊费用	12 100		
其中：一年内摊销的部分	1 100		
长期股权投资	312 500		
固定资产	26 000 000		
累计折旧	525 000		
固定资产减值准备	100 000		
在建工程	13 000		
无形资产	19 000		
合　计	37 587 400	合　计	37 587 400

资产负债表

表 14-3
会企 01 表

编制单位：某建筑施工企业　　某 年 12 月 31 日　　单位：元

资　产	行次	年初数	期末数	负债和所有者权益	行次	年初数	期末数
流动资产：	1			流动负债	1		
货币资金	2	1 250 000	1 281 000	短期借款	2	2 650 000	2 682 000
交易性金融资产	3	650 000	656 750	应付票据	3	550 000	509 000
应收票据	4	1 065 000	10 625 000	应付账款	4	500 250	520 250
应收账款	5	1 553 500	15 612 500	预收账款	5		1 250
预付账款	6		700	应付职工薪酬	6	105 000	104 400
其他应收款	7	21 000	20 750	应付股利	7	75 000	100 000
存　货	8	7 160 000	7 247 250	应交税费	8	587 500	584 000
待摊费用	9	25 500	26 700	其他应付款	9	6 000	5 500
1年内到期的非流动资产				应付利息		11 500	10 000
流动资产合计		11 725 000	11 856 900	1年内到期的非流动负债			9 400
非流动资产：				流动负债合计		4 485 250	4 525 800
长期股权投资	10	310 000	312 500	长期借款	10	600 000	600 000
投资性房地产	11			应付债券	11	5 106 500	5 106 100
固定资产	12	24 950 000	253 750 000	递延所得税负债	12	0	
在建工程	13	12 500	13 000	非流动负债合计	13	5 706 500	5 706 100
工程物资	14			负债合计	14	10 191 750	10 231 900
固定资产清理	15				15		
生产性生物资产	16			所有者权益：	16		
无形资产	17	20 000	19 000	实收资本（或股本）	17	25 000 000	25 250 000
开发支出	18			资本公积	18	575 750	705 500
商誉	19			盈余公积	19	960 000	850 000
长期待摊费用	20	10 000	11 000	未分配利润	20	300 000	550 000
递延所得税资产	21				21		
非流动资产合计	22	25 302 500	25 730 500	所有者权益合计	22	26 825 750	27 355 500
	23				23		
	24				24		
	25				25		
	26				26		
	27				27		
	28				28		
	29				29		
	30				30		
资产总计	33	37 027 500	37 587 400	负债及所有者权益合计	40	37 027 500	37 587 400

第三节 利 润 表

一、利润表的作用

（一）利润表的定义

利润表是反映企业一定期间生产经营成果的会计报表。利润表把一定期间的营业收入与其同一会计期间相关的营业费用进行配比，以计算出企业一定时期的净利润（或净亏损）。由于利润是企业经营业绩的综合体现，又是进行利润分配的主要依据，因此利润表是会计报表中的主要报表。

（二）利润表的作用

（1）通过利润表反映的收入、费用等情况，能够反映企业生产经营的收益和成本耗费情况，表明企业生产经营成果；

（2）用以分析企业利润的构成，计算报告期内工程结算收入利润率，与行业平均利润率比较，评定企业的获利能力和在工程投标标价上的竞争能力。

（3）通过利润表提供的不同时期的比较数字（本月数、本年累计数、上年数），可以分析企业今后利润的发展趋势及获利能力。

二、利润表的结构

利润表是通过一定的表格来反映企业的经营成果。由于不同的国家和地区对会计报表的信息要求不完全相同，利润表的结构也不完全相同。但目前比较普遍的利润表的结构有多步式利润表和单步式利润表两种。多步式利润表的优点是，便于对企业生产经营情况进行分析，有利于不同企业之间进行比较，更重要的是利用多步式利润表有利于预测企业今后盈利能力。目前我国会计制度规定的企业利润表就是采用多步式。

利润表格式如表14-4所列。

利 润 表　　　　　　　　　　　表14-4

会企02表

编制单位：_____　　____年____月　　　　单位：元

项　目	行　次	本月数	本年累计数
一、营业收入	1		
减：营业成本	2		
营业税金及附加	3		
销售费用	4		
管理费用	7		
财务费用	8		
资产减值损失	9		
加：公允价值变动收益	10		
投资收益（损失以"—"号填列）	11		
其中：对联营企业和合营企业的投资收益	12		

续表

项目	行次	本月数	本年累计数
二、营业利润	13		
补贴收入	14		
营业外收入	15		
减：营业外支出	16		
三、利润总额（亏损总额以"—"号填列）	17		
减：所得税	18		
四、净利润（净亏损以"—"号填列）	19		
五、每股收益	20		
（一）基本每股收益	21		
（二）稀释每股收益	22		

注：基本每股收益＝净利润÷对外发行股票数额。

三、利润表各项目内容及填列方法

按照我国企业利润表的格式要求，利润表中一般设有"本月数"和"本年累计数"两栏。报表中"本月数"栏反应各项目的本月实际发生数，在编制月报表时，应根据有关损益类账户的本月发生额分析填列。

（1）"营业收入"项目，反映企业销售产品，提供劳务等经营业务所获得的收入。本项目应根据"主营业务收入"账户和"其他业务收入"账户的本期贷方发生额填列。如果结账前该账户有借方发生额，属于本期销货退回或销售折让，应抵减本期贷方发生额，按抵减后的差额填列。

（2）"营业成本"项目，反映企业为取得营业收入而发生的相关成本。本项目应根据"主营业务成本"账户和"其他业务支出"账户的借方发生额分析填列。如果结账前该账户有贷方发生额，属于本期销货退回，应抵减借方发生额，按抵减后的差额填列。

（3）"营业税金及附加"项目，反映企业经营主要业务应负担的营业税、消费税、城市维护建设税、资源税、土地增值税和教育费附加，但不包括增值税。本项目应根据"营业税金及附加"科目的借方发生额分析填列。

（4）"销售费用"项目，反映企业在销售商品、提供劳务过程中发生的经营费用。本项目应根据"销售费用"账户的借方发生额分析填列。

（5）"管理费用"项目，反映企业发生的管理费用。本项目应根据"管理费用"账户的发生额分析填列。

（6）"财务费用"项目，反映企业为筹集资金而发生的费用。本项目应根据"财务费用"账户的借方发生额分析填列。如果结账前该账户有贷方发生额，应以借方发生额抵减贷方发生额后的差额填列。

（7）"资产减值损失"项目，反映企业各项资产发生的减值损失。本项目应根据"资产减值损失"账户的借方发生额分析填列。

（8）"公允价值变动收益"项目，反映企业交易性金融资产、交易性金融负债以及采用公允价值模式计量的投资性房地产、衍生工具、套期保值业务等的公允价值变动形成的利得和损失。本项目应根据"公允价值变动损益"的发生额分析填列。公允价值变动损失以负号表示。

（9）"投资收益"项目，反映企业以各种方式对外投资所获得的净收益，包括分来的投资利润或现金股利、债券投资的利息收入以及收回投资确认的处置收益等。本项目应根据"投资收益"账户的贷方发生额分析填列，如为损失，以负号表示。

（10）"营业外收入"项目，反映企业经营业务以外形成的净收益，如处置非流动资产利得、盘盈利得、债务重组利得、罚没收入、捐赠利得等。本项目应根据"营业外收入"账户的贷方发生额填列。

（11）"营业外支出"项目，反映企业经营业务以外的各项净支出和净损失，包括非流动资产交易损失、债务重组损失、非常损失、公益性捐赠支出、盘亏等。本项目应根据"营业外支出"账户的借方发生额填列。

（12）"利润总额"项目，反映企业实现的利润总额。如为亏损，以负号表示。

（13）"所得税"项目，本项目应根据"所得税"账户的借方发生额填列。

（14）"净利润"项目，反映企业实现的净利润。如为亏损，以负号表示。

（15）"每股净收益"项目，反映股份有限公司的普通股股东每持一股所能享受的利润或需承担的亏损。每股净收益按"基本每股收益"和"稀释每股收益"项目分别填列。

【例14-2】 某建筑施工企业某年损益类账户发生额如表14-5，则根据其编制相应的利润表如表14-6。

某企业某年度有关损益类账户发生额表　　　　　　表14-5

账户名称	12月份借方发生额	12月份贷方发生额	1~11月累计数
主营业务收入		2 750 000	29 000 000
其他业务收入		375 000	4 000 000
营业成本			
主营业务成本	2 200 000		23 250 000
其他业务成本	275 000		3 000 000
营业税金及附加	5 000		50 000
管理费用	150 000		1 400 000
财务费用	7 500		70 000
销售费用	42 500		450 000
投资收益		14 000	50 000
营业外收入		12 000	150 000
营业外支出	16 000		225 000
所得税	150 150		1 719 300

利 润 表

表 14-6
会企 02 表

编制单位：某建筑施工企业　　某 年 12 月　　　　　　　　　　　　　　单位：元

项　目	行　次	本月数	本年累计数
一、营业收入	1	3 125 000	36 125 000
减：营业成本	2	2 475 000	28 725 000
营业税金及附加	3	5 000	55 000
销售费用	4	42 500	492 500
管理费用	7	150 000	1 550 000
财务费用	8	7 500	77 500
资产减值损失	9		
加：公允价值变动收益	10		
投资收益（损失以"—"号填列）	11	14 000	64 000
其中：对联营企业和合营企业的投资收益	12		
二、营业利润	13	459 000	5 289 000
补贴收入	14		
营业外收入	15	12 000	162 000
减：营业外支出	16	16 000	241 000
三、利润总额（亏损总额以"—"号填列）	17	455 000	5 210 000
减：所得税	18	150 150	1 719 300
四、净利润（净亏损以"—"号填列）	19	304 850	3 490 700
五、每股收益	20		
（一）基本每股收益	21		0.349 07
（二）稀释每股收益	22		

注：基本每股收益＝净利润÷对外发行股票数额；

本例假如对外发行 10 000 000 股股票。

第四节　所有者权益变动表

一、所有者权益变动表的内容和结构

所有者权益变动表是反映所有者权益的各个部分当期增减变动的报表，包括：实收资本、资本公积、盈余公积、和未分配利润的当期增减变动情况，是动态报表。

二、所有者权益变动表提供的信息

（1）净利润；

（2）直接计入所有者权益的利得和损失项目及其总额；

（3）会计政策变动与会计差错更正的累积影响数；

（4）所有者投入资本和向所有者分配利润等；

(5) 按照定额提取的盈余公积;

(6) 实收资本、资本公积、盈余公积、未分配利润的期初和期末余额及其调节情况。

三、所有者权益变动表的编制

本年年初余额＝各项目上年年初余额＋会计政策变更和前期差错调整

本年年末余额＝本年年初余额±本年增减变动金额

本年增减变动金额＝净利润＋直接计入所有者权益的利得和损失＋所有者投入和减少资本＋利润分配＋所有者内部结转

所有者权益变动表格式如表14-7所列。

所有者权益变动表   表14-7

会企04表

编制单位：_____ _____年 单位：元

项 目	行次	本年金额						上年金额					
		实收资本（或股本）	资本公积	盈余公积	未分配利润	库存股（减项）	所有者权益合计	实收资本（或股本）	资本公积	盈余公积	未分配利润	库存股（减项）	所有者权益合计
一、上年年末余额	1												
1. 会计政策变更	2												
2. 前期差错更正	3												
二、本年年初余额	4												
三、本年增减变动金额（减少以"—"号表示）	5												
（一）本年净利润	6												
（二）直接计入所有者权益的利得和损失	7												
1. 可供出售金融资产公允价值变动净额	8												
2. 现金流量套期工具公允价值变动净额	9												
3. 与计入所有者权益项目相关的所得税影响	10												
4. 其他	11												
小计	12												
（三）所有者投入资本	13												
1. 所有者本期投入资本	14												
2. 本年购回库存股	15												

续表

项目	行次	本年金额						上年金额					
		实收资本（或股本）	资本公积	盈余公积	未分配利润	库存股（减项）	所有者权益合计	实收资本（或股本）	资本公积	盈余公积	未分配利润	库存股（减项）	所有者权益合计
3. 股份支付计入所有者权益的金额	16												
（四）本年利润分配	17												
1. 对所有者（或股东）的分配	18												
2. 提取盈余公积	19												
（五）所有者权益内部结转	20												
1. 资本公积转赠资本	21												
2. 盈余公积转赠资本	22												
3. 盈余公积弥补亏损	23												
四、本年年末余额	24												

四、所有者权益变动表实例

【例 14-3】 某建筑施工企业 2006 年有关所有者权益账户年内变动情况及原因如表 14-8、表 14-9。

表 14-8

账 户	年初余额	本年增加及原因	本年减少及原因	年末余额
实收资本	25 200 000	盈余公积转入 792 000		25 992 000
资本公积	575 750	接受捐赠 129 750		705 500
盈余公积	950 000	净利润提取 692 000	转增资本 792 000	85 000
未分配利润	100 000	实现净利润 3 460 000	提取盈余公积 692 000 分派股利 2 318 000	550 000
合 计	26 825 750			28 097 500

所有者权益变动表　　　　　表 14-9

会企 04 表

编制单位：某建筑减值施工企业　　2006 年　　　　　　　　　　　　　　单位：元

项 目	行次	本 年 金 额					
		实收资本（或股本）	资本公积	盈余公积	未分配利润	库存股（减项）	所有者权益合计
一、上年年末余额	1	25 200 000	575 750	950 000	100 000		26 825 750
1. 会计政策变更	2						
2. 前期差错更正	3						

续表

项 目	行次	本 年 金 额					
		实收资本（或股本）	资本公积	盈余公积	未分配利润	库存股（减项）	所有者权益合计
二、本年年初余额	4	25 200 000	575 750	950 000	100 000		26 825 750
三、本年增减变动金额（减少以"一"号表示）	5						
（一）本年净利润	6				3 460 000		3 460 000
（二）直接计入所有者权益的利得和损失	7						
1. 可供出售金融资产公允价值变动净额	8						
2. 现金流量套期工具公允价值变动净额	9						
3. 与计入所有者权益项目相关的所得税影响	10						
4. 其他	11		129 750				129 750
小计	12						
（三）所有者投入资本	13						
1. 所有者本期投入资本	14						
2. 本年购回库存股	15						
3. 股份支付计入所有者权益的金额	16						
（四）本年利润分配	17						
1. 对所有者（或股东）的分配	18				2 318 000		2 318 000
2. 提取盈余公积	19			692 000	692 000		
（五）所有者权益内部结转	20						
1. 资本公积转赠资本	21						
2. 盈余公积转赠资本	22	792 000		792 000			
3. 盈余公积弥补亏损	23						
四、本年年末余额	24	25 992 000	705 500	850 000	550 000		28 097 500

注：上述表"上年余额"指标此略。

第五节　现金流量表

一、现金流量表的作用

（一）现金流量表的定义

现金流量是某一时期内企业现金流入和流出的数量。如企业通过销售商品、提供劳务、出售固定资产、向银行借款等取得现金，形成企业的现金流入；购买原材料、接受劳务、购建固定资产、对外投资、偿还债务等而支付现金等，形成企业的现金流出。现金流量信息能够表明企业经营状况是否良好，资金是否紧缺，企业偿付能力大小，从而为投资者、债权人、企业管理者提供非常有用的信息。现金流量表就是一张反映企业现金流量情况的报表，它反映出企业一定会计期间内有关现金和现金等价物的流入和流出信息。

（二）现金流量表的编制基础

现金流量表的现金概念包括库存现金、银行存款、其他货币资金和现金等价物。

（1）库存现金。库存现金是指企业持有可随时用于支付的现金限额，即与会计核算中"库存现金"科目所包括的内容一致。

（2）银行存款。银行存款是指企业存在金融企业随时可以用于支付的存款，即与会计核算中"银行存款"科目所包括的内容基本一致，区别在于：如果存在金融企业的款项中不能随时用于支付的存款（如不能随时支取的定期存款），不作为现金流量表中的现金；但提前通知金融企业便可支取的定期存款，则包括在现金流量表中的现金范围内。

（3）其他货币资金。其他货币资金是指企业存在金融企业有特定用途的资金，如外埠存款、银行汇票存款、银行本票存款、信用证保证金存款、信用卡存款等。

（4）现金等价物。现金等价物是指企业持有的期限短、流动性高、易于转换为已知金额的现金、价值变动风险很小的短期投资。现金等价物虽然不是现金，但其支付能力与现金的差别不大，可视为现金。现金等价物通常指购买在3个月或更短时间内即到期或即可转换为现金的投资。

二、现金流量表的分类和编制方法

（一）现金流量表的分类

现金流量表首先要对企业各项经济业务产生或运用的现金流量进行合理的分类，通常按照企业经营业务发生的性质将企业一定期间内产生的现金流量归为经营活动、投资活动或筹资活动的现金流量。这三个项目的划分构成了现金流量表的基本结构。

1. 经营活动产生的现金流量

经营活动是指企业投资活动和筹资活动以外的所有交易和事项，包括销售商品或提供劳务、经营性租赁、购买货物、接受劳务、制造产品、广告宣传、推销产品、交纳税款等。经营活动产生的现金流量是企业通过运用所拥有或控制的资产创造的现金流量，主要是与企业净利润有关的现金流量。通过经营活动所产生的现金流量，可以说明企业经营活动对现金流入和流出的影响程度，判断企业在不动用对外筹得资金的情况下，是否足以维持生产经营、偿还债务、支付股利和对外投资等。

各类企业由于所处行业特点不同，它们在对经营活动的认定上有一定差异。在编制现金流量表时，应根据企业的实际情况，对现金流量进行合理的归类。

2. 投资活动产生的现金流量

投资活动是指企业长期资产的购建和不包括在现金等价物范围内的投资及其处置活动。这里的长期资产是指固定资产、在建工程、无形资产、其他资产等持有期限在一年或一个营业周期以上的资产。主要包括取得或收回投资、购建和处置固定资产、无形资产和其他长期资产等。根据投向的不同将企业的投资活动划分为对外投资和对内投资。

3. 筹资活动产生的现金流量

筹资活动是指企业向债权人筹集资金的活动，如发行债券、向金融企业借入款项、偿还债务等以及企业向投资者筹集资金的活动，如吸收投资、发行股票、分配利润等。

企业向债权人筹集资金，包括企业从银行和其他金融机构等借入和偿还的短期与长期借款以及借款利息的形成与支付，企业发行短期和长期应付债券、债券计息及债券的还本付息活动，应付引进设备款和融资租入固定资产所支付的引进设备款和融资租赁费，以及企业为获得现金签发的应付票据。以现金支付的筹资利息，无论是作为收益性支出（财务费用）还是原来已作资本性支出（长期借款），亦属于借款活动的范畴。借款活动导致企业债务规模发生变化，但不会引起企业所有者权益的变化。借款活动一般使用"短期借款"、"长期借款"、"应付债券"、"预提费用"、"长期应付款"以及"财务费用"等账户进行会计核算。

企业向投资者筹集资金，引起企业实收资本、资本公积发生增减变化，包括吸收权益性资本投资，接收捐赠，分配股利或利润，减少注册资本等活动。向企业提供资金的投资人在企业享有所有者权益，它一般会引起企业所有者权益结构和规模发生变化。资本活动一般使用"实收资本"、"资本公积"、"盈余公积"和"应付股利"等账户进行会计核算。

通过现金流量表中筹资活动产生的现金流量，可以分析企业筹资的能力，以及筹资产生的现金流量对企业现金流量净额的影响程度。

在编制现金流量表时，企业需根据自身经济业务的性质和具体情况，分别归并到经营活动、投资活动或筹资活动的现金流量项目中反映。

（二）现金流量表的编制方法

编制现金流量表的方法按照对经营活动现金流量的取得方法不同可以分为两种方法，一是直接法，二是间接法。采用不同的列报方法，现金流量表的结构也会有所不同。所谓直接法，是指通过现金收入和支出的主要类别反映来自企业经营活动的现金流量。按照《企业会计准则——现金流量表》的规定，直接法下经营活动现金流入类别主要包括：①销售商品、提供劳务收到的现金；②收到的税费返还等。经营活动现金流出类别主要包括：①购买商品、接受劳务支付的现金；②支付给职工以及为职工支付的现金；③支付的各项税费等。在实务中，一般是以利润表中的营业收入为起算点，调整与经营活动各项目有关的增减变动，然后分别计算出经营活动各现金流量。

所谓间接法，是指以本期净利润为起算点，调整不涉及现金的收入、费用、营业外收支以及应收应付等项目的增减变动，据此计算并列示经营活动的现金流量。

利润表中反映的净利润是按权责发生制确定的，其中有些收入、费用项目并没有实际发生现金流入和流出，通过对这些项目的调整，即可将净利润调节为经营活动现金流量。间接法的原理就在于此。

采用间接法将净利润调节为经营活动的现金流量时，需要调整的项目可分为四大类：①实际没有支付现金的费用；②实际没有收到现金的收益；③不属于经营活动的损益；④经营性应收应付项目的增减变动。上述调整项目具体包括，计提的坏账准备或转销的坏账、固定资产折旧、无形资产和递延资产摊销、待摊费用摊销、处置固定资产、无形资产和其他资产损益、固定资产报废损失、固定资产盘亏、财务费用、投资损益、递延税款、存货、经营性应收应付项目等。在现行的企业会计准则中，要求企业按直接法编制现金流量表，并在附注中披露按间接法将净利润调整为经营活动现金流量的信息，从而兼顾了两种方法的优点。

企业现金流量表的格式如表14-10。

现 金 流 量 表

表 14-10
会企03表

编制单位：_____　　　_____年度　　　　　　　　　　　单位：元

项　　目	行　次	金　　额
一、经营活动产生的现金流量：		
销售商品、提供劳务收到的现金		
收到的税费返还		
收到的其他与经营活动有关的现金		
经营活动现金流入小计		
购买商品、接受劳务支付的现金		
支付的各项税费		
支付给职工以及为职工支付的现金		
支付的其他与经营活动有关的现金		
经营活动现金流出小计		
经营活动产生的现金流量净额		
二、投资活动产生的现金流量：		
收回投资所收到的现金		
取得投资收益所收到的现金		
处置固定资产、无形资产和其他长期资产而收到的现金净额		
处置子公司及其他营业单位收到的现金净额		
收到的其他与投资活动有关的现金		
投资活动现金流入小计		
购建固定资产、无形资产和其他长期资产而支付的现金		
投资所支付的现金		
处置子公司及其他营业单位支付的现金净额		
支付的其他与投资活动有关的现金		
投资活动现金流出小计		
投资活动产生的现金流量净额		
三、筹资活动产生的现金流量：		
吸收投资所收到的现金		
取得借款所收到的现金		
收到的其他与筹资活动有关的现金		
筹资活动现金流入小计		
偿还债务所支付的现金		
分配股利、利润或偿还利息支付的现金		
支付的其他与筹资活动有关的现金		
筹资活动现金流出小计		
筹资活动产生的现金流量净额		
四、汇率变动对现金及现金等价物的影响额		
五、现金及现金等价物净增加额		
六、期末现金及现金等价物余额		

三、采用直接法编制现金流量表的方法

现金流量表按照经营活动产生的现金流量、投资活动产生的现金流量和筹资活动产生的现金流量分别反映。

1. 经营活动产生的现金流量的项目内容和填制方法

(1)"销售商品、提供劳务收到的现金"项目,该项目一般包括当期销售商品、提供劳务收到的现金收入(包括增值税销项税额);当期收到前期销售商品、提供劳务的应收账款或应收票据;当期预收账款;当期因销货退回而支付的现金或收回前期核销的坏账损失。当前收到的货款和应收、应付账款,原规定不包括应收增值税销项税额,现为简化手续,将收到的增值税销项税额并入"销售商品、提供劳务收到的现金"及应收应付项目中,并对报表有关项目作相应修改。

(2)"收到的税费返还"项目,反映企业实际收到的各种税费返还。

(3)"收到的其他与经营活动有关的现金"项目,反映企业除了上述项目外,收到的其他与经营活动有关的现金。

(4)"购买商品、接受劳务支付的现金",包括当期购买商品接受劳务支付的现金、当前支付前期的应付账款或应付票据(均包括增值税进项税额)当期预付的账款,以及购货退回所收到的现金。

(5)"支付给职工以及为职工支付的现金"反映企业以现金方式支付给职工的工资以及为职工支付的其他现金。支付给职工的工资包括工资、奖金以及各种补贴等;为职工支付的其他现金,如企业为职工缴纳的养老、失业等社会保险金、企业为职工缴纳的商业保险金等。

(6)"支付的各种税费"反映企业实际支付的各项税费。包括本期发生并支付的税费,以及本期支付以前各期发生的税费和预交的税费。

(7)"支付与其他经营活动有关的现金"项目,反映企业除上述项目外,支付的与经营活动有关的现金。

2. 投资活动产生的现金流量各项目的填列

(1)"收回投资收到的现金"它反映企业出售转让或到期收回除现金等价物以外的短期投资、长期股权投资而收到的现金,以及收回长期债权投资本金而收到的现金,按实际收回的投资额填列。

(2)"取得投资收益收到的现金"反映企业因股权性投资和债权性投资而取得的现金股利、利息,以及从子公司、联营企业或合营企业分回利润而收到的现金。到期收回的本金应在"收回投资收到的现金"项目中反映。

(3)"处置固定资产、无形资产而收回的现金净额"它反映企业为处置这些资产所取得的现金,扣除为处置这些资产而支付的有关费用后的净额。

(4)"收到的其他与投资活动有关的现金"反映企业除上述各项以外,收到的其他与投资活动有关的现金流入。

(5)"购建固定资产、无形资产支付的现金"它包括企业购买、建造固定资产,取得无形资产所支付的现金,不包括为购建固定资产而发生的借款利息资本化的部分以及融资租赁固定资产所支付的租金和利息。

(6)"投资支付的现金"反映企业购买股票等权益性投资和债权性投资所支付的现金,

包括短期股票、短期债券投资，长期股权、债权投资支付的现金及佣金、手续费等附加费。

(7)"支付的其他与投资活动有关的现金"项目，反映企业除了上述各项外，支付的其他与投资活动有关的现金。

3. 筹资活动产生的现金流量各项目的填列

(1)"吸收投资收到的现金"项目反映企业收到的投资人投入的资金，包括发行股票、债券所实际收到的款项净额（发行收入减去支付的佣金等发行费用后的净额）。在一般企业中，发行股票、债券的业务比较少。

(2)"取得借款所收到的现金"。它是指企业举借各种短期、长期借款所收到的现金，根据收入时的实际借款金额计算。企业因借款而发生的利息列入"分配股利、利润或偿还利息支付的现金"。

(3)"收到的其他与筹资活动有关的现金"。它指企业除了上述各项目外，收到的其他与筹资活动有关的现金流入，如现金捐赠等。

(4)"偿还债务支付的现金"。它包括归还金融企业借款，偿还企业到期的债券等，按当期实际支付的偿债金额填列。

(5)"偿付利息所支付的现金"反映企业实际支付的现金股利和付给其他投资单位的利润以及支付的债券利息、借款利息等。

(6)"支付的其他与筹资活动有关的现金"反映企业除了上述各项外，支付的其他与筹资活动有关的现金流出。

4. 汇率变动对现金的影响

指企业的外币现金流量以及境外子公司的现金流量折算为人民币时，采用现金流量发生日的汇率或平均汇率折算的人民币金额，与"现金及现金等价物净增加额"中外币现金净增加额按期末汇率折算的人民币金额之间的差额。

5. 现金及现金等价物净增加额

指经营活动产生的现金流量净额、投资活动产生的现金流量净额、筹资活动产生的现金流量净额三项之和。

计算公式如下：

现金及现金等价物净增加额＝经营活动产生的现金流量净额＋投资活动产生的现金流量净额＋筹资活动产生的现金流量净额＋汇率变动对现金的影响额

6. 现金流量表附注披露的信息及其填列

(1)将利润调节为经营活动现金流量。通过债权、债务变动，应计及递延项目变动，与投资和筹资现金流量相关的收益和费用项目计算，将净利润调节为经营活动现金流量。

(2)"不涉及现金收支重大的投资和筹资活动"。指一定时期内影响资产或负债但不形成该期现金收支的所有投资和筹资活动的信息。如债务转为资本、融资租入固定资产等。

(3)"现金及现金等价物净变动情况"。指通过对符合现金含义的库存现金、银行存款、其他货币资金科目以及现金等价物的期末余额与期初余额比较所得，其增加额应与"现金流量表"中"现金及现金等价物净增加额"的金额相等。

【例 14-4】 某建筑施工企业 2006 年有关现金流量变动情况如表 14-11。

现 金 流 量 表　　　　　　　　　　表 14-11

会企 03 表

编制单位：某建筑施工企业　　2006 年度　　　　　　　　　单位：元

项　目	行　次	金　额
一、经营活动产生的现金流量：		
销售商品、提供劳务收到的现金		1 404 000
收到的税费返还		
收到的其他与经营活动有关的现金		
现金流入小计		1 404 000
购买商品、接受劳务支付的现金		334 000
支付给职工以及为职工支付的现金		400 000
支付的各项税费		326 812
支付的其他与经营活动有关的现金		50 000
现金流出小计		1 110 812
经营活动产生的现金流量净额		293 188
二、投资活动产生的现金流量：		
收回投资所收到的现金		22 000
取得投资收益收到的现金		40 000
处置固定资产、无形资产和其他长期资产而收到的现金净额		500
处置子公司及其他营业单位收到的现金净额		
收到的其他与投资活动有关的现金		
现金流入小计		62 500
购建固定资产、无形资产和其他长期资产而支付的现金		119 000
投资活动支付的现金		
取得子公司及其他营业单位支付的现金净额		
支付的其他与投资活动有关的现金		
现金流出小计		119 000
投资活动产生的现金流量净额		－56 500
三、筹资活动产生的现金流量：		
吸收投资所收到的现金		
借款所收到的现金		200 000
收到的其他与筹资活动有关的现金		
现金流入小计		200 000
偿还债务所支付的现金		350 000
偿付利息所支付的现金		21 000
现金流出小计		371 000
筹资活动产生的现金流量净额		－171 000
四、汇率变动对现金的影响额		
五、现金及现金等价物净增加额		65 688
附注		

续表

项　　目	行　次	金　　额
1. 将净利润调节为经营活动的现金流量		316 347.20
净利润		2 340
加：计提的资产减值准备		120 000
固定资产折旧		70 000
无形资产摊销		
长期待摊费用摊销		
处置固定资产、无形资产和其他长期资产的损失（减：收益）		19 500
固定资产报废损失		51 000
财务费用		−42 000
投资损失（减：收益）		
递延所得税资产减少（增加以−号填列）		
递延所得税负债增加（减少以−号填列）		101 000
存货的减少（减：增加）		−351 000
经营性应收项目的减少（减：增加）		6 000
经营性应付项目的增加（减：减少）		
其他		293 188
经营活动产生的现金流量净额		
2. 不涉及现金收支的投资和筹资活动		
债务转为资本		
1年内到期的可转换公司债券		
融资租入固定资产		
3. 现金及现金等价物净增加额情况		
现金的期末余额		1 565 687.20
减：现金的期初余额		1 500 000
加：现金等价物的期末余额		
减：现金等价物的期初余额		
现金及现金等价物净增加额		65 688

第六节　财务会计报表附注与中期财务会计报告

一、会计报表附注

（一）会计报表附注概念

会计报表中所规定的内容具有一定的固定性和稳定性，只能提供定量的财务信息，其所能反映的财务信息受到一定限制。会计报表附注是会计报表的补充，主要是对会计报表不能包括的内容，或者披露不详尽的内容作进一步的解释说明。

企业编制会计报表附注，可以提高会计信息的可比性、增进会计信息的可理解性、促使会计信息充分披露，从而提高会计信息的质量，使报表使用者对企业的财务状况、经营成果和现金流动情况获得更充分的了解，并有利于报表使用者作出正确的决策。

（二）会计报表附注披露的内容

会计报表附注应包括以下内容：

1. 企业基本情况

包括：注册地、组织形式、总部地址，企业的业务性质和主要经营活动；母公司以及集团最终母公司的名称；财务报告的批准报出者和财务报告的批准报出日。

2. 财务报表的编制基础

包括：会计年度、记账本位币、会计计量所运用的计量基础和现金及现金等价物的构成。

3. 遵循企业会计准则的声明

企业应当明确说明编制财务报表符合企业会计准则体系的要求，真实、完整反映了企业的财务状况、经营成果和现金流量。

4. 重要会计政策和会计估计

企业应当披露重要会计政策和会计估计，非重要会计政策和会计估计可以不披露。如应当披露重要会计政策确定的依据、财务报表项目计量的基础、会计估计中采用的关键假设和不确定因素。

5. 财务报表列示的重要项目的说明

企业应当按照资产负债表、利润表、现金流量表和所有者权益变动表及其项目的列示顺序，采用文字和数字描述相结合的方式进行披露。

6. 或有事项

按照或有事项准则的要求披露相关内容。

7. 资产负债表日后事项

按照资产负债表日后事项准则的要求披露相关内容。

8. 关联方关系及其交易

按照关联方披露准则的要求披露相关内容。

9. 企业宣告发放的股利

企业应当在附注中披露在资产负债表日后，财务报告批准报出日前提议或宣布发放的股利总额和每股股利金额或向投资者分配的利润总额。

二、中期财务会计报告

1. 中期财务会计报告的概念

中期财务会计报告是指以中期为基础编制的财务报告，其中，"中期"为短于一个完整的会计年度的报告期间，如一个月、一个季度、半年或其他短于一个会计年度的期间。可以是月度财务会计报表，也可以是季度财务会计报表或年度财务会计报表，也包括年初至期中、期末的财务会计报表。

2. 中期财务会计报告的内容

按照中期财务会计报告准则的规定，中期财务会计报告至少包括资产负债表、利润表、现金流量表及会计报表附注四部分。

3. 中期财务会计报告的编制

（1）编制中期财务会计报告应遵循一致性原则，不得在中期内随意变更会计政策，以保证前后各期会计政策的一致性。若需在中期变更会计政策，应当符合《企业会计准则第28号——会计政策、会计估计变更和差错更正》和《企业会计准则第32号——中期财务报告中规定允许政策变更的条件》。

(2) 中期财务会计报告各会计要素的确认和计量应当与年度财务会计报告一致。

(3) 编制中期财务会计报告应当遵循重要性原则，应当提供企业中期财务状况和中期经营成果及其现金流量，如不提供则会误导信息使用者的决策信息。

(4) 编制中期财务会计报告应以年初至本期末为基础，财务会计报告的频率不影响其年度结果的计量，无论企业中期财务会计报告的频率是月度、季度还是半年，中期会计计量的结果最终应当与年度会计报告的会计计量一致。因此，中期会计计量应当以年初至本期末为基础，而不应当以中期作为会计计量的期间基础。

(5) 中期财务会计报告在更大程度上依赖于估计，中期财务会计报告编制要求相对较宽，由于时间的限制或对成本效益等因素的考虑，其数据的计量在更大程度上依赖于估计。

(6) 中期财务会计报告附注的编制，中期财务会计报告附注并不要求企业提供像年度会计报表那样有完整的附注信息，可适当简化，但应遵循重要性原则，以会计年度年初至本期末为基础，提供比上年度财务会计报告更新的信息。

复 习 思 考 题

1. 什么是财务会计报告？财务报告包括哪些部分？
2. 什么是财务会计报表？企业财务会计报表主要有哪些？
3. 资产负债表及其结构？资产负债表有什么作用？
4. 利润表的结构及作用？
5. 现金流量表的作用？
6. 所有者权益变动表的结构及提供的信息内容？
7. 什么样的企业要编制合并会计报表？有什么作用？

习 题

[习题一] 资产负债表

一、目的

练习资产负债表的编制方法。

二、资料

某企业 2006 年的总分类账及其有关二级账户的余额如表 14-12。

表 14-12

会 计 科 目	借 方	贷 方
库存现金	50 000	
银行存款	1 200 000	
其他货币资金	30 000	
短期投资	500 000	
应收票据	6 000	
应收账款	700 000	
坏账准备		8 000
预付账款	100 000	
其他应收款	5 200	
物资采购	250 000	
原材料	1 258 000	
周转材料	214 000	

续表

会 计 科 目	借　方	贷　方
长期待摊费用	120 000	
长期股权投资	300 000	
固定资产	2 500 000	
累计折旧		640 000
在建工程		
短期借款	1 100 000	
应付票据		360 000
应付账款		200 000
其他应付款		500 000
应交税费		60 000
应付利润		40 000
长期借款（其中：一年内到期的借款500 000元）		200 000
实收资本		1 600 000
盈余公积		5 000 000
利润分配—未分配利润		320 000
生产成本	694 800	100 000
合　计	9 028 000	9 028 000

三、要求

编制企业2006年12月31日资产负债表。

[习题二] 利润表

一、目的

练习资产负债表、利润表的编制方法。

二、资料

（1）某施工企业2006年初会计科目的余额见本章习题一。

（2）该企业本年度发生以下经济业务（假设只有一个施工单位，自行设计月份，物资采购逐笔结转库存材料等科目，按综合差异率计算材料成本差异，周转材料采用一次推销方法，股票投资采用成本法核算）。

①用银行存款支付购入施工机械，价款200 000元。

②收到甲方支付工程进度款1 000 000元，已转入我公司账户。

③用银行存款交纳税款33 000元，其中：营业税30 000元，城建税2 100元，教育费附加900元。

④从银行提取现金150 000元，备发工资。

⑤应付职工工资150 000元，其中：施工现场管理人员工资20 000元，施工人员工资120 000元，行政管理人员工资10 000元。

⑥工程领用材料一批，计划成本5 000元。

⑦用银行存款支付公司水电费2 000元，其中：施工现场用电1 500元，管理部门用电500元。

⑧用银行存款支付购入主要材料一批，买价150 000元，运杂费2 000元，已验收入库，计划成本155 000元。

⑨计提固定资产折旧70 000元，其中：施工机械折旧55 000元，企业行政管理部门使用固定资产折旧15 000元。

⑩用现金支付企业行政管理部门办公费3 000元。

⑪一项专项工程完工，交付生产使用，已办理竣工手续，固定资产价值800 000元。

⑫收到股息20 000元，存入银行。

⑬待处理固定资产盘亏 6 000 元，经批准转作营业外支出。

⑭用银行存款 10 000 元支付施工单位土方运输费 20 000 元，差旅交通费 5 000 元，其他间接费 2 000 元。

⑮用银行存款支付安装工程价款 50 000 元。

⑯按应收账款的余额 1％计提坏账准备。

⑰用银行存款支付到期的短期借款本金 100 000 元，利息 4 000 元。

⑱用银行存款支付应付的材料款 250 000 元。

⑲收到发包单位欠交工程款 600 000 元，存入银行。

⑳按工资总额 14％计提职工福利费，按工资总额 2％计提工会经费。

㉑按应收账款余额的 1％计提坏账准备。

㉒摊销施工单位临时设施 10 000 元，计入工程间接费。

㉓工程领用主要材料一批，计划价格 500 000 元，周转材料一批，计划价格 40 000 元。

㉔计算并结转领用材料应分摊的材料成本差异。

㉕计算并结转工程结算税金及附加，其中：营业税按工程价款的 3％计算，城市维护建设税按营业税的 7％计算，教育费附加按营业税的 3％计算。

㉖将各收支项目结转本年利润科目。

㉗计算并结转应交所得税，税率 33％。

㉘按税后利润的 10％和 5％计提法定盈余公积和法定公益金。

㉙按规定计算应分配投资者利润 160 000 元。

㉚结转利润分配给二级科目，结转本年利润。

三、要求

(1) 根据上述各经济业务和事项编制会计分录。

(2) 登记总分类账并试算平衡。

(3) 编制总分类账本期发生额及余额表。

(4) 编制 2006 年 12 月 31 日的资产负债表、利润表。

第十五章 合并会计报表

本章学习目标：认识和熟悉合并会计报表的基本内容，了解合并会计报表的基本编制方法。

第一节 合并会计报表概述

一、合并会计报表及其合并范围

合并会计报表是以母公司和子公司组成的企业集团为一个会计主体，以母公司和子公司单独编制的个别会计报表为基础，由母公司编制的综合反映企业集团的经营成果、财务状况及其变动情况的会计报表。

合并会计报表主要包括合并资产负债表、合并利润表、合并现金流量表及合并所有者权益变动表。与企业个别会计报表一样，这些合并会计报表分别从不同的方面反映企业集团这一会计主体的财务状况和经营成果，构成一个完整的合并会计报表体系。

合并范围是指界定纳入合并的企业对象，即哪些成员企业应当被包括在合并之内，哪些成员企业应当被排除在合并之外，并不是所有企业都被合并。正确界定合并范围，是编制合并会计报表的前提。

1. 母公司拥有半数以上表决权的被投资企业应纳入合并范围

当母公司拥有被投资企业半数以上股份时，就拥有对该被投资企业的控制权，被投资企业成为事实上的子公司，其生产经营活动受制于母公司，是母公司经营活动的一部分。因此，应当将该被投资企业纳入合并范围。

2. 被母公司控制的其他被投资企业

在母公司通过直接和间接方式没有达到控制被投资企业的半数以上表决权的情况下，如果母公司通过其他方式对被投资企业的经营活动能够实施有效控制时，这些能够被母公司控制的被投资企业，也应作为子公司纳入合并范围。

二、合并会计报表的作用

概括的说，合并会计报表的作用就是为了反映和报告在共同控制之下的一个企业集团的财务状况和经营成果的总括情况，以便满足报表使用者对于一个经济实体的财务信息的需求。正如美国会计程序委员会1959年发布的第51号《会计研究公报——合并财务报表》指出："合并报表主要是为母公司的股东和债权人的利益而编制的，它基本上是将一个集团视为一个拥有一个或多个分支机构或分部的单一公司来反映该集团母公司及其子公司的经营成果和财务状况的。一个基本的理由是，合并报表比单独的报表更有意义，当集团中的一个公司直接或间接拥有其他公司的控制性财务股权时，为了公正反映，通常需要合并报表。"国际会计准则委员会在第27号国际会计准则"合并期末报表核对子公司投资的会计处理"中也指出："母公司财务报表使用者常常关心并且需要了解企业集团在整体上的财务状况、经营成果和财务状况的变动。这一需要可由合并财务报表予以满足。"

三、合并会计报表的种类

企业会计报表包括资产负债表、利润表、所有者权益变动表、现金流量表，相应地，合并会计报表也包括合并资产负债表、合并利润表、合并所有者权益变动表、合并现金流量表。

合并资产负债表（简称01表或合并01表）。01表是静态会计报表，反映企业在某一特定时点的财务状况。合并01表也是静态报表，反映企业在某一特定时点的财务状况。

合并利润表及合并所有者权益变动表（简称02表或合并02表）。02表是动态会计报表，反映企业在一定期间的经营成果及其分配情况。合并02表也是动态会计报表。

合并现金流量表（简称03现表或合并03现表）。03现表是动态会计报表，反映企业一定期间的现金流量情况，包括直接反映部分和补充资料部分，合并03表也是动态会计报表，反映企业一定会计期间的现金流量情况。

第二节 合并会计报表的编制

一、合并会计报表的编制方法和步骤

（一）01表和02表的编制方法和编制步骤

1. 编制方法

01表和02表的编制方法有两种，即个别法和合并法。

个别法是指按照类似编制个别会计报表的方法编制合并会计报表，即：将企业集团作为一个统一的会计主体，专门设置一套账簿，对集团内各子公司的全部会计事项重新进行依次全面的核算，至期末，根据这套账簿资料按照编制个别会计报表的方法编制合并会计报表。对于其中的内部会计事项，只当成资源的内部调拨与转移或内部提供劳务，而不确认由此产生的内部损益、内部债权与债务、内部投资与权益等。

以纳入合并范围的子公司的个别会计报表为基础，通过编制抵消分录抵消内部会计事项对个别会计报表的影响后，编制合并会计报表的方法称为合并法。

个别法和合并法的基本原理是相同的，即都是企业集团作为一个统一的会计主体，在编制合并会计报表时消除内部会计事项的影响。不同之处在于个别法在企业集团的日常核算时就没有确认内部会计事项的影响，而合并法则先在个别会计报表中确认内部会计事项的影响，然后在编制合并会计报表时排除这种影响。显然，个别法的工作量要大得多，因此实际工作中一般采用合并法。

2. 编制步骤

（1）进行外币会计报表折算。当纳入合并范围的子公司中有采用不同于母公司记账本位币的个别会计报表时，必须首先将该公司编报的外币个别会计报表折算成与母公司记账本位币相同的个别会计报表，并以折算以后的个别会计报表作为合并会计报表编制的基础。在折算过程中，应运用计算公式推算或验证折算差额的正确性。如果纳入合并范围的子公司不存在外币会计报表，则此步骤不必进行。

（2）将纳入合并范围的个别会计报表过入合并工作底稿并计算"合并数"。利润表过入合并工作底稿的数据是本年实际数；资产负债表过入合并工作底稿中的数据是期末数，

年初数不过入合并工作底稿,因合并资产负债表中的年初数直接抄自上年合并资产负债表的期末数。合并工作底稿样式如表15-1。

合并工作底稿　　　　　　　　　　表15-1

项目	母公司	子公司1	子公司2	子公司n	合计数	抵消分录		合并数
						借方	贷方	
应收票据								
应收账款								
⋮								
资产合计								
应付票据								
应付账款								
⋮								
权益合计								
主营业务收入								
减:主营业务成本								
主营业务税金及附加								
主营业务利润								
⋮								
净利润								
⋮								
未分配利润								
权益合计								

(3) 编制抵消分录。对发生于纳入合并合并范围的各成员企业之间的内部会计事项,编制抵消分录。为保证合并的正确性,必须对编制的抵消分录进行认真的检查,把差错消灭在合并之前。

(4) 编制抵消分录汇总表。为便于将抵消分录过入合并工作底稿,有必要分表先编制抵消分录科目汇总表。其样式如表15-2。

抵消分录科目汇总表　　　　　　　表15-2

编号	合并报表项目	借方发生额	贷方发生额
1111	应收票据		3 000
1131	应收账款		5 000
	⋮		
	资产合计(1001~1999)	1 483	63 379
2111	应付票据	3 000	
2121	应付账款	5 000	
	⋮		
	⋮		

续表

编 号	合并报表项目	借方发生额	贷方发生额
3151	少数股东权益	64 254	6 884
	权益合计（2001～3999）		6 884
5101	主营业务收入	2 356	
5401	主营业务成本		20 300
	⋮		
5802	少数股东损益	2 040	
5805	提取盈余公积		1 530
	⋮		
5818	未分配利润	340	340
	损益合计（5001～5999）	38 519	34 263
	总计（1001～5999）	104 526	104 526

(5) 将抵消分录科目汇总表数据过入合并工作底稿。将第（4）步编制的抵消分录科目汇总表中的数据，逐项过入合并工作底稿中的"抵消分录"专栏，并分借方与贷方过入。

(6) 计算合并工作底稿中的"合并数"。合并工作底稿中的资产、成本、费用与支出等项目的"合并数"，根据各项目的"合并数"加抵消分录借方发生额，减去抵消分录贷方发生额计算确定。合并工作底稿中的负债、所有者权益及收入等项目的"合并数"，根据各项目的"合计数"加抵消分录贷方发生额，减去抵消分录借方发生额计算确定。期末未分配利润的"合计数"，根据该项目的"合计数"加抵消分录的贷方发生额，减去抵消分录的借方发生额计算确定。利润分配各项目的"合并数"，根据利润分配各项目的"合计数"，加抵消分录的借方发生额，减去抵消分录的贷方发生额计算确定。

(7) 根据合并工作底稿中的"合计数"编制合并会计报表。

(二) 03表的编制方法与编制步骤

合并现金流量表的编制方法有两种：一种方法是以合并资产负债表和合并利润表为基础，采用与个别现金流量表相同的方法编制出合并现金流量表。经营活动产生的现金流量的列示也有直接法和间接法两种。另一种方法是以母公司和纳入合并范围的子公司的个别现金流量表为基础，通过编制抵消分录，将母公司与纳入合并范围的子公司以及子公司相互之间发生的经济业务对个别现金流量表中的现金流量的影响予以抵消，从而编制出合并现金流量表。在采用这一方法编制合并现金流量表的情况下，其编制原理、编制方法和编制程序与合并资产负债表、合并利润表以及合并利润分配表的编制原理、编制方法和编制程序相同。

第三节 合并会计报表的编制实例

一、合并会计报表的编制实例

(一) 合并利润表及合并资产负债表的编制

合并利润表的编制，以母公司和纳入合并范围的子公司的个别利润表为基础，在抵消企业集团内部经济业务对下列项目的影响后，合并其数额来进行。

1. 编制母公司与子公司以及子公司之间发生的内部结算收入的抵消分录。

涉及到内部点交工程已向发包单位点交并结算工程价款时，应在合并工作底稿中编制抵消分录：

借：主营业务收入
　　贷：主营业务成本

如果内部点交工程尚未向发包单位点交并结算工程价款时，应在合并工程结算收入、合并工程结算成本、合并存货（在建工程）项目中抵消内部点交工程的价款收入、工程成本及将内部点交工程结算价款计算的存货调整为工程成本，将内部点交工程结算成本和税金及附加与工程结算收入的差额，调整合并存货，编制抵消分录：

借：主营业务收入
　　贷：主营业务成本
　　　　存货

2. 母公司与子公司以及子公司之间相互发生的内部结构件销售利润的抵消。

内部结构件销售尚未用于点交工程向发包单位结算工程价款时，应在存货项目抵消内部销售结构件中所包含的未实现利润，在合并其他业务利润项目中抵消内部结构件的利润，编制抵消分录：

借：其他业务利润
　　贷：存货

内部结构件已用于点交工程时，编制抵消分录：

借：其他业务利润
　　贷：主营业务成本

3. 母公司与子公司以及子公司之间相互持有对方债券所发生的投资收益，应与其相对应的利息支出相抵消，编制抵消分录。

借：投资收益
　　贷：财务费用

4. 母公司与子公司、子公司之间相互发生的固定资产交易所产生的未实现利润内部销售利润的抵消。

（1）在发生内部销售固定资产交易的会计期间，应进行如下抵消：

借：其他业务利润
　　贷：固定资产原价

（2）在发生内部销售固定资产交易以后的会计期间到该固定资产清理报废时止，应进行如下抵消：

借：年初未分配利润
　　贷：固定资产原价

（3）在内部销售固定资产报废清理时，应当将固定资产原价中包含的未实现内部销售利润总额减去报废清理以前固定资产原价中包含的未实现内部销售利润中已记入以前各期折旧费用的数额后的余额进行如下抵消：

借：年初未分配利润
　　贷：主营业务成本
　　　　存货
　　　　营业外收入（或营业外支出）

在编制合并工作底稿时，应将母、子公司会计报表的本年累计数或期末数分别填入"母公司报表的相应栏内"，然后根据内部交易及调整事项，编制调整分录填入"调整及抵消数"的"借方"或"贷方"。

【例 15-1】 某建筑企业于 2006 年初投资 960 000 元组建拥有 80％股权的子公司，子公司实收资本为 1 200 000 元，少数股东权益 240 000 元。本年度内，发生下列内部事项：

（1）子公司向母公司点交工程价款为 600 000 元的分包工程，母公司已向发包单位点交并结算工程价款。

（2）子公司向母公司销售 200 000 元的结构件，其内部销售利润为 40 000 元，结构件用于点交工程，价款未付。

（3）子公司当年税后利润为 150 000 元，母公司投资收益为 120 000 元(150 000×80％)，少数股东损益为 30 000 元（150 000×20％），另提取盈余公积金 23 500 元，分配利润 116 000 元，剩余 10 500 结转下年。

根据上述事项，在合并工作底稿中编制如下分录：

① 抵消内部点交工程结算收入

借：主营业务收入	600 000
贷：主营业务成本	600 000

②抵消结构件内部结算利润

借：其他业务利润	40 000
贷：存货	40 000

③抵消母公司与子公司之间相互应付应收结构件购销款

借：应付账款	200 000
贷：应收账款	200 000

④抵消因内部应收账款而抵消的坏账准备

借：坏账准备	2 000
贷：管理费用	2 000

⑤抵消母公司对子公司权益性投资与子公司所有者权益中母公司所有者权益，计算出少数股东权益和少数股东损益：

借：投资收益	120 000
少数股东权益	30 000
实收资本	1 200 000
盈余公积	23 500
未付利润	92 500
贷：长期股权投资	1 080 000
盈余公积	23 500

应付利润　　　　　　　　　　　　　　　　　116 000
少数股东权益　　　　　　　　　　　　　　　246 500

编制合并工作底稿如表15-3。

合并工作底稿　　　　　　　　　　表 15-3

项目	母子公司报表金额		调整及抵消数		合并报表金额
	母公司	子公司	借方	贷方	
主营业务收入	25 000 000	2 000 000	1) 60 000		26 940 000
主营业务成本	20 500 000	1 607 000		1) 60 000	21 507 000
营业税金及附加	825 000	66 000			891 000
其他业务利润			2) 40 000		
管理费用	563 000	30 000		4) 2 000	633 000
财务费用	1 200 000	66 000			1 264 000
投资收益	132 000	20 000			152 000
营业外收入	140 800		5) 120 000		20 800
营业外支出	20 000	3 000			23 000
所得税	11 000	2 000			13 000
少数股东损益	1 008 400	89 760			1 098 160
年初未分配利润			⑤30 000		30 000
提取盈余公积	500 000				500 000
应付利润	305 580	27 200			332 780
	840 500	116 000	⑤116 000		840 500
货币资金	402 000	40 500			442 500
应收票据	877 400	68 000			945 400
应收账款	800 000	160 000		③200 000	760 000
坏账准备	8 000	1 600	④2 000		7 600
其他应收款	10 000	1 000			11 000
长期待摊费用	44 000	5 000			49 000
存货	4 844 000	365 500		④40 000	5 169 500
其中：在建工程	1 600 540	90 500			1 691 040
长期股权投资	1 107 200			⑤1 080 000	27 200
合并价差					

根据合并工作底稿的调整及抵消数，调整母公司、子公司报表金额后，就可以按照下列方法计算出合并报表金额。

收入、收益、负债、所有者权益项目为：

母、子公司报表金额合计数＋调整及抵消贷方数－调整及抵消借方数

成本、费用、支出、损失、资产项目为：

母、子公司报表金额合计数＋调整及抵消借方数－调整及抵消贷方数

现根据合并工作底稿合并报表金额栏各项目数和上年合并报表，编制合并利润表、合并资产负债表分别如表15-4、表15-5。

合并利润表

表 15-4

编制单位：某企业 2006 年 12 月 单位：元

项　目	上年累计数	本年累计数
一、营业收入		26 940 000
二、减：营业成本		21 507 000
营业税金及附加		891 000
减：销售费用		
加：其他业务利润		4 542 000
减：管理费用		633 000
财务费用		1 264 000
加：投资收益		152 000
		20 800
一、营业利润		2 493 000
营业外收入		23 000
减：营业外支出		13 000
四、利润总额		2 523 800
减：所得税费用		1 098 160
少数股东权益		30 000
五、净利润		1 395 640

合并资产负债表

表 15-5

编制单位：某企业 2006 年 12 月 单位：元

资　产	年初数	期末数	负债及所有者权益	年初数	期末数
流动资产：			流动负债：		
货币资金	551 500	442 500	短期借款	600 000	581 000
短期投资			应付票据	460 000	406 000
应收票据	542 500	945 400	应付账款	675 000	463 400
			预收账款		160 000
应收账款净额	348 250	752 400	应付职工薪酬	90 000	7 600
预付账款		50 000			
其他应收款	2 500	11 000	其他应付款	1 000	8 000
长期待摊费用		49 000	应交税费	51 000	111 376
存货	4 740 000	5 169 500	未付利润	680 000	815 700
其中：在建工程		1 691 040	其他未交款	10 500	
其他流动资产			预提费用		
待处理流动资产损失			其他流动负债		
一年内到期的长期债券投资			一年内到期的长期负债		
流动资产合计	6 234 750	53 895 300	流动负债合计	2 486 500	2 553 076
长期股权投资：	125 000	27 200	长期负债：		
其中：合并价差（贷差以"—"表示）			长期借款	2 320 000	1 998 960
固定资产：			应付债券	250 000	
固定资产原价	12 900 000	11 364 000	长期应付款		
减：累计折旧	2 580 000	3 710 400	其他长期负债		
固定资产净值	10 320 000	7 653 600	长期负债合计	2 570 000	1 998 960
固定资产合计			递延税项：		
在建工程：			递延税项贷项		

续表

资　　产	年初数	期末数	负债及所有者权益	年初数	期末数
在建工程			负债合计	5 056 500	4 552 036
无形资产：	10 320 000	1 122 400	少数股东权益	796 000	246 500
无形资产			所有者权益：		
非流动资产合计	1 220 000		实收资本	9 204 000	9 204 000
其他资产：	275 000	1 682 000	资本公积	2 000 000	1 860 000
其他长期资产		390 600	盈余公积	850 000	916 695
其他资产合计		390 600	未分配利润	143 250	722 360
			所有者权益合计	12 197 250	12 703 055
资产总计	18 049 750	17 457 000	负债及所有者权益总计	18 049 750	17 457 000

（4）合并现金流量表。

以直接法为例编制现金流量表。

【例15-2】 2006年12月31日A公司及其拥有80％股份的子公司B公司的合并资产负债表和2006年度的合并利润表分别见表15-6和表15-7。2006年其他有关数据如下：

①2006年B公司出售了成本为30 000元的土地使用权，取得了42 000元的现金，实现利得12 000元。

②A公司以补偿贸易的方式获得设备380 000元，记入"长期应付款"账户。

③从合并日起每年摊销合并价差15 000元。

④A公司2006年收到债券投资收入款12 000元。

⑤除上述固定资产增加外，其他固定资产变化数系由计提折旧引起。

⑥B公司向少数股东以现金形式发放股利40 000元。

A公司合并资产负债表　　　　　　　　　　　　　　　　　表15-6

编制单位：_____　　2006年12月31日　　　　　　　　　　　　单位：元

项　　目	2005年	2006年	变动数
现金及现金等价物	216 000	314 000	98 000
应收账款（净）	324 000	450 000	126 000
存货	246 000	300 000	54 000
长期债券投资	114 000	120 000	6 000
房屋（净）	264 000	240 000	(24 00)
机器设备（净）	720 000	980 000	260 000
土地使用权	122 000	92 000	(30 00)
合并价差	100 000	85 000	(15 00)
资产合计	2 106 000	2 581 000	475 000
应付账款	250 000	276 000	26 000
应付利润	24 000	24 000	
长期应付款		380 000	380 000
股本	600 000	600 000	
资本公积	300 000	300 000	
盈余公积	836 000	865 000	29 000
少数股东权益（20％）	96 000	136 000	40 000
负债及所有者权益合计	2 106 000	2 581 000	475 000

续表

项　目	2005年	2006年	变动数
现金及现金等价物	216 000	314 000	98 000
应收账款（净）	324 000	450 000	126 000
存货	246 000	300 000	54 000
长期债券投资	114 000	120 000	6 000
房屋（净）	264 000	240 000	(24 00)
机器设备（净）	720 000	980 000	260 000
土地使用权	122 000	92 000	(30 00)
合并价差	100 000	85 000	(15 00)
资产合计	2 106 000	2 581 000	475 000
应付账款	250 000	276 000	26 000
应付利润	24 000	24 000	
长期应付款		380 000	380 000
股本	600 000	600 000	
资本公积	300 000	300 000	
盈余公积	836 000	865 000	29 000
少数股东权益（20%）	96 000	136 000	40 000
负债及所有者权益合计	2 106 000	2 581 000	475 000

A公司合并利润表　　　　　　　　　　　　　　　　　　表15-7

编制单位：_____　　2006年___月　　　　　　　　　　　单位：元

项目		
销售收入		900 000
债券投资收益		18 000
出售土地使用权得利		12 000
收入合计		930 000
减：销售成本	360 000	
折旧费用	144 000	
合并价差摊消费	15 000	
工资费用	64 800	
销售费用	56 400	
利息费用	8 800	
费用合计		649 000
合并利润合计		281 000
减：少数股东利润		80 000
合并净利润		201 000
减：提取盈余公积		29 000
减：现金股利		172 000
年末未分配利润		0

A公司合并现金流量表工作底稿（直接法）　　　　　　　　表15-8

编制单位：　　　　　　　2006年　　　　　　　　　　　　　单位：元

项　目	本年发生额	发生原因分析	
		借　方	贷　方
合并利润表			
销售收入	900 000		(1) 900 000
债券投资收益	18 000		(2) 18 000
出售土地使用权得利	12 000		(3) 12 000
收入合计	930 000		

续表

项　　目	本年发生额	发生原因分析 借　方	发生原因分析 贷　方
减：销售成本	360 000	(4) 360 000	
折旧费用	144 000	(5) 144 000	
合并价差摊消费	15 000	(6) 15 000	
工资费用	64 800	(7) 64 800	
销售费用	56 400	(8) 56 400	
利息费用	8 800	(9) 8 800	
少数股东利润	80 000	(10) 80 000	
合并净利润	201 000	(14) 201 000	
合并资产负债表			
现金及现金等价物	98 000	(15) 98 000	
应收账款（净）	126 000	(1) 126 000	
存货	54 000	(4) 54 000	
长期债券投资	6 000	(4) 6 000	
房屋（净）	(24 000)		(5) 24 000
机器设备（净）	260 000	(11) 380 000	(5) 12 000
土地使用权	(30 000)		(3) 30 000
合并价差	(15 000)		(6) 15 000
资产合计	475 000		
应付账款	26 000		(4) 26 000
应付利润			
长期应付款	380 000		(11) 380 000
股本			
资本公积			
盈余公积	29 000	(12) 172 000	(14) 201 000
少数股东权益	40 000	(13) 40 000	(10) 80 000
负债及所有者权益合计	475 000		
合并现金流量表		现金流入	现金流出
经营活动产生的现金流量：			
销售商品、提供劳务收到的现金		(1) 774 000	
购买商品、接受劳务支付的现金			(4) 388 000
支付给职工以及为职工支付的现金			(7) 64 800
支付的其他与经营活动有关的现金			(8) 56 400
投资活动产生的现金流量：			
取得债券利息收入所收到的现金		(2) 12 000	
处置无形资产收回的现金		(3) 42 000	
筹资活动产生的现金流量：			
偿付利息所支付的现金			(9) 8 800
支付给母公司股东股利的现金			(12) 172 000
支付给少数股东股利的现金			(13) 40 000
现金及现金等价物净增加额			(15) 98 000
合　计		828 000	828 000

合并现金流量表 表 15-9

编制单位： 2006 年 单位：元

项目	金额	合计
经营活动产生的现金流量：		
销售商品、提供劳务收到的现金		774 000
购买商品、接受劳务支付的现金	(388 000)	
支付给职工以及为职工支付的现金	(64 800)	
支付的其他与经营活动有关的现金	(56 400)	(509 200)
经营活动产生的现金净流量：		264 800
投资活动产生的现金流量：		
取得债券利息收入所收到的现金	12 000	
处置无形资产收回的现金	42 000	
投资活动产生的现金净流量		54 000
筹资活动产生的现金流量：		
支付利息所支付的现金	(8 800)	
支付给母公司股东股利的现金	(172 000)	
支付给少数股东的现金	(40 000)	(220 800)
本期现金增加		98 000
期初现金余额		216 000
期末现金余额		314 000
附二：从合并净利润调整经营活动产生的现金净流量：		
合并净利润		201 000
调整项目		
少数股东利润	80 000	
处置长期债券投资收益	(18 000)	
处置无形资产收益	(12 000)	
财务费用	8 800	
固定资产折旧（房屋）	24 000	
（设备）	120 000	
合并价差摊销	15 000	
经营性应收项目的增加	(126 000)	
存货增加	(54 000)	
经营性应付项目的增加	26 000	63 800
经营活动产生的现金净流量		264 800

二、合并会计报表附注

合并会计报表的附注，除了应包括一般会计报表应附注的事项外，还应当附注如下事项：

(1) 纳入合并会计报表的合并范围的子公司名称、业务性质、母公司所持有的各类股权的比例。

(2) 纳入合并会计报表范围的子公司的增减变动情况。

(3) 未纳入合并会计报表合并范围的子公司的情况，包括名称、持股比例、未纳入合并会计报表合并范围的原因及其财务状况和经营成果的情况，以及在合并会计报表中对未纳入合并范围的子公司投资的会计处理方法。

(4) 纳入合并会计报表合并范围的非子公司（即按规定纳入合并范围的其他被投资企业）

的有关情况，包括名称、母公司持股比例以及纳入合并会计报表的原因。

（5）子公司与母公司会计政策和会计处理方法不一致时，在合并会计报表中的处理方法。在未进行调整而直接编制合并会计报表时，应在合并会计报表附注中加以说明。

（6）纳入合并会计报表合并范围、经营业务与母公司业务相差很大的子公司的资产负债表和利润表的有关资料。

复 习 思 考 题

1. 什么是合并会计报表？
2. 合并会计报表有哪些作用？
3. 合并资产负债表的编制方法？
4. 合并利润表的编制方法？
5. 合并现金流量表的编制方法？
6. 什么样的企业要编制合并会计报表？有什么作用？

主要参考文献

[1] 中华人民共和国会计法. 1999 年 10 月 31 日第九届全国人民代表大会常务委员会第十二次会议修订.
[2] 中华人民共和国财政部制定. 2006—企业会计准则. 北京：经济科学出版社，2006.
[3] 中华人民共和国财政部制定. 2006—企业会计准则－应用指南. 北京：中国财政经济出版社，2006
[4] 中华人民共和国财政部制定. 施工企业会计制度. 北京：中国经济出版社，1993.
[5] 阎达五主编. 企业会计指南. 北京：经济管理出版社，2001.
[6] 杨进军主编. 施工企业会计教程. 上海：立信会计出版社，2002
[7] 俞文清主编. 施工企业会计. 上海：立信会计出版社，2002.
[8] 李现宗，庄仁敏主编. 财务会计学. 北京：首都经济贸易大学出版社、中国农业大学出版社，2002.